Studien der Bonner Akademie für Forschung und Lehre praktischer Politik

Als An-Institut der Universität Bonn verfolgt die Bonner Akademie für Forschung und Lehre praktischer Politik (BAPP) GmbH unter der Leitung ihres Präsidenten, Prof. Bodo Hombach, das Ziel einer engeren Vernetzung zwischen wissenschaftlicher Forschung und beruflicher Praxis in Politik, Wirtschaft und Medien. Sie will neuartige Foren des Dialogs schaffen und mittels eines konsequenten Praxisbezugs als innovativer „Think Tank" an der Schnittstelle zwischen Wissenschaft, praktischer Politik und wirtschaftlichem Handeln auftreten. Hierzu organisiert sie regelmäßig Lehrveranstaltungen und Expertenforen sowie große öffentliche Diskussionsveranstaltungen mit namhaften und profilierten Experten aus Theorie und Praxis. Des Weiteren führt sie unter der wissenschaftlichen Leitung von Prof. Dr. Volker Kronenberg und Prof. Dr. Frank Decker Forschungsprojekte zu aktuellen Themen und Fragestellungen mit hoher gesellschaftlicher Relevanz durch.

Die Ergebnisse der Forschungsarbeiten werden in der Schriftenreihe „Studien der Bonner Akademie für Forschung und Lehre praktischer Politik" veröffentlicht. Dabei konzentrieren sich die Untersuchungen auf die Schnittstelle zwischen Politik, Wirtschaft, Medien und Wissenschaft. In den Publikationen kommen Experten aus Theorie und Praxis gleichermaßen zu Wort. Die Ergebnisse und Handlungsempfehlungen richten sich an Entscheidungsträger aus den Bereichen Politik, Wirtschaft, Medien und Gesellschaft.

Weitere Bände in der Reihe http://www.springer.com/series/15154

Tim Spier · Christoph Strünck
(Hrsg.)

Ärzteverbände und ihre Mitglieder

Zwischen Einfluss- und
Mitgliederlogik

 Springer VS

Herausgeber
Tim Spier
Seminar für Sozialwissenschaften
Universität Siegen
Siegen, Deutschland

Christoph Strünck
Seminar für Sozialwissenschaften
Universität Siegen
Siegen, Deutschland

Studien der Bonner Akademie für Forschung und Lehre praktischer Politik
ISBN 978-3-658-19248-8 ISBN 978-3-658-19249-5 (eBook)
https://doi.org/10.1007/978-3-658-19249-5

Die Deutsche Nationalbibliothek verzeichnet diese Publikation in der Deutschen Nationalbibliografie; detaillierte bibliografische Daten sind im Internet über http://dnb.d-nb.de abrufbar.

Springer VS

Verantwortlich im Verlag: Jan Treibel

Gedruckt auf säurefreiem und chlorfrei gebleichtem Papier

Springer VS ist Teil von Springer Nature
Die eingetragene Gesellschaft ist Springer Fachmedien Wiesbaden GmbH
Die Anschrift der Gesellschaft ist: Abraham-Lincoln-Str. 46, 65189 Wiesbaden, Germany

In memoriam Tim Spier (1975–2017)

Vorwort

Neben den Parteien sind in den entwickelten pluralistischen Demokratien auch Großorganisationen und Verbände in zunehmendem Maße von Mitgliederverlusten betroffen. Damit stellt sich die Frage nach ihrer Funktionswahrnehmung. Können die Verbände ihre Interessen gegenüber den staatlichen Entscheidungsträgern wirksam und erfolgreich durchsetzen, auch wenn sie über keine breite und repräsentative Mitgliederbasis mehr verfügen? Die These der entbehrlich gewordenen Mitglieder, die in der Parteienforschung lange Zeit en vogue war, hat in der Verbändeforschung ebenfalls breiten Rückhalt gefunden und die Forschungsschwerpunkte bestimmt. Sie wird von den Herausgebern und Autoren der vorliegenden Studie nicht geteilt. Deren doppeltes Verdienst liegt darin, dass sie erstens die Rolle der Mitglieder und damit die Frage der Responsivität und Repräsentativität der Verbände empirisch genauer unter die Lupe nimmt. Und zweitens tut sie das für einen Bereich – die Ärzteverbände – der von der Forschung im Vergleich zu anderen Wirtschaftsverbänden bisher eher stiefmütterlich behandelt worden ist. Dabei lässt sich das Spannungsverhältnis von Einfluss- und Mitgliederlogik der Verbände gerade an diesem Bereich gut ablesen, der durch das Nebenher von abhängig beschäftigten und freiberuflich tätigen Ärzten eine äußerst vielschichtige „Interessenlandschaft" aufweist, die sich in der stark ausgeprägten Wettbewerbsstruktur der verbandlichen Interessenorganisation niederschlägt.

Dem Credo der Bonner Akademie – praxisnahe Forschung an den thematischen Schnittstellen von Wirtschaft, Politik und Medien zu betreiben – entspricht die Studie in exemplarischer Weise. Mit ihr kann die BAPP den inzwischen vierten Band in ihrer Wissenschaftlichen Schriftenreihe vorlegen und darunter – nach dem Band von Wolfgang Schroeder über die kirchlichen Wohlfahrtsstaatsverbände – bereits den zweiten, der sich mit dem Thema Verbände befasst. Als Wissenschaftlicher Leiter danke ich meinen beiden Siegener Kollegen Tim Spier und Christoph Strünck sehr, dass sie meiner Bitte gefolgt sind, das Projekt zu konzipieren und durchzuführen. Ihre ertragreiche Studie wird uns anspornen, das Thema Verbände in künftigen Projekten wissenschaftlich weiterzuverfolgen. Das kurze Vorwort sollte eigentlich an dieser Stelle enden. Genauso habe ich es Mitte September Tim Spier zugeschickt, der sich daraufhin bedankte, so wie es seine Art war: mit einer sehr freundlichen und anerkennenden Antwort. Tim ist am 15. November plötzlich und unerwartet gestorben – im Alter von erst 42 Jahren. Die politikwissenschaftliche Parteien- und Verbändeforschung verdankt Tim Spier viel und hätte von ihm noch einiges zu erwarten gehabt. Als ich Tim vor zwei Jahren fragte, ob er bereit wäre, für die BAPP ein Projekt im Bereich der Verbändeforschung durchzuführen, war ich mir aus zwei Gründen sicher, dass das Vorhaben ein Erfolg werden würde: wegen Tims hervorragender fachlicher Kompetenz, aber auch wegen seiner so umgänglichen persönlichen Art und Teamfähigkeit. Beides hat sich in der Zusammenarbeit mit Christoph Strünck als zweitem Projektleiter, den übrigen Projektbeteiligten und den Verantwortlichen der Bonner Akademie bestens bewährt. Ich bin sehr froh und dankbar, dass ich Tim für diese Zusammenarbeit gewinnen konnte. Das Ergebnis – eine seiner letzten abgeschlossenen Publikationen –, kann er nun leider nicht mehr sehen.

Frank Decker

Inhaltsverzeichnis

Renaissance der Mitgliederlogik?

Ärzteverbände im Wandel

Tim Spier und Christoph Strünck

1 Einleitung

Viele der klassischen Großorganisationen, die die deutsche Politik der Nachkriegszeit maßgeblich beeinflusst haben, verlieren stetig an Mitgliedern. Parteien und
Kirchen sind hierfür nur zwei prominente Beispiele. Das Phänomen des Mitglieder-
schwunds lässt sich parallel aber auch bei vielen Interessenverbänden beobachten:
Gleich ob Wirtschaftsverbände oder Gewerkschaften, Naturschutzorganisationen
oder Wohlfahrtsverbände, viele politisch relevante Akteure haben Schwierigkeiten,
ihren Mitgliederbestand zu erhalten oder neue Mitglieder zu gewinnen.

Ein zentrales Problem von Interessenverbänden liegt dabei darin, dass sie das
Verhältnis von Einfluss- und Mitgliedschaftslogik stets neu austarieren müssen
(Schmitter und Streeck 1999). Eine große Zahl an Mitgliedern bringt den Verbänden politischen Einfluss, gleichzeitig steigen mit der Mitgliederzahl aber
auch Interessenvielfalt und Partizipationsansprüche der Mitgliedschaft, die einer
effektiven Interessenvertretung wiederum entgegenstehen können. Die Folgen
sind vielfältig: Einerseits haben wir es mit einer Ausdifferenzierung der Verbändelandschaft zu tun, in der Einheitsverbände immer stärker durch Spartenverbände
bedrängt werden, die aufgrund ihres geringeren Vertretungsanspruchs Einfluss-
und Mitgliedschaftslogik leichter in Einklang bringen können. Anderseits gehen

T. Spier · C. Strünck (✉)
Seminar für Sozialwissenschaften, Universität Siegen, Siegen, Deutschland
E-Mail: christoph.Struenck@uni-siegen.de

© Springer Fachmedien Wiesbaden GmbH 2018   1
T. Spier und C. Strünck (Hrsg.), *Ärzteverbände und ihre Mitglieder,*
Studien der Bonner Akademie für Forschung und Lehre praktischer
Politik, https://doi.org/10.1007/978-3-658-19249-5_1

Verbände dazu über, Einflussnahme und Mitgliedermotivation getrennt zu betrachten. Durch nur selektiv wirksame Anreize wie Serviceleistungen werden verstärkt Mitglieder gewonnen, für die der eigentliche politische Verbandszweck kaum von Interesse ist. Im Extremfall tritt ein politischer Interessensverband wie der ADAC seinen Mitgliedern nur noch wie ein Dienstleistungsunternehmen gegenüber, das individuelle Serviceleistungen wie Pannenhilfe oder Versicherungen anbietet. Eine Identifikation mit dem politischen Ziel der Interessenvertretung von Autofahrern findet bei diesen „Kunden" kaum noch statt.

Der Sammelband „Zwischen Einfluss- und Mitgliedschaftslogik. Die deutschen Ärzteverbände und ihre Mitglieder" möchte die Neubestimmung von Einfluss- und Mitgliedschaftslogik bei politischen Interessenverbänden genauer untersuchen und der Frage nachgehen, wie sich dies auf das System der politischen Interessenvertretung in Deutschland auswirkt. Welche Anreize setzen Verbände, um Mitglieder zu gewinnen und zu halten? Wie wirkt sich dies auf Zusammensetzung und Aktivität der Mitgliedschaft aus? Und welche Rückwirkungen hat dies wiederum auf die politischen Einflussmöglichkeiten der Verbände? Diese Fragen sollen am Beispiel eines besonders ausdifferenzierten Verbandssektors betrachtet werden (Bandelow 2004, 2007): Im Bereich der Ärzteschaft haben wir es mit einer komplexen Verbandslandschaft zu tun, die von öffentlich-rechtlichen Kammern mit Pflichtmitgliedschaft, über freie Ärzteverbände mit breiter Mitgliedschaft bis hin zu Spezialverbänden für einzelne Facharztgruppen reicht. Gleichzeitig unterliegt die Ärzteschaft insgesamt den Bedingungen von externem Kostendruck und internen Verteilungskämpfen, die Veränderungen im System der Interessenvertretung wahrscheinlich machen.

2   Theoretischer Kontext

Nationale und internationale Studien zu Interessenorganisationen und Verbänden konzentrieren sich in den letzten Jahren stark auf die Einflusslogik: Wie stark ist ihr potenzieller Einfluss, was sind dessen Ursachen und Grenzen? Welche Rolle dabei Faktoren wie Ressourcen, Zugang zu Entscheidungsträgern oder issue-Eigenschaften spielen, ist das vorrangige Interesse vieler Autoren (Beyers und Braun 2014; Chalmers 2012). Ein besonderer Fokus liegt auf den Strategien in Mehrebenen-Systemen wie Europa (Beyers et al. 2010; Dür und Mateo 2012; Klüver 2012). Hierbei wird nicht nur allgemein zwischen *insider tactics* und *outsider tactics* unterschieden, sondern auch nach der Logik und Effektivität spezifischer Strategien wie Verbandsklagen und rechtlichen Instrumenten gefragt (Bouwen und Mccown 2007; Strünck 2008).

Da die meisten empirischen Studien die Strategiefähigkeit von Verbänden in den Mittelpunkt stellen, geraten mitgliederzentrierte Fragen nach der Repräsentativität, der Legitimation oder auch der Interessenaggregierung etwas aus dem Blickfeld – die wenigen Ausnahmen bestätigen hier eher die Regel (Knodt et al. 2012; Sanchez Salgado 2014). In der Verbändeforschung findet sich zudem seit geraumer Zeit die These, dass die Mitgliederbasis als Ressource und Repräsentativitätsindikator kein Gradmesser für den Erfolg von Verbänden sei (Strünck 2013). Interessenorganisationen könnten über gezielte Framing-Stragien die öffentliche Meinung erfolgreich beeinflussen und damit zugleich ihren Einfluss auf politische Entscheidungen steigern, ohne über eine breite oder repräsentative Mitgliederbasis zu verfügen (Strünck 2012). Auch die These vom Strukturwandel des Lobbyismus zielt darauf ab, dass es mehr auf die Professionalität und Form des Lobbyismus ankomme, als auf die soziale Basis des jeweiligen kollektiven Interesses (Willems et al. 2007).

Seit dem Diktum von Streeck, dass nicht nur Parteien, sondern auch Verbänden die Stammkunden ausgingen, schwindet das Interesse an Mitgliedern in der Forschung (Streeck 1987). Streeck und Schmitter hatten konzeptionell noch darauf hingewiesen, dass klassische Interessenverbände stets Einflusslogik und Mitgliederlogik ausbalancieren müssten (Schmitter und Streeck 1999). Allerdings stand auch hier mehr die Strategie- und Verpflichtungsfähigkeit von Verbänden im Vordergrund als ihre Repräsentativität und Responsivität. Entsprechend findet sich kaum aktuelle Forschung zu Verbandsmitgliedern, erst recht nicht in systematisch-vergleichender Perspektive. Die große international vergleichende Studie „The Organization of Business Interests" aus den 1980er Jahren war der letzte Versuch, zumindest die Rolle korporativer Mitglieder in Wirtschaftsverbänden näher zu untersuchen (Streeck et al. 2006). Individuelle Mitglieder freiwilliger Vereinigungen sind in Deutschland ebenfalls in den 1980er Jahren letztmals und auch nur vereinzelt erforscht worden (Horch 1982, 1992). Selbst das aufwendige, international vergleichende „Johns Hopkins Projekt" zum Dritten Sektor widmete sich mehr den Organisationsspitzen als den Mitgliedern (Salamon 1999; Salamon und Sokolowski 2004). Die jüngere Literatur zum Lobbyismus wiederum ist häufig auf „starke" Interessen in Form von Wirtschaftsverbänden oder auf *public interest groups* fixiert, die aber in der Regel keine individuellen Mitglieder haben. Damit liegt die Forschung zum Verhältnis von Verbänden und Mitgliedern weitgehend brach.

Dies ist jedoch ein großes Manko, und zwar aus mehreren Gründen. Zum einen stellen Mitglieder für Verbände immer noch eine der zentralen Ressourcen dar. Selbst erwirtschaftete Mittel nehmen an Bedeutung zu, da neben die Mitgliedsbeiträge noch Gebühren für spezifische Dienstleistungen treten (Zimmer 2007). Auch

Informationen und Rückkopplungen aus der Mitgliedschaft können wertvoll sein. Zum anderen ist der Wandel von Verbänden und der Interessenvermittlung nicht nur einer „Professionalisierung" des Lobbyismus geschuldet. Es ändern sich auch Konfliktlinien und die soziale Basis kollektiver Interessen. Phänomene wie innerverbandliche Opposition, Spaltung und Neugründung von Verbänden sind keineswegs selten (Sack und Strünck 2017). Sie sind ein Indikator dafür, dass es in einigen Politikfeldern schwieriger wird, „encompassing organizations" im Sinne von Mancur Olson (2003) zu bilden und zu erhalten, die eine heterogene Mitgliederbasis haben und stark integrieren müssen. Desintegrationsprozesse von Verbänden können außerdem signalisieren, dass Fliehkräfte in Wirtschaft und Gesellschaft zunehmen.

Sozialer und politischer Wandel lässt sich daher am Verhältnis von Verbänden zu ihren Mitgliedern ablesen und interpretieren. Diese Entwicklung hat aber auch Konsequenzen für das politische System, für die Repräsentation, Vermittlung und den Ausgleich von Interessen. Zahlreiche Beispiele deuten darauf hin, dass es eine Re-Politisierung von Verbänden in Politikfeldern gibt, in denen die Verteilungs- und Deutungskonflikte zunehmen (Maloney et al. 2008). Dazu zählt neben der Gesundheitspolitik auch die Umwelt- oder die Agrarpolitik (Rehder et al. 2009). Hier haben sich Verbände gespalten oder neue Verbände gebildet. Heterogenere Milieus und fragmentierte Gruppeninteressen sind Auslöser und zugleich Konsequenz dieser Entwicklungen, in denen auch neue Ansprüche an innerverbandliche Partizipation und Information entstehen. So lässt sich z. B. in ethischmoralisch fundierten Politikfeldern wie dem Tierschutz oder dem Umweltschutz beobachten, dass der Grad idealistischer Motive von Mitgliedern sehr unterschiedlich ist, mit entsprechenden Konsequenzen für die Verbändelandschaft und die Interessenvermittlung.

Klassische Fragen des kollektiven Handelns treten somit wieder in den Vordergrund der empirischen Forschung. Denn welche Motive die Mitglieder leiten, welche Erwartungen sie an die Interessenrepräsentation haben, steht nach wie vor im Zentrum der Analyse freiwilliger Vereinigungen. Auf Niklas Luhmann geht die Beobachtung zurück, dass moderne Organisationen ihren eigentlichen Zweck von der Motivation ihrer Mitglieder weitgehend trennen, um ihre Funktionalität zu schützen (Luhmann 1999). Dies ist eine systemtheoretische Parallele zur Handlungstheorie von Olson, für den ein eine solche „Trennung" notwendig ist, um das Kollektivgutdilemma organisierter Interessen zu überwinden, und zwar durch selektive Anreize (Olson 2003). Dies ist nicht nur ein taktischer Trick von Verbandsführungen. Einige Dienstleistungen wie Veranstaltungen oder Informationsbörsen bringen die Mitglieder auch zusammen und erfüllen damit eine sozial-integrative Funktion.

Angesichts eines deutlichen Wandels in der Verbändelandschaft und der Fragmentierung von Gruppeninteressen müssen Olsons Thesen und die davon inspirierte Forschung in einem neuen empirischen Licht betrachtet werden. Dabei
stellen sich eine Reihe konkreter Fragen, die bislang empirisch kaum untersucht
sind:

- Wie wichtig sind aus Sicht der Mitglieder die selektiven Anreize und wo sind
  ihre Grenzen?
- Was treibt Mitglieder aus Verbänden heraus?
- Lassen sich über selektive Anreize Mitgliedermotivation und Verbandszweck
  trennen?
- Welche alternativen Instrumente nutzen Verbände jenseits selektiver Anreize,
  um Mitglieder zu gewinnen und zu halten?
- Sind die Erwartungen der Mitglieder an ihre Interessenorganisationen homo-
  gen?
- Wie wichtig sind Informationsströme für die Mitglieder, wie werden sie
  genutzt?
- Welche Informationen speisen Mitglieder in die Verbände ein?
- Wie hoch sind Identifikation und Engagement innerhalb der Verbände?
- Welche Verbandsebenen sind für Mitglieder besonders relevant?
- Wie groß ist der „harte Kern" der aktiven Mitgliedschaft?

Die meisten dieser Fragen sind auch für das Verhältnis von Ärzteverbänden zu
ihren Mitgliedern relevant. Einige davon greifen wir konkret mit einzelnen Beiträgen im vorliegenden Band auf; andere müssten in weiteren Forschungsprojek-
ten stärker systematisch untersucht werden.

Der Blick auf die Motive und Aktivitäten von Mitgliedern offenbart auch die
„Multi-Funktionalität" von Verbänden, die sich nicht nur auf Interessenvermittlung
beschränken. So sind Verbände maßgebliche Produzenten von Gütern und Dienstleistungen mit interner und externer Funktion, was in der empirischen Verbändeforschung trotz Olsons großer theoretischer Bedeutung häufig unterbelichtet bleibt
(Zimmer und Speth 2009). Während Olson sich primär auf Dienstleistungen als
selektive Anreize zur Mitgliedergewinnung konzentriert, stellt die jüngere Verbändeforschung fest, dass es auch Dienstleistungen mit Außenorientierung gibt (Zimmer
2007). Dazu zählen etwa Kongresse, Hearings oder breit gestreute Verbandspubli-
kationen, die letztlich Positionen und Argumente vermitteln sollen. Dienstleistungen
können also eine sozial-integrative wie auch eine Einfluss-Funktion haben, mithin
entweder auf Mitgliedschaftslogik oder auf Einflusslogik abzielen. Auch sind verschiedene Verbandsebenen für verschiedene Dienstleistungen zuständig. Die Motive

der Mitglieder, Dienstleistungen in Anspruch zu nehmen, können sich unterscheiden von den Motiven der Verbandsführungen, diese Dienstleistungen anzubieten. Daraus folgt, dass nicht nur Verbände mit einem deutlichen Kollektivgutdilemma dazu tendieren, auf Dienstleistungen zu setzen. Auch Verbände, deren Mitglieder sich stark mit den Verbandszwecken identifizieren, können verstärkt Dienstleistungen produzieren. Wir gehen jedoch davon aus, dass Verbände umso stärker Dienstleistungen anbieten, je mehr sie selbst Kollektivgüter und Clubgüter herstellen. Eine Frage an die weitere empirische Forschung lautet, ob Ärzteverbände mit starker kollektiver Identität weniger auf Dienstleistungen setzen als andere. Angesichts des enormen politischen und sozialen Wandels im Gesundheitssystem könnten systematische empirische Erkenntnisse über die organisierte Ärzteschaft dazu beitragen, Ursachen und Konsequenzen dieses Wandels besser zu verstehen. Zugleich lässt sich an Ärzteverbänden besonders gut ablesen, wie gut sich Verbandszweck und Mitgliedermotivation tatsächlich voneinander entkoppeln lassen und was dies für die Vermittlung kollektiver Interessen bedeutet.

3   Interessenlagen von Ärzten

Ärztinnen und Ärzte[1] gehören zu den Leistungserbringern im Gesundheitssystem. Tendenziell gegenläufig dazu sind die Interessenlagen der Kostenträger, also in erster Linie der privaten wie gesetzlichen Krankenversicherungen. Wie sich die Interessen der Pharmaindustrie, des Staates oder auch der Patienten hier einpassen, ist nicht a priori zu beantworten. Ärzte können im asymmetrischen Vertrauensverhältnis die Interessen von Patienten (mit-)vertreten, sie können aber auch Einkommens- und Statusinteressen auf Kosten des Patientenwohls verfolgen. Allianzen mit anderen Akteuren sind je nach gesundheitspolitischem Themenfeld möglich und teilweise auch nötig (siehe den Beitrag von Gerlinger im vorliegenden Band).

Das entscheidende Interesse der organisierten Ärzteschaft ist seit den großen Konflikten mit den Krankenkassen im 19. Jahrhundert ihre relative Autonomie zu erhalten (siehe die Beiträge von Klenk und van Elten im vorliegenden Band). Professionen sind sich selbst regulierende Berufsstände, deren Expertise gesellschaftlich hoch relevant ist (Abbott 2010). Es ist daher zu kurz gesprungen, Professionen zu unterstellen, sie wären nur auf Einkommenssicherung und -maximierung aus. Tatsächlich drehen sich viele der jüngeren Konflikte im Gesundheitssystem um Fragen, die nicht unmittelbar Auswirkungen auf das Einkommen der Ärzte haben,

---

[1]Wenn im Buch an anderen Stellen nur die männliche Form auftauchen sollte, sind stets beide Geschlechter gemeint.

wie etwa Arbeitszeiten und Arbeitsbedingungen. Andere immaterielle Interessen, etwa politisch-weltanschauliche oder professionspolitische Ansichten, können hinzutreten, auch wenn sie bei vielen Verbänden gegenüber der Vertretung konkreter materieller Interessen regelmäßig keine besondere Priorität genießen.

Für den vorliegenden Band differenzieren wir zwischen der Ärzteschaft als organisierter Gruppe mit kollektiven Interessen und den einzelnen Ärzten mit ihren individuellen beruflichen Interessen, die sich natürlich auch verbandlich organisieren lassen. Wir gehen davon aus, dass es ein relativ stabiles kollektives Interesse gibt, nämlich Status- und Einkommenssicherung, vor allem aber die Sicherung hoher beruflicher Autonomie (Naschold 1967). Allerdings haben sich die Rahmenbedingungen in der Gesundheitspolitik durch Einführung wettbewerbliche Elemente so stark verändert, dass in Anbetracht von Verteilungskämpfen die kollektiven Interessen der Ärzteschaft als Ganzes gegenüber den individuellen beruflichen Interessen einzelner Ärztegruppen zunehmend in den Hintergrund treten (siehe van Elten 2016, S. 224 f. sowie den Beitrag von Klenk im vorliegenden Band).

Die bedeutendste Konfliktlinie innerhalb der Ärzteschaft ist wohl die zwischen ambulanten und in der stationären Versorgung arbeitenden Ärzten (150.100 gegenüber 189.600 Ärzte).[2] Damit einher geht regelmäßig eine unterschiedliche Stellung im Beruf: Während in Krankenhäusern zumeist abhängig beschäftigte Ärzte als Angestellte oder Beamte tätig sind, sind im ambulanten Bereich viel häufiger freiberuflich-selbstständige Ärzte zu finden (120.700 Ärzte) – auch wenn angestellte Ärzte in freiberuflichen Arztpraxen durchaus vorkommen (29.400 Ärzte). Während den niedergelassenen Ärzten damit eine unternehmerähnliche Rolle in der Führung einer Praxis mit allen wirtschaftlichen Vor- und Nachteilen zukommt, haben die abhängig beschäftigten Ärzte keine unternehmerischen Risiken zu tragen. Dafür fehlt ihnen aber auch regelmäßig ein Teil der Arbeitsautonomie niedergelassener Ärzte – und in der Regel auch ein entsprechendes Einkommen. Dass die finanziellen Interessen für die Wahl der ärztlichen Tätigkeit nicht allein ausschlaggebend sind, sieht man schon an der Tatsache, dass die Zahl der niedergelassenen Ärzte mit eigener Praxis seit Jahren stagniert (2000: 120.200, 2015: 120.700, +0,4 %), während die der abhängig beschäftigten Mediziner steigt (2000: 147.800, 2015: 219.000, +48,2 %). Die Gewichtigkeit der Konfliktlinie zwischen selbstständigen und abhängig beschäftigten Ärzten bzw. zwischen niedergelassenen Ärzten und Krankenhausärzten wird dadurch etwas

---

[2]Alle Zahlen sind – auch im Folgenden – der Ärztestatistik der Bundesärztekammer (Bundesärztekammer 2000, 2015) bzw. dem Bundesarztregister der Kassenärztlichen Bundesvereinigung entnommen (Kassenärztliche Bundesvereinigung 2015).

abgeschwächt, dass die Beschäftigung im Krankenhaus in der Regel ein Teil der (Fach-)Arztausbildung ist, sodass eine Phase abhängiger Beschäftigung ein Teil der Berufsbiografie auch der meisten niedergelassenen Ärzte ist.

Innerhalb der Gruppe der niedergelassenen Ärzte kann man weiterhin zwischen den Haus- und den Fachärzten differenzieren (54.100 bzw. 90.700 Ärzte). Hierbei handelt es sich nicht nur um eine fachliche Ausdifferenzierung, dahinter stehen auch manifeste Verteilungskonflikte innerhalb der von den Kassenärztlichen Vereinigungen verhandelten Budgets. Da die Kassenärztlichen Vereinigungen die Gesamtvergütung der Vertragsärzte auf Haus- und Fachärzte aufteilen müssen, wird diese Konfliktlinie zu dominierenden Auseinandersetzung innerhalb der Gremien dieses Teils der ärztlichen Selbstverwaltung (siehe Schillen und Kaiser in vorliegenden Band). Dies wird noch verschärft durch den Trend, dass die Hausärzte einen immer kleineren Teil der niedergelassenen Ärzte ausmachen: Waren 1990 noch 60,8 % aller niedergelassenen Vertragsärzte hausärztlich tätig, so waren es 2009 nur noch 47,6 % (Kopetsch 2010, S. 50).

Über diese fachlich bedingten Interessenunterschiede hinaus resultiert der anhaltende Strukturwandel in der soziodemografischen Zusammensetzung der Ärzteschaft auch in Interessengegensätzen, die in den letzten Jahrzehnten an Bedeutung gewonnen haben. Geschlecht und Alter spielen hierbei eine große Rolle, wobei beide Kategorien auch darüber miteinander verwoben sind, dass der Anteil Ärztinnen insbesondere in den jüngeren Altersgruppen zunimmt. Der Anteil der Frauen an den berufstätigen Ärzten ist seit der Wiedervereinigung von 33,6 % (1991) auf 46,0 % (2015) gestiegen, was vor allem an einem deutlichen Strukturwandel in Westdeutschland liegt – in den neuen Bundesländern lag der Frauenanteil konstant bei rund der Hälfte. Viele Strukturdaten zum Frauenanteil in den unterschiedlichen Ausbildungs- und Tätigkeitsstationen von Ärzten deuten darauf hin, dass Ärztinnen vor allem in Tätigkeitsfeldern beschäftigt sind, die eine bessere Vereinbarkeit von Familie und Beruf ermöglichen – was etwa zu hohen Frauenanteilen bei den bei Ämtern und Behörden beschäftigten Ärzten führt, aber zu geringen bei den niedergelassenen Ärzten (Kopetsch 2010, S. 93 ff.). Zudem gibt es ein erhebliches Überalterungsproblem bei den niedergelassenen Ärzten. Während das Durchschnittsalter von Krankenhausärzten seit der Wiedervereinigung recht konstant bei um die 40 Jahre lag, ist das der niedergelassenen Ärzte von 47 (1993) auf 54 Jahre (2015) angestiegen. Dies ist sicherlich auf verschiedene Entwicklungen zurückzuführen, dürfte aber auch an einer geringeren Attraktivität der freiberuflich-selbstständigen Tätigkeit in der Praxisversorgung bei jüngeren liegen.

Politisch-ideologische Konfliktlinien scheinen innerhalb der organisierten Ärzteschaft hingegen vergleichsweise wenig stark ausgebildet zu sein. Dies mag daran liegen, dass die Ärzte ohnehin eine politisch vergleichsweise homogene

Berufsgruppe darstellen, in der eine liberal-konservative Grundhaltung dominiert (Bandelow 2007, S. 284). Belastbare Daten gibt es jedoch nur im Bereich der Studierenden, etwa der Konstanzer Studierendensurvey, der Informationen zu den politischen Einstellungen der Studierenden der Fachrichtung Medizin auch im Vergleich zu anderen Fachrichtungen für den Zeitraum 1993–2013 erhoben hat (Simeaner et al. 2014, S. 217 ff.): Demnach sind die Medizinstudierenden nach Juristen und Wirtschaftswissenschaftlern die Studierenden, die sich auf der Link-Rechts-Achse am weitesten rechts verordnen. Diese Tendenz nimmt – wie allerdings bei allen Studierenden – im Zeitverlauf noch zu. Bei der Haltung gegenüber bestimmten politischen Grundrichtungen fällt auf, dass im Vergleich zu allen Studierenden an Universitäten christlich-konservative wie auch liberale Haltungen überdurchschnittlich positiv bewertet werden.

4   Die Ärzteschaft und ihre Verbände

Aufgrund der Vielfalt unterschiedlicher Interessenlagen innerhalb einer einzigen Profession, kann es nur wenig verwundern, dass die Ärzteschaft ein stark ausdifferenziertes System der beruflichen Interessenvertretung hervorgebracht hat. Die teilweise durch Komplementarität, teilweise durch Konkurrenz geprägte Mischung aus medizinischen Fachgesellschaften, öffentlich-rechtlichen Kammern und freien Ärzteverbänden, die wir im Bereich der Ärzte vorfinden, sorgt dafür, dass Mediziner eigentlich immer organisiert sind, und zwar in aller Regel in mehreren Organisationen und auf mehreren Ebenen gleichzeitig. Das genaue Ausmaß von Mitgliedschaften lässt sich allein aufgrund der ohnehin recht seltenen und oftmals auch nicht aktuellen freiwilligen Auskünfte der Verbände kaum rekonstruieren. Auch die Mitgliederangaben in der Verbändeliste beim Deutschen Bundestag werden offenbar nur selten aktualisiert. Die wenigen wissenschaftlichen Versuche, einen Überblick über den Mitgliederstand zu verschaffen, beschränken sich zumeist auf die größeren freien Ärzteverbände, und auch hier sind die Daten oftmals lückenhaft (Brechtel 2001, S. 276 f.; Bandelow 2007, S. 273 ff.). Allein von den öffentlich-rechtlichen Körperschaften haben wir reliable und regelmäßige Zahlen, die aufgrund der Pflichtmitgliedschaft gleichzeitig auch die Zahl der zugelassenen Ärzte in Deutschland widerspiegeln.

Wenn man sich einen Überblick über die Verbandslandschaft im Bereich der Ärzte verschaffen möchte, sollte man daher mit den öffentlich-rechtlichen Körperschaften mit Pflichtmitgliedschaft beginnen, die von den übrigen Ärzteverbänden mit freiwilliger Mitgliedschaft abzugrenzen sind und die zunächst die Grundgesamtheit aller Ärzte erfassen. Zur Ausübung der beruflichen Tätigkeit als Arzt ist die Mitgliedschaft in einer der 17 Landesärztekammern rechtlich zwingende Voraussetzung. Diese Pflichtmitgliedschaft gilt auch dann weiter, wenn die Betroffenen in Ruhestand gehen oder anderweitig nicht mehr berufstätig sind. So definiert kommen die Ärztekammern auf eine Mitgliedschaft von 485.800, davon sind 114.500 Ärzte im Ruhestand oder ohne ärztliche Tätigkeit (Bundesärztekammer 2015). Als Selbstverwaltungskörperschaften dienen sie zunächst professionseigenen Zwecken, wie der Aus- und Weiterbildung von Ärzten, der Qualitätssicherung, der Standesgerichtsbarkeit sowie der Schlichtung von Streitigkeiten zwischen Ärzten und Patienten. Darüber hinaus werden den Ärztekammern auch Aufgaben der allgemeinen medizinischen Versorgung gesetzlich übertragen. Gleichzeitig sollen die Kammern aber auch die Interessen der Profession gegenüber Staat und Öffentlichkeit vertreten.

Neben den Ärztekammer existieren mit den 17 Kassenärztlichen Vereinigungen (KVen) eine weitere öffentlich-rechtlich organisierte Struktur, die ebenfalls in einer Dachorganisation, der Kassenärztlichen Bundesvereinigung (KBV), zusammengeschlossen sind. Hier besteht eine Pflichtmitgliedschaft für Ärzte, die zur ambulanten Versorgung von Kassenpatienten zugelassen sind. Unabhängig von ihrer Stellung im Beruf sind dies rund 144.800 niedergelassene Ärzte, von denen der größte Teil als selbstständige Vertragsärzte tätig ist. Da demgegenüber die Zahl der reinen Privatärzte zahlenmäßig kaum ins Gewicht fällt, kann man die KVen als die mit Abstand wichtigste Vertretung der Ärzteschaft in der ambulanten Versorgung bezeichnen (Rosenbrock und Gerlinger 2014, S. 183). Das Aufgabenfeld der KVen ist komplex und durch eine Doppelfunktion gekennzeichnet: Einerseits nehmen sie einen öffentlichen Versorgungsauftrag war, andererseits sollen sie die Interessen der Vertragsärzte gegenüber den Krankenkassen vertreten. Hinzu kommt, dass die KVen nicht nur die Abrechnung der vertragsärztlichen Leistungen ihrer Mitglieder gegenüber den Kassen erledigen, sondern ihnen dabei auch eine Honorarverteilungsfunktion zukommt.

Aufgrund der Pflichtmitgliedschaft in den Kammern und KVen besteht kaum eine direkte Konkurrenz zwischen den öffentlich-rechtlichen Körperschaften und den freien Ärzteverbänden. Ähnlich wie Parteien in der staatlichen Politik tragen die Ärzteverbände vielmehr den Willensbildungsprozess in den Kammern und KVen, indem sie Listen zu den Wahlen der Kammer- bzw. Vertreterversammlungen aufstellen. Unabhängige Kandidaturen sind hierbei zwar möglich, in der Regel ist die verbandliche Zugehörigkeit einer Liste jedoch erkennbar oder sogar im Namen enthalten. Die freien Ärzteverbände vertreten damit die Interessen ihrer Mitglieder in den öffentlich-rechtlichen Körperschaften, was natürlich insbesondere in den KVen mit Blick auf die Honorare auch verteilungspolitische Züge trägt. Es kann daher wenig verwundern, dass sich das System der freien

Ärzteverbände entlang der im vorherigen Abschnitt dargestellten Konfliktlinien organisiert und viele Verbände vorrangig die Interessen bestimmter Ärztegruppen vertreten, auch wenn sie nach außen hin einen Gesamtvertretungsanspruch pflegen. Über diese Interessenvertretung hinaus erbringen die freien Ärzteverbände gegenüber ihren Mitgliedern wichtige Dienstleistungen, ohne die eine ärztliche Tätigkeit oftmals kaum denkbar ist. Information, rechtliche Beratung, Versicherungsvermittlung sowie andere die Berufsausübung unterstützende Serviceleistungen gehören zum Leistungskatalog gegenüber ihren jeweiligen Mitgliedern.

Das Prinzip der Interessenvertretung bestimmter Teilgruppen wird besonders bei den allgemeinen Ärzteverbänden deutlich, die prinzipiell für Ärzte aller Fachrichtungen offen stehen, aber dennoch spezifische Gruppeninteressen verfolgen. Der größte dieser Verbände ist der Marburger Bund, der mit 114.000 Mitgliedern die Interessen der angestellten und verbeamteten Ärzte vertritt.[3] Auch wenn sein Vertretungsanspruch prinzipiell alle abhängig beschäftigten Ärzte erfasst, konzentriert sich die Tätigkeit des Marburger Bundes doch vor allem auf die Krankenhausärzte. Seit 2006 schließt er für diese Tarifverträge mit den öffentlichen und privaten Trägern der Krankenhäuser ab und ist somit nicht nur Berufsverband, sondern auch Spartengewerkschaft. Entsprechend weist der Marburger Bund im Bereich der Krankenhausärzte einen Organisationsgrad auf, der weit über den der DGB-Branchengewerkschaften liegt (siehe den Beitrag von Greef in diesem Band). Die steigende Zahl der abhängig Beschäftigten in der ambulanten Versorgung ist hingegen ein vom Marburger Bund bisher nicht so stark erschlossener Bereich, was auch an der fehlenden Tarifbindung der angestellten Praxisärzte liegt.

Quasi als Gegenstück zum Marburger Bund vertritt der NAV-Virchowbund mit seinen 12.000 Mitgliedern vor allem die Interessen der niedergelassenen Ärzte. Dass der Verband damit kaum 10 % der selbstständig-freiberuflichen Ärzte erreicht, ist sicherlich auch Ausdruck einer schwierigen Konkurrenzsituation zu anderen Verbänden (siehe den Beitrag von Evans und Hilbert in diesem Band). Zu dieser Konkurrenz gehört mit 34.000 Mitgliedern auch der Hartmannbund als dritter allgemeiner Ärzteverband, der zwar allen Arztgruppen unabhängig von Fachrichtung und Stellung im Beruf offensteht, wegen der ungleich höheren Anreize, die der Marburger Bund im Bereich der Krankenhausärzte setzt, aber faktisch vor allem niedergelassene Ärzte vertritt.

---

[3]Alle Mitgliederzahlen sind – auch im Folgenden – der Verbändeliste des Deutschen Bundestags (2017) entnommen. Hierbei ist zu beachten, dass offenbar nicht alle Verbände ihre Mitgliederangaben regelmäßig aktualisieren.

Den drei großen allgemeinen Ärzteverbänden stehen die Facharztverbände gegenüber, die sich zwar allesamt auf einzelne Fachrichtungen konzentrieren, sich jedoch in unterschiedlichem Ausmaß auf die Interessen niedergelassener Ärzte konzentrieren. Beim mit 32.000 Mitgliedern größten dieser Fachverbände, dem Deutschen Hausärzteverband, sind es allein die niedergelassenen und in der hausärztlichen Versorgung tätigen Ärzte für Innere und Allgemeinmedizin. Neben der Erbringung zielgruppenspezifischer Dienstleistungen, die für Hausärzte von großer Bedeutung sind, vertritt der Hausärzteverband vor allem die Interessen der Hausärzte gegenüber den niedergelassenen Fachärzten, nicht zuletzt in Fragen der Aufteilung der ambulanten Gesamtvergütung in einen haus- und in einen fach-ärztlichen Teil (siehe den Beitrag von Eckert und Rüsenberg in diesem Band). Den niedergelassenen Fachärzten fehlt hingegen eine ähnlich schlagkräftige Gesamtvertretung – der Deutsche Facharztverband, der diesen Anspruch grund-sätzlich hat, kann mit gerade 2300 Mitgliedern kaum die Interessen der 90.700 niedergelassenen Fachärzte vertreten. Vielmehr findet sich eine Vielzahl von Ver-bänden, die jeweils für einzelne Fachrichtungen stehen, sich aber entweder auf alle Fachärzte unabhängig von ihrer Beschäftigung in der ambulanten oder sta-tionären Versorgung stützen, oder rein auf die niedergelassenen Fachärzte einer Fachrichtung konzentrieren. Gerade die mitgliedsstärkeren Facharztverbände vertreten die Interessen der Fachärzte unabhängig von der Frage, ob sie ambu-lant oder stationär tätig sind. Der Berufsverband Deutscher Internisten (22.000 Mitglieder), der Berufsverband der Deutschen Chirurgen (17.500 Mitglieder), der Berufsverband der Frauenärzte (14.500 Mitglieder) oder der Berufsverband der Kinder- und Jugendärzte (12.000 Mitglieder) sind Beispiele hierfür.

Komplementär zu den Facharztverbänden findet sich noch eine Vielzahl von wissenschaftlichen Fachgesellschaften, die medizinische Teilbereiche abdecken, aber keine materiellen Berufsinteressen vertreten. Sie sind in der Arbeitsgemeinschaft der Wissenschaftlichen Medizinischen Fachgesellschaf-ten zusammengeschlossen. Politische Richtungsverbände sind im Organisati-onsfeld der Ärzte kaum zu finden, was auch an einer relativ hohen politischen Homogenität liegen mag. Der links ausgerichtete und sehr kleine Verein Demo-kratischer Ärztinnen und Ärzte ist hier die Regel bestätigende Ausnahme. Interessanterweise finden sich auch nur wenige Verbände, die quer zu den Fachrichtungen liegende Konfliktlinien abdecken. In Anbetracht eines Frauen-anteils von 46 % bei den approbierten Ärzten verwundert es schon, dass der Deutsche Ärztinnenbund, der sich für die berufliche Chancengleichheit von Frauen einsetzt, nur rund 2000 Mitglieder zählt.

Zusammenfassend lässt sich feststellen, dass das Organisationsfeld der etwas mehr als 370.000 berufstätigen Ärzte ein komplexes und ausdifferenziertes

System von Interessenverbänden hervorgebracht hat, dass sich entlang der dominanten Konfliktlinie zwischen abhängig beschäftigten und freiberuflichen Ärzten, der weitgehend deckungsgleichen Konfliktlinie zwischen in der stationären oder ambulanten Versorgung tätigen Ärzte, sowie der zwischen Haus- und Fachärzten entfaltet. Materielle Berufsinteressen bestimmter Ärztegruppen sowie eine damit verbundene Nachfrage an spezifischen Serviceleistungen scheinen für die Frage der Mitgliedschaft in einer oder mehrerer der vielen Ärzteverbände entscheidend zu sein. Gerade die Existenz von öffentlich-rechtlich organisierten Kammern und KVen macht die Vertretung partikularer Interessen spezifischer Gruppen in diesen durch besondere Verbände möglich und nötig. Die Interessenaggregation und -selektion findet im Bereich der Ärzte also nicht so sehr verbandsintern innerhalb eines Dach- oder Spitzenverbandes statt, sondern ist vielmehr durch den Wettbewerb verschiedenster Verbände innerhalb der demokratischen Strukturen von Kammern und KVen geprägt.

5   Ziel und Aufbau des Bandes

Gerade die Vielschichtigkeit der Interessenlagen und das ausdifferenzierte Verbändesystem machen die Ärzteschaft zu einem guten Untersuchungsfeld für die Neubestimmung von Einfluss- und Mitgliedschaftslogik bei Interessenverbänden. Der vorliegende Band dokumentiert dabei die Ergebnisse eines Forschungsprojekts an der Bonner Akademie für Forschung und Lehre praktischer Politik (BAPP), in dessen Rahmen Vertreter aus Wissenschaft und Praxis zu drei Veranstaltungen zusammenkamen und gemeinsam die oben angeführten Fragen diskutierten. Der Band gliedert sich dabei in drei Abschnitte, die vom Allgemeinen zum Besonderen das Thema bearbeiten.

Den Auftakt machen drei Beiträge, die Struktur und Form der Interessenorganisation im Gesundheitssektor betrachten. Tanja Klenk gibt zunächst ein umfassenden Überblick über die Interessenlagen im Gesundheitssektor, der nicht nur die der Ärzteschaft, sondern auch die anderer relevanter Akteure im Politikfeld, namentlich Krankenversicherungen, Patienten sowie Pflegekräfte, umfasst. Sie untersucht dabei vor allem, wie sich das Verhältnis zwischen den Akteuren angesichts staatlicher Regulierung verändert. Thomas Gerlinger fokussiert im folgenden Beitrag dann auf die Akteursgruppe der Ärzte und betrachtet Konfliktfelder und Konfliktlinien innerhalb dieser Gruppe. Er führt die Ausdifferenzierung der Interessen und der sie vertretenden Verbände in der Ärzteschaft vor allem auf den wissenschaftlichen Fortschritt in Form eines Trends zur beruflichen Spezialisierung sowie auf den ordnungspolitischen Wandel im Gesundheitssektor hin zu einem System des regulierten Wettbewerbs zurück. Katharina van Elten schließt sich an mit einer Analyse des Systems der ärztlichen Selbstverwaltung, der Ärztekammern. Sie sieht diese Organisationen in einem Spannungsfeld zwischen professionsorientierter Selbstvergewisserung und materiellen Verteilungskämpfen.

Der zweite inhaltliche Block des Bandes geht näher auf die Rolle von Mitgliedern für Ärzteverbände ein. Hans Werner Busch betrachtet hierbei die Praxis von Mitgliederrekrutierung und Mitgliederbindung aus der Perspektive des allgemeinen Verbandsmanagements. Seine zentrale These dabei ist, dass die Mitgliederzufriedenheit der zentrale Faktor für die Bindung von bisherigen wie die Rekrutierung von neuen Mitgliedern ist. Speziell zu den Ärzteverbänden stellt im Anschluss Thomas Brechtel die Ergebnisse empirischer Studien vor, wobei er vor allem eben auf jene Mitgliederzufriedenheit eingeht. Er stellt fest, dass die Zufriedenheit mit Spezialverbänden, die Einfluss- und Mitgliederlogik potenziell besser in Einklang bringen können, höher ausfällt als jene von Großorganisationen, die breitere Interessenlagen vertreten müssen.

Der dritte Teil des Bandes beschäftigt sich dann mit den wichtigsten Organisationen im Bereich der Ärzteschaft, die nach einem vergleichbaren Schema analysiert werden. Wir haben die Autoren dabei gebeten, die mit unserem Projekt verbundenen zentralen Fragen in den Vordergrund zu stellen: Welche Interessen versucht der Verband in welcher Form nach außen hin zu vertreten (Einflusslogik)? Welche Anreize setzt der Verband nach innen, um Mitglieder zu gewinnen, zu halten und zur Mitarbeit zu aktivieren (Mitgliedschaftslogik)? Gibt es Widersprüche zwischen diesen beiden Logiken, die sich in Austritten, Abwanderung zu anderen Verbänden oder innerverbandlicher Opposition niederschlagen? In diesem Rahmen gehen die Autoren zunächst auf Entstehung und Entwicklung der jeweiligen Verbände ein, beschreiben ihren rechtlichen Status bzw. ihre Organisationsstruktur, geben Informationen zu Mitgliederentwicklung und Mitgliederstruktur wider, um dann die Leistungen in den Blick zu nehmen, die der jeweilige Verband gegenüber seinen Mitgliedern erbringt. Schließlich werden die Interessen des Verbandes und ihre Vertretung nach außen sowie mögliche innerverbandliche Konflikte und Probleme dargestellt. In Anbetracht der Vielfältigkeit des Organisationsfeldes müssen die Verbandsportraits notwendigerweise exemplarisch bleiben, dennoch werden die wohl wichtigsten Organisationen vorgestellt: Philip Schillen und Corbin Kaiser stellen zunächst die Ärztekammern bzw. die Kassenärztliche Vereinigungen vor, Moritz E. Behm geht auf den Hartmannbund ein, Michaela Evans und Josef Hilbert porträtieren den NAV-Virchowbund, Samuel Greef analysiert den Marburger Bund, abschließend werfen schließlich Florian Eckert und Robin Rüsenberg einen Blick auf den Deutschen Hausärzteverband.

Wir hoffen mit diesem Band einen Beitrag zum Erkenntnisfortschritt im Bereich der politikwissenschaftlichen Verbändeforschung leisten zu können. Dabei verfolgt er nicht nur den Anspruch, das Organisationsfeld der Ärzteverbände – unserer Kenntnis nach in dieser Form erstmals – in seiner Breite wissenschaftlich zu beschreiben und zu analysieren, sondern soll darüber hinaus Anstöße für eine breitere Diskussion des Verhältnisses von Einfluss- und Mitgliedschaftslogik bei Interessenverbänden liefern. Als Herausgeber danken wir insbesondere der Bonner Akademie für Forschung und Lehre praktischer Politik (BAPP), die diesen Band durch ihre Unterstützung erst möglich gemacht hat. Stellvertretend für die vielen Personen, die im Rahmen der Veranstaltungen an der BAPP tätig geworden sind, gilt unser Dank insbesondere dem Präsidenten der Akademie, Herrn Prof. Bodo Hombach, dem wissenschaftlichen Leiter, Herrn Prof. Dr. Frank Decker, dem Geschäftsführer, Herrn Dr. Karsten Jung, sowie Herrn Holger Jackisch, der das Projekt intensiv betreut hat. Neben den Autoren der Beiträge dieses Bandes, die diese nicht nur schnell eingereicht, sondern auch auf unsere Forschungsfrage ausgerichtet haben, möchten wir auch den Vertretern der Ärzteverbände Referenz erweisen, die im Rahmen eines Expertenworkshops unseren Fragen Rede und Antwort standen: Herrn Armin Ehl, Hauptgeschäftsführer des Marburger Bundes, Herrn Dr. Burkhard Scheele, Hauptgeschäftsführer des Berufsverbandes der Frauenärzte, Herrn Tilo Radau, Geschäftsführer des Berufsverbandes Deutscher Internisten, Frau Susanne Paelmke, Justiziarin des Deutschen Hausärzteverbandes, sowie Frau Christel Schierbaum, Geschäftsführerin des Berufsverbandes der Kinder- und Jugendärzte. Frau Staatsministerin a. D. Birgit Fischer, Hauptgeschäftsführerin des Verbandes Forschender Arzneimittelhersteller (vfa), hat mit ihrer großen Expertise und politischen Erfahrungen das Projekt als Projektpatin unterstützt und voran gebracht. Bastian Schmidt danken wir schließlich für die Korrekturarbeiten am Manuskript.

Literatur

Abbott, Andrew. 2010. *The system of professions. An essay on the division of expert labor.* Chicago: University of Chicago Press.
Bandelow, Nils C. 2004. Akteure und Interessen in der Gesundheitspolitik. Vom Korporatismus zum Pluralismus? *Politische Bildung* 37 (2): 49–63.
Bandelow, Nils C. 2007. Ärzteverbände. Niedergang eines Erfolgsmodells? In *Interessenverbände in Deutschland*, Hrsg. Thomas von Winter und Ulrich Willems, 271–293. Wiesbaden: VS Verlag.
Beyers, Jan, und Caelesta Braun. 2014. Ties that count. Explaining interest group access to policymakers. *Journal of Public Policy* 34 (1): 93–121.

Beyers, Jan, Rainer Eising, und William A. Maloney. 2010. *Interest group politics in Europe. Lessons from EU studies and comparative politics.* London: Routledge.

Bouwen, Pieter, und Margaret Mccown. 2007. Lobbying versus litigation. Political and legal strategies of interest representation in the European Union. *Journal of European Public Policy* 14 (3): 422–443.

Brechtel, Thomas. 2001. Ärztliche Interessenpolitik und Gesundheitsreform: Die Zufriedenheit niedergelassener Ärzte mit den Berufsverbänden vor und nach dem Gesundheitsstrukturgesetz (GSG). *Zeitschrift für Gesundheitswissenschaften – Journal of Public Health* 9 (3): 273–288.

Bundesärztekammer. 2000. Ärztestatistik 2000. http://www.bundesaerztekammer.de/ueber-uns/aerztestatistik/aerztestatistik-der-vorjahre/aerztestatistik-2000. Zugegriffen: 5. Dez. 2016.

Bundesärztekammer. 2015. Ärztestatistik 2015. http://www.bundesaerztekammer.de/ueber-uns/aerztestatistik/aerztestatistik-2015. Zugegriffen: 5. Dez. 2016.

Chalmers, Adam W. 2012. Trading information for access. Informational lobbying strategies and interest group access to the European Union. *Journal of European Public Policy* 20 (1): 1–20.

Deutscher Bundestag. 2017. *Bekanntmachung der öffentlichen Liste über die Registrierung von Verbänden und deren Vertretern vom 4. Mai 2017.* Bundesanzeiger vom 19. Mai 2017, Bekanntmachung B1.

Dür, Andreas, und Gemma Mateo. 2012. Who lobbies the European Union? National interest groups in a multilevel polity. *Journal of European Public Policy* 19 (7): 1–19.

Elten, Katharina van. 2016. Dissens und Konfliktlinien in der ärztlichen Selbstverwaltung. In *Verbände unter Druck. Protest, Opposition und Spaltung in Interessenorganisationen*, Hrsg. Detlef Sack und Christoph Strünck, 217–232. Wiesbaden: VS Verlag.

Horch, Heinz-Dieter. 1982. *Strukturbesonderheiten freiwilliger Vereinigungen. Analyse und Untersuchung einer alternativen Form menschlichen Zusammenarbeitens.* Frankfurt a. M.: Campus.

Horch, Heinz-Dieter. 1992. *Geld, Macht und Engagement in freiwilligen Vereinigungen. Grundlagen einer Wirtschaftssoziologie von Non-Profit-Organisationen.* Berlin: Duncker & Humblot.

Kassenärztliche Bundesvereinigung. 2015. Statistische Informationen aus dem Bundesarztregister zur vertragsärztlichen Versorgung 2015. http://www.kbv.de/media/sp/2015_12_31.pdf. Zugegriffen: 5. Dez. 2016.

Klüver, Heike. 2012. Lobbying as a collective enterprise. Winners and losers of policy formulation in the European Union. *Journal of European Public Policy* 20 (1): 59–76.

Knodt, Michèle, Christine Quittkat, und Justin Greenwood. 2012. *Functional and territorial interest representation in the EU.* New York: Routledge.

Kopetsch, Thomas. 2010. *Dem deutschen Gesundheitswesen gehen die Ärzte aus! Studie zur Altersstruktur und Arztzahlentwicklung.* Berlin: Bundesärztekammer und Kassenärztliche Bundesvereinigung.

Luhmann, Niklas. 1999. *Zweckbegriff und Systemrationalität. Über die Funktion von Zwecken in sozialen Systemen.* Frankfurt a. M.: Suhrkamp.

Maloney, William A., Rainer Eising, und Jan Beyers. 2008. *The politics of organised interest in Europe. Lessons from EU studies and comparative politics.* London: Routledge.

Naschold, Frieder. 1967. *Kassenärzte und Krankenversicherungsreform. Zu einer Theorie der Statuspolitik*. Freiburg: Rombach.

Olson, Mancur. 2003. *The logic of collective action. Public goods and the theory of groups*. Cambridge: Harvard University Press.

Rehder, Britta, Ulrich Willems, und Thomas Winter. 2009. *Interessenvermittlung in Politikfeldern. Vergleichende Befunde der Policy- und Verbändeforschung*. Wiesbaden: VS Verlag.

Rosenbrock, Rolf, und Thomas Gerlinger. 2014. *Gesundheitspolitik. Eine systematische Einführung*. Bern: Huber.

Sack, Detlef, und Strünck Christoph. Hrsg. 2017. Verbände unter Druck. Protest, Opposition und Spaltung in Interessenorganisationen. *Sonderheft der Zeitschrift für Politikwissenschaft, 2*, Wiesbaden: Springer VS.

Salamon, Lester M. 1999. *Global civil society. Dimensions of the nonprofit sector*. Baltimore: The Johns Hopkins Center for Civil Society Studies.

Salamon, Lester M., und S. Wojciech Sokolowski. 2004. *Global civil society*. Dimensions of the nonprofit sector, Bd. II. Bloomfield: Kumarian Press.

Sanchez Salgado, R. 2014. Rebalancing EU interest representation? Associative democracy and EU funding of civil society organizations. *Journal of Common Market Studies* 52 (2): 337–353.

Schmitter, Philippe C., und Wolfgang Streeck. 1999. *The organization of business interests. Studying the associative action of business in advanced industrial societies*. Köln: Max Planck Institut für Gesellschaftsforschung. (Discussion paper 1999/01).

Simeaner, Hans, Michael Ramm, und Christa Kolbert-Ramm. 2014. *Datenalmanach Studierendensurvey 1993–2013. Studiensituation und Studierende an Universitäten und Fachhochschulen nach Geschlecht*. Konstanz: Arbeitsgruppe Hochschulforschung.

Streeck, Wolfgang. 1987. Vielfalt und Interdependenz. Überlegungen zur Rolle der intermediären Organisationen in sich ändernden Umwelten. *Kölner Zeitschrift für Soziologie und Sozialpsychologie* 39 (3): 471–495.

Streeck, Wolfgang, Jürgen R. Grote, Volker Schneider, und Visser Jelle. 2006. *Governing Interests. Business associations facing internationalization*. London: Routledge.

Strünck, Christoph. 2008. Claiming consumers' rights. Patterns and limits of adversarial legalism in European consumer protection. *German Policy Studies* 4 (1): 167–192.

Strünck, Christoph. 2012. Amerikanisierung der Verbraucherbewegung? Wie Foodwatch die Interessenvermittlung verändert. In *Grenzen der Zivilgesellschaft. Empirische Befunde und analytische Perspektiven*, Hrsg. Cornelia Fraune. Münster: Waxmann.

Strünck, Christoph. 2013. Public interest groups and policy analysis: a push for evidence-based policy-making. In *Policy analysis in Germany*, Hrsg. Sonja Blum und Klaus Schubert, 217–230. Bristol: Policy Press.

Willems, Ulrich, Annette Zimmer, und Ralf Kleinfeld. 2007. *Lobbying. Strukturen. Akteure*. Wiesbaden: VS Verlag.

Zimmer, Annette. 2007. Verbände als Dienstleister und Träger öffentlicher Aufgaben. In *Interessenverbände in Deutschland*, Hrsg. Thomas von Winter und Ulrich Willems, 393–412. Wiesbaden: VS Verlag.

Zimmer, Annette, und Rudolf Speth. 2009. Verbändeforschung. In *Politische Soziologie*, Hrsg. Viktoria Kaina und Andrea Römmele, 267–309. Wiesbaden: VS Verlag.

Über die Autoren

Dr. Tim Spier Juniorprofessor für Politikwissenschaft mit dem Schwerpunkt „Politisches System der Bundesrepublik Deutschland", Universität Siegen. Tim Spier ist plötzlich und unerwartet im November 2017 verstorben. Wir trauern um einen hochgeschätzten und engagierten Kollegen.

Dr. Christoph Strünck Professor für Politikwissenschaft mit dem Schwerpunkt „Sozial-politik", Universität Siegen. Direktor des Instituts für Gerontologie an der TU Dortmund.

Interessenlagen und Interessenpolitik im Gesundheitssektor

Tanja Klenk

1 Einleitung

Kaum ein anderes Politikfeld ist von so vielen Konfliktlinien geprägt wie die Gesundheitspolitik. Hier prallen ethische und wirtschaftliche Fragen aufeinander, es gibt sowohl altruistische und gemeinwohlorientierte wie auch gewinnorientierte Ziele. Zum Teil sind die Handlungsstrategien der Akteure durch rein private Interessen geprägt, zum Teil werden kollektive Interessen verfolgt. Die Interessen der Akteure sind mitunter latent, d. h. sie sind vage und werden (noch) nicht strategisch verfolgt, vielfach sind sie manifest, d. h. das ausdrückliche Ziel organisierter Gruppen (Dahrendorf 1972, S. 58). Dabei treffen konflikt- und durchsetzungsstarke Verbänden mit vielen Mitgliedern auf kleine Verbände, die „schwache Interessen" wie die der Patienten versuchen zu organisieren.

Demokratie ist ohne Interessen, Interessendifferenzen und die Auseinandersetzung über die Geltung und Anerkennung von Interessen nicht denkbar. Die entscheidende Frage, an der sich Demokratien messen lassen müssen, betrifft aber die Voraussetzungen zur Formierung und Artikulation von Interessen. Die Literatur zur Verbändeforschung hat früh schon die Annahme infrage gestellt, dass Interessen einfach von „außen" an den Staat herangetragen werden und stattdessen auf die zentrale Rolle des Staates bei der Ermöglichung von kollektivem Handeln verwiesen. Die Gewährleistung von Koalitionsfreiheit ist dabei nur eine notwendige, aber keineswegs hinreichende Voraussetzung für die Durchsetzung von Interessen.

T. Klenk (✉)
Universität Kassel, Institut für Sozialwesen, Kassel, Deutschland
E-Mail: tklenk@uni-kassel.de

© Springer Fachmedien Wiesbaden GmbH 2018
T. Spier und C. Strünck (Hrsg.), *Ärzteverbände und ihre Mitglieder,*
Studien der Bonner Akademie für Forschung und Lehre praktischer
Politik, https://doi.org/10.1007/978-3-658-19249-5_2

Der Staat nimmt vielmehr durch die Gewährung von Organisationshilfen – wie z. B. die Übertragung von hoheitlichen Aufgaben oder die Verordnung von Pflicht-mitgliedschaft in spezifischen Verbänden – gezielt Einfluss auf die Handlungsfä-higkeit sozialer Gruppen – oder eben nicht.

Der folgende Beitrag setzt sich mit den Interessenlagen und der Interessenpo-litik im Gesundheitssektor auseinander und rückt dabei genau jene ermöglichende Funktion staatlichen Handelns für gesellschaftliche Organisierung in den Blick-punkt (Streeck 1994, S. 10). Die Akteurskonstellationen im Gesundheitswesen sind äußerst komplex. Sowohl an der Politikformulierung wie auch an der Umsetzung der Politik ist eine Vielzahl von Akteuren beteiligt. Im Zentrum dieses Beitrags stehen vier zentrale Akteursgruppen des Gesundheitswesens: die Krankenversiche-rungen als Leistungsfinanzierer, die Ärzte und Pflegekräfte als Leistungserbringer, sowie die Patienten, um die sich im Kern alles dreht (bzw. drehen sollte).

Untersucht wird, wie sich das Kräfteverhältnis zwischen Ärzten, Pflegekräften, Patienten und Krankenversicherungen durch die Gewährung von staatlichen Organi-sationshilfen in Form der Inkorporierung in die Selbstverwaltung des Gesundheits-wesens und die Pflichtmitgliedschaft in Berufsverbänden verändert. Ein besonderes Augenmerk liegt auf der Frage, welche Konsequenzen der Wandel der Steuerung des Gesundheitswesens, der durch den Übergang von bürokratisch-professionellen Steuerungsinstrumenten zu einem regulierten Gesundheitsmarkt gekennzeichnet ist, für die Interessenpolitik und Interessenvermittlung im Gesundheitswesen hat.

Der Beitrag ist wie folgt aufgebaut. In Kap. 2 wird zunächst die tradierte Form der Interessenvermittlung im Gesundheitswesen dargestellt, die als ein sektoraler Korporatismus beschrieben werden kann. Kap. 3 fragt nach den Interessen und der Interessenorganisation der vier betrachteten Akteursgruppen (Kassen, Ärzte, Pfle-gekräfte und Patienten). In Kap. 4 wird schließlich untersucht, wie sich die Inter-essen, die Interessenorganisation und vor allem die Interessenvermittlung zwischen Verbänden einerseits und Politik und Administration andererseits im Kontext einer zunehmenden Vermarktlichung des Gesundheitswesens wandelt. Entgegen der vielfach geäußerten These, dass der Übergang zum Markt mit einer Abkehr von der korporatistischen Steuerung einhergeht, wird im Fazit eine Transformation, aber keine Erosion des sektoralen Korporatismus im Gesundheitswesen konstatiert.

2   Verbändebeteiligung im Gesundheitswesen

Verbände sind Zusammenschlüsse von Personen mit ähnlichen Interessen. Interes-sen können dabei als Ziele und Bedürfnisse von einzelnen Personen oder Gruppen verstanden werden, die aus gesellschaftlichen Verhältnissen und Problemlagen entstehen, Handlungsrelevanz erlangen und das Verhalten der Personen prägen (Rudzio 2015, S. 65; Rucht 1991, S. 5). Verbände aggregieren diese Interessen, formen sie durch Zusammenfassung und wechselseitige Abstimmung zu kollektiven Interessen, die gegenüber Staat und Gesellschaft artikuliert werden.

Grundsätzlich lassen sich drei Grundmuster der Vermittlung von Staat und kollektiven Interessen unterscheiden:

- der Korporatismus, bei dem es zu einer dauerhaften Integration von wenigen Verbänden – meist mit Interessenvertretungsmonopol – kommt,
- der Pluralismus, der auf den freien Wettbewerb von Interessen setzt und bei dem sich die Akteurskonstellationen bei der Interaktion zwischen Staat und Interessenverbänden immer wieder verändern,
- sowie der Lobbyismus, der nicht auf institutionelle Einbindung, sondern auf individuellen Kontakten und punktueller Einflussnahme basiert.

Den verschiedenen Strukturmustern der Verbändebeteiligung ist gemeinsam, dass ihnen eine Idee des politischen Tausches zugrunde liegt. Die Beteiligung von Verbänden an politischen Prozessen ist demnach nicht nur als eine Beeinflussung staatlichen Handelns durch private Akteure zu interpretieren. Vielmehr gibt es Vorteile für beide Seiten. Beim Lobbying werden vor allem Informationen und Kontakte getauscht. Die Besonderheit der institutionalisierten Varianten der Verbändebeteiligung ist, dass sich hier die privaten Verbände im Tausch für die lang- bzw. längerfristige Einbindung in politische Entscheidungsprozesse – zumindest in Teilen – auf die Verfolgung von gemeinwohlorientierten Ziele verpflichten lassen.

Interesseneinflussnahme kann in allen Phasen des politischen Prozesses erfolgen (Rudzio 2015, S. 87; Winter 2014): beim Agenda-Setting über die Beeinflussung der öffentlichen Meinung, bei der Politikformulierung durch Einflussnahme im Parlament und im Regierungsbereich, insbesondere in den Ministerien, in der Phase der Implementation schließlich durch Mitwirkung an der Verwaltung oder die gänzliche Verantwortungsübernahme für die Politikdurchführung.

Ob Interessenverbände mit der Geltendmachung ihrer Interessen erfolgreich sind und den politischen Prozess in ihrem Sinne beeinflussen können, hängt ganz von ihrer Konflikt- und Organisationsfähigkeit ab. Nach Mancur Olson (1986) sind für die Organisationsfähigkeit vor allem die Größe der Gruppe und die Homogenität ihrer Interessen entscheidend. Kleine, homogene Gruppen – z. B. Fachärzte – können ihre Interessen besser durchsetzen; die Etablierung eines Interessenverbands wird hingegen umso schwieriger, je größer und heterogener die Gruppe ist und je geringer daher der Nutzen des einzelnen Verbandsmitglieds ist, wie dies die Geschichte der Patientenorganisationen sehr deutlich zeigt.

Konfliktfähig ist eine Gruppe dann, wenn sie glaubhaft mit dem Entzug wirtschaftlich oder gesellschaftlich wichtiger Leistungen drohen kann. Je näher also organisierte Interessen am Wirtschaftssektor stehen, umso größer sind ihre Einflusschancen, wohingegen beispielsweise Patienten kaum Drohpotenzial haben. Auch das erklärt das strukturelle Machtgefälle zwischen Ärzten einerseits und Patienten andererseits.

Kollektive Interessen sind nicht einfach gegeben und werden von außen den Staat herangetragen. Sie werden vielmehr in einem von sozialen Institutionen strukturierten Prozess definiert. Die Verbändeforschung hat in diesem Kontext schon früh für die vielfältigen Wechselwirkungen zwischen Staat und Interessenverbänden sensibilisiert. Nicht-staatliches kollektives Handeln kommt nur selten gänzlich freiwillig und ohne staatliche Rahmung zustande (Winter 2007). Vor allem in korporatistischen Feldern wird die Formierung von Interessenverbänden und die Chancen zur Durchsetzung ihrer Interessen häufig durch staatliche Organisationspolitik gezielt beeinflusst. Typische Organisationshilfen sind neben finanziellen und infrastrukturellen Hilfen beispielsweise die Verleihung von politischem Status oder ein privilegierter Zugang zu Entscheidungsprozessen, aber auch die Verordnung von Pflichtmitgliedschaft z. B. im Rahmen von berufsständischen Kammern, oder die Beleihung mit hoheitlichen Aufgaben, idealiter verbunden mit Selbstverwaltungskompetenz.

In der Literatur wird ein klassischer Korporatismus, bei dem tripartistische Gremien auf nationaler Ebene Entscheidungen aushandeln, von einem sektoralen oder Meso-Korporatismus unterschieden, der sich nur auf ein spezifisches Politikfeld – z. B. Gesundheitspolitik – bezieht und dessen konkrete Form sich je nach Politikfeld unterscheidet. Typischerweise gibt es in Politikfeldern eine Vielzahl unterschiedlicher Verbände, die mit einem Repräsentationsmonopol ausgestattet sein können, aber keineswegs müssen. Ein sektorspezifischer Korporatismus kann sich nur in den Feldern herausbilden, in denen es Verbände mit Repräsentationsmonopol gibt, die nach innen verpflichtungsfähig sind und Integration erzeugen. In meso-korporatistischen Arrangements unterhält der Staat dauerhaft institutionalisierte Austauschbeziehungen mit den Verbänden mit Repräsentationsmonopol, nicht aber mit den anderen Verbänden. Die Verbändelandschaft wird in Feldern mit sektoralem Korporatismus daher durch eine Insider-Outsider-Linie strukturiert, die maßgeblich die Dynamiken der Verbandsentwicklung und die Einflusschancen der unterschiedlichen Verbände bestimmt (Winter 2014, S. 182).

Das Gesundheitswesen galt lange Zeit als ein Paradebeispiel für einen Meso-Korporatismus (Lehmbruch 1988). Über alle Ebenen des politischen Systems hinweg lassen sich hier korporatistische Verhandlungsarenen identifizieren, in denen Interessenverbände dauerhaft in politische Prozesse eingebunden sind

(Rosenbrock und Gerlinger 2014, S. 16). Lange Zeit waren in diese Verhandlungsarenen nur die Interessenvertreter der Ärzte und der Krankenkassen als
Leistungsfinanzierer eingebunden, wohingegen die Interessen von Patienten, aber
auch die der Pflegekräfte als zweite wichtige Gruppe innerhalb der Leistungserbringer, nicht inkorporiert waren. Genau diese tradierte Trennlinie zwischen
den Insidern und den Outsidern der korporatistischen Verhandlungsarenen im
Gesundheitswesen ist aber in den vergangenen Jahren immer wieder Gegenstand
der gesundheitspolitischen Reformdebatten gewesen und wurde, wie in den folgenden Kapiteln gezeigt wird, schrittweise neu justiert.

Dabei zählt es zu den institutionellen Besonderheiten der Gesundheitspolitik,
dass die Interessenvermittlung auch und gerade im Bereich der Politikimplemen-
tation stattfindet. Zwar ist der Staat nach Artikel 2, Abs. 2 GG für die Gesundheit
und körperliche Unversehrtheit der Bürger verantwortlich. Doch diese Verantwortung wird in der Bundesrepublik – wie auch schon in der Weimarer Republik und
dem Kaiserreich, in dem sich Gesundheitspolitik als staatliches Handlungsfeld her-
auskristallisierte – traditionell als eine Gewährleistungsverantwortung (Schuppert
2008) interpretiert. Gesundheitliche Leistungen werden ganz wesentlich von privaten oder parastaatlichen Organisationen „in Selbstverwaltung" erbracht und finan-
ziert, wohingegen staatliche Akteure vor allem als Regulierungsinstanzen fungieren.

Typisch für das Gesundheitswesen ist die Interessenformierung und -artikulation
durch Verbände mit Pflichtmitgliedschaft, d. h. der Staat trägt selbst dafür Sorge,
dass es verpflichtungsfähige Verbände mit Repräsentationsmonopol gibt. Ärzte sind
häufig gleich mehrfach Mitglied in Kammern mit Pflichtmitgliedschaft, z. B. bei
den für Aus- und Fortbildung zuständigen Ärztekammern und bei den kassenärztlichen Vereinigungen, die Niederlassungsfragen und die Verteilung der finanziellen
Mittel im ambulanten Sektor regeln. Für Bürger besteht die Versicherungspflicht bei
einer (gesetzlichen oder privaten) Krankenkasse. Im Gegenzug zur Pflichtmitgliedschaft sind sowohl die Krankenkassen wie auch die berufsständischen Kammern
mit umfassenden Selbstverwaltungsrechten ausgestattet worden.

Auch wenn im Laufe der vergangenen Jahre die Selbstverwaltungsrechte
zugunsten von marktlicher und staatlicher Steuerung immer weiter eingeschränkt
wurden (siehe unten), so gibt es im Politikfeldvergleich doch kein anderes Feld,
in dem die Exekutive in so starkem Maße in die Normsetzung eingebunden ist
(Hänlein 2001). Der Gesetzgeber hat die Konkretisierung von zahlreichen
Detailfragen an die Verbände delegiert und ihnen damit die Befugnis gegeben,
verbindliches Recht zu setzen (Axer 2000, S. 95). In Teilen der Literatur werden
die Verbände der Sozialversicherungsträger und der Leistungserbringer daher
nicht mehr als Objekt, sondern gar als Subjekte der Gesetzgebung klassifiziert
(Schwartz et al. 2012).

Die Frage, wie die Formen der Interessenvermittlung zwischen Staat und Verbänden zu bewerten sind, wird in der Literatur höchst kontrovers diskutiert. Aus einer demokratietheoretischen Perspektive, die vor allem auf die Input-Seite des politischen Systems fokussiert, besteht ein grundsätzlicher Zweifel an der Demokratieverträglichkeit der verbandlichen Interessenvermittlung, insbesondere wenn es, wie im Fall der korporatistischen Interessenvermittlung, um eine dauerhafte Einbindung von Akteuren geht, die nicht durch allgemeine Wahlen legitimiert sind. Demgegenüber hat sich vor allem die frühe Literatur zum Korporatismus darum bemüht, die Vorteile korporatistischer Arrangements auf der output-Seite herauszuarbeiten. Diese liegen beispielsweise in der staatsentlastenden Wirkung der verbandlichen Steuerung und in ihrer Befriedungsfunktion, wenn z. B. die antagonistischen Interessen von Leistungsanbietern und -finanzierern durch den Zusammenschluss in der gemeinsamen Selbstverwaltung zur Kooperation gezwungen werden (Streeck 1994, S. 18).

3   Akteure und ihre Interessen im Gesundheitssektor

Fragt man nach Interessenlagen im Gesundheitswesen, so lassen sich im Kern vier Akteursgruppen unterscheiden: Nutzer, Leistungsfinanzierer, Leistungsanbieter und staatliche Akteure als Regulierer. Interessenkonflikte entstehen in der Gesundheitspolitik nicht nur dadurch, dass Leistungsanbieter, Leistungsfinanzierer, Nutzer und staatliche Akteure jeweils ein sehr unterschiedliches Verständnis von einer effizienten und effektiven Gesundheitspolitik haben. Komplex wird die Interessenlage vor allem dadurch, dass keiner der vier Akteure eine homogene Gruppe darstellt, sondern jede Gruppe jeweils sehr heterogene Interessen in sich vereint.

So hängt die Interessenlage von Nutzern von Gesundheitsleistungen ganz entscheidend davon ab, ob sie nur temporär krank oder dauerhaft beeinträchtigt und auf die Leistungen des Gesundheitswesens angewiesen sind, wie ernsthaft die Erkrankung ist, ob sie alt oder jung, mit oder ohne Familienanhang sind etc. Aber selbst dauerhaft beeinträchtigte Personen blicken nicht nur aus der Perspektive des Patienten auf das Gesundheitswesen. Als Bürger haben sie entsprechend ihrer politischen Haltung spezifische Vorstellungen über die Verantwortungsteilung und das Verhältnis von Staat, Markt und Verbänden im Gesundheitswesen. Als Versicherte interessieren sie sich vor allem für die Höhe der (Sozial-)Versicherungsbeiträge und die Kundenorientierung ihrer Krankenkassen; erst im Fall von Krankheit gewinnen Fragen des Zugangs zu Leistungen und der Qualität in der

Beziehung zur Krankenkasse an Relevanz. Kurzum: Nutzer haben als Patienten, Bürger und Versicherte multiple Rollen im Gesundheitswesen und es hängt vom Lebenslauf und der Lebenslage ab, welche der Rollen dominant ist (Ewert 2013). Von multiplen Rollen kann man auch bei den Krankenkassen sprechen. Sie sind zum einen gesetzlich zu einem gemeinsamen und einheitlichen Handeln verpflichtet, dessen institutionalisierter Ausdruck der GKV-Spitzenverband ist. Zum anderen stehen die Krankenkassen in einem scharfen Wettbewerb um Mitglieder und die Höhe von Zusatzbeiträgen. Die Errichtung der gesetzlichen Krankenkassen im Jahr 1883 markiert den Beginn der staatlichen Gesundheitspolitik. Bismarcks Reformkonzept der Sozialversicherung als Erwerbstätigenversicherung sah die Solidarität verschiedener Berufsgruppen – Arbeiter, Handwerker, Bergarbeiter, Kaufleute etc. – als Ordnungsprinzip vor. Mit der schrittweisen Ausdehnung der Krankenversicherungspflicht im Laufe der Jahrzehnte wurden immer weitere Berufsgruppen (z. B. die Angestellten im Jahr 1911 oder die Landwirte im Jahr 1972) in die gesetzliche Krankenversicherung einbezogen. Historisch bildeten sich so unterschiedliche Kassenarten – neben den berufsständisch organisierten Kassen gab es auch Kassen mit regionalem (z. B. die AOKen) oder branchenspezifischem (z. B. die Betriebskrankenkassen) Fokus – mit je eigenen Spitzenverbänden heraus, die als korporative Akteure die Interessen der Krankenkassen gegenüber Politik und Verwaltung vertraten.

Auch heute noch lassen sich sechs verschiedene Kassenarten unterscheiden. Diese haben jedoch seit dem Gesundheitsstrukturgesetz (GSG) 1993 an Bedeutung verloren. Mit diesem Gesetz wurde den Mitgliedern der gesetzlichen Krankenversicherung mit Wirkung zum 01.01.1996 ermöglicht, ganz unabhängig von Beruf, Branchenzugehörigkeit und Wohnort ihre Krankenkasse auszuwählen. Seither stehen die Einzelkassen im direkten Wettbewerb zueinander und konkurrieren um Mitglieder. Eine der Folgen des Mitgliederwettbewerbs ist eine zunehmende Konzentration im Markt der gesetzlichen Krankenversicherung: Von den mehr als 1200 Kassen, die es zu Beginn der 1990er Jahre gab, sind heute noch 118 übrig (Stand 1. Quartal 2016).

Einen weiteren Bedeutungsverlust haben die Kassenarten mit dem Gesetz zur Stärkung des Wettbewerbs in der Gesetzlichen Krankenversicherung (GKV-Wettbewerbsstärkungsgesetz – GKV-WSG) 2007 erfahren. Mit dieser Reform wurde der GKV-Spitzenverband geschaffen, der nun für eine einheitliche Interessenvertretung der Krankenkassen gegenüber Politik und Öffentlichkeit verantwortlich ist. Die beiden genannten Reformen, das Kassenwahlrecht für Versicherte und die Einführung des Spitzenverbands, haben höchst konträre Wirkungen für die Interessenformierung und Interessenwahrnehmung der gesetzlichen Krankenkassen.

Während die Schaffung des Spitzenverbands für eine Zentralisierung und Vereinheitlichung der Interessenwahrnehmung steht, stärkt die Logik des Kassenwettbewerbs die Stellung der Einzelkassen und fordert die Verfolgung von individuellen Strategien. Wie schwierig sich die beiden Handlungslogiken miteinander verknüpfen lassen, wird an den Verhandlungen von konkreten Regulierungsfragen deutlich, wie zum Beispiel der Gestaltung des morbiditätsorientierten Risikostrukturausgleichs. Aufgrund ihrer Geschichte als berufs- oder branchenspezifische Organisationen haben Kassen, die traditionell Mitglieder aus Berufsfeldern mit hohen Gesundheitsrisiken versicherten, eine Erblast an schlechten Risiken, d. h. einen hohen Anteil an alten und kranken und daher kostenintensiven Versicherten. Kassen hingegen, die traditionell Angestellte versicherten, konnten mit einer deutlichen besseren Marktposition in den Wettbewerb einsteigen. Letztere leisteten erheblichen Widerstand gegen die Einführung eines *Morbi-RSA*, mit dem der Gesetzgeber die unterschiedlichen Wettbewerbspositionen der Krankenkassen ausgleichen wollte (Gerlinger 2014, S. 43–44).

Ebenso heterogen wie die Interessen der Nutzer und der Kassen sind die Interessen der Leistungserbringer. Bei den Ärzten gibt es die Konfliktlinie zwischen den niedergelassenen und den im stationären Sektor beschäftigten Ärzten; das Geschehen innerhalb des ambulanten Sektors wiederum ist von den Interessendivergenzen zwischen Haus- und Fachärzten geprägt (vgl. hierzu ausführlich die Beiträge Gerlinger und van Elten in diesem Band). Der Blick auf die Interessenvermittlung bei den Leistungserbringern im Gesundheitssektor macht zum einen die zentrale Rolle der Ärzte im deutschen Gesundheitswesen deutlich, zum anderen die zentrale Rolle des Staates bei der Formierung und Repräsentation von Interessen.

Obwohl das SGB V einen relativ breiten Leistungserbringer-Begriff zugrunde legt (SGB V Kap. 4), ist in die Kerninstitutionen der Selbstverwaltung des Gesundheitswesens nur die ärztliche Profession eingebunden, nicht aber beispielsweise die Berufsgruppe der Pflegekräfte. Die Hierarchie zwischen der ärztlichen Profession und der Pflege als Semiprofession wird durch die ungleiche Verteilung von staatlichen Organisationshilfen weiter stabilisiert. Auch die Akteure der Arzneimittelversorgung – Apotheker und Unternehmen der Pharmabranche – stehen außerhalb des korporatistischen Interessenvermittlungsregimes; Interessenvermittlung findet hier nach dem Muster des Lobbyings statt (Jantzer 2006).

Letztlich ist noch festzuhalten, dass freilich auch der Staat kein monolithischer Akteur ist. Interessendivergenzen entstehen hier weniger durch Parteienkonflikte als vielmehr durch den föderalen Konflikt zwischen Bund und Ländern. Vor allem in der Krankenhauspolitik, wenn es beispielsweise um Fragen der

Investitionskostenfinanzierung oder die Schließung von Krankenhäusern geht, wird dieser Konflikt manifest (Klenk 2016). Im Verhältnis zu den Ländern konnte das Bundesministerium für Gesundheit dabei in den vergangenen Jahren seine Position stärken und sein Einflusspotenzial ausbauen. Deutlich wird dies beispielsweise im jüngsten Krankenhausstrukturgesetz 2015, bei dem das Bundesministerium durchsetzen konnte, dass auch die Finanzierung von Krankenhausinvestitionen zukünftig stärker von deren Qualität abhängt.

Der kurze Blick auf die Interessenlagen im Gesundheitswesen zeigt, dass strukturelle Machtungleichgewichte zwischen den verschiedenen Akteuren bestehen. Die unterschiedlichen Machtressourcen sind auf die Unterschiede in der Organisations- und Konfliktfähigkeit der Gruppen zurückzuführen – die aber ihrerseits wiederum ganz entscheidend von Organisationshilfen vonseiten des Staates abhängen.

4 Wandel der Governance im Gesundheitssektor – Wandel der Interessenvermittlung?

In den vergangenen zwei Jahrzehnten hat sich im Gesundheitswesen ein Paradigmenwechsel vollzogen, der zu einem grundlegenden Wandel der Steuerungsstrukturen geführt hat. Das Gesundheitswesen hat sich dabei von einem Politikfeld, das die sozialen Risiken einer Marktgesellschaft abfedert und dabei weitgehend ‚marktfrei' gesteuert wird, hin zu einem ökonomisierten Politikfeld entwickelt, das ganz explizit auf Markt und Wettbewerb bei der Finanzierung und Leistungserbringung gesundheitlicher Leistungen setzt. In Gang gesetzt wurde diese Entwicklung durch die Einführung des Kassenwahlrechts für die Versicherten durch das Gesundheitsstrukturgesetz 1993 einerseits und durch die schrittweise Abschaffung des Vollkostenerstattungsprinzips und Einführung von Budget, Festpreisen und Mengensteuerung aufseiten der Leistungserbringer andererseits (für Details vgl. Gerlinger 2014; Manzei und Schmiede 2014; Götze et al. 2009).

Die folgenden Kapitel diskutieren, wie sich unter diesen Bedingungen die Staat-Verbände-Beziehungen verändern und welche Folgen dies für die Chancen der Interessenvertretung von Patienten, Ärzten, Krankenversichern und Pflegekräften hat. Korporatistische Staat-Verbände-Beziehungen mit einer dauerhaften Einbeziehung ausgewählter Verbände in politisch-administrative Prozesse gelten in der Literatur als typisch für koordinierte Wirtschaftssysteme. Für wettbewerblich organisierte Felder hingegen gelten pluralistische oder gar lobbyistische Staat-Verbände-Beziehungen als adäquat, die immer wieder den veränderten Angebots- und Nachfragesituationen angepasst werden können (Molina und Rhodes

2002, S. 310). Trifft diese Annahme auch auf das deutsche Gesundheitswesen zu? Kommt es mit einer zunehmenden Bedeutung von wettbewerblicher und marktlicher Steuerung auch zu einem Wettbewerb bei der Interessenvertretung?

4.1 Gemeinsame Selbstverwaltung der Ärzte und Kassen: Von der kollektiven Interessenvertretung zur Marktregulation

Das Zusammenwirken von Krankenkassen und Ärzten im Rahmen der sogenannten „gemeinsamen Selbstverwaltung" gilt als der Prototyp des Korporatismus im Gesundheitswesen. Ziel der gemeinsamen Selbstverwaltung ist die Sicherstellung der ambulanten vertragsärztlichen Versorgung der gesetzlich Versicherten. Gremien der gemeinsamen Selbstverwaltung – Bundes- und Landesausschüsse, Bewertungsausschüsse oder Schiedsämter – finden sich auf allen Ebenen des politischen Systems. Die Gremien sind in der Regel paritätisch mit Vertretern der Verbände der Krankenkassen und der Ärzte besetzt, zum Teil um unparteiische Mitglieder erweitert und vom Gesetzgeber dazu ermächtigt, Regelungen in Form von Richtlinien, Bewertungsmaßstäben oder Schiedsamtssprüchen etc. zur Steuerung der vertragsärztlichen Versorgung zu erlassen (Axer 2000).

Die gemeinsame Rechtssetzung der Krankenkassen und der Interessenvertreter der niedergelassenen Ärzte geht zurück auf das Berliner Abkommen von 1913. Nach einer langen Phase von Konflikten über Vertrags- und Finanzierungsfragen sah das Berliner Abkommen die Errichtung mehrerer paritätisch besetzter Ausschüsse vor, zunächst befristet für eine Erprobungsphase von 10 Jahren. Einigungszwang zwischen den beiden Konfliktparteien resultierte aus der Beteiligung neutraler, von staatlicher Seite bestellter Beisitzer an den Verhandlungen bzw. aus der Möglichkeit der staatlichen Zwangsschlichtung im Falle der Nicht-Einigung (Tennstedt 1977).

Im Unterschied zu den gesetzlichen Krankenkassen war die Interessenvertretung der Ärzte zu diesem Zeitpunkt noch nicht körperschaftlich verfasst. Bei Verhandlungen stellt sich daher immer auch die Frage des Vertretungsmonopols. Kassenärztliche Vereinigungen als Körperschaften öffentlichen Rechts mit Pflichtmitgliedschaft, die die Interessen der Ärzte in den Honorarverhandlungen mit den Kassen repräsentieren, wurden erst 1931 erschaffen. In Verhandlungen mit Vertretern der Kassen, die aufgrund der vielfältigen Wirtschaftskrisen dieser Zeit in einer wirtschaftlich sehr schwierigen Lage waren, verlangten die Ärztevertreter als Gegenleistung für ein Abkommen mit der Krankenversicherung die Errichtung einer öffentlich-rechtlichen Kammer. Der Friedensschluss von 1931 ist noch heute fest im Kollektivgedächtnis sozialpolitischer Akteure verankert und ist Symbol für die Befriedung des Verteilungskonfliktes zwischen Ärzten und Krankenkassen (Döhler 2002). Mit dem Abkommen wurde ein Kollektivvertragssystem eingeführt, das in seiner Grundstruktur immer noch gültig ist: Die Kassen zahlen das Honorar für die Ärzte an die Kassenärztlichen Vereinigungen, die gegenüber den Krankenkassen eine Gewähr für eine wirtschaftliche Behandlung übernehmen, für die Verteilung des Honorars innerhalb der Ärzteschaft verantwortlich sind und über Disziplinarrechte gegenüber den Ärzten verfügen.

Bei der Gründung der Bundesrepublik wurde inhaltlich und strukturell an das zum Ende der Weimarer Republik geltende Recht angeknüpft und das Kollektivvertragssystem fortgeführt. Seit Mitte der 1970er Jahre, als die Kostenentwicklung im Gesundheitswesen in einem immer stärkerem Maße öffentlich wahrgenommen und problematisiert wurde, ist zu beobachten, dass sich die Rechtfertigungsmuster für die gemeinsame Selbstverwaltung verändern: Wurde sie bis dato vor allem aufgrund ihrer konfliktmindernden und gesellschaftsstabilisierenden Wirkung gerechtfertigt, so wird nun stärker ihre politikentlastende Funktion und ihr möglicher Beitrag zu einer effizienten und effektiven Staats- und Verwaltungsorganisation hervorgehoben.

In den 1970er Jahren begann die Phase der Kostendämpfungspolitik, die in organisatorischer Hinsicht zunächst unter Zuhilfenahme der Verbände der Krankenkassen und Ärzte umgesetzt wurde. Die Verbände erhielten mehr Handlungsmöglichkeiten zur Feinsteuerung des Gesundheitswesens – allerdings mussten sie auch die Verantwortung für die Durchsetzung der Kostendämpfung im Gesundheitswesen tragen (Bandelow 2004). Im Zentrum dieser „Strategie der Korporatisierung" (Döhler und Manow-Borgwardt 1992) steht der gemeinsame Bundesausschuss Ärzte und Krankenkassen. Die Kompetenzen und Aufgabenfelder dieses zentralen verbandlichen Steuerungsgremiums wurden in den vergangenen Jahrzehnten beständig ausgeweitet, zuletzt durch das Krankenhausstrukturgesetz 2015. Dort wurden dem Gremium neue Verantwortlichkeiten im Bereich der Qualitätssicherung im Gesundheitswesen übertragen (Vrangbaek et al. 2016).

Der gemeinsame Bundesausschuss gilt heute als das politische Machtzentrum der Steuerung im Gesundheitswesen. Der Ausbau des gemeinsamen Bundesausschusses zum „kleinen Gesetzgeber" (Oldiges 2000) wird in der politischen und wissenschaftlichen Debatte allerdings sehr kritisch beurteilt. Aus einer demokratietheoretischen Perspektive wird vor allem die Reichweite der Normsetzungskompetenz eines verbandlichen Steuerungsgremiums, das nicht durch allgemeine Wahlen legitimiert ist, als problematisch betrachtet. Zwar erscheinen auf den ersten Blick die relevanten Akteure des Gesundheitswesens – Leistungserbringer, Leistungsfinanzierer und Patienten – im gemeinsamen Bundesausschuss vertreten.

Die Einflusschancen sind aber zwischen den Akteursgruppen ungleich verteilt, sodass nicht von partizipatorischer Legitimation im Sinne einer „Betroffenen-Selbstverwaltung" gesprochen werden kann (Kluth 2015). Auch wenn durch die Rechtsprechung des Bundesverfassungsgerichts Zweifel an der formalen demokratischen Legitimation des gemeinsamen Bundesausschusses ausgeräumt wurden, so bleibt doch festzuhalten, dass die institutionellen Steuerungsstrukturen im Gesundheitswesen die Interessenwahrnehmung der Krankenkassen und der Ärzte gegenüber anderen Akteuren begünstigt. Das zeigt auch der folgende Abschnitt über die Vertretung der Interessen der Patienten.

An der zentralen Stellung der Ärzte und Krankenkassen im institutionellen Regime des Gesundheitswesens ändert auch die Transformation der Steuerungsstrukturen hin zu einem regulierten Gesundheitsmarkt nichts. Die Vermarktlichung des Gesundheitssektors hat zweierlei zur Folge. Zum einen steigt aufgrund der verknappten und wettbewerblich vergebenen Ressourcen die Konfliktintensität zwischen den Akteuren. Zum anderen stärkt die wettbewerbliche Steuerung die *individuellen* Interessen der Akteure im Vergleich zu ihren *kollektiven* Interessen (für Details hierzu vgl. Gerlinger in diesem Band). Die Konflikte innerhalb und zwischen den Interessengruppen werden aber immer noch, wie in den Hochphasen der meso-korporatistischen Steuerung des Gesundheitswesens, in aller Regel von den Verbänden alleine mittels Verhandlung und Vertrag gelöst, ohne direkte staatliche Intervention.

Um den veränderten Rahmenbedingungen eines regulierten Gesundheitsmarktes Rechnung zu tragen, hat der Gesetzgeber aber parallel zur schrittweisen Intensivierung des Wettbewerbs das Schiedswesen im Gesundheitssektor ausgebaut. Schiedsstellen sind ehrenamtliche Gremien, in der eine gleiche Anzahl der Repräsentanten der Konfliktparteien und weitere neutrale Mitglieder vertreten sind, die – ohne sofort den formalen Rechtsweg einzuschlagen – versuchen, den Konflikt zu lösen. Konfliktschlichtung durch Schiedsverfahren hat im Gesundheitswesen eine lange Tradition und geht – wie das gesamte Kollektivvertragssystem – auf das Berliner Abkommen zwischen niedergelassenen Ärzten und Krankenkassen von 1913 zurück (Schnapp 2004). Das Schiedsverfahren wurde lange Zeit vor allem für Vertragsstreitigkeiten im ambulanten Sektor eingesetzt.

Mit Beginn der wettbewerblichen Transformation des Gesundheitswesens ist aber zu beobachten, dass immer neue Schiedsstellen geschaffen bzw. neue Konfliktkarten schiedsstellenfähig erklärt werden, vor allem im stationären Sektor, aber auch in den zur Krankenpflege angrenzenden Sektoren (Pharmazie, Pflege, Hebammen etc.). Das Beispiel der Konfliktlösung durch Schiedsstellen zeigt, dass die typischen Akteurskonstellationen unter veränderten Governance-Formen eine Neuinterpretation erfahren können: Aus korporatistischen Verbänden im

Kollektivvertragssystem werden Regulierer des Gesundheitsmarktes. Das Beispiel der gemeinsamen Selbstverwaltung im Gesundheitswesen zeigt aber auch die Grenzen der verbandlichen Selbststeuerung in einer wettbewerblichen Umgebung. Die Fähigkeit der korporativen Organisationen, über Vereinbarungen im Rahmen der Gemeinsamen Selbstverwaltung tragfähige Kompromisse zu erzielen, hat spürbar abgenommen (SVR – Sachverständigenrat zur Begutachtung der Entwicklung im Gesundheitswesen 2005). Sie haben zwar in den vergangenen Jahren mehr und mehr Regelungstatbestände zur Klärung übertragen bekommen; gleichzeitig sind aber auch die die Spielräume zur Verhandlung kleiner und kleiner geworden.

In der Folge werden mehr und mehr werden allokationsrelevante Entscheidungen nicht mehr im Rahmen von Verhandlungen zwischen den Leistungserbringern und den Leistungsfinanzierern geklärt, sondern im Rahmen von Zwangsschlichtungen bei den jeweils zuständigen Schiedsstellen. Bei den Verhandlungen in der vertragsärztlichen Versorgung sind Schiedsverfahren fast zur Regel geworden (GKV Spitzenverband Bund der Krankenkassen 2013, S. 13).

4.2 Patienteninteressen: schrittweise Inkorporierung schwacher Interessen

Patienten sollten eigentlich im Mittelpunkt des Gesundheitswesens stehen. Tatsächlich sind sie aber bei der Artikulation und der Durchsetzung ihrer Interessen mit strukturellen Problemen konfrontiert. Sie sind nicht nur, wie oben beschrieben, eine höchst heterogene und daher in Bezug auf ihre Organisationsfähigkeit „schwache" Gruppe (Hänlein und Schroeder 2010). Sie stehen darüber hinaus mit Ärzten und den Sozialversicherungsträgern in einer Dreiecksbeziehung und müssen ihre Interessen gleich gegenüber zwei Akteuren geltend machen, die mit deutlich mehr Machtressourcen ausgestattet sind.

Die Beziehung zwischen Arzt und Patient ist von einer generellen Wissens- und damit Machtasymmetrie gekennzeichnet. Zum Selbstverständnis der medizinischen Profession gehört, dass nur der Arzt als Experte das notwendige Wissen zur Diagnose und Bestimmung der Behandlungsform verfügt. Patienten sind daher auf das professionelle Urteil angewiesen, um das komplexe Gut „Gesundheit" bewerten und Entscheidungen treffen zu können. Institutionalisiert wird das ärztliche Definitions- und Behandlungsmonopol dadurch, dass Ärzte in allen Gremien der Selbstverwaltung des Gesundheitswesens eine Schlüsselstellung einnehmen und damit ihre Interpretation von Gesundheit und Krankheit zur gesellschaftlich dominanten machen können.

Ähnlich asymmetrisch gestaltet sich die Interaktion von Patienten mit den Krankenversicherungsträgern. Einerseits sehen die institutionellen Steuerungs-strukturen im Gesundheitswesen vor, dass die Nutzer von gesundheitlichen Leistungen ihre Interessen über die Selbstverwaltung der gesetzlichen Kran-kenkassen geltend machen. In den Selbstverwaltungsorganen der gesetzlichen Krankenkassen arbeiten Versichertenvertreter mit, die im gewissen Umfang die Organisationspolitik der Kassen mitgestalten können (Braun et al. 2009). Die Interessenvertretung über die Krankenkassenselbstverwaltung gilt aber als sehr schwach mit nur wenig Einflusspotenzial.

Historisch bedingt – Bismarck hat die gesetzliche Krankenversicherung in erster Linie als eine Einrichtung zur sozialen Absicherung der erwerbstätigen Bevölkerung geschaffen (Reidegeld 1996) – wird die Vertretung der Interessen der Versicherten vor allem von gewerkschaftlichen bzw. gewerkschaftsnahen Per-sonen wahrgenommen. Dies hat zur Folge, dass nur eine der multiplen Rollen von Nutzern repräsentiert wird: die der Versicherten. Zwar agieren die Vertreter der Versicherten in den Selbstverwaltungsgremien mit dem Anspruch, die Interessen aller (der gesunden und der kranken) Versicherten zu berücksichtigen. Freilich können aber bei konkreten Entscheidungen in der Regel nicht die Interessen und Bedürfnisse beider Akteursgruppen gleichermaßen bedient werden. Der Inter-essenkonflikt muss vielmehr nach einer Seite aufgelöst werden. Da die gewerk-schaftlichen Versichertenvertreter die Krankenkassenpolitik vor allem auch aus einer arbeitsmarktpolitischen Perspektive beurteilen, sind in der Kassenselbst-verwaltung vor allem Fragen der Höhe von Sozialversicherungs(zusatz)beiträgen von Relevanz.

Die Interessen von Bürgern in ihrer Rolle als Patienten hingegen werden tradi-tionell im Rahmen der Selbsthilfe bearbeitet. *Selbsthilfegruppen* sind freiwillige Zusammenschlüsse von Menschen auf örtlicher Ebene, deren Aktivitäten sich auf die gemeinsame Bewältigung von Krankheiten und/oder psychischen Problemen und deren Folgen richten, von denen sie – entweder selbst oder als Angehörige – betroffen sind (Hundertmark-Mayser et al. 2004, S. 9; Borgetto 2004). Schätzungen zufolge gibt es heute in der Bundesrepublik bis zu 100.000 gesundheitsbezogene Selbsthilfegruppen (Robert Koch-Institut 2015, S. 370).

Lange Zeit ging es der Selbsthilfe vor allem um die emotionale und alltags-praktische Bewältigung von Krankheit und Behinderung und weniger um die Artikulation von Interessen im politischen Raum. Mit Beginn der 1970er Jahre entwickelte jedoch die Selbsthilfe vermehrt auch einen politischen Anspruch. Im Kontext der Entwicklung „neuer sozialer Bewegungen" (Roth und Rucht 2008) gründeten sich mehr und mehr gesundheitsbezogene Organisationen, die sich explizit als Opposition zu den vorhandenen Strukturen des Wohlfahrtsstaats verstanden und die die Monopolstellung der Professionellen im Gesundheitssystem infrage stellten, insbesondere die der Ärzte (Trojan 1986). Die 1967 gegründete Bundesarbeitsgemeinschaft Hilfe für Behinderte (BAGH; heute unter dem Namen BAG Selbsthilfe als Dachverband von 113 Organisationen aktiv) ist in diesen Kontext einzuordnen. Auch das Forum chronisch Kranker und behinderter Menschen, das unter dem Dach des Deutschen Paritätischen Wohlfahrtsverbands arbeitet, und die Deutsche Arbeitsgemeinschaft Selbsthilfegruppen (DAG SHG) haben ihre geschichtlichen Wurzeln in der politisierten Selbsthilfebewegung der 1970er Jahre (Geene et al. 2009, S. 12). Die DAG SHG, 1982 als Fachverband zur politischen Durchsetzung des Selbsthilfegedankens gegründet, organisiert vor allem die Mitarbeiter von Selbsthilfekontaktstellen und anderen Einrichtungen zur Selbsthilfegruppenunterstützung sowie die Fachkräfte aus psychosozialen und Gesundheitsberufen.

Der ökonomische, zivilgesellschaftliche und gesundheitliche Nutzen der Selbsthilfe ist unbestritten (Rosenbrock 2015). Gleichwohl steht die Arbeit der Selbsthilfebewegung auch in der Kritik. Ursache hierfür ist vor allem die Nähe von vielen Selbsthilfegruppen zu Anbietern der Arzneimittelindustrie, was die wichtigste Legitimationsgrundlage von Selbsthilfeorganisationen gefährdet: ihre Unabhängigkeit. Eine Vielzahl von Selbsthilfegruppen erhält finanzielle Unterstützung durch Arzneimittel-Firmen, zum Teil werden Selbsthilfegruppen auch von Mitarbeitern der Pharmaindustrie geleitet, mitunter werden Selbsthilfeorganisationen gar von Pharma-Unternehmen eigens gegründet, um auf diese Weise Zugang zu spezifischen Marktsegmenten auf Endverbraucher-Ebene (unter Umgehung des Arzneimittel-Werbeverbotes, HWG § 3) zu erhalten (Schubert und Glaeske 2006).

Ein Grund für die Offenheit der Selbsthilfe gegenüber den Arzneimittelherstellern dürfte in den strukturellen Ressourcendefiziten der Selbsthilfebewegung liegen, die sowohl in personeller, organisatorischer und finanzieller Hinsicht deutlich wird (Schubert und Glaeske 2006, S. 2). Zwar findet seit Ende der 80er Jahre der Selbsthilfegedanke zunehmend auch Anerkennung im politischen System, was sich in der Zuweisung von infrastruktureller und finanzieller Hilfe für die Selbsthilfebewegung manifestiert, z. B. in der Schaffung von Selbsthilfekontaktstellen als professionelle Beratungseinrichtungen. Allerdings begegneten vor allem Ärzte aber auch die Krankenkassen als Leistungsfinanzierer der Selbsthilfebewegung immer wieder mit Misstrauen und lehnten lange Zeit eine institutionalisierte Zusammenarbeit ab. Patienten blieben dadurch andere Möglichkeiten der direkten Mitgestaltung der Versorgungsstrukturen jenseits der Kooperation mit der Pharmabranche lange verschlossen.

Erst mit dem Gesundheitsstrukturgesetz von 1993 wurde für die Förderung der Selbsthilfe durch die Sozialversicherung eine gesetzliche Grundlage geschaffen. Seit der Gesundheitsreform 2000 sind Krankenkassen zur Förderung der Selbsthilfe auch gesetzlich verpflichtet (§ 20 h SGB V, im Jahr 2016 war die Richtgröße 1,05 EUR pro Versicherten; Robert Koch-Institut 2015, S. 373). Vonseiten der organisierten Ärzteschaft hingegen wurde erst Mitte der 2000er Jahre die zentrale Bedeutung der Patientenbeteiligung bei der Qualitätssicherung in der gesundheitlichen Versorgung offiziell anerkannt und in Form der Beteiligung der Patientenvertreter bei der Entwicklung nationaler Versorgungsleitlinien institutionalisiert (Sänger et al. 2009, S. 14).

Mit dem GKV-Modernisierungsgesetz 2004 (GMG 2004) schließlich wurden die Patientenvertreter auch in die formalen Steuerungsstrukturen des Gesundheitswesens integriert. Gegen den Widerstand der Vertreter der Leistungserbringer als auch der Leistungsfinanzierer hat die damalige rot-grüne Bundesregierung die langjährige Forderung der Patientenverbände, den Patienten vom Objekt zum Subjekt der Gesundheitspolitik zu machen, aufgegriffen und die kollektiven Beteiligungsrechte der Patienten gestärkt. So wurde beispielsweise die Stelle des Patientenbeauftragten geschaffen, der die Interessen von Patienten auf Bundesebene vertritt und an wichtigen Gesetzesvorhaben beteiligt wird (§ 140h SGB V).

Noch entscheidender ist allerdings, dass die Patientenorganisationen und Vertreter der Selbsthilfe seit Inkrafttreten des GMG 2004 auch bei den Entscheidungen des „kleinen Gesetzgebers", des gemeinsamen Bundesausschusses, beteiligt werden. Paragraf 140f SGB V sieht vor, dass die Interessenvertretung der Patienten im gemeinsamen Bundesausschuss von Mitgliedern der maßgeblichen, für die Vertretung der Interessen von Patienten und Behinderten gebildeten Organisationen übernommen werden. Der Gesetzgeber hat mit Inkrafttreten des GMG 2004 dabei vier Organisationen als „maßgeblich" definiert, die nur zur Vertretung der Interessen der Patienten im gemeinsamen Bundesausschuss berechtigt sind. Dies sind der Deutsche Behindertenrat, die Bundesarbeitsgemeinschaft der PatientInnenstellen, die Deutsche Arbeitsgemeinschaft Selbsthilfegruppen und der Bundesverband der Verbraucherzentralen zur Vertretung von Patienteninteressen (§ 2 Patientenbeteiligungsverordnung).

Die Zahl der Patientenvertreter soll der Zahl der von den Spitzenverbänden der Krankenkassen entsandten Mitgliedern entsprechen (§ 140f SGB V). Allerdings haben Patientenvertreter im gemeinsamen Bundesausschuss nur ein Mitberatungsrecht – sie dürfen nicht mitentscheiden und sind daher im Verhältnis zu den Vertretern der Krankenkassen und der Verbände der Leistungserbringer keine gleichberechtigte „Dritte Bank". In diesem Kontext ist auch die Ressourcenausstattung der Patientenvertreter im gemeinsamen Bundesausschuss von Relevanz.

Die Patientenvertreter sind angesichts des enormen administrativen Unterbaus des G-BA mit den ihnen zur Verfügung stehenden personellen und zeitlichen Ressourcen kaum in der Lage, alle Positionen adäquat zu besetzen. Zeit und andere Ressourcen werden zudem auch für die interne Koordinierung der beteiligten Patientenverbände benötigt, um sich bei den komplexen gesundheitspolitischen Fragestellungen auf eine gemeinsame Position zu einigen und ihren Forderungen im Gremium dadurch mehr Gewicht zu verleihen (Köster 2005, S. 82).

In den parlamentarischen Beratungen zum GKV-Wettbewerbsstärkungsgesetz 2007 konnten die Patientenvertreter allerdings durchsetzen, dass im gemeinsamen Bundesausschuss eine Stabsstelle Patientenbeteiligung eingerichtet wird, die die Arbeit der Patientenvertretung unterstützt (§ 140f SBG V). Von Relevanz ist hierbei nicht nur organisatorisch-administrative Unterstützung, sondern vor allem auch die Beratung der Patientenvertretung in juristischen Fragen sowie hinsichtlich der Bewertung von Untersuchungs- und Behandlungsmethoden. Die Einrichtung der Stabsstelle Patientenbeteiligung hat entscheidend zur Professionalisierung der Patientenbeteiligung im gemeinsamen Bundesausschuss beigetragen (Patientenvertretung im g-BA 2014, S. 7). 2013 ist schließlich das Patientenrechtegesetz in Kraft getreten. Das Patientenrechtegesetz konkretisiert unter anderem die Pflichten der Leistungserbringer gegenüber den Patienten, es regelt die konkrete Ausgestaltung der Informations- bzw. Aufklärungspflichten und der Einsichtsrechte der Patienten in Krankenakten. Darüber hinaus verbessert es die Position von Patienten gegenüber den Leistungsträgern bei Behandlungsfehlern. Insgesamt ist das Patientenrechtegesetz vor allem auf die Stärkung der individuellen Patientenrechte ausgerichtet; es berührt allerdings auch die Dimension der administrativen Interessenvermittlung, in dem es die Mitwirkung der Patientenvertreter in der gemeinsamen Selbstverwaltung auf Landesebene stärkt und Patientenvertretern ein Mitberatungsrecht bei Fragen der Bedarfsplanung und der Zulassung von Ärzten gibt (vgl. § 90 SGB V, § 90a SGBV und §§ 96, 97 SGB V).

Insgesamt fällt das Urteil der Patientenorganisationen bezüglich ihrer Handlungsmöglichkeiten und Einflusschancen im Gesundheitswesen „durchmischt" (Etgeton 2009, S. 109) aus. Während in früheren Gesundheitsreformen „der Patient" kaum eine Rolle gespielt hat (Helmert et al. 2005), so haben sich mit den verschiedenen Partizipationsmöglichkeiten für Patientenvertreter, die mit dem Gesundheitsmodernisierungsgesetz 2004 eingeführten wurden, die Voraussetzungen für die Interessenvertretung von Patienten nachhaltig verbessert (Holtkamp 2015). Die institutionellen Reformen eröffnen einem breiten Spektrum von Organisationen die Möglichkeit, sich an gesundheitspolitischen Entscheidungsprozessen beteiligen zu können. Vor allem die Patientenbeteiligung im gemeinsamen Bundesausschuss stellt sicher, dass in gesundheitspolitischen Entscheidungsprozessen eine Pluralität von Auffassungen vertreten wird und trägt dem Umstand Rechnung, dass in einer offenen Gesellschaft die Vorstellungen von Gesundheit und Krankheit nicht einheitlich sind (Heberlein 2005, S. 70).

Zudem hat die Patientenbeteiligung auch entscheidend dazu beigetragen, dass die Arbeit dieses wirkungsmächtigen Gremiums insgesamt transparenter wurde (Patientenvertretung im g-BA 2014). Auch inhaltlich konnten die Patientenvertreter in einigen wichtigen Entscheidungen Einfluss auf die Entscheidungen nehmen, z. B. bei den Zuzahlungsrichtlinien oder der Ausnahmeliste für nicht-verschreibungspflichtige Arzneimittel (Etgeton 2009, S. 109; Hess 2005). Festzuhalten bleibt aber auch, dass das strukturelle Kräfteungleichgewicht im Beziehungsgefüge von Leistungserbringern, Leistungsfinanzierern und Patienten durch die Reform nicht grundsätzlich infrage gestellt wurde.

4.3   Pflegekammern

Dass kollektive Interessen nicht einfach gegeben sind, sondern ihre Artikulation und -durchsetzung ganz entscheidend von staatlichen Organisationshilfen abhängt, zeigt auch das Beispiel der Interessenvertretung der Pflegekräfte. Ärzte und Pflegekräfte sind die zentralen Berufsgruppen in der ambulanten und stationären Versorgung, beide stehen in direkter Interaktion mit den Patienten. Vor dem Hintergrund einer alternden Gesellschaft mit einer zunehmenden Zahl an multimorbiden Patienten hat sich die Bedeutung der Pflege in den vergangenen Jahren in quantitativer und qualitativer Hinsicht grundlegend verändert: Es gibt einen gestiegenen Bedarf nach Pflegekräften, die zudem aufgrund veränderter Krankheitsbilder (z. B. Demenz), neuen Technologien, Qualitätssicherungs- und Dokumentationsmaßnahmen immer komplexere Aufgaben zu erfüllen haben. Die quantitative und qualitative Veränderung der Rolle der Pflege spiegelt sich allerdings nicht im sozialen Status dieser Berufsgruppe wider. Obwohl Pflegekräfte sich in der Selbstbeschreibung als „Professionelle" begreifen, wird ihnen bislang weder in der Literatur noch von der Politik der Professionsstatus zuerkannt. Die Pflege gilt als „Semi-Profession" und steht in konkreten Arbeitsbeziehungen, aber auch in Bezug auf ihr Gewicht in der politischen Debatte in einem deutlichen Hierarchiegefälle zur Ärzteschaft.

Professionen unterscheiden sich von anderen Berufsgruppen durch ihren Expertenstatus. Sie haben spezifische Handlungskompetenzen entwickelt und erbringen in gesellschaftlich relevanten Problembereichen besondere Leistungen für ihre Klientel und für die Gesellschaft insgesamt. Während dies auf die Pflegekräfte zutrifft, so fehlen ihnen doch weitere Merkmale, die als conditio sine qua non einer Profession gelten. Dies ist zum einen die akademische Ausbildung, dies ist zum anderen die berufliche Autonomie. Professionen bilden Berufsverbände und Fachgesellschaften aus, die die Wissensinhalte der Ausbildung und die Zulassung zum Beruf kontrollieren. Zur Profession gehört auch eine eigene Standesethik, einschließlich des Rechts, entsprechende Sanktions- und Disziplinierungsmaßnahmen anzuwenden, wenn die Standesethik von Berufsangehörigen verletzt wird (Freidson 2001). Der Staat spielt bei der Entwicklung eines Berufs zur Profession eine zentrale Rolle, da er die berufliche Autonomie durch die Verleihung von öffentlichen Rechtsformen und die Übertragung von Hoheitsrechten garantieren und institutionell absichern kann.

Just diese berufliche Autonomie fehlt den Pflegekräften bislang. Anders als bei den Ärzten, die mit ihren Kammern der beruflichen Selbstverwaltung über Organisationen verfügen, die die aggregierten Interessen der Ärzteschaft im politischen Raum vertreten, gibt es im Pflegebereich keinen zentralen Verband mit Interessenvertretungsmonopol. Während Ärzte ihre Konflikte mit Leistungsfinanzierern im Rahmen der gemeinsamen Selbstverwaltung klären können, fehlt ein Analogon für die Angehörigen des Pflegeberufs. Anders als die Krankenversicherung (SGB V) verfügt die Pflegeversicherung (SGB XI) über keine eigenständige Selbstverwaltung. Überhaupt sind die Interessenvertreter der Pflegekräfte kaum institutionell in die politischen und administrativen Entscheidungsprozesse des Gesundheitswesens eingebunden (Schwinger 2016, S. 121). Das gilt insbesondere für Pflege, die in rechtlicher Hinsicht im Rahmen des SGB V stattfindet (z. B. die Pflege im Krankenhaus).

Die Perspektive der Pflegekräfte ist im gemeinsamen Bundesausschuss nicht dauerhaft mit Sitz und Stimme repräsentiert, obgleich dort auch maßgebliche Entscheidungen über dieses Berufsfeld getroffen werden, wenn es zum Beispiel um die Definition von Qualitätsmaßstäben für die Pflege und entsprechende Prüfverfahren geht. Zwar nimmt im Plenum des gemeinsamen Bundesausschusses und im Unterausschuss Qualitätssicherung ein Vertreter des Deutschen Pflegerats teil, wenn dort Fragen der Qualitätssicherung (nach § 92 Abs. 1 Satz 2 Nr. 13 SGB V) verhandelt werden. Der Deutsche Pflegerat hat aber in diesen Gremien nur ein Mitberatungsrecht, kein Antrags- und Stimmrecht.

Ebenso wie die Interessen der Patienten stehen also auch die Interessen der Pflegekräfte im Schatten der Ärzteschaft. Erschwerend kommt hinzu, dass die Interessenvertretungslandschaft der Pflegekräfte sehr kleinteilig und zersplittert ist. Auch ist der Organisationsgrad der Pflegekräfte im Vergleich zu den Ärzten ausgesprochen niedrig. Sowohl die Verbände mit berufspolitischen Interessen, als auch die Gewerkschaften mit Tarifinteressen repräsentieren in Verhandlungen immer nur eine kleine Gruppe der Pflegekräfte und können so nur bedingt Durchsetzungsmacht entfalten.

In den vergangenen Jahren hat sich das Selbstverständnis der Pflegekräfte jedoch gewandelt. Es gibt eine Reihe von berufspolitischen Bemühungen, die Semi-Profession zu einer „echten" Profession weiterzuentwickeln. Die Professionalisierungspolitik der Pflegeverbände konzentriert sich dabei auf genau die beiden Merkmale, die von der Professionstheorie als zentral benannt werden: die Akademisierung der Ausbildung und – was im Kontext dieses Beitrags von Relevanz ist – die Sicherung bzw. Schaffung der beruflichen Autonomie. Seit Beginn der 1990er Jahre gehört die Errichtung einer Pflegekammer zu den berufspolitischen Forderungen der Pflegeverbände. 1990 wurde in München der erste Förderverein zur Gründung einer Pflegekammer in Bayern e. V. gegründet, es folgten Fördervereinsgründungen in weiteren Bundesländer (Kellnhauser 2016, S. 14–16).[1]

Die Forderung nach einer Pflegekammer hat mittlerweile politische Wirkung gezeigt: In Rheinland-Pfalz wurde zu Beginn des Jahres 2016 die erste Pflegekammer in Deutschland eingerichtet; Schleswig-Holstein und Niedersachsen planen ebenfalls in Kürze die Errichtung von Pflegekammern (Schleswig-Holsteiner Landtag 2014; Niedersächsische Ministerium für Soziales, Gesundheit und Gleichstellung 2015). In allen weiteren Bundesländern hat es darüber hinaus in den jeweiligen Landesparlamenten Diskussionen über Pflegekammern gegeben. In Bayern soll es eine Körperschaft öffentlichen Rechts eingerichtet werden, die die Interessen der Pflegekräfte vertritt, bei der Pflegekräfte jedoch nicht verpflichtend Mitglied werden müssen. In Thüringen wurde der vom Bündnis 90/Die Grünen eingereichte Antrag auf Gründung einer Pflegekammer von der SPD, der FDP und der CDU abgelehnt. Auch die Mehrheit der Bremischen Bürgerschaft hat gegen den von der CDU eingebrachten Antrag auf Einrichtung einer Pflegekammer votiert. In den übrigen Bundesländern dominiert eine abwartende Haltung; die Diskussionen sollen weitergeführt werden, sobald es Erkenntnisse über die Arbeit der bereits errichteten bzw. in Kürze zu errichtenden Pflegekammern gibt.

Die Pflegekammer in Rheinland-Pfalz, die bereits ihre Arbeit aufgenommen hat, nimmt unter anderem Aufgaben bei der Überwachung beruflicher Standards wahr, z. B. durch die Führung eines Berufsregisters, in dem alle in Deutschland

---

[1]1995 wurden die verschiedenen Fördervereine zum Runden Tisch zur Errichtung von Pflegekammern zusammengeführt, der sich 1997 in die Nationale Konferenz zur Errichtung von Pflegekammern in Deutschland umbenannte. Nach der Gründung der ersten Pflegekammern in Rheinland-Pfalz und in Schleswig-Holstein hat sich die Nationale Konferenz zur Errichtung von Pflegekammern in Deutschland während des Deutschen Pflegetags im März 2016 wieder aufgelöst und den „Staffel an die bereits bestehende und die sich gründenden Selbstverwaltungen sowie den Deutschen Pflegerat (DPR) übergeben" (http://www. pflegekammer.de/Aktuelles.htm).

zugelassenen Pflegekräfte erfasst sind. Weitere Aufgaben sind die Definition von Standards in der Aus-, Fort-, und Weiterbildung, die Implementierung und Durchsetzung einer Berufsethik, einschließlich der Einrichtung von Schlichtungsverfahren bei Streitfällen und die Beratung von öffentlichen Stellen in Fragen der Normsetzung und Verwaltung (Landespflegekammer Rheinland-Pfalz 2016; Schwinger 2016, S. 114–122). Das Aufgabenspektrum der rheinland-pfälzischen Pflegekammer – ebenso wie das der sich Planung befindenden Pflegekammern – entspricht damit der typischen Trias von Standesvertretung, Standesförderung und Standesaufsicht des deutschen Kammerrechts (Martini 2014, S. 39–44).

Die Forderung nach einer Pflegekammer kommt zu einer Zeit, in der berufsständische Kammern als Organisations- und Regulierungsinstrument für professionelle Leistungserbringung stark in der Kritik sind und vielfach als eine anachronistische Organisationsform betrachtet werden. Ein Großteil der niedergelassenen Ärzte ist beispielsweise mit der Arbeit der Kassenärztlichen Vereinigungen höchst unzufrieden (ausführlich hierzu van Elten in diesem Band). Die verschiedenen ärztlichen Berufsgruppen fühlen sich von den Funktionären der Kassenärztlichen Vereinigungen bei den Verhandlungen mit Krankenkassen oder Ministerien oftmals nicht adäquat vertreten (Infas 2006) und sehen eine starke Diskrepanz zwischen den bezahlten Beiträgen und den durch die Kammern erhaltenen Leistungen (zur Kritik an den kassenärztlichen Vereinigungen vgl. auch schon Webber 1992).

Kritisiert wird darüber hinaus, dass innerhalb der drei Aufgabenbereiche von berufsständischen Kammern – Standesvertretung, Standesförderung und Standesaufsicht – der Fokus vor allem auf die aufsichtsrechtlichen Aufgaben gerichtet sei, wohingegen die Vertretung und Förderung der Standesinteressen vernachlässigt werde. Als problematisch werden zudem die Strukturen der innerorganisatorischen Demokratie erachtet; so erleben vor allem die Minderheitengruppen in kassenärztlichen Vereinigungen die ärztliche Selbstverwaltung als Fremdverwaltung, die ihre Interessen systematisch übergeht (Axer 2000, S. 390). Kritik an der Performanz berufsständischer Kammern gibt es aber nicht nur innerhalb der Ärzteschaft, sondern auch in anderen Feldern der beruflichen Selbstverwaltung. Auch im Handwerk und in der Industrie gibt es starke Gruppen, die die Auflösung der berufsständischen Kammern fordern, zumindest aber für die Abschaffung der Pflichtmitgliedschaft eintreten (Sack et al. 2014).

Aber auch ganz unabhängig von den Problemen der inneren Legitimation von berufsständischen Kammern, die aus der Mitgliedschaftslogik dieser Organisationen resultieren, wird die Forderung nach der Einrichtung einer Pflegekammer höchst kritisch diskutiert. Zu den stärksten Kritikern der Pflegekammern gehören die Gewerkschaften, die ihre eigenen Interessen berührt sehen und eine weitere

Zersplitterung der Verbändelandschaft befürchten. Der zentrale Einwand, der gegen Pflegekammern vorgebracht wird, ist, dass sozialer Status immer ganz eng an Fragen des Einkommens und der Arbeitsbedingungen geknüpft ist. Genau in diesen Bereichen sollen Pflegekammern aber keine Handlungskompetenzen erhalten. Sie werden als kein geeignetes Instrument betrachtet werden, um die Situation der Pflegekräfte nachhaltig zu verbessern.

Die Positionen der Parteien zur Errichtung von Pflegekammern wiederum sind uneinheitlich und hängen von den jeweils spezifischen Konstellationen in den Bundesländern ab. In Rheinland-Pfalz wurde die Gründung der Pflegekammer von der SPD maßgeblich vorangetrieben, in Thüringen hingegen hat die SPD eine Pflegekammer abgelehnt. Im Saarland hat sich die CDU für eine Pflegekammer ausgesprochen, in Thüringen, Bremen und Schleswig-Holstein hingegen nicht. Die FDP hat sich grundsätzlich gegen Pflegekammern ausgesprochen, Bündnis 90/Die Grünen befürworten in fast allen Bundesländern die Einrichtung von Pflegekammern.

Auch innerhalb der Gruppe der Pflegekräfte ist die Positionierung nicht immer klar, und es gibt sowohl Befürworter als auch Gegner. Empirische Umfragen, die im Vorfeld der Landtagsdebatten durchgeführt wurden, zeigen, dass die Beschäftigten im Pflegebereich zum Teil auch falsche Assoziationen mit den Aufgaben und den Wirkungsmöglichkeiten von Pflegekammern verbinden. Dass eine Kammer nicht nur der Durchsetzung von privaten Interessen dient, ja, dies möglicherweise nicht einmal ihr primärer Zweck ist, kommt in der Diskussion nicht immer klar zur Geltung. So versprechen sich die Befürworter von Pflegekammern zum Teil auch materielle Verbesserungen und bessere Arbeitszeiten – und benennen damit just jene Handlungsziele, die in den Bereich der gewerkschaftlichen Verbände fallen und bei denen Pflegekammern keine Kompetenzen haben (TNS Infratest Sozialforschung 2013, S. 15; Infratest dimap 2013). Welche Akzeptanz Pflegekammern bei den Pflegekräften haben werden und welche Dynamiken der Mitgliedschaftslogik sich hier entfalten werden, ist angesichts dieser Umfrageergebnisse noch mehr als offen.

5   Fazit

Die Ausführungen zur Interessenorganisation und Interessenvermittlung der Ärzte, Krankenkassen, Patienten und Pflegekräfte haben gezeigt, dass das Gesundheitswesen in Deutschland einen Transformationsprozess durchläuft, der nicht nur die Governancestrukturen, sondern auch die Strukturen der Interessenrepräsentation betrifft. Der Politikwandel wird vor allem am Beispiel der Rolle von Patienten und der Pflegekräfte im institutionellen Steuerungssystem des Gesundheitswesens deutlich: Die Integration der Interessen von Patienten und Pflegekräfte in die Selbstverwaltung des Gesundheitswesens verändern das bislang arzt- und kassenzentrierte System der Interessenvermittlung nachhaltig.

Die Interessenvermittlung im Gesundheitswesen zeigt, dass die selektive Einbeziehung von Verbänden in die institutionellen Steuerungsstrukturen eines Feldes asymmetrische Beziehungen zwischen den Akteuren schafft und stabilisiert. Just diese Exklusivität mesokorporatistischer Steuerung kann aber auch bislang unterrepräsentierte Interessen mobilisieren (Winter und Willems 2007, S. 24). Interessanterweise richten sich die Interessen der bislang aus dem institutionellen Steuerungssystem weitgehend ausgeschlossenen Patientenvertreter und Pflegeverbände nicht auf die Abschaffung der exklusiven mesokorporatistischen Arrangements, sondern vielmehr auf ihre eigene Integration in die bestehenden Strukturen. Die „schwachen" Interessen wollen organisationspolitisch gleichbehandelt werden.

Die sich seit einigen Jahren vollziehende Neuordnung des Mesokorporatismus im Gesundheitswesen verläuft allerdings in pfadabhängigen Bahnen. Die neuen Interessengruppen werden zwar in das mesokorporatistische System der Steuerung des Gesundheitswesens einbezogen, aber eben nicht als gleichwertige Akteure. So verfügen die Patientenvertreter im gemeinsamen Bundesausschusses nur über Anhörungs- und Beratungsrechte, nicht aber über echte Entscheidungsrechte. Die Pfadabhängigkeit der Entwicklung im Gesundheitswesen wird am Beispiel der Pflegekräfte ganz besonders deutlich. Sie fordern mit der Pflichtverkammerung just ein Instrument der Interessenorganisation, das bei den Gegenspielern, den Ärzten, stark in der Kritik steht.

Der Forderung wird in einigen Bundesländern zwar entsprochen. Allerdings wird bislang nur Organisationshilfe durch die Zurverfügungstellung einer öffentlichen Rechtsform geleistet. Anders als bei den Ärzten folgen daraus keine weiteren Beteiligungsrechte bei den Entscheidungen über die Gestaltung der Versorgungsstrukturen. Ob es den Pflegekräften mit den neuen Pflegekammern gelingt, ihre Interessen zu einer starken Stimme im Gesundheitswesen zu formieren, die eine weitergehende Integration einfordern kann, ist bislang noch offen. Einstweilen bleibt das Machtungleichgewicht zwischen den Akteuren bestehen.

Zusammenfassend kann konstatiert werden, dass die korporatistischen Netzwerke im Gesundheitswesen pluralisiert wurden. Aber der Funktionsmodus der Netzwerke blieb gleich: Für die Staat-Verbände-Beziehungen im Gesundheitswesen sind auf Dauer gestellte Beziehungen mit ausgewählten Verbänden mit Repräsentationsmonopol konstitutiv. Dabei sichert der Staat das Repräsentationsmonopol, in dem er Verbände für „repräsentativ" erklärt (so im Fall der

Patientenvertreter im gemeinsamen Bundesausschuss) oder entsprechende Organisationsformen bereitstellt (Pflegekammern). Es gibt keinen grundsätzlichen Wandel der Interessenpolitik, der beispielsweise durch Versuche der Abschaffung der korporatistischen Arrangements und die schrittweise Annäherung an eine pluralistische Interessenvermittlung ohne dauerhafte Einbeziehung ausgewählter Verbände gekennzeichnet wäre.

Die Transformation der Interessenvermittlung im Gesundheitswesen veranschaulicht die Wandlungsfähigkeit und Interpretationsoffenheit korporatistischer Arrangements (zum Formenwandel des Korporatismus im Gesundheitswesen vgl. auch Winter 2014, S. 203–205). Vor allem in der älteren Literatur zur Verbändeforschung wurde der Korporatismus als eine Form der Interessenvermittlung behandelt, die typisch ist für eine ganz spezifische Wirtschaftsform, die des zwischen Kapitalismus und Sozialismus vermittelnden „dritten Weges" (Molina und Rhodes 2002, S. 310). Pluralistische oder lobbyistische Formen der Interessenvermittlung galten hingegen als typisch für wettbewerblich organisierte Politikfelder und Wirtschaftsregime.

Die korporatistischen Arrangements im Gesundheitswesen haben den Übergang zum wettbewerblich regulierten Gesundheitsmarkt aber nicht nur überlebt, sondern es wird ihnen auch weiterhin eine funktionale Rolle zugeschrieben. Im politischen Diskurs werden die korporatistischen Akteure auch im marktlichen Setting als funktional erachtet, da sie die Durchsetzung von Qualitätsstandards garantieren, als Berufsverbände Verhaltensregeln formulieren und Missachtung sanktionieren und somit die Informations- und Suchkosten für Konsumenten reduzieren. So hat zwar die *participatory revolution* (Kaase 1984) der 1970er Jahre maßgeblich dazu beigetragen, die schwachen Interessen im Gesundheitswesen zu organisieren und mit eigenen Verbänden auszustatten. Aber erst mit Herausbildung eines regulierten Gesundheitsmarkts wurde ihnen als neuen Akteuren für Konsumentenschutz und Anbieterregulierung eine institutionelle Rolle in der Steuerung des Gesundheitswesens zugewiesen.

Literatur

Axer, Peter. 2000. *Normsetzung der Exekutive in der Sozialversicherung. Ein Beitrag zu den Voraussetzungen und Grenzen untergesetzlicher Normsetzung im Staat des Grundgesetzes*. Tübingen: Mohr Siebeck.
Bandelow, Nils C. 2004. Akteure und Interessen in der Gesundheitspolitik. Vom Korporatismus zum Pluralismus? *Politische Bildung* 37 (2): 49–63.
Borgetto, Bernhard. 2004. *Selbsthilfe und Gesundheit. Analysen, Forschungsergebnisse und Perspektiven in der Schweiz und in Deutschland*. Bern: Huber.

Braun, Bernard, Tanja Klenk, Winfried Kluth, Frank Nullmeier, und Felix Welti. 2009. *Modernisierung der Sozialversicherungswahlen*. Baden-Baden: Nomos.

Dahrendorf, Ralf. 1972. *Konflikt und Freiheit. Auf dem Weg zur Dienstklassengesellschaft*. München: Piper.

Döhler, Marian. 2002. Gesundheitspolitik in der Verhandlungsdemokratie. In *Paradigmenwechsel in der Gesundheitspolitik?*, Hrsg. Winand Gellner und Markus Schön, 25–40. Baden-Baden: Nomos.

Döhler, Marian, und Philip Manow. 1992. Korporatisierung als gesundheitspolitische Strategie. *Staatswissenschaften und Staatspraxis* 3 (1): 64–106.

Etgeton, Stefan. 2009. Patientenbeteiligung in den Strukturen des Gemeinsamen Bundesausschusses. *Bundesgesundheitsblatt, Gesundheitsforschung, Gesundheitsschutz* 52 (1): 104–110.

Ewert, Benjamin. 2013. *Vom Patienten zum Konsumenten? Nutzerbeteiligung und Nutzeridentitäten im Gesundheitswesen*. Wiesbaden: Springer.

Freidson, Eliot. 2001. *Professionalism. The third logic*. Chicago: University of Chicago Press.

Geene, Raimund, Ellis Huber, Jutta Hundertmark-Mayser, Bettina Möller-Bock, und Wolfgang Thiel. 2009. Entwicklung, Situation und Perspektiven der Selbsthilfeunterstützung in Deutschland. *Bundesgesundheitsblatt, Gesundheitsforschung, Gesundheitsschutz* 52 (1): 11–20.

Gerlinger, Thomas. 2014. Gesundheitsreform in Deutschland. In *20 Jahre Wettbewerb im Gesundheitswesen*, Hrsg. Alexandra Manzei und Rudi Schmiede. Wiesbaden: VS Verlag.

GKV – Spitzenverband Bund der Krankenkassen. 2013. Sicherstellung und Verbesserung der ambulanten Versorgung – Verteilungsgerechtigkeit in der Vergütung. Reformoptionen des GKV-Spitzenverbandes. Positionspapier beschlossen vom Verwaltungsrat am 27. November 2013.

Götze, Ralf, Mirella Cacace, und Heinz Rothgang. 2009. Von der Risiko- zur Anbieterselektion. Eigendynamiken wettbewerblicher Reformen in Gesundheitssystemen des Sozialversicherungstyps. *Zeitschrift für Sozialreform* 55 (2): 149–175.

Hänlein, Andreas. 2001. *Rechtsquellen im Sozialversicherungsrecht. System und Legitimation untergesetzlicher Rechtsquellen des deutschen Sozialversicherungsrechts*. Berlin: Springer.

Hänlein, Andreas, und Wolfgang Schroeder. 2010. Patienteninteressen im deutschen Gesundheitswesen. In *Public Governance und schwache Interessen*, Hrsg. Ute Clement, Jörg Nowak, Christoph Scherer, und Sabine Ruß, 47–61. Wiesbaden: VS Verlag.

Heberlein, Ingo. 2005. Patientenbeteiligung im Gesundheitswesen. In *Jahrbuch Kritische Medizin. Patientenbeteiligung im Gesundheitswesen*, 64–77. Hamburg: Argument Verlag.

Helmert, Uwe, Helge Schumann, und Hildegard Jansen-Bitter. 2005. *Souveräne Patienten? Die Wiederentdeckung des Patienten im 21. Jahrhundert*. Augsburg: Maro.

Hess, Rainer. 2005. Darstellung der Aufgaben des Gemeinsamen Bundesausschusses. *Medizinrecht* 23:385–389.

Holtkamp, Ulrike. 2015. Erfahrungen aus der Arbeit beim Gemeinsamen Bundesausschuss – Ein Praxisbeispiel. In *Gesundheitsselbsthilfe im Wandel. Themen und Kontroversen*, Hrsg. Martin Manner und Rüdiger Meierjürgen, 189–194. Baden-Baden: Nomos.

Hundertmark-Mayser, Jutta, Bettina Möller, und Klaus Balke. 2004. *Selbsthilfe im Gesundheitsbereich. Gesundheitsberichterstattung des Bundes,* Bd. 23. Berlin: Robert-Koch-Institut.

Infas, 2006. *KBV-Referendum – Zusammenfassung*. Bonn: Infas.

Infratest dimap. 2013. *Evaluationsstudie „Pflegekammer Niedersachsen". Eine Studie im Auftrag des Niedersächsischen Ministeriums für Soziales, Frauen, Familie, Gesundheit und Integration*. Berlin: Infratest dimap.

Jantzer, Markus. 2006. Pharmabranche und Funktionäre bestimmen die Gesundheitspolitik. In *Die fünfte Gewalt. Lobbyismus in Deutschland*, Hrsg. Thomas Leif und Rudolf Speth, 236–251. Wiesbaden: VS Verlag.

Kaase, Max. 1984. The challenge of the ‚Participatory Revolution' in pluralist democracies. *International Political Science Review* 5 (3): 299–318.

Kellnhauser, Edith. 2016. *Der Gründungsprozess der Landespflegekammer Rheinland-Pfalz. Vorgehensweise, Registrierung der Mitglieder & Wahl der Vertreterversammlung*. Hannover: Schlütersche.

Klenk, Tanja. 2016. Hospital planning in a competitive arena. Sustaining or suspending market forces? In *Public accountability and health care governance*, Hrsg. Paola Mattei, 37–64. London: Palgrave Macmillan UK.

Kluth, Winfried. 2015. *Der Gemeinsame Bundesausschuss (G-BA) nach § 91 SGB V aus der Perspektive des Verfassungsrechts. Aufgaben, Funktionen und Legitimation*, Bd. 38. Berlin: Duncker & Humblot.

Köster, Gudrun. 2005. Patientenbeteiligung im Gemeinsamen Bundesausschuss. In *Patientenbeteiligung im Gesundheitswesen*, Hrsg. Jahrbuch Kritische Medizin, 78–90. Hamburg: Argument Verlag.

Landespflegekammer Rheinland-Pfalz. 2016. Hauptsatzung der Landespflegekammer Rheinland-Pfalz. http://www.pflegekammer-rlp.de/index.php/lpflk-rlp.html. Zugegriffen: 04. Nov. 2017.

Lehmbruch, Gerhard. 1988. Der Neokorporatismus der Bundesrepublik im internationalen Vergleich und die Konzertierte Aktion im Gesundheitswesen. In *Neokorporatismus und Gesundheitswesen. Symposium der Medizinisch-Pharmazeutischen Studiengesellschaft e. V. (MPS)*, Hrsg. Gérard Gäfgen, 11–32. Baden-Baden: Nomos.

Manzei, Alexandra, und Rudi Schmiede. 2014. *20 Jahre Wettbewerb im Gesundheitswesen*. Wiesbaden: Springer.

Martini, Mario. 2014. *Die Pflegekammer – Verwaltungspolitische Sinnhaftigkeit und rechtliche Grenzen*. Berlin: Duncker & Humblot.

Molina, Oscar, und Martin Rhodes. 2002. Corporatism. The past, present, and future of a concept. *Annual Review of Political Science* 5:305–331.

Niedersächsische Ministerium für Soziales, Gesundheit und Gleichstellung. 2015. *Gesetz über die Pflegekammer Niedersachsen – Entwurf, Stand 02.07.2015*. Hannover.

Oldiges, Franz Josef. 2000. Der „kleine Gesetzgeber" und die Rechte der Versicherten. In *Tagungsband zum 7. Fachkolloquium des Instituts für Sozialrecht am 24./25. Juni 1999 in Bochum. Bochumer Schriften zum Sozialrecht*, Bd. 6, Hrsg. Friedrich E. Schnapp, 35–37. Frankfurt a. M.: Lang.

Olson, Mancur. 1986. A theory of the incentives facing political organizations. Neo-Corporatism and the Hegemonic State. *International Political Science Review* 7:165–189.

Patientenvertretung im g-BA. 2014. *Wir geben Patientinnen und Patienten eine Stimme. 10 Jahre Patientenvertretung im Gemeinsamen Bundesausschuss. Unter Mitarbeit von Deutscher Behindertenrat, Bundesarbeitsgemeinschaft der PatientInnenstellen, Deutsche Arbeitsgemeinschaft Selbsthilfegruppen e. V. und Verbraucherzentrale Bundesverband e. V.* Berlin.

Reidegeld, Eckart. 1996. *Staatliche Sozialpolitik in Deutschland. Historische Entwicklung und theoretische Analyse von den Ursprüngen bis 1918*. Opladen: Westdeutscher Verlag.

Robert Koch-Institut. 2015. *Gesundheit in Deutschland*. Gesundheitsberichterstattung des Bundes. Gemeinsam getragen von RKI und Destatis. http://www.rki.de/DE/Content/Gesundheitsmonitoring/Gesundheitsberichterstattung/GesInDtld/GesInDtld_node.html. Zugegriffen: 04. Nov. 2017.

Rosenbrock, Rolf. 2015. Gesundheitsbezogene Selbsthilfe im deutschen Gesundheitssystem – Funktionen und Perspektiven. In *Selbsthilfegruppenjahrbuch*, Hrsg. Deutsche Arbeitsgemeinschaft Selbsthilfegruppen e. V., 165–175. Wetzlar: Majuskel.

Rosenbrock, Rolf, und Thomas Gerlinger. 2014. *Gesundheitspolitik. Eine systematische Einführung*. Bern: Huber.

Roth, Roland, und Dieter Rucht. 2008. *Die sozialen Bewegungen in Deutschland seit 1945. Ein Handbuch*. Frankfurt/Main: Campus.

Rucht, Dieter. 1991. Parteien, Verbände und Bewegungen als Systeme politischer Interessenvermittlung. In *Discussion Paper FS III*, Hrsg. WZB, 91–107. Berlin: WZB.

Rudzio, Wolfgang. 2015. *Das politische System der Bundesrepublik Deutschland*. Wiesbaden: Springer.

Sack, Detlef, Katharina van Elten, und Sebastian Fuchs. 2014. *Legitimität und Self-Governance. Organisationen, Narrative und Mechanismen bei Wirtschaftskammern*. Baden-Baden: Nomos.

Sänger, Sylvia, Gerhard Englert, Frank Brunsmann, Bernd Quadder, Dagmar Villarroell, und Günter Ollenschläger. 2009. Patientenbeteiligung an der Leitlinienentwicklung – Sind die Patientenorganisationen für diese Aufgabe gerüstet? *Zeitschrift für Evidenz, Fortbildung und Qualität im Gesundheitswesen* 103:13–16.

Schleswig-Holsteiner Landtag. 2014. *Entwurf eines Gesetzes zur Errichtung einer Kammer für die Heilberufe in der Pflege. Drucksache 18/2569*. Kiel.

Schnapp, Friedrich E. 2004. *Handbuch des sozialrechtlichen Schiedsverfahrens. Systematische Gesamtdarstellung der unterschiedlichen Rechtsbereiche mit Beispielen und Mustern*. Berlin: Schmidt.

Schubert, Kirsten, und Gerd Glaeske. 2006. *Einfluss des pharmazeutisch-industriellen Komplexes auf die Selbsthilfe*. Bremen: Zentrum für Sozialpolitik Universität Bremen.

Schuppert, Gunnar. 2008. Der Gewährleistungsstaat. Zum Wandel der Staatlichkeit im Spiegel sich wandelnder Staatsbilder. *Zeitschrift für Bürgerrechte und Gesellschaftspolitik* 47:14–25.

Schwartz, Friedrich Wilhelm, Ulla Walter, Johannes Siegrist, Petra Kolip, Reiner Leidl, Marie-Luise Dierks, Reinhard Busse, und Nils Schneider. 2012. *Public Health. Gesundheit und Gesundheitswesen*. München: Urban & Fischer.

Schwinger, Antje. 2016. Pflegekammer – Eine Interessenvertretung für die Pflege? In *Pflege-Report 2016. Schwerpunkt: Die Pflegenden im Fokus*, Hrsg. Klaus Jacobs, Adelheid Kuhlmey, Stefan Greß, Jürgen Klauber, Schwinger Antje, Denise Becka, Johann Behrens, Elisa-Marie Behrndt, Dieter Bogai, Holger Bonin, und Agnieszka Satola, 109–125. Stuttgart: Schattauer.

Streeck, Wolfgang. 1994. Einleitung des Herausgebers. Staat und Verbände: Neue Fragen. Neue Antworten? In *Staat und Verbände. Politische Vierteljahresschrift Sonderheft*, Hrsg. Wolfgang Streeck. Opladen: Westdeutscher Verlag.

SVR – Sachverständigenrat zur Begutachtung der Entwicklung im Gesundheitswesen (SVR). 2005. *Koordination und Qualität im Gesundheitswesen – Gutachten 2005*. Stuttgart.

Tennstedt, Florian. 1977. *Geschichte der Selbstverwaltung in der Krankenversicherung von der Mitte des 19. Jahrhunderts bis zur Gründung der Bundesrepublik Deutschland.* Bonn: Verlag der Ortskrankenkassen.

TNS Infratest Sozialforschung. 2013. *Meinungsumfrage zur Errichtung einer Pflegekammer. Abschlussbericht Oktober 2013.* München.

Trojan, Alf. 1986. *Wissen ist Macht. Eigenständig durch Selbsthilfe in Gruppen.* Frankfurt a. M.: Fischer.

Vrangbaek, Karsten, John Appleby, Tanja Klenk, und Sarah Gregory. 2016. Comparing the institutionalization of performance management schemes in Denmark, Germany, and England. In *Towards a comparative institutionalism? Forms, dynamics and logics across the organizational fields of health and higher education,* Hrsg. Rómulo Pinheiro, Francisco O. Ramirez, Karsten Vrangbaek, und Haldor Byrkjeflot, 81–106. Bingley: Emerald.

Webber, Douglas. 1992. Die kassenärztlichen Vereinigungen zwischen Mitgliederinteressen und Gemeinwohl. In *Verbände zwischen Mitgliederinteressen und Gemeinwohl,* Hrsg. Renate Mayntz, 211–272. Gütersloh: Verlag Bertelsmann Stiftung.

Winter, Thomas von. 2007. Sozialverbände. In *Interessenverbände in Deutschland,* Hrsg. Thomas von Winter und Ulrich Willems. Wiesbaden: VS Verlag.

Winter, Thomas von. 2014. Dimensionen des Korporatismus. Strukturmuster der Verbändebeteiligung in der Gesundheitspolitik. In *Interessengruppen und Parlamente,* Hrsg. Thomas von Winter und Julia von Blumenthal, 179–209. Wiesbaden: VS Verlag.

Winter, Thomas von, und Ulrich Willems. 2007. Zum Wandel der Interessenvermittlung in Politikfeldern. Zentrale Befunde aus der Verbände- und der Policy-Forschung. In *Interessenverbände in Deutschland,* Hrsg. Thomas von Winter und Ulrich Willems, 9–29. Wiesbaden: VS Verlag.

Über die Autorin

Dr. Tanja Klenk Professorin für Theorie und Empirie des Gesundheitswesens, Universität Kassel.

Konfliktfelder und Konfliktlinien in der Ärzteschaft

Thomas Gerlinger

1 Einleitung

Dass die Ärzteschaft mit einer Stimme spricht, ist nicht nur eine traditionelle Maßgabe ihrer Standesvertretungen, sondern – wohl bis zu den 1980er Jahren – auch eine in weiten Teilen zutreffende Beschreibung ärztlicher Standespolitik (z. B. Göckenjan 1985). Zwar hatte es Partikularinteressen und daraus resultierende Interessendivergenzen in der Ärzteschaft auch in früheren Zeiten gegeben, aber es war der ärztlichen Standespolitik angesichts günstiger ökonomischer und ordnungspolitischer Rahmenbedingungen deutlich leichter gefallen, einen Interessenausgleich herbeizuführen und auf diese Weise Interessenkonflikte zu befrieden. Seit den frühen 1990er-Jahren gelingt dies aber zunehmend weniger. Dieser Beitrag fragt nach den Hintergründen, Ausprägungen und Auswirkungen dieser Konflikte. Zunächst skizziert er wichtige Treiber für die Interessenkonflikte, anschließend werden ausgewählte Konfliktfelder und Konfliktlinien in der Ärzteschaft vorgestellt. Die Abschn. 4 und 5 befassen sich mit den Auswirkungen auf wichtige Ärzteverbände bzw. -organisationen und erörtern deren Reaktionen auf diesen Wandel. Es folgt eine Betrachtung jüngerer sozialer Wandlungsprozesse in der Ärzteschaft und deren Konfliktpotenzial. Ein Fazit, verbunden mit einem kurzen Ausblick, schließt den Beitrag ab.

T. Gerlinger (✉)
Fakultät für Gesundheitswissenschaften, Universität Bielefeld, Bielefeld, Deutschland
E-Mail: thomas.gerlinger@uni-bielefeld.de

© Springer Fachmedien Wiesbaden GmbH 2018
T. Spier und C. Strünck (Hrsg.), *Ärzteverbände und ihre Mitglieder,*
Studien der Bonner Akademie für Forschung und Lehre praktischer
Politik, https://doi.org/10.1007/978-3-658-19249-5_3

2   Konflikttreiber

Innerärztliche Konfliktfelder sind in den letzten Jahren zahlreicher geworden, und die Intensität von Konflikten ist gestiegen. Konflikte, so die diesem Beitrage zugrunde liegende Annahme, stehen in einem engen Zusammenhang mit den Interessen von Beteiligten und treten in der Regel dann auf, wenn sich diese Interessen nicht miteinander vereinbaren lassen. Interessen lassen sich abstrakt als diejenigen funktionalen Imperative verstehen, die sich auf das erfolgreiche Bestehen von Akteuren richten, gleich ob es sich um Institutionen, Gruppen oder Individuen handelt, und die ihnen daher gleichsam objektiv zuzuschreiben sind (Mayntz und Scharpf 1995, S. 54 ff.). Dazu zählen insbesondere Ziele wie das eigene Wohlergehen und die Verfügung über die dafür erforderlichen Ressourcen, nicht zuletzt Geld und Macht, aber auch Ziele wie Handlungsautonomie und die Bewahrung der eigenen Identität. Sowohl selbstbezogener Nutzen als auch normative Orientierungen sind in einen so gefassten Interessenbegriff aufgenommen und kennzeichnen die Zielsysteme von Akteuren. Interessen und Ideen, also z. B. Überzeugungen, Problemdeutungen und Programme, sind insofern eng miteinander verschränkt (Lepsius 1990). Ihr Inhalt konkretisiert sich in Abhängigkeit von den jeweiligen gesellschaftlichen Funktionen und Positionen der Akteure, und erst vor diesem Hintergrund werden Interessen, sofern sie von den Handelnden als solche wahrgenommen werden, handlungsleitend.

Interessendivergenzen und -konflikte hat es, wie erwähnt, in der Ärzteschaft immer gegeben. Die Gründe für die seit einigen Jahren deutlich größere Zahl und Intensität von Konflikten lassen sich zwar nicht auf einen Nenner bringen, allerdings sind doch einige Entwicklungen zu erkennen, die für die Erklärung besonders bedeutsam sind. Dabei handelt es sich zum einen um Folgen säkularer Prozesse wissenschaftlicher und professioneller Ausdifferenzierung, zum anderen um Auswirkungen des ordnungs- und versorgungspolitischen Wandels im deutschen Gesundheitssystem.

Erstens führen der medizinische Fortschritt und die mit ihm einhergehende Spezialisierung zur Herausbildung neuer Arztgruppen und Sub-Disziplinen. Damit verbunden ist eine Ausdifferenzierung von beruflichen Interessen und beruflicher Erfahrungswelt, von beruflichem Status und Kooperationsbeziehungen zu anderen versorgungsrelevanten Akteuren.

Zweitens verringert die seit Mitte der 1970er-Jahre verfolgte und seit der ersten Hälfte der 1990er-Jahre mit zum Teil drastischeren Instrumenten (Einführung von Budgetierungen und anderen Instrumenten zur Begrenzung der Leistungsmenge sowie von Pauschalvergütungen in der ambulanten und stationären medizinischen Versorgung) die Verteilungsspielräume für Ärzte und Krankenhäuser.

Drittens wurde, beginnend mit dem 1992 in Kraft getretenen Gesundheits-strukturgesetz und den beiden 1996 verabschiedeten GKV-Neuordnungsgesetzen und forciert seit Beginn der 2000er-Jahre durch eine Vielzahl weiterer gesetzlicher Regelungen, der Umbau der gesetzlichen Krankenversicherung in Richtung auf ein System des regulierten Wettbewerbs eingeleitet (Gerlinger 2013).

Dieser Umbau schlägt sich in Maßnahmen zur Liberalisierung der Vertragspolitik nieder, in deren Verlauf vor allem in der vertragsärztlichen Versorgung Selektivverträge zwischen Krankenkassen und Gruppen von ärztlichen Leistungserbringern neben das traditionelle Kollektivvertragssystem traten. Sie beinhaltet einen partiellen Verlust des Vertragsmonopols der Kassenärztlichen Vereinigungen (KVen) und damit eine Pluralisierung von Vertragspartnern auf der Ärzteseite.

Viertens wird dieser Übergang zu einem regulierten Wettbewerb in der gesetzlichen Krankenversicherung (GKV) verknüpft mit einem politisch forcierten Wandel des Versorgungssystems. In dessen Mittelpunkt steht die Stärkung der Hausärzte und der hausärztlichen Versorgung sowie die stärkere Ausrichtung der Versorgung an evidenzbasierten Leitlinien sowie an einer sektorenübergreifenden Leistungserbringung. Darüber hinaus erweiterte der Gesetzgeber nach und nach die ambulanten Behandlungsmöglichkeiten am Krankenhaus und durchlöcherte damit das traditionelle ambulante Behandlungsmonopol der Vertragsärzte.

Mit diesen Entwicklungen ging ein Wandel von Handlungsmacht, Interessen und Konkurrenzbeziehungen der beteiligten Arztgruppen einher, der einen erheblichen Teil der in Rede stehenden Konflikte heraufbeschwor oder zumindest begünstigte bzw. verschärfte.

3 Konfliktfelder und Konflikte

Partikularinteressen sind in der Ärzteschaft allgegenwärtig. Konflikte stellen sich aber vor allem in der Vertragsärzteschaft ein. Politische Veränderungen wirken sich hier direkt auf die Einnahmen und Einkommen der meisten Ärzte aus, denn sie sind ja Selbstständige. Im Krankenhaussektor, der auf andere Weise von gravierenden Veränderungen betroffen ist, ist der Zusammenhang zwischen gesundheitspolitischen Entscheidungen und den individuellen Einkommen ebenfalls vorhanden, allerdings sind die Auswirkungen auf den einzelnen Arzt oder auf einzelne Arztgruppen nicht unmittelbar spürbar.

Vor allem treten hier – zumindest im Hinblick auf das Thema „Einkommen" – keine nach medizinischen Disziplinen unterschiedlichen Interessen von Arztgruppen auf, weil die Einkommenshöhe für fast alle Ärztinnen und Ärzte durch das kollektive Tarifvertragsrecht festgelegt wird. Auch ist der Entzug oder die Vorenthaltung bestimmter Behandlungskompetenzen oder die Höhe von Leistungsvergütungen zumeist nicht mit direkten Auswirkungen auf die Einkommenssituation von Krankenhausärzten verbunden – im Unterschied zu den niedergelassenen Ärzten, weshalb diese bei empfundenen Ungerechtigkeiten auch stärker zu einer konfrontativen Interessenartikulation neigen als andere ärztliche Statusgruppen (Wanek 1994). Interessen von Krankenhausärzten sind also zumeist kollektive Interessen, die sie in Gegensatz zu ihrem Arbeitgeber, dem jeweiligen Krankenhausträger, bringen. In der vertragsärztlichen Versorgung hingegen bringt das zweistufige Honorarverfahren – die Festlegung einer Gesamtvergütung und deren anschließende Verteilung auf einzelne Ärzte – einen latenten Widerspruch der diversen Partikularinteressen von Arztgruppen hervor, die unter bestimmten Voraussetzungen in Verteilungskonflikte münden können.

3.1   Honorarpolitische Verteilungskonflikte

Diese Voraussetzungen stellten sich insbesondere seit der ersten Hälfte der 1990er-Jahre ein. Die Kostendämpfungspolitik, insbesondere das mit dem Gesundheitsstrukturgesetz von 1992 eingeführte Instrumentarium, führte zu gegenüber den 1960er-, 1970er- und 1980er-Jahren durchschnittlich deutlich geringeren Anhebungen der vertragsärztlichen Gesamtvergütung, wenn auch bei zum Teil erheblichen Schwankungen. In der Vergangenheit war es den Kassenärztlichen Vereinigungen zumeist gelungen, Verteilungskonflikte durch kräftige Zuwächse der vertragsärztlichen Gesamtvergütung zu entschärfen. Diese Option büßte mit den 1990er-Jahren an Wirksamkeit ein – nicht nur wegen der sich abschwächenden Zuwachsraten der vertragsärztlichen Gesamtvergütung, sondern auch weil der Gesetzgeber im Zuge seiner Bemühungen zur Stärkung der hausärztlichen Tätigkeit entschlossenere Maßnahmen zur honorarpolitischen Besserstellung der Hausärzte ergriff als in der Vergangenheit.

Durch verschiedene Maßnahmen wurde die Stellung der Hausärzte deutlich aufgewertet: durch eine inhaltliche Abgrenzung der hausärztlichen von der fachärztlichen Tätigkeit, durch die Trennung der Gesamtvergütung in einen hausärztlichen und einen fachärztlichen Honorartopf, durch eine Aufwertung typisch hausärztlicher im Vergleich zu fachärztlichen Leistungen in der vertragsärztlichen Gebührenordnung sowie durch die Einführung von für die Krankenkassen obligatorischen Angeboten einer hausarztzentrierten Versorgung. Letzteres bescherte den beteiligten Hausärzten deutliche Honorarsteigerungen im Vergleich zur Regelversorgung.

Gleichzeitig musste eine schwächer als in der Vergangenheit steigende Gesamtvergütung auf eine deutlich höhere Zahl von Vertragsärzten verteilt werden. Das Zusammenwirken dieser Faktoren steigerte insbesondere bei den Fachärzten die Unzufriedenheit mit der Honorarentwicklung und führte zu erbitterten Verteilungskonflikten, die sich vor allem entlang der Linie Fachärzte/Hausärzte bewegten, in der aber auch eine übergreifende Fragmentierung der Ärzteschaft entlang den Honorarinteressen der Arztdisziplinen zum Ausdruck kam (Gerlinger 2013). Zwar verbesserte sich die Honorarsituation der Vertragsärzte seit der zweiten Hälfte der 2000er-Jahre wieder deutlich, jedoch bleibt eine verbreitete Unzufriedenheit mit der honorarpolitischen Gesamtsituation.

Diese Honorarverteilungskonflikte betrafen primär die vertragsärztliche Versorgung, nicht oder kaum die ambulante privatärztliche Versorgung. Dort ist die angemessene Bewertung von hausärztlichen und fachärztlichen Leistungen zwar auch umstritten, wie die zähe Auseinandersetzung um eine Reform der privatärztlichen „Gebührenordnung für Ärzte" zeigt. Allerdings gibt es hier keine Gesamtvergütung, die zwischen den Ärzten aufgeteilt wird, weshalb hier auch keine Honorar*verteilungs*konflikte anzutreffen sind. Außerdem fällt in der privatärztlichen Versorgung eine Ausweitung der Leistungsmenge als Instrument zur Befriedigung von Honorarinteressen deutlich leichter als in der vertragsärztlichen Versorgung (Böckmann 2011).

3.2 Vertragspolitik: Pluralisierung von Kontrahierungsrechten und Erosion des KV-Monopols

Die in der zweiten Hälfte der 1990er-Jahre mit dem Übergang zu einem System des regulierten Wettbewerbs einsetzende und seither inkrementell erweiterte Liberalisierung der Vertragspolitik begründete eine wachsende Konkurrenz unter Ärzten bzw. Ärzteorganisationen um den Abschluss von Versorgungsverträgen mit Krankenkassen. Diese Entwicklung vollzog sich v. a. auf dem Gebiet der sogenannten neuen Versorgungsformen. Dabei handelt es sich um als innovativ geltende Versorgungsformen, die neben der weiterhin kollektivvertraglich gesteuerten Regelversorgung etabliert wurden.

Dazu zählen Modellversuche zur Erprobung neuer Versorgungs- und Vergütungsformen (§ 64 SGB V); strukturierte, an Leitlinien orientierte Behandlungsprogramme für ausgewählte chronische Erkrankungen („Disease Management Programme" – DMP); besondere Versorgungsformen, unter denen seit 2016 u. a. die vormals getrennt geregelten Bereiche „besondere ambulante ärztliche Versorgung" und „integrierte Versorgung" zusammengefasst sind, und schließlich die hausarztzentrierte Versorgung, zu deren Angebot die Krankenkassen mittlerweile sogar verpflichtet sind. Die Krankenkassen können Verträge auf diesen Handlungsfeldern an den KVen vorbei abschließen; letztere sind nur noch *mögliche* Vertragspartner. Diese Pluralisierung von Kontrahierungsrechten verschärft die Konkurrenz auf der Ärzteseite und führt zu erheblichen, auch honorarpolitischen Konflikten, die zumeist spätestens dann auftreten, wenn die vertragsärztliche Gesamtvergütung um die Honoraranteile für die besonderen Versorgungsformen bereinigt werden muss. Hier entstehen Dauerkonflikte, die oft erst in Schiedsstellenverfahren oder vor den Sozialgerichten geklärt werden.

Insgesamt beanspruchen die über die selektivvertraglich geregelten besonderen Versorgungsformen zwar einen bisher nur kleinen Teil der vertragsärztlichen Gesamtvergütung, allerdings ist die Einführung von Selektivverträgen von einer erheblichen ordnungspolitischen Tragweite. Denn das Kollektivvertragssystem ist damit partiell aufgehoben und mit ihm auch das Vertragsmonopol der KVen. Dies wiederum wirft die Frage nach dem ordnungspolitischen Bild für die GKV und nach der Rolle der KVen auf. Bei den Auseinandersetzungen um die Selektivverträge geht es somit auch um die Machtverteilung zwischen den beteiligten Institutionen.

3.3 Hausärzte – Fachärzte

Die Verringerung von Handlungsspielräumen in der Honorarpolitik und die Pluralisierung von Kontrahierungsrechten haben vor allem die Konflikte zwischen Hausärzten und Fachärzten in den KVen verschärft. Die Stärkung der hausärztlichen Versorgung ist seit der zweiten Hälfte der 1990er-Jahre aus der Perspektive des Gesetzgebers – gleich in welcher parteipolitischen Färbung – ein wichtiges Instrument zur Bewältigung von Qualitätsmängeln und Kostenproblemen in der Krankenversorgung. Die Felder und Instrumente sind vielfältig. In der Honorarpolitik wurde durch die erwähnten Maßnahmen die hausärztliche Vergütung deutlich angehoben (s. o.). In der Versorgungspolitik stärkte der Gesetzgeber die Hausärzte durch die Abgrenzung eines eigenständigen Versorgungsbereichs und durch eine mit der Schaffung eines Facharztes für Allgemeinmedizin mit fünfjähriger Weiterbildung geschaffene qualifikatorische Aufwertung und Gleichstellung gegenüber den Gebietsärzten („Fachärzten").

Versorgungspolitisch – und auch ordnungspolitisch – ist aber vor allem die Einführung einer hausarztzentrierten Versorgung im Jahr 2004 von Bedeutung. Die hausarztzentrierte Versorgung muss besondere Qualitätsanforderungen erfüllen und unterliegt besonderen Qualitätssicherungsanforderungen. Seit 2009 haben die Krankenkassen Verträge zur hausarztzentrierten Versorgung „mit Gemeinschaften zu schließen, die mindestens die Hälfte der an der hausärztlichen Versorgung teilnehmenden Allgemeinärzte des Bezirks der Kassenärztlichen Vereinigung vertreten" (§ 73b Abs. 4 SGB V).

Die KVen dürfen nur noch dann solche Verträge abschließen, wenn entsprechende Gemeinschaften hausärztlicher Leistungserbringer sie dazu ermächtigt haben oder kein Vertrag zustande gekommen ist (§ 73b Abs. 4 SGB V). Damit erhielten die Hausarztverbände de facto beinahe ein Vertragsmonopol, weil in der Regel nur sie diese gesetzlichen Voraussetzungen erfüllen. Zugleich schrieb der Gesetzgeber fest, dass die ärztlichen Gemeinschaften die Einleitung eines Schiedsverfahrens beantragen können (§ 73b Abs. 4 SGB V), in dem die Vertragsbedingungen und die Honorarhöhe festgelegt werden.

Mit diesen Bestimmungen wurde die Position der Hausärzteverbände erheblich gestärkt. Sie verstanden es in der Folge, die neue Situation auszunutzen und kräftige Honorarsteigerungen für die hausarztzentrierte Versorgung durchzusetzen. Auf dieser Grundlage ist der Hausärzteverband seither zu einem mächtigen Gegenspieler der KVen aufgestiegen. Dabei bleiben die Auseinandersetzungen nicht auf die hausarztzentrierte Versorgung beschränkt. So fordert der Hausärzteverband für die gesamte hausärztliche Versorgung, also auch für die Regelversorgung, ein umfassendes eigenes Verhandlungs- und Vertragsmandat gegenüber den Krankenkassen („Hausärzte-KV"). Eine Umsetzung dieser Forderung würde das Ende der KVen in ihrer jetzigen Form bedeuten. Sie wird von den fachärztlichen Mehrheiten in der KBV und in den KVen abgelehnt, wobei neben finanziellen Aspekten auch institutionelle Partikularinteressen eine Rolle spielen.

Daneben hat der Gesetzgeber die Position der Hausärzte in den KVen und der KBV gestärkt. Die Hausärzte sahen sich durch die Facharztmehrheit in den Beschlussgremien in der vertragsärztlichen Selbstverwaltung systematisch benachteiligt. Darüber hinaus stärkte der Gesetzgeber die Position der Hausärzte bei Abstimmungen in den Kassenärztlichen Vereinigungen: Seit 2016 stimmen über Belange, die allein die hausausärztliche oder die fachärztliche Versorgung betreffen, nur die Vertreter des jeweiligen Versorgungsbereichs ab; bei gemeinsamen Abstimmungen müssen die Stimmen so gewichtet werden, dass eine Parität der Stimmen von Hausärzten und Fachärzten hergestellt wird (§ 79 Abs. 3a SGB V). Diese Regelung stieß auf den heftigen Widerstand der Fachärztemehrheiten; lange Zeit hatten sie eine entsprechende Änderung ihrer Satzung verweigert. Der Ende 2016 vom Bundeskabinett vorgelegte Entwurf für ein „Selbstverwaltungsstärkungsgesetz" sieht vor, dass die Vorstände von KVen und KBV nicht mehr aus zwei, sondern aus drei Personen bestehen sollen. Die dritte Person soll von fachärztlichen und hausärztlichen Interessen unabhängig sein. Auf diese Weise sollen Blockaden bei den Abstimmungen künftig vermieden werden. Allerdings existieren die zugrunde liegenden Interessenwidersprüche der beiden Seiten selbstverständlich fort.

3.4 Krankenversorgung: Zuweisung von Behandlungskompetenzen

Neben den Kompetenzen in der Vertragspolitik sind auch Zuständigkeiten für bestimmte Felder der Krankenversorgung umstritten. Hier sind professionelle und finanzielle Interessen eng miteinander verknüpft. Vor allem zwei Aspekte sind hier bedeutsam.

Erstens erzeugt die fortschreitende Spezialisierung des medizinischen Wissens und die damit verbundene Herausbildung neuer Disziplinen und Subdisziplinen in manchen Segmenten der Krankenversorgung Grauzonen bei der Zuweisung von spezifischen Versorgungskompetenzen an bestimmte Arztgruppen. Dies wird u. a. deutlich bei der Formulierung von Leitlinien zur ärztlichen Behandlung bestimmter Krankheiten bzw. bei bestimmten Symptomen.

Zweitens existiert auf einer Reihe von Versorgungsgebieten eine Konkurrenz zwischen Vertragsärzten und Krankenhäusern bzw. Krankenhausärzten. Die Zahl der Felder, auf denen (niedergelassene) Vertragsärzte und Krankenhäuser miteinander konkurrieren, hat sich seit den 1990er-Jahren deutlich erhöht, weil die Krankenhäuser seitdem auf manchen Feldern für die ambulante Versorgung von GKV-Patienten geöffnet worden sind (Rosenbrock und Gerlinger 2014; SVR 2014), auch wenn das ambulante Behandlungsvolumen der Krankenhäuser insgesamt – erst recht, wenn man es im internationalen Vergleich betrachtet (Schölkopf und Pressel 2014) – nach wie vor recht gering ist.

Daraus erwachsen Konflikte zwischen Kassenärztlichen Vereinigungen und Krankenhäusern bzw. der Deutschen Krankenhausgesellschaft und den Landeskrankenhausgesellschaften über die Zulässigkeit ambulanter Behandlungen im Krankenhaus. Allerdings existieren in der ärztlichen Selbstverwaltung keine offiziellen Gremien, in denen diese Konflikte ausgetragen werden können. Die Konfliktbearbeitung verläuft hier im Wesentlichen durch die Anrufung von Gerichten. Daneben versuchen die beteiligten Verbände, die politischen Entscheidungsträger über lobbyistische Aktivitäten dazu zu veranlassen, die Zuständigkeiten im jeweiligen Interesse (neu) zu regeln. In der jüngeren Gesundheitspolitik war diesbezüglich die ambulante spezialfachärztliche Versorgung, also die Versorgung bei besonders schweren Erkrankungen und bei

Krankheiten mit besonderen Krankheitsverläufen, Gegenstand besonderen Interesses (Rosenbrock und Gerlinger 2014).

4 Auswirkungen auf ärztliche Interessenverbände

Der skizzierte Wandel hat für die verschiedenen Verbändetypen in der Ärzteschaft unterschiedliche Folgen. Je nachdem, wie die Organisationen in die oben skizzierten Interessenwidersprüche eingebunden sind, bekommen Ärzteverbände deren Folgen mehr oder weniger stark zu spüren.

4.1 Kassenärztliche Vereinigungen

KBV und KVen haben traditionell eine starke Machtposition im System der gesetzlichen Krankenversicherung inne (Rosewitz und Webber 1990; Webber 1992), die vor allem auf ihrer gesetzlich festgeschriebenen Doppelfunktion beruht: Sie nehmen als Körperschaften des öffentlichen Rechts einen öffentlichen Versorgungsauftrag wahr, nämlich den Auftrag zur Sicherstellung der ambulanten ärztlichen Versorgung von Kassenpatienten, und sind zugleich die Interessenvertretung der Vertragsärzte gegenüber den Krankenkassen (§§ 73, 75 Abs. 1 u. 2 SGB V).

Mit dem Sicherstellungsauftrag verbunden ist die Honorarverteilungsfunktion: Sie haben die Abrechnung der vertragsärztlichen Leistungen durchzuführen, den Honorarverteilungsmaßstab festzulegen und das Gesamthonorar an die Vertragsärzte zu verteilen (§ 85 Abs. 4 SGB V). Außerdem haben sie die Pflicht, die Erfüllung der gesetzlichen und vertraglichen Pflichten durch ihre Mitglieder, die Vertragsärzte, zu überwachen und sie gegebenenfalls zur Einhaltung dieser Pflichten zu veranlassen (§ 75 Abs. 2 SGB V). Diese Aufsichtsfunktion erstreckt sich vor allem auf die Wirtschaftlichkeit der Versorgung, die eine Überprüfung der Notwendigkeit, Effektivität, Qualität und Angemessenheit der erbrachten Leistungen einschließt. KBV und KVen unterliegen ihrerseits wiederum der Rechtsaufsicht durch den Staat.

Die Vertragsärzte sind als Pflichtmitglieder an die von der zuständigen KV vereinbarten Verträge gebunden. Sind sie mit den Politikergebnissen unzufrieden, so bleibt ihnen in aller Regel nur der Protest innerhalb des Verbandes *(voice);* angesichts eines Anteils der Kassenpatienten von fast 90 % der Bevölkerung ist der Austritt *(exit)* und damit die Rückgabe der vertragsärztlichen Zulassung für sie keine realistische Alternative. Die dadurch begründete Verpflichtungsfähigkeit der KVen gegenüber ihren Mitgliedern ist eine wesentliche Funktionsvoraussetzung für die Delegation staatlicher Steuerungsaufgaben an Verbände.

Für das Verhältnis von Krankenkassen und KVen bei der Steuerung der ambulanten Versorgung ist kennzeichnend, dass der staatlicherseits den KVen zugewiesene Auftrag zur Sicherstellung der ambulanten Versorgung von Kassenpatienten, verbunden mit der Pflichtmitgliedschaft für alle Vertragsärzte, den KVen ein Vertragsmonopol verschafft. Dieses Monopol stellt für den einzelnen Arzt einen Schutz vor der Konkurrenz mit Kollegen um einen Vertrag mit den Krankenkassen dar. KBV und KVen haben somit zwar eine starke Machtposition inne, sind aber auch auf die Einhaltung der staatlichen Rahmenvorgaben für die vertragsärztliche Versorgung verpflichtet. Damit verbunden ist eine Präsenz- und Leistungserbringungspflicht der Vertragsärzte; Streiks, organisierte Praxisschließungen oder andere Formen der Leistungsverweigerung sind ihnen also nicht gestattet.

Am stärksten wirkt sich der oben skizzierte Wandel auf die Kassenärztliche Bundesvereinigung (KBV) und die Kassenärztlichen Vereinigungen (KVen) aus. Erstens sind sie, weil die Honorarverteilung zu ihren Kernaufgaben zählt, direkt mit den sich aus den restriktiven ökonomischen und politischen Rahmenvorgaben erwachsenden Verteilungsproblemen konfrontiert. Daraus sind seit den 1990er-Jahren immer wieder heftige Konflikte erwachsen, insbesondere zwischen Fachärzten- und Hausärzten, was mitunter auch die Fortexistenz einer gemeinsamen Organisation der Vertragsärzteschaft infrage stellte.

Zweitens sind die KBV und KVen verpflichtet, gesetzliche Vorgaben umzusetzen – eben auch dann, wenn die Vertragsärzte sie aus den oben genannten Gründen mehrheitlich häufig kritisch sehen. Die gemeinsame Selbstverwaltung in der gesetzlichen Krankenversicherung muss Ergebnisse produzieren, anderenfalls würden Kassen und KVen die Gefahr heraufbeschwören, dass der Gesetzgeber das Interesse an der Konstruktion der Selbstverwaltung verlieren könnte. Entsprechende Einigungen mit den Krankenkassen bzw. dem GKV-Spitzenverband sind daher unausweichlich. Die Vorstände von KBV und KVen sind vielfach nicht mehr in der Lage, zwischen den vom Gesetzgeber und von den Krankenkassen formulierten Handlungsanforderungen einerseits und den Interessen ihrer Mitglieder andererseits zu vermitteln. Hier können die KVen nur das verteilen, was von der Politik bzw. den (von der Politik gestärkten) Kassen zur Verfügung gestellt wird.

Die Vorstände von KBV und KVen bewegen sich damit in einem strukturellen Dilemma, dem Widerspruch zwischen Einflusslogik und Mitgliedschaftslogik (Schmitter und Streeck 1999). Vor diesem Hintergrund ist das Verhältnis der

Mitglieder zu ihren Vorständen vielfach von Entfremdung und Misstrauen geprägt (Brechtel 2001; Birkelbach 2003), mittlerweile teilweise auch von offener Feindseligkeit. Hinzu kommt, dass die KVen angesichts restriktiver gesetzlicher und vertraglicher Vorgaben gezwungen sind, ihre Aufsichts- und Kontrollfunktionen, etwa bei Wirtschaftlichkeits- und Qualitätsprüfungen, gegenüber ihren Mitgliedern stärker hervorzukehren. Insgesamt sind die Beziehungen zwischen den Verbänden und ihren Mitgliedern in eine tiefe Krise geraten, weil es den Vorständen der KVen in vielen Fällen nicht mehr gelingt, die sich differenzierenden Interessen ihrer Mitglieder zu aggregieren und nach außen – gegenüber der Politik, den anderen Akteuren im Gesundheitssystem und der Öffentlichkeit – zu artikulieren.

Die Eigenschaft von KBV und KVen als Organisationen mit Pflichtmitgliedschaft mildert nicht etwa die Schärfe der Auseinandersetzungen, sondern wirkt geradezu als ein Konfliktkatalysator. Denn die verschiedenen Gruppen haben, bei einmal gegebenen Interessen, kaum die Möglichkeit, auf andere Organisationen auszuweichen. Eine Mitgliedschaft in einem freien Verband stünde nicht alternativ, sondern komplementär zur Mitgliedschaft in der KV.

Insgesamt verloren die KVen im Zuge des skizzierten Wandels an Veto-Macht, vor allem weil durch die Auswirkungen des skizzierten Wandels der innere Zusammenhalt der Vertragsärzteschaft erodierte (Pannowitsch 2012). KBV und KVen sind ein gutes Beispiel für Tsebelis' Befund, dass die Fähigkeit von Organisationen, als Veto-Spieler zu agieren, leidet, je geringer ihr innerer Zusammenhalt ist (Tsebelis 1995).

4.2   Fachübergreifende Berufsverbände

Neben den KVen existieren fachübergreifende Berufsverbände, die ausschließlich – wie der NAV-Virchowbund – oder überwiegend – wie der Hartmannbund – niedergelassene Ärzte organisieren (Bandelow 2007). Da die Konfliktlinien zwischen den niedergelassenen Ärzten vor allem entlang der Fachgruppenzugehörigkeit verlaufen, haben auch diese erhebliche Probleme, die Interessen ihrer Mitglieder bzw. Adressaten zu aggregieren und zu artikulieren. Deshalb konnten sie auch nicht von der Legitimitätskrise der KVen profitieren. Vielmehr musste namentlich der ehedem so bedeutsame Hartmannbund in den vergangenen Jahrzehnten einen spürbaren Rückgang seines gesundheitspolitischen Einflusses verzeichnen und ist der gesundheitspolitische Einfluss dieser Verbände eher gering.

4.3   Ärztliche Fachverbände und wissenschaftliche Fachgesellschaften

Neben den fachgruppenübergreifenden Verbänden existieren zahlreiche ärztliche Fachverbände, bei denen es sich um Zusammenschlüsse der jeweiligen Fachgruppen handelt (z. B. Hausärzteverband). Die Mitgliedschaft in diesen Verbänden ist ebenso wie bei den fachgruppenübergreifenden Verbänden freiwillig. Die Fachverbände vertreten die professionellen und finanziellen Interessen ihrer Mitglieder in den Organisationen und Gremien der Ärzteschaft und gegenüber den anderen Akteuren in der Gesundheitspolitik. Diese Verbände zählen zu den Nutznießern des beschriebenen Wandels, weil die fachgruppenbezogenen Interessen in einer sich ausdifferenzierenden und segmentierenden Ärzteschaft an Bedeutung gewinnen und sie eher in der Lage sind, die Interessen ihrer vergleichsweise homogenen Mitgliedschaft zu bündeln. Sie erhalten nicht nur erheblichen Zulauf, sondern artikulieren die Interessen ihrer Mitglieder mit großem Nachdruck in der Ärzteschaft und gegenüber der Politik. Insbesondere gilt dies für den Hausärzteverband, der mit den seit den 2000er-Jahren vollzogenen Reformen in der Vertrags- und Versorgungspolitik in der hausarztzentrierten Versorgung zu einem wichtigen kollektiven Akteur aufgestiegen ist.

Von den ärztlichen Fachverbänden sind die ärztlichen Fachgesellschaften zu unterscheiden (z. B. die Deutsche Gesellschaft für Allgemeinmedizin), die sich in erster Linie mit medizinischen, fachwissenschaftlichen und unmittelbar versorgungsbezogenen Themen befassen. Auch hier ist die Mitgliedschaft freiwillig. Die wissenschaftlichen Fachgesellschaften treten eher als Vereinigungen von wissenschaftlichen Experten denn als Sachwalter von Mitgliederinteressen gegenüber den Akteuren der Gesundheitspolitik in Erscheinung. Allerdings eröffnet ihnen diese Aura auch Möglichkeiten, auch die Interessen ihrer Mitglieder zur Geltung zu bringen. Dies ist etwa bei der Entwicklung von Behandlungsleitlinien der Fall, die für die Fachgesellschaften zu einem wichtigen Handlungsfeld geworden ist.

4.4   Ärztekammern

Die Ärztekammern sind die Kerninstitutionen der ärztlichen Selbstverwaltung in Deutschland. Alle approbierten Ärzte sind Pflichtmitglieder in der Ärztekammer ihres Bundeslandes. Die Landesärztekammern sind wie die Kassenärztlichen Vereinigungen Körperschaften des öffentlichen Rechts. Auf die Bundesärztekammer trifft dies allerdings nicht zu; sie ist lediglich eine Bundesarbeitsgemeinschaft der Landesärztekammern, ist ungeachtet dessen aber die weitem bekannteste und in der Öffentlichkeit wohl am stärksten wahrgenommene Ärzteorganisation. Die Ärztekammern nehmen eine Vielzahl von Aufgaben wahr, die von der Interessenvertretung der Ärzte über die Beteiligung an der Gestaltung der medizinischen Versorgung bis hin zur Festlegung der ärztlichen Berufsordnung (einschließlich der Überwachung ihrer Einhaltung durch die Ärzte) und zur Festlegung der ärztlichen Weiterbildungsinhalte und Facharztbezeichnungen reichen.

Die Ärztekammern sind vom oben skizzierten Wandel nur wenig betroffen (siehe auch: van Elten 2016). Dies liegt vor allem daran, dass sie im Hinblick auf die zentralen Konfliktlinien – Honorarverteilung, Vertragspolitik, Konflikte zwischen Haus- und Fachärzten, Kooperation und Arbeitsteilung zwischen den Sektoren ärztlicher Versorgung – keine Entscheidungskompetenzen haben. Dies erleichtert es ihnen, sich als Sachwalter der *gemeinsamen* Interessen von Ärztinnen und Ärzten zu präsentieren. Sie vermeiden wohlweislich auch dezidierte Stellungnahmen zu diesen Themen, nicht nur, weil sie hier nicht unter Entscheidungsdruck stehen, sondern auch, weil eine Stellung- bzw. Parteinahme diesen Organisationsnimbus gefährden würde. Zwar spiegelt sich die eingangs skizzierte Ausdifferenzierung von Interessen, sozialen Lagen, berufspolitischen Präferenzen und Werthaltungen auch in den Ärztekammern wider und sind diese somit auch nicht frei von Konflikten.

Allerdings sind diese Konflikte in ihrer Schärfe ebenso wenig mit denen in den Kassenärztlichen Vereinigungen vergleichbar wie die Beziehungen zwischen Mitgliederbasis und Vorständen. Den Ärztekammern fällt es somit leichter, die nicht (so sehr) mit internen Konflikten beladenen Interessen der Ärzteschaft in den Vordergrund stellen können. Genau dies erklärt die unterschiedlichen Maße an interner und externer Akzeptanz von KVen und Ärztekammern.

4.5 Marburger Bund

Zu den in der Öffentlichkeit bekanntesten Zusammenschlüssen von Ärzten zählt der Marburger Bund, der nach eigenem Bekunden die Interessen der angestellten und verbeamteten Ärztinnen und Ärzte vertritt und sich als „Deutschlands einzige Ärztegewerkschaft" bezeichnet. Im Krankenhaussektor treten die gemeinsamen Interessen der Krankenhausärzte als Arbeitnehmerinnen und Arbeitnehmer in den Mittelpunkt – ganz oder weitgehend unabhängig von der Zugehörigkeit zu bestimmten Fachdisziplinen bzw. Fachabteilungen.

Der Marburger Bund vertritt genau diese Arbeitnehmerinteressen (Greef 2012), wobei die Tarifpolitik im Mittelpunkt seines Handelns steht. Daneben behandelt er aber auch Themen wie Arbeitszeiten und Arbeitsschutz sowie fachliche Aspekte ärztlichen Handelns im Krankenhaus. Mit innerärztlichen Konflikten hat der Marburger Bund folglich kaum zu tun: Weder geht es ihm um fachgruppenbezogene Sonderinteressen, noch muss er sich die Verteilung eines beschränkten Honorarvolumens bemühen. Auch ist er nicht in die Entscheidungsstrukturen der gemeinsamen Selbstverwaltung eingebunden.

Er kann also zu in der Ärzteschaft umstrittenen Fragen aus der Perspektive von Krankenhausärzten Stellung nehmen (z. B. zur ambulanten Versorgung im Krankenhaus), ohne in die Verlegenheit zu kommen, etwaige Kompromisse gegenüber seiner Klientel vertreten zu müssen. Daneben hält der Marburger Bund ein breites Spektrum von Serviceleistungen vor, mit denen er auch um Mitglieder wirbt. Dazu zählen u. a. Rechtsberatung, Auslandsberatung, ein breites Fortbildungsangebot sowie Sondertarife für Versicherungen und Finanzdienstleistungen.

Allerdings treten diese Serviceleistungen, nimmt man den Internetauftritt des Marburger Bundes zum Maßstab, in seiner Selbstdarstellung nicht in den Vordergrund und nehmen einen deutlich schwächeren Stellenwert ein als beim Hartmannbund oder beim NAV-Virchowbund.

Der Marburger Bund hat in den letzten Jahren einen erheblichen Aufschwung erlebt und verzeichnet deutlich steigende Mitgliederzahlen. Der wohl wichtigste Erfolgsfaktor liegt in der Durchsetzung von tarifpolitischen Interessen der Krankenhausärzte. 2005 hatte der Marburger Bund die langjährige Tarifgemeinschaft mit ver.di aufgekündigt, also die einheitliche Vertretung von Tarifinteressen für das gesamte Krankenhauspersonal, um für die Ärzteschaft in gesonderten Auseinandersetzungen höhere Gehaltsabschlüsse zu erzielen. Seither hat er in der Tat kräftige Tariferhöhungen für die Krankenhausärzte durchsetzen können. Die anderen Berufsgruppen blieben dahinter deutlich zurück, auch weil es ihnen im Vergleich zu den Ärzten an Organisations- und Durchsetzungskraft mangelt und der Marburger Bund einen erheblichen Teil des ja immer begrenzten Verteilungsvolumens erfolgreich für die Ärzte reklamierte.

5   Handlungsstrategien von Verbänden

Grundsätzlich macht es die Ausdifferenzierung von Interessen allen Ärzteorganisationen schwerer, die Interessen ihrer Mitglieder bzw. ihrer Adressaten zu aggregieren. Dabei ist zu beachten, dass die ärztlichen Körperschaften, also KBV, KVen und Ärztekammern, als Organisationen mit Pflichtmitgliedschaft nicht mit dem Problem des Mitgliederschwundes bzw. der Mitgliedergewinnung konfrontiert sind.

Ärztekammern und Kassenärztliche Vereinigungen sind aufgrund ihres Charakters als Organisationen mit Pflichtmitgliedschaft nicht – oder kaum – von einer möglichen Abwanderung ihrer Mitglieder bedroht. Dies unterscheidet sie grundsätzlich von den diversen freien Berufsverbänden – gleich, ob sie fachgruppenübergreifend oder fachgruppenbezogen agieren – und von den wissenschaftlichen Fachgesellschaften sowie vom Marburger Bund.

Bei den Ärztekammern steht den approbierten Ärzten zwar theoretisch eine Rückgabe ihrer Approbation und damit das Ausscheiden aus der Ärztekammer offen. Aber selbst wenn ein solcher Schritt erfolgt, geschieht dies kaum aus Gründen, die etwas mit dem Handeln der Ärztekammern zu tun haben – im Vordergrund steht die Rückgabe aus Altersgründen –, und dürfte auch kaum Einfluss auf das Handeln der Organisation haben. Die Handlungssituation der Mitglieder in den Kassenärztlichen Vereinigungen unterscheidet sich davon insofern, als den Vertragsärzten in der KV theoretisch immer auch die Aufgabe der vertragsärztlichen Tätigkeit und der Wechsel zu einer anderen Form der Arzttätigkeit offensteht – sei es die Tätigkeit als ambulant tätiger Privatarzt, als Krankenhausarzt, als Arzt im Öffentlichen Gesundheitsdienst oder als Betriebsarzt. Weil der Wechsel der Art der ärztlichen Tätigkeit – so ließe sich argumentieren – ein weniger einschneidender Schritt ist als der Verzicht auf jegliche Form der ärztlichen Tätigkeit, ist er in den KVen wahrscheinlicher und insofern auch für sie eine größere Drohung als für die Ärztekammern. Gleichwohl spielt auch hier die Drohung einer Mitgliederabwanderung kaum eine Rolle.

Es hat bisher lediglich einen Versuch gegeben, angesichts der Unzufriedenheit mit den Politikergebnissen einen kollektiven Austritt aus der KV zu organisieren: Der Bayerische Hausärzteverband führte darüber 2010 unter seinen Mitgliedern eine Abstimmung durch und scheiterte mit seinem Vorhaben. Der Wechsel zu einer anderen Form ärztlicher Tätigkeit ist angesichts hoher Transaktions- und Opportunitätskosten (Ortswechsel, Einfügen in neue berufliche Aufgaben und Rollenmuster, absehbare Einkommensverluste) nicht eben wahrscheinlich.

Auch wenn die *exit*-Option für die Mitglieder in Ärztekammern und KVen keine Rolle spielt, so ist die Vertretung von Mitgliederinteressen natürlich für die interne Zuweisung von Macht von zentraler Bedeutung, denn sind Mitglieder mit den Politikergebnissen unzufrieden, so bleibt ihnen immerhin noch der Protest *(voice)* innerhalb des Verbandes (Hirschman 1970). Da sowohl Kammern auch KVen intern demokratisch aufgebaut sind, sind deren Vorstände allein schon aus diesem Grund daran interessiert, ihre Legitimation zu erhalten und zu steigern (siehe hierzu allgemein: Sack und Strünck 2016).

Die Ärzteverbände betonen die gemeinsamen Interessen der Ärzte, nicht zuletzt auch in der Frontstellung zu Krankenkassen und Politik. Verschiedene

Themen sind dabei von Bedeutung. Erstens klagen sie eine wachsende Bürokratie im ärztlichen Alltag an, z. B. einen erhöhten Dokumentations- und Rechtfertigungsaufwand für medizinische Entscheidungen; zweitens kritisieren sie eine fortschreitende Einschränkung ärztlicher Entscheidungsfreiheiten, die durch eine Überhandnahme rechtlicher und politischer Vorgaben sowie ökonomischer Anreize herbeigeführt werde. Dazu zählen u. a. die Zunahme von Berichtspflichten und die Zunahme externe Prüfrechte und der Zahl externer Prüfungen.

Die Verteidigung der professionellen Autonomie des Arztes wird damit zu einem zentralen Anliegen aller Ärzteverbände, deren Beschwörung auch dazu dient, den ärztlichen Zusammenhalt in Zeiten fortschreitender sozialer und professioneller Ausdifferenzierung zu stärken. Darüber hinaus betonen die Ärzteverbände immer wieder die Forderung nach einer Rationierung – oder wie es in der ärztlichen Rhetorik mittlerweile zumeist heißt: Priorisierung – von Leistungen, also einer Begrenzung des Leistungskatalogs. Freilich existiert auch hier ein enger Bezug zu den finanziellen Partikularinteressen von Ärzten: Diejenigen Leistungen, die nicht als öffentlich finanzierbar gelten, müssten dann privat – sei es auf dem Wege der privaten Krankenversicherung, sei es in Form von Direktzahlungen – aufgebracht und könnten von den Ärzten privat abgerechnet werden. Zur Betonung gemeinsamer Interessen zählt auch die Kritik von Vorschlägen zu Reformen in der Organisation der Krankenversorgung, die als Abwehr von Bestrebungen zur Aufweichung des ärztlichen Behandlungsmonopols interpretiert werden (z. B. das Projekt AGNES, das vorsieht, besonders qualifiziertes Pflegepersonal mit Aufgabe zu betrauen, die bisher von Ärzten wahrgenommen wurden). Derartige Formen der Bekräftigung eines gemeinsamen ärztlichen Interesses sind ein wichtiges Instrument, um den ärztlichen Zusammenhalt zu beschwören.

Bei den KVen kommt hinzu, dass ihre Vorstände bestrebt sind, durch kräftige Erhöhungen der vertragsärztlichen Gesamtvergütung nicht nur die Zufriedenheit der Mitglieder mit ihrer Tätigkeit zu erhöhen, sondern zugleich auch den Verteilungsspielraum zu erhöhen und damit die Verteilungskonflikte zwischen den diversen Arztgruppen zu entschärfen. Die KVen waren damit durchaus erfolgreich: Die Budgets wurden mittlerweile aufgehoben und durch eine weniger restriktive Form der Mengenbegrenzung, die Regelleistungsvolumina, ersetzt; außerdem wurde die Gesamtvergütung zeitweise kräftig erhöht.

Weiterhin haben die Ärzteverbände in den letzten Jahren die Serviceleistungen für ihre Mitglieder erheblich ausgeweitet. Wichtige Handlungsfelder sind die Rechtsberatung (z. B. Arbeitsrecht, Vertragsarztrecht), die Beratung im Hinblick auf die Praxiseröffnung, Praxisführung oder Praxisübernahme, die Beratung bei

Leistungsabrechnungen sowie ein differenziertes Fortbildungsangebot und günstige Bedingungen beim Zugang zu Finanzierungs- und Versicherungsoptionen. Hier werden den Mitgliedern bzw. der Klientel Angebote für die direkte Nutzenmaximierung unterbreitet. Serviceleistungen ergänzen politisches Handeln und dienen bisweilen auch dazu, den Rückgang politischer Durchsetzungsfähigkeit zu kompensieren.

6 Sozialer Wandel der Ärzteschaft und neue Konfliktfelder

Jenseits dieser klassischen Konfliktfelder hat die Ärzteschaft ihr soziales Gesicht in den zurückliegenden beiden Jahrzehnten deutlich verändert. Die Feminisierung der Ärzteschaft schreitet rasch voran. Mittlerweile sind rund zwei Drittel der Erstsemester im Fach Medizin Frauen. Gleichzeitig ist in der traditionell fast ausschließlich von niedergelassenen Ärzten getragenen ambulanten Versorgung der Anteil der angestellten Ärzte deutlich gestiegen. Diese Entwicklung geht vor allem darauf zurück, dass der Gesetzgeber seit den 1990er-Jahren die gesetzlichen Einschränkungen zur Beschäftigung angestellter Ärzte in der ambulanten Versorgung nach und nach zurückgenommen hat. Insbesondere in den seit 2004 zur vertragsärztlichen Versorgung zugelassenen Medizinischen Versorgungszentren ist der Anteil der angestellten Ärzte sehr hoch. Befördert wird diese Entwicklung aber auch durch einen Einstellungswandel in der nachrückenden Ärztegeneration: Der Wunsch nach geregelten und kalkulierbaren Arbeitszeiten und nach einer angemessenen Work-Life-Balance hat an Bedeutung gewonnen, gleichzeitig ist die Bereitschaft, die ökonomischen Risiken einer freien Niederlassung einzugehen, gesunken. Dieser Einstellungswandel hält wiederum vor allem über die erwähnte Feminisierung Einzug in die Ärzteschaft.

Zudem ist der medizinische Fortschritt Treiber für weitere Spezialisierungen und die Herausbildung immer neuer Sub-Disziplinen, mit denen sich nicht nur die berufliche Lebenswelt der Ärzteschaft, sondern auch die beruflichen Interessen weiter ausdifferenzieren. Manifeste Interessenkonflikte sind dadurch noch nicht aufgetreten, aber es gibt auch wenig Anlass zu der Vermutung, dass diese Prozesse den Zusammenhalt der Ärzteschaft stärken könnten. Der frei niedergelassene Arzt, für viele Jahre das ausbildungs- und politikleitende Berufsbild für die ambulante Krankenversorgung, hat für viele angehende Mediziner seine Leitbildfunktion verloren.

7 Fazit und Ausblick

Die Ärzteschaft unterliegt einem mehrdimensionalen Prozess der Differenzierung. Er betrifft das Spektrum ihrer beruflichen Tätigkeiten und ihre berufliche Stellung, ihre Stellung in der medizinischen Versorgung und im Steuerungssystem der gesetzlichen Krankenversicherung, ihre finanziellen und professionellen Interessen und Werthaltungen. Wichtige Treiber dieser Differenzierung sind die auf dem wissenschaftlichen Fortschritt in der Medizin beruhende berufliche Spezialisierung und der in der ersten Hälfte der 1990er-Jahre einsetzende ordnungspolitische Wandel des Gesundheitswesens in Richtung auf ein System des regulierten Wettbewerbs. Diese Entwicklungen bringen Konflikte in der Ärzteschaft hervor, die neue Herausforderungen für Ärzteverbände darstellen und sich unmittelbar auf deren Handlungsfähigkeit der auswirken.

Konflikte in der Ärzteschaft sind vielschichtig und lassen sich entlang zahlreicher Linien erkennen. Im Mittelpunkt stehen Konflikte innerhalb der Vertragsärzteschaft. Hier wiederum sind es Auseinandersetzungen um die Honorarverteilung und um die Zuständigkeiten in der Vertragspolitik gegenüber den Krankenkassen, die das Bild bestimmen. Konflikte verlaufen entlang der Fachgruppenzugehörigkeit von Ärzten. Hier sind es vor allem die anhaltenden und tief greifenden Konflikte zwischen Hausärzten und Fachärzten, die das Bild einer zerrissenen Vertragsärzteschaft begründen.

Daher wundert es nicht, dass die Kassenärztlichen Vereinigungen als vertragsärztliche Körperschaften mit Pflichtmitgliedschaft diejenigen Organisationen sind, in denen die Konflikte am deutlichsten zutage treten und deren Handlungsfähigkeit am deutlichsten infrage gestellt ist. Hier zeigt sich zudem eine erhebliche Distanz zwischen der Verbandsführung und den Mitgliedern, weil es den Vorständen angesichts restriktiver finanzieller und politischer Vorgaben in vielen Fällen kaum noch möglich ist, zwischen den widerstreitenden Interessen von Arztgruppen zu vermitteln. Die große Bedeutung widersprüchlicher Interessen von Arztgruppen erklärt, weshalb die beiden großen fachgruppenübergreifenden freien Berufsverbände, der ehedem so einflussreiche Hartmannbund und der NAV-Virchowbund, nicht von der Krise der KVen profitieren, sondern in den letzten zwei Jahrzehnten an politischer Bedeutung erheblich eingebüßt haben. Nutznießer der Krise sind stattdessen die freien Verbände der unterschiedlichen ärztlichen Fachgruppen, weil diese am deutlichsten die spezifischen Interessen der jeweiligen Arztgruppen artikulieren können.

Demgegenüber sind die Kerninstitutionen ärztlicher Selbstverwaltung, die Ärztekammern, nur in geringem Maße von der erhöhten innerärztlichen Konfliktintensität betroffen. Dies ist vor allem darauf zurückzuführen, dass sie im

Hinblick auf die zentralen Aspekte der Konflikte, die Honorarpolitik und die Vertragspolitik, über keine Kompetenzen verfügen und daher für unbefriedigende Ergebnisse nicht verantwortlich gemacht werden (können).

Die hier in Rede stehenden Ärzteverbände reagieren in ähnliche Weise auf die wachsende Komplexität und Widersprüchlichkeit ärztlicher Interessen. Sie betonen gegenüber ihren Mitgliedern und der Öffentlichkeit die gemeinsamen Interessen der Ärzteschaft gegenüber Krankenkassen und Politik. Wichtige Themen sind die Anhebung der Honorare und die Verteidigung der professionellen Autonomie der Ärzte gegen Tendenzen einer zunehmenden Reglementierung ärztlichen Handelns.

Die Kassenärztlichen Vereinigungen versuchen darüber hinaus, durch eine offensive Honorarpolitik, die darauf zielt, die vertragsärztliche Gesamtvergütung kräftig zu erhöhen, den Verteilungsspielraum zu erweitern und damit die innerärztlichen Verteilungskonflikte zu entschärfen. Alle Verbandstypen versuchen zudem, ihre Legitimität gegenüber ihrer Klientel durch einen Ausbau von Serviceleistungen von Mitgliedern zu stärken. Dies gilt nicht nur für die stets mit der Drohung der Mitgliederabwanderung konfrontierten freien Berufsverbände, sondern auch für die mit Pflichtmitgliedschaften ausgestatteten ärztlichen Körperschaften.

Parallel zu diesen Prozessen vollziehen sich weitere Veränderungen in der sozialen Struktur der Ärzteschaft, allen voran der Bedeutungszuwachs von Angestellten in der ambulanten medizinischen Versorgung und die fortschreitende Feminisierung der Medizin. Diese Prozesse bergen das Potenzial zur Entstehung neuer Konfliktlinien, weil sie mit einem Wandel und Bedeutungsgewinn bestimmter Interessen verbunden ist. So weiten sich mit dem Bedeutungszuwachs von Angestellten in der ambulanten Versorgung Kapital-Arbeit- bzw. Arbeitgeber-Arbeitnehmer-Beziehungen in der Ärzteschaft aus und können die professionellen Präferenzen von Ärztinnen z. B. dazu führen, dass das Leitbild des niedergelassenen Arztes weiter erodiert und sich die Identitätskrise der ambulanten Medizin vertieft.

Auch könnten sich mit dem Bedeutungszuwachs von Medizinischen Versorgungszentren Interessenkonflikte zwischen ambulanten Großeinrichtungen und niedergelassener Einzelpraxis einstellen. Allerdings lassen sich die Auswirkungen dieses sozialen Wandels zurzeit noch nicht abschätzen.

Literatur

Bandelow, Nils C. 2007. Ärzteverbände. Niedergang eines Erfolgsmodells? In *Interessenverbände in Deutschland*, Hrsg. Thomas von Winter und Ulrich Willems, 271–293. Wiesbaden: VS Verlag.

Birkelbach, Klaus. 2003. Ärzteverbände im Urteil ihrer Mitglieder. Eine empirische Untersuchung der Zufriedenheit von Ärztinnen und Ärzten mit ihren Verbänden in den Jahren 1992 und 1998/1999. *Zeitschrift für Soziologie* 32 (2): 156–177.

Böckmann, Roman. 2011. *Quo vadis PKV?* Wiesbaden: VS Verlag.

Brechtel, Thomas. 2001. Ärztliche Interessenpolitik und Gesundheitsreform: Die Zufriedenheit niedergelassener Ärzte mit den Berufsverbänden vor und nach dem Gesundheitsstrukturgesetz (GSG). *Zeitschrift für Gesundheitswissenschaften – Journal of Public Health* 9 (3): 273–288.

Elten, Katharina van. 2016. Dissens und Konfliktlinien in der ärztlichen Selbstverwaltung. In *Verbände unter Druck. Protest, Opposition und Spaltung in Interessenorganisationen*. Zeitschrift für Politikwissenschaft. 26. Jahrgang, Sonderheft 2 (2016), Hrsg. Detlef Sack und Christoph Strünck, 217–232. Wiebaden: VS Verlag.

Gerlinger, Thomas. 2013. Gesundheitspolitik in Zeiten der Krise: Auf inkrementellem Weg zur Systemtransformation? *Zeitschrift für Sozialreform* 32 (2): 156–177.

Göckenjan, Gerd. 1985. *Kurieren und Staat machen. Gesundheit und Medizin in der bürgerlichen Welt*. Frankfurt a. M.: Suhrkamp.

Greef, Samuel. 2012. *Die Transformation des Marburger Bundes. Vom Berufsverband zur Berufsgewerkschaft*. Wiesbaden: VS Verlag.

Hirschman, Albert O. 1970. *Exit, voice, and loyalty. Responses to decline in firms, organizations, and states*. Cambridge: Harvard University Press.

Lepsius, Rainer M. 1990. *Interessen, Ideen und Institutionen*. Opladen: Westdeutscher Verlag.

Mayntz, Renate, und Fritz W. Scharpf. 1995. Der Ansatz des akteurzentrierten Institutionalismus. In *Gesellschaftliche Selbstregelung und politische Steuerung*, Hrsg. Renate Mayntz und Fritz W. Scharpf, 39–72. Frankfurt a. M.: Campus.

Pannowitsch, Sylvia. 2012. *Vetospieler in der deutschen Gesundheitspolitik: Ertrag und Erweiterung der Vetospieler-theorie für qualitative Fallstudien*. Baden-Baden: Nomos.

Rosenbrock, Rolf, und Thomas Gerlinger. 2014. *Gesundheitspolitik. Eine systematische Einführung*. Bern: Huber.

Rosewitz, Bernd, und Douglas Webber. 1990. *Reformversuche und Reformblockaden im deutschen Gesundheitswesen*. Frankfurt a. M.: Campus.

Sachverständigenrat zur Begutachtung der Entwicklung im Gesundheitswesen (SVR). 2014. Bedarfsgerechte Versorgung – Perspektiven für ländliche Regionen und ausgewählte Leistungsbereiche. Drucksache 18/1914. http://dipbt.bundestag.de/doc/btd/18/019/1801940.pdf. Zugegriffen: 8. Nov. 2019.

Sack, Detlef, und Christoph Strünck. 2016. Austritt und Widerspruch in Interessenorganisationen. Eine güter-zentrierte Theorie zur Analyse innerverbandlicher Konflikte. In *Verbände unter Druck. Protest, Opposition und Spaltung in Interessenorganisationen*. Zeitschrift für Politikwissenschaft. 26. Jahrgang, Sonderheft 2 (2016), Hrsg. Detlef Sack und Christoph Strünck, 11–33. Wiesbaden: VS Verlag.

Schmitter, Philippe C., und Wolfgang Streeck. 1999. *The organization of business interests. Studying the associative action of business in advanced industrial societies*. Discussion paper 1999/01. Köln: Max Planck Institut für Gesellschaftsforschung.

Schölkopf, Martin, und Holger Pressel. 2014. *Das Gesundheitswesen im internationalen Vergleich: Gesundheitssystemvergleich und europäische Gesundheitspolitik*. Berlin: Medizinisch Wissenschaftliche Verlagsgesellschaft.

Tsebelis, George. 1995. Decision making in political systems. Veto players in presidentialism, parliamentarism, multicameralism and multipartyism. *British Journal of Political Science* 25 (3): 289–325.

Wanek, Volker. 1994. *Machtverteilung im Gesundheitswesen. Struktur und Auswirkungen.* Frankfurt a. M.: VAS.

Webber, Douglas. 1992. Die kassenärztlichen Vereinigungen zwischen Mitgliederinteressen und Gemeinwohl. In *Verbände zwischen Mitgliederinteressen und Gemeinwohl*, Hrsg. Renate Mayntz, 211–272. Gütersloh: Bertelsmann Stiftung.

Über den Autor

Dr. Thomas Gerlinger Professor an der Fakultät für Gesundheitswissenschaften, Universität Bielefeld.

Die Ärztekammern zwischen Professionsmythos und Verteilungskämpfen

Katharina van Elten

1   Einleitung

Im Geleit der Verteilungskonflikte in den Kassenärztlichen Vereinigungen (KV) und der Bundesärztekammer (BÄK) bemerkte die Süddeutsche Zeitung, die Zustände in der ärztlichen Selbstverwaltung seien geprägt von „Intrigen, Niedertracht und Neid" (SZ 2015). Medial wurde ein Bild von „Chaostagen in der Ärzteschaft" gezeichnet, das in deutlichem Kontrast zum Mythos der ehrwürdigen Professionsgemeinschaft der ‚Halbgötter in Weiß' steht.

Tatsächlich hat die Wahrnehmung der Ärzteschaft als Professionsgemeinschaft und als geschlossene politische Veto-Macht sehr gelitten. Denn steigender Wettbewerb im Gesundheitssektor hat dazu geführt, dass sich die Ärzteschaft stärker spezialisiert und fragmentiert. Dieser Prozess, sowie die Budgetierung von Leistungen hat eine Konkurrenz unter den Arztgruppen herbeigeführt, die verstärkte Verteilungskonflikte verursacht hat (Bandelow 2007; Gerlinger 2009).

Beide Faktoren haben zu einem Verlust an politischer Einflussnahme und einer abnehmenden (Interessen-)Homogenität des Berufsstandes beigetragen. Prominent sind die öffentlich ausgetragenen Streitigkeiten in und um die KVn und

Für sehr hilfreiche Kritik und Kommentare danke ich meinen KollegInnen Saskia Freye und Jonas Weidtmann sowie Christoph Strünck.

K. van Elten (✉)
Lehrstuhl Politisches System Deutschland, Ruhr-Universität Bochum, Bochum, Deutschland
E-Mail: katharina.vanelten@rub.de

BÄK, die deutlich an Handlungsfähigkeit, Akzeptanz und Verhandlungsmacht eingebüßt haben. Den Ärztekammern wurde dabei stets eine vermeintlich harmonische Umgangsweise und Themenbearbeitung zugeschrieben. Zumindest diskursiv wurden hinsichtlich der Konflikthaftigkeit der Selbstverwaltungsorganisationen stets zwischen ökonomischer und ethischer Charakterisierung unterschieden: „die Kammer für die Ethik, die KV für die Monethik."[1] Neben den internen Spannungslinien werden die Ärztekammern auch in Hinblick auf politische Auseinandersetzungen weitgehend ausgeklammert. Aus ihrer weniger exponierten politischen Stellung wird abgeleitet, dass auch die Anzahl kritischer Berührungspunkte mit Akteuren der Gesundheitspolitik zu vernachlässigen sind.

Abseits dieses öffentlichen Diskurses offenbart ein Blick auf die Binnenperspektive der Ärzteschaft jedoch ein ambivalentes Bild. In der Öffentlichkeit ist die Vorstellung eines handlungsleitenden, gemeinwohlorientierten und kohäsiven Professionsverständnisses zunehmend unglaubwürdig geworden. Dennoch existiert innerhalb der Ärzteschaft nach wie vor ein berufsständisches Ideal, das die Identitätsbildung und Handlungsweisen der Ärzte beeinflusst. Gleichzeitig sind die Ärztekammern keinesfalls so konfliktfrei und ethikzentriert, wie es die Kontrastierung mit den KVn erscheinen lässt; die Kammern sind mitnichten ausschließlich Orte, in denen die Ärzteschaft in stiller Eintracht harmonische Entscheidungen im Geiste eines geteilten Berufsethos treffen.

Die Stabilität der Kammern nährt sich an der Anschlussfähigkeit von Selbstverwaltungsarbeit und Professionsmythen. Die Reihen schließen sich, wenn es um kritische Auseinandersetzungen mit Akteuren aus der gesundheitspolitischen Selbstverwaltung und Politik geht. Denn auch hier werden durch die Ärztekammern durchaus Spannungslinien formuliert. Auf Kritik und Deregulierungsbestrebungen Dritter wird jedoch mit einer gemeinschaftlichen Geschlossenheit reagiert.

Bisher sind die Streitigkeiten und Zustände in der Ärzteschaft und ärztlichen Selbstverwaltung überwiegend durch die öffentliche und politische, teils polemisch geführte Debatte sichtbar geworden, die weitgehend medial ausgetragene Streitigkeiten zwischen den gesundheitspolitischen Akteuren reflektierte. Basierend auf zwei Fallstudien mit 14 Experteninterviews nähert sich der vorliegende

---

[1]Hierbei handelt es sich um stehende Begriffe in der (kritischen) Diskussion um die ärztliche Selbstverwaltung und ihrem Agieren. Der Begriff „Monethik" wird dabei als Abgrenzungsmerkmal gegenüber ethischen Fragen und ihrer Hierarchisierung sowohl im ärztlichen Handeln als auch in der ärztlichen Interessenpolitik ebenso genutzt, wie als überspitzte Kompetenzzuschreibung gegenüber den Kammern und den Kassenärztlichen Vereinigungen.

Beitrag der Frage nach der Verbindung von Professionsideal und Konflikten in der Selbstverwaltung aus der Perspektive der (dort aktiv engagierten) Ärzte. So wird dargestellt, welche empirischen Befunde zu Professionsentwicklungen und Professionsvorstellungen sich in der Ärzteschaft identifizieren lassen und welche Konflikte sich in der vermeintlich berufsethisch dominierten Ärztekammer entladen. Neben dem Blick auf die internen Spannungslinien werden alsdann die Konfliktpotenziale mit externen Akteuren beleuchtet. Schließlich wird deutlich gemacht, dass der professionelle Gemeinschaftssinn erstens in der Lage ist, angesichts zunehmender interner Spannungen eine stabilisierende Wirkung zu entfalten und zweitens Schließungsprozesse der Ärzteschaft gegenüber (kritischen) Umweltakteuren begünstigt.

Um dies aufzuzeigen wird sich zunächst der Entstehung der ärztlichen Profession und der Selbstverwaltung gewidmet. Es wird gezeigt, dass sich die Ärzteschaft die Privilegien der Freiberuflichkeit und der Selbstverwaltung lange erkämpfen musste, das Leitbild der Freien Berufe heute jedoch wieder deutlicher Kritik unterliegt. Dann wird sich der Frage zugewandt, welche Prozesse der beruflichen Sozialisation die Herausbildung und Internalisierung einer geteilten Professionsidentität begründen, um alsdann die empirischen Befunde zum ärztlichen Professionsmythos darzustellen: Wie konstruieren Ärzte ihr Selbstbild? Welche Aspekte zeichnet für sie die Zugehörigkeit zur Profession aus?

Im zweiten Teil des Beitrags wird sich den Ärztekammern zugewandt. Zunächst wird dargestellt, inwiefern die Selbstverwaltungsarbeit mit den Vorstellungen beruflicher Vergemeinschaftung korrespondiert. Alsdann wird aufgezeigt, dass die Kammer Handlungs- und Identifikationsangebote bereitstellt, welche ihr die Unterstützung ihrer Angehörigen sichert. Es wird jedoch auch deutlich, dass in der Kammer durchaus Konflikte und Spannungslinien vorhanden sind, die durch die Ärzte kritisch beobachtet werden. Schließlich wird veranschaulicht, dass die gemeinsame Profession einen Gemeinschaftssinn fördert und die Selbstverwaltung stabilisiert. Von der Qualität dieses Gemeinschaftssinns hängt es schließlich ab, ob konflikthafte Punkte gemeinsam bearbeitet werden können.

2   Entwicklungen des Ärztestandes und des Leitbildes der freien Berufe

Die Entwicklung des ärztlichen Berufsstandes ist eng verwoben mit der Etablierung der Selbstverwaltung. Das heutige Leitbild und Selbstverständnis der Ärzteschaft sowie die damit einhergehenden Privilegien sind Ergebnis langer Konsolidierungsprozesse, die sich erst um die Wende zum 20. Jahrhundert durchgesetzt haben.[2] Der Kampf um das Recht der Selbstverwaltung ging einher mit einem Ringen um die Anerkennung und Professionalisierung des Berufsstands (vgl. auch den Beitrag von Klenk in diesem Band).

Das Bild der Ehrfurcht einflößenden Halbgötter in Weiß, die ihr mühsam angeeignetes Wissen zum Wohl der Patienten einsetzen, war über Jahrhunderte hinweg keineswegs verbreitet (Greef 2012, S. 136). Im Gegenteil war die Ärzteschaft bis zum Anfang des 19. Jahrhunderts sehr heterogen strukturiert: Die soziale Herkunft war ebenso different, wie die Ausbildungswege uneinheitlich, sodass eben kein Monopol als alleinige Gesundheitsexperten oder homogener Berufsstand abgeleitet werden konnte (Moser 2011, S. 15; Jütte 1997a, S. 12).

Das Bemühen der Ärzte richtete sich daher auf die Errichtung des Heilkundemonopols und die Gründung von Verbänden, um die Verbesserung, Vereinheitlichung und Verwissenschaftlichung von Aus- und Fortbildung – und damit nicht zuletzt ihr geringes gesellschaftlichen Ansehen – zu verbessern (Jütte 1997b, c). So formte sich erst mit der Reduktion der internen Inhomogenität ein tatsächliches Standesbewusstsein aus.

Mit der Professionalisierung entwickelte sich auch das Bewusstsein einer „besonderen Sittlichkeit" (Moser 2011, S. 22) sowie seine zunehmende Privilegierung des Berufsstandes (Niederlassungsfreiheit, Einordung als freier Beruf u. a.). Diese Entwicklungen gingen mit dem Wunsch nach einer autonomen und schlagkräftigen Organisation der Ärzteschaft einher, die in erster Linie als Gegenpart zu den Krankenkassen etabliert werden sollte. Der ärztliche Berufsstand hatte sich zwar schon seit Anfang des 19. Jahrhunderts in Vereinen organisiert und auf ein unabhängiges Gestaltungsmandat beruflicher Rahmenbedingungen gedrängt, aber erst 1865 wurde in Baden die erste Kammer gegründet; in Preußen erfolgte eine Einrichtung der ärztlichen Standesvertretung am 25. Mai 1887.

Durch die Bildung der Kammern wurde eine unmittelbare staatliche Disziplinargewalt zurückgedrängt und das Maß an staatlicher Reglementierung reduziert (Meyer und Diefenbach 2005, S. 20). Insbesondere um die Übertragung der Disziplinargewalt auf die Berufsgerichte war im Vorfeld gerungen worden. In den Kammern sollten alle Fragen und Angelegenheiten, die den ärztlichen Beruf und das Interesse der öffentlichen Gesundheitspflege betreffen, bearbeitet sowie die ärztlichen Standesinteressen gewahrt und vertreten werden

---

[2]Anders als dies beispielsweise bei Kaufleuten o. a. Berufen der Fall gewesen ist, die schon früh Berufsbilder mit normativen Verhaltensanforderungen ausgebildet und sich vollumfänglich organisiert haben – nicht nur zum Zwecke des Handels, sondern auch zur Regulierung der Berufsausübung und sozialer Absicherung der (Berufs) Angehörigen.

(Meyer und Diefenbach 2005, S. 22). Die erfolgreiche institutionalisierte Professionalisierung und der Aufstieg zur gesellschaftlichen Elite erfolgte somit erst während der Kaiserzeit (Wolf 1997, S. 129) und verfestigte sich im 20. Jahrhundert. Illustriert wird dies am Leitbild der freien Berufe, welches die Anforderungen und Charakteristika des Berufsstandes formuliert und damit auch noch seine heutige Privilegierung rechtfertigt.

Die Legaldefinition der freien Berufe umschreibt sie als solche, die „im Allgemeinen auf der Grundlage besonderer beruflicher Qualifikation oder schöpferischer Begabung die persönliche, eigenverantwortliche und fachlich unabhängige Erbringung von Dienstleistungen höherer Art im Interesse der Auftraggeber und der Allgemeinheit zum Inhalt [haben]" (§ 1 Abs. 2 S. 1 PartGG). In dieser Rechtskategorisierung schwingt das Ideal eines Berufsbildes mit, „das den klassischen liberalen Werten eines autonomen Individuums folgt: Selbstständigkeit, Leistungsbereitschaft, Interesse am Beruf und Befriedigung aus dem Beruf, Integrität, Unabhängigkeit, Verschwiegenheit, Streben nach Autonomie und Bereitschaft zur Übernahme persönlichen Risikos – und zugleich aber auch freiwillige Selbstbeschränkung durch Verwirklichung übergeordneter Gemeinwohlziele" (Mann 2008).

Der traditionelle Kriterienkatalog umfasst zunächst die Erbringung „ideeller Leistungen", bei der nicht die materielle Wertschöpfung im Vordergrund steht und die sich zudem durch die persönliche Erbringung der Leistung auszeichnet. Freiberufler unterliegen des Weiteren keinem Direktionsrecht ihrer Kunden (Kluth 2007, S. 269). Eher an Bedeutung verloren hat vor dem Hintergrund zunehmender abhängiger Beschäftigungsverhältnisse das Merkmal der ökonomischen Unabhängigkeit. Zentral hingegen ist weiterhin die besondere Qualifizierung, respektive die wissenschaftliche bzw. akademische Ausbildung, welche die Expertenfunktion der Freiberufler und somit ihren herausgehobenen gesellschaftlichen Stellenwert begründet.[3]

Ein Charakteristikum des klassischen Leitbildes, das die freien Berufe von den Gewerbetreibenden abgrenzt, ist das so genannte „gemäßigte Gewinnstreben". Durch diese im Leitbild formulierte Relativierung (übertriebener) wirtschaftlicher Interessen

---

[3]Obgleich es sich dabei nicht um ein Alleinstellungsmerkmal dieser Berufe handelt und auch nicht alle freien Berufe wie bspw. die Steuerberater zwangsläufig eine wissenschaftlich-akademische Ausbildung aufweisen. Diese Zuschreibung und enge Verknüpfung ist eher darauf zurückzuführen, dass die freien Berufe, insbesondere die Mediziner und Juristen, zu den ersten klassischen Universitätsausbildungen gehört haben und demnach traditionell besonders mit akademischer Bildung verknüpft wurden.

wird den freien Berufen daher ein „Grundakkord des Altruismus" (Pitschas 1996, § 9 Tz. 17) zugeschrieben (Kluth 2007, S. 272).[4] Das Verhältnis zwischen Berufsangehörigen und Patienten/Klienten bedarf des Weiteren einer besonderen Vertrauensbeziehung, da die Dienstleistungen stark persönliche Sphären und Bedürfnisse berühren, sodass ein besonderer Anspruch an die Integrität der Berufsangehörigen gestellt wird. Der Sensibilität der Aufgabe und dem besonderen Vertrauensverhältnis wird durch die Berufsgeheimnis- und Aussageverweigerungsrechte Rechnung getragen, sodass die persönlichen Informationen vor Zugriffen (vor allem staatlicherseits) geschützt werden. Die besondere Expertenfunktion dieser Berufsgruppen begründet schließlich die Befugnis zur Selbstverwaltung, inklusive des Erlasses von Berufsordnungen, der Selbstkontrolle und entsprechender Berufsaufsicht und Berufsgerichtsbarkeit (Kluth 2007, S. 273).

Allerdings werden diese Merkmale weitgehend als nicht mehr zeitgemäße und angemessene Grundlage angesehen, um die Privilegierung der freien Berufe zu rechtfertigen. Gerade der wiederkehrende Bezug zur historischen Bedeutung und dem ausgeprägten Berufsethos sowie der daraus abgeleitete Sonderstatus werden äußerst kritisch betrachtet. Neben dem Umstand, dass dieses „aus der gesellschaftlichen Situation des Liberalismus gewachsen[e]" (BVerfG, Plantholz 1998, S. 145) Leitbild als antiquiert gelten dürfte, leide es auch.

> unter einem gewissen Pathos, der durch die historisch überlieferte Prägung der freien Berufe entstanden ist und zum Teil – wenn etwa von einem besonderen Standesethos die Rede ist – noch Züge der Romantik in sich trägt. Speziell wenn von Dienstleistungen *höherer* Art die Rede ist, macht sich der schwulstige Klang ebenso negativ bemerkbar wie die Tatsache, dass bei der Anreicherung dieses Begriffs der Fantasie kaum Grenzen gesetzt sind und er im Grunde beliebig erscheint (Plantholz 1998, S. 146, Hervorhebung im Original).

Die Unschärfe (und Antiquiertheit) des Leitbildes stellt demnach eine deutliche Schwäche dar, zumal allein aufgrund der unterschiedlichen zugehörigen Berufe einige Merkmale nur bedingt auf alle Berufe zutreffen. Insbesondere das gemäßigte Gewinnstreben ist manchen Berufsangehörigen schwerlich attestierbar, was den Eindruck erweckt, dass das Idealbild heute tatsächlich eher zur Erhaltung von

---

[4]Allerdings kann dieses gemäßigte Gewinnstreben bspw. bei Apothekern (die auch Mitglieder bei den Industrie- und Handelskammern sind) nicht als prägendes Merkmal betrachtet werden (dazu auch Kluth 2007, S. 272).

Standesprivilegien herangezogen wird, die sachlich nicht mehr gerechtfertigt sind (Kluth 2007, S. 279).[5]
Insgesamt wird die Privilegierung der freien Berufe auch in der EU zunehmend kritisch betrachtet. Insbesondere die 2003 von der Generaldirektion Wettbewerb angeschobene „Deregulierungskampagne" und der Lissabon-Prozess (Kluth 2007, S. 275; Madeker 2009, S. 363) wollen den Wettbewerb im EU-Binnenmarkt fördern, weshalb Regulierungen insbesondere in Hinblick auf den (qualifikationsbezogenen) Marktzugang aufgehoben werden sollen. Die freien Berufe geraten vor allem hinsichtlich Preisregulierung, Werbe- und Marktzugangsbeschränkungen und Vorbehaltsaufgaben ins Visier der Europäischen Kommission.[6]
Auch die Monopolkommission der Bundesregierung hat gefordert, Beschränkungen bei der Ausübung von Berufen abzuschaffen, etwa beim Zugang von Bachelor-Absolventen zum Anwaltsmarkt (Kluth 2007, S. 276).
Das Leitbild, die Privilegien und die Selbstverwaltung der Ärzte stehen demzufolge unter Legitimationsdruck. Dazu haben sowohl die Infragestellung der historisch abgeleiteten Ansprüche geführt, wie die Performanzdefizite insbesondere in den Kassenärztlichen Vereinigungen und BÄK, welche bereits politikseitig zu Überlegungen geführt haben, der Selbstverwaltung Kompetenzen wieder zu entziehen (van Elten 2016, S. 10 ff.).

---

[5]Anzumerken ist allerdings auch, dass je nach Verwirklichungsform, das Idealbild auf die einzelnen Berufsangehörigen in ganz unterschiedlicher Weise zutrifft. Die – durchaus auch strukturelle bedingte – Ökonomisierung des Gesundheitswesens (die begrifflich nicht mit Wirtschaftlichkeit verwechselt werden darf) wird auch innerhalb der Ärzteschaft diskutiert. Allerdings hat auch hier der oben beschriebene Diskurs eine Delegitimation der berufsständischen Privilegien herbeigeführt: Die „ureigenste Aufgabe der Freien Berufe gegenüber der Gesellschaft", nämlich gegenüber ihren einzelnen Patienten glaubhaft darlegen zu können, dass sie „fähig und bereit sind, im Sinne des Gemeinwohl zu handeln und damit auch im Sinne eines wohlverstandenen Interesses des einzelnen Klienten" als Legitimationsleistung der Freiberufler seien in den vergangen Jahren so stark vernachlässigt worden, dass eine Bemühung um die Deregulierung und die Aufhebung ihres Sonderstatus eine nachvollziehbare Konsequenz sei (Hommerich 2012a, S. 4, auch Hommerich 2012b, 2007).
[6]Wobei die Untersuchung und ihre Methodik zu „lebhafter" Kritik führte (Kluth 2007, S. 275). Vorgeworfen wird der EU-Kommission in diesem Zusammenhang, dass mit Blick auf Beispiele in anderen Ländern die Deregulierung der Freien Berufe damit gerechtfertigt wird, das keine Gefährdungen aufgetreten sind und nicht die besten Ergebnisse für die Verbraucher das Gütekriterium der Reglementierung darstellt (Kluth 2007, S. 276).

3 Profession und Sozialisierung

Eingangs ist die Frage gestellt worden, inwieweit die Identität als Professionsangehörige für die Ärzteschaft handlungsleitend und kohäsiv wirksam sein kann. Um dies zu beantworten, muss zunächst eine begriffliche Einordnung von „Profession" vorgenommen werden und geklärt werden, welche Mechanismen beruflicher Sozialisation zur Herausbildung einer professionsbezogenen Identität beitragen. Darauf folgend wird dargestellt, welche empirischen Befunde zur Selbstbeschreibung der Ärzteschaft vorzufinden sind, also welchen Aspekten ihres Berufsstandes die Ärzte selbst höchste Wichtigkeit beimessen.

3.1 Profession

Während ein Beruf lediglich ein spezialisiertes Fähigkeits- und Fertigkeitsrepertoire und Arbeitsvermögen signalisiert, beschreibt eine Profession jene fachlich organisierten Akteure, „die autonom sind hinsichtlich der Definition der Ausbildungsform und -inhalte, der Kontrolle über den Marktzutritt, der Definition, Organisation und Bewertung der erbrachten Leistung" und von welchen „im Gegenzug zur zugestandenen Autonomie (…) hervorragende Leistung und eine berufsethische Selbstverpflichtung erwartet [wird], die die Gesellschaft mit hohem Prestige und Einkommen belohnt" (Kalkowski 2010, S. 2). Darüber hinaus werden Professionen – und dies trifft in besonderem Maße auf das Verständnis der freien Berufe zu – neben besonderen Kompetenzen auch mit bestimmten Verhaltensansprüchen in Verbindung gebracht.

Barber (1963, S. 672) nennt hier neben einem hohen Grad an generalisiertem und systematischem Wissen auch „a primary orientation to the community interest rather than to individual self-interest" sowie „a high degree of self-control of behavior through codes of ethics internalized in the process of work socialization and through voluntary associations organized and operated by the work specialists themselves." Ein weiteres Kennzeichen stellt darüber hinaus ein finanziell oder ideell basiertes Anerkennungs- und Belohnungssystem dar, („a monetary and honorary system of rewards"), das Arbeitsleistungen und -Status symbolisch reflektiert.

Die Professionsmerkmale finden sich bei den Ärzten in der qualifikationsbasierten Monopolbildung wieder, welche den Marktzutritt streng reguliert (und übrigens auch die Mitgliedschaft in der Selbstverwaltung). Der Gemeinwohlanspruch und berufliche Verhaltenskodex findet sich bei den Ärzten ebenso im

Selbstbild, wie in den Leitbildern der Selbstverwaltung wieder. Durch ihre Selbstverwaltungsorganisationen tragen die Ärzte nicht nur die Verantwortung für die angemessene medizinische Versorgung der Bevölkerung, sondern sind auch mit dem Privileg der Standesgerichtsbarkeit ausgestattet.

Die Gemeinwohlorientierung wird weiterhin in einen Zusammenhang zum Anerkennungs- und Belohnungssystem gesetzt. Hier geht es vor allem darum, dass Professionsangehörige (zumindest auf unteren Hierarchiestufen) Ansehen und Status als Belohnungs- und Anerkennungssymbol und auch als Kompensation für finanzielle Schlechterstellung und suboptimale Arbeitsbedingungen akzeptieren – wie dies beispielsweise bei Assistenzärzten beobachtbar ist (Greef 2012, S. 187). Gerade in der steilen Ärztehierarchie sind Status und Bildungstitel essenzieller Teil der Belohnungssystems. Neben der eigenen hierarchischen Verortung werden jedoch durch Titelinhaberschaft auch Anerkennungsansprüche an Arbeitgeber und Vorgesetzte, aber auch an die Gesellschaft als Ganze abgeleitet. Nicht zuletzt ist auch die finanzielle Anerkennung von Bedeutung, die Anerkennungsdefizite in anderen Bereichen ausgleichen kann.

3.2   Berufliche Sozialisation

Wie erlernen und verinnerlichen Professionsangehörige identitätsstiftende und handlungsleitende Wissensordnungen? Hierzu bedarf es eines Blicks auf die berufliche Sozialisation. Unter Sozialisation ist zunächst einmal generell die Vereinheitlichung von Bedeutungszuschreibungen zu verstehen (Bühl 1986); Mitglieder einer Gruppe teilen Weltanschauungen, Deutungsweisen und kollektive Sinnstrukturen (Ulrich 2002, S. 57). Sozialisation und Persönlichkeitsentwicklung hängen daher von der Gruppe oder der Gemeinschaft ab, deren Mitgliedschaft man anstrebt oder die (bewusst oder unbewusst) Deutungsangebote und Praktiken anbieten und vorleben.

Ein essenzieller Teil der Persönlichkeitsentwicklung wird durch Arbeit und Beruf geprägt. Berufliche Sozialisation erfolgt daher keineswegs passiv, sondern *durch* Arbeit; sie basiert auf der Entwicklung und Wechselwirkung von äußeren Faktoren und beruflichen Anforderungen und der eigenen Adaption und Interpretation (Hoff 1985, S. 16). Während der Ausbildungszeit erfolgt demnach gleichermaßen die Vermittlung von Qualifikationen wie die Orientierung und das Erlernen kultureller Codes (Heinz 2002, S. 411). Dies vollzieht sich durch Erfahrungen und Aneignungsprozesse im Rahmen der Zugehörigkeit zu so genannten „communities of practise" (Wenger 1989, 2010); also zu informellen Gemeinschaften, in denen über einen längeren Zeitraum Lernprozesse stattfinden.

Durch die soziale Interaktion und das gemeinsame Praktizieren werden nicht nur Qualifikationen und Fertigkeiten erlernt, sondern auch die Persönlichkeitsentwicklung beeinflusst. Es ist demnach die Teilhabe an diesen „histories of learning", die aktive Partizipation in gemeinsamen sozialen Prozessen, welche die Kompetenzen, aber auch Deutungsmuster und Identitätskonstruktionen vermitteln: „Learning is not just acquiring skills and information; it is becoming a certain person – a knower in a context where what it means to know is negotiated with respect to the regime of competence of a community" (Wenger 2010, S. 2).

Durch den gemeinsamen sozialen Lernprozess wird das Selbstbild der Professionsangehörigen geprägt, das mit Verhaltenserwartungen gegenüber den Kollegen und der Umwelt einhergeht und berufsständische Eigenschaftszuschreibungen enthält, die sich zu einem *Professionsmythos* verdichten. Professionsmythen gehen in der Regel mit der Überhöhung oder Überbetonung bestimmter professionsbezogener Zuschreibungen einher. Bezugspunkte können beispielsweise die „Dienstleistungen höherer Art" oder die „besondere Sittlichkeit" sein, es können daraus jedoch auch Ansprüche abgeleitet werden, etwa auf besonderes gesellschaftliches Ansehen oder auf Handlungsautonomie kraft Expertise.

Diese Erwartungshaltungen finden ihren handlungspraktischen Ausdruck im beruflichen Habitus, der ein „stabiles System verinnerlichter Handlungsregeln" umfasst, „die nicht nur der Anpassung an die Arbeitsanforderungen, sondern auch der Selbstinterpretation und der Deutung gesellschaftlicher Verhältnisse dienen" (Heinz 2002, S. 403). Insgesamt entwickelt sich daraus ein relativ geschlossenes Berufs- und Selbstbild, das häufig mit traditionellen Status- und Standesattributen verknüpft wird und Einfluss auf die Sinngebung der Berufsausübung nimmt.

3.3 Der Professionsmythos der Ärzteschaft

Der Professionsmythos der Ärzteschaft beruht nicht, wie man annehmen könnte, auf der Verbundenheit über den hippokratischen Eid, sondern fußt zentral auf dem Merkmal der Freiberuflichkeit und den damit einhergehenden Privilegien und Pflichten. Das Charakteristikum der Freiberuflichkeit wird häufig als Eigenschaft der wirtschaftlichen Unabhängigkeit insbesondere niedergelassener Ärzte missverstanden. Dabei kennzeichnet diese den Arztberuf gerade *nicht als Gewerbe* (§ 1 Abs. 2 BÄO).

Freiberuflichkeit bedeutet die berufsrechtlich garantierte Freiheit der Berufsausübung, die sich tatsächlich für angestellte und verbeamtete Ärzte in ihrem ärztlichen Handeln noch viel essenzieller darstellt, als für niedergelassene Ärzte mit eigener Praxis. Sie bedeutet rechtlich, dass ein Arzt in seinen fachlichen

Entscheidungen keinerlei Weisungen Dritter unterlegen sein darf – medizinische Befunde und indizierte Therapien dürfen nicht durch fachfremde Entscheidungsparameter beeinträchtigt werden; sei es durch Vorgesetzte, geschäftsführendes Personal, finanzielle Erwägungen oder politische Entscheidungen.

Gleichwohl wird die *Freiberuflichkeit* primär mit den identitätsstiftenden Motiven des *Patientenwohls* und der *Qualitätssicherung* in Zusammenhang gebracht. Dem auch im Leitbild der freien Berufe hervorgehobenen Vertrauensverhältnis zwischen Arzt und Patient wird durch die Ärzteschaft auch alltagspraktisch ein besonderer Stellenwert zugemessen. Nicht zuletzt aufgrund des vorhandenen Wissensgefälles sei dies absolut notwendig und schützenswert; es sei Voraussetzung, um Menschen, die sich in Not fühlten helfen zu können. Um dieses Ziel zu erreichen, bedürfe es entsprechender ärztlicher Kompetenzen und die Sicherstellung einer qualitativ angemessenen Versorgung. Lobbyarbeit wird daher von den Ärzten auch nicht als Vertretung ärztlicher Interessen verstanden; sie interpretieren ihre Rolle in diesem Kontext vielmehr als Agenten im Auftrag des Patientenwohls.

Der Status der Freiberuflichkeit und der damit einhergehende Autonomieanspruch werden auch durch seine institutionelle Verknüpfung mit dem Recht auf Selbstverwaltung deutlich. Diese wird nicht als Privileg, sondern als schlicht folgerichtig betrachtet. Der Diskussion um das Leitbild der freien Berufe und der Kritik an der Selbstverwaltung wird daher deutlich entgegnet:

> Ja, da werde ich sehr, sehr – und das wäre für mich auch ein richtiger Grund, zu radikalen, drastischen Maßnahmen aufzurufen, ja? Ich bin sonst sehr langmütig, habe viel Verständnis auch für wirtschaftliche Zusammenhänge, dass Ärzte auch mal bescheiden sein müssen, (…) da bin ich viel entspannter als manche meiner Kollegen in der Berufspolitik – aber wenn es an den ärztlichen Begriff von ärztlicher Freiheit geht, dann werde ich radikal (…). Insofern zählt für mich…die Freiberuflichkeit, nicht nur die ärztliche, sondern auch die des Anwalts – sind für mich das Kerngerüst gegen einen totalitären Staat, ja? Selbstverwaltung gab es in der DDR nicht und gibt es in keiner Diktatur, ja? Die ist auch in der Diktatur, unserer, die wir hatten, sofort abgeschafft worden, in den 30.er Jahren. Haben die Nazis sofort abgeschafft – aus gutem Grund. Und wer die Axt an diese Selbstverwaltung legt, bewegt sich in dieser Tradition (ÄK INT2).[7]

---

[7]Die verwendeten Zitate in diesem Beitrag sind wörtlich transkribierten Interviews entnommen und in Satzbau und Ausdruck unverändert belassen worden. Fehler und unvollendete Sätze entsprechen daher dem Redefluss der Interviewten.

Allerdings weist die Vorstellung der ärztlichen Professionsgemeinschaft auch
recht deutliche exklusiv-elitäre Anklänge auf, die sich aus der beruflichen Sozialisation ergeben und in der sich ausbildungstechnische Rahmenbedingungen und
vorgelebte Arbeitsbeziehungen widerspiegeln. Das elitäre Professionsverständnis
und die damit verbundene Leistungsbereitschaft obliegen der Maxime, dass man,
„wenn man zur Elite gehören möchte, auch überdurchschnittlich leisten darf"
(ÄK INT14). Der Elitenstatus der Ärzteschaft wird mehr oder weniger explizit
formuliert, folgt jedoch dem Tenor, dass es sich bei der Ärzteschaft „schon um
eine gewisse Auslese von Intelligenz" (ÄK INT7) handle. Diese Haltung wird
mitunter möglicherweise auch dadurch gespeist, dass sich unter der Ärzteschaft
eine eigentümliche Minderheitenidentität etabliert hat. Wiederkehrende Argu-
mentationsmuster beschwören den Zusammenhalt als Gruppe, die gesellschaftlich und politisch ständig zu majorisiert werden drohe, sodass ihre Interessen und
Kenntnisse ebenso wie das Patientenwohl untergingen.[8]

Die Exklusivität der Profession spiegelt sich bereits in der (weitgehend befür-
worteten) rigorosen Selektion zur akademischen Ausbildung durch strenge
NCs wider. Dies wird nicht nur aufgrund anspruchsvoller Ausbildungsinhalte
gewünscht, sondern auch, um professionseigene Ideale, Verhaltensnormen und
homogene Gruppen von Nachwuchsmedizinern zu erhalten.[9] Neben dem Erwerb

---

[8]Erwähnenswert im Kontext der sozialisationsbedingten Gemeinschaftsvorstellungen ist
es eine interessante Minderheitenargumentation, die sich auf die Anfänge des Marburger
Bundes zurückführen lässt. Diese wird insbesondere von der Ärztekohorte geschildert, welche den Abspaltungsprozess des Marburger Bundes von Ver.di und die Transformation vom
Interessenverbund zur eigenen Gewerkschaft miterlebt und mitgetragen hat. Diese einpräg-
same Zeit hat Spuren in Form einer klassischen Gewerkschaftssozialisation und Arbeitneh-
meridentität hinterlassen. Das ehrenamtliche Engagement bezog sich dabei in aller erster
Linie auf die Durchsetzung von Arbeitnehmerrechten gegenüber dem Arbeitgeber, der Verbesserung der Arbeitsbedingungen und fairer Bezahlung. Die Grundargumentation weist
dabei einen fast sozialdemokratischen, gewerkschaftlich-egalitären Zug auf und steht im
Kontrast zu den sonst vorzufindenden elitären Erzählmustern. Der Zugang zum weiteren
Engagement in der Selbstverwaltung geht dabei auf den Einstieg über den Arbeitskampf
zurück, wobei im späteren Verlauf zwar eine Interessenverlagerung beobachtbar ist, jedoch
dennoch weiterhin eine gewisse Distanz zum elitären Selbstverständnis erhalten geblieben
ist.
[9]Dies wird beispielsweise in der ablehnenden Haltung gegenüber einem diskutierten medizinischen Grundstudium für alle Gesundheitsberufe sehr deutlich. Durch die Abhängigkeit
von sozialer Herkunft und schulischem Erfolg stellt der anspruchsvolle Numerus Clausus
weiterhin eine starke Selektion nach Milieu dar, die den elitär-homogenitätsaffinen Vorstellungen ärztlicher Gemeinschaft sicherlich nicht entgegenläuft.

der fachlichen Fähigkeiten soll auch das Ziel der menschenwürdigen Patienten-
versorgung verankert werden, und zwar durch „handwerkliche" und normative
Ausbildung.

Dass die Exklusivität und Privilegien der ärztlichen Gemeinschaft stets in
Zusammenhang mit dem Patientenwohl gedacht werden, schmälert nicht zwangsläufig die elitäre Färbung. Die Arzt-Patientenbeziehung wird zwar in einen
Kontext der Fürsorgepflicht gestellt. Gleichzeitig wird der Patient aber als ein
Bittender und Ratsuchender portraitiert, der (gesundheitlich, also z. T. tatsächlich
existenziell) abhängig ist vom wissenden Arzt; was also eine eindeutige Hierarchie und zumindest einen impliziten Bias zum viel zitierten „Halbgott in Weiß"
erkennen lässt (auch wenn dies aus Angemessenheitskonventionen sicherlich
nicht so formuliert wird).

Allerdings liegt dem gleichwohl die Überzeugung zugrunde, dass der Ärzteschaft die Möglichkeit und die Rahmenbedingungen gegeben werden müssten,
kranken Menschen in einem vertrauensvollen Verhältnis Schutz, Rat, Heilung und
Fürsorge angedeihen zu lassen. Das klassische Motiv „anderen Menschen zu helfen" ist hier durchaus präsent. Und dieses „Urziel" der Ärzteschaft dürfe nicht
durch fachfremde Motive, ökonomische Zwänge oder sonstige Einschränkungen
beeinträchtigt werden. Dies ist auch ein Grund für ein Engagement in der ärztlichen Interessenvertretung:

> Mich hat gestört, dass zunehmend, sage ich mal, die…– sowohl am direkten
> Arbeitsumfeld des Arztes, aber auch in der Arzt-Patient-Beziehung Fremdregu-
> lierung aufgetreten sind, die dann tatsächlich auch in Arzt-Patienten-Verhältnisse
> reinregiert haben. Und das fand ich zum Teil wirklich damals schon unerträglich
> (ÄK INT6).

Das Ziel der Wahrung von Unabhängigkeit geht einher mit einer gewissen
Besorgnis hinsichtlich der wachsenden Zahl der angestellten Ärzte. Praxen müssten als Alternative immer vorhanden bleiben, um nicht in Abhängigkeit zu geraten
und die Ärzteschaft erpressbar zu machen.

Zumindest die aktiven Kammerangehörigen weisen somit spezifische
Vorstellungen einer professionellen Gemeinschaft auf, die mit eindeutigen
Schließungsprozessen gegenüber der Umwelt einhergehen und einzelne Cha-
rakteristika überhöhen und mystifizieren. Die Ärzteschaft stellt durch ihren pri-
oritären Bezug auf die Freiberuflichkeit ihre Autonomie kraft Expertise in den
Vordergrund, die sie in ihrer Berufsausübung von jedweder Einmischung befreit.
Hier wird ein Bild einer homogenen Berufsgemeinschaft gezeichnet, das sich
durch eine (intellektuell voraussetzungsvolle) besondere Ausbildung und die
Anhäufung komplexer Kompetenzen als elitäre Minderheit sieht, die jedoch ihr

Wissen im Rahmen einer außerordentlichen Leistungsfähigkeit dem Allgemein-wohl zur Verfügung stellt. Ins Zentrum rückt dabei das Leitbild der freien Berufe mit einem besonderen Verweis auf die ärztliche Unabhängigkeit und ideelle Leistungserbringung sowie das nicht wirtschaftliche Gewinnstreben.

Das Leitbild des freien Berufes und dessen *tatsächliche* Bedeutung für das all-tagspraktische ärztliche Handeln werden dabei als handlungsleitend idealisiert, wobei konflikthafte oder umstrittene Aspekte als drohende Deregulierungsan-griffe von außen abgelehnt werden. Die Kritik an der Privilegierung der freien Berufe und die Einschränkungen durch Budgetierung, Sparmaßnahmen und steigenden Wettbewerb werden als dräuende Fremdregulierung zwar sorgenvoll wahrgenommen. Das führt allerdings zu der Konsequenz, sich stärker auf die geschlossene Ärztegemeinschaft zurückzuziehen, ohne einen gerechtfertigten Anpassungsdruck an den eigenen Berufsstand erkennen zu wollen. Darüber hin-aus finden Debatten wie die um eine „Zwei-Klassen-Medizin" und der patienten-seitige Vertrauensverlust in Folge der Kommerzialisierung der Medizin gar keine Beachtung.

4 Die Ärztekammern: Zur Verbindung von Professionsmythos und Selbstverwaltung

Die Selbstverwaltung erweist sich im Kontext des ärztlichen Selbstbildes als mehrfach anschlussfähig. Das Selbstverständnis und die Definition der Profession werden keinesfalls als statisch betrachtet, sondern sind im Gegenteil Gegenstand ständiger Diskussion. Die Anpassung und Weiterentwicklung des Arztbildes im Lichte sich ändernder Beschäftigungsverhältnisse, medizinischer Möglichkeiten, gesundheitspolitischer Zwänge und gesellschaftlicher Diskurse wird in der Kam-mer (und in den Verbänden) aktiv geführt.

Dies berührt nicht selten auch ethische Kontroversen, die in der Tat wesentlich in der Kammer beheimatet sind. Prägend für ethische Debatten in der Kammer ist die Entscheidungsoffenheit und Gewissensfreiheit der Delegierten, die sonst in den Mitbestimmungsgremien nach Fraktionen organisiert sind, die bei inhalt-lichen Abstimmungen auch eine entsprechende Fraktionsdisziplin verlangen. Kontroverse Themen wie Sterbehilfe oder Stammzellenforschung werden unter großer Anteilnahme diskutiert; auch Fragen nach der Einhaltung standesgemäßer Standards und Verhaltensanforderungen werden in diesem Kontext überwacht. Die Disziplinierung der Gemeinschaft erfolgt über die Standesgerichtsbarkeit, die abweichendes Verhalten (im Rahmen ihrer Möglichkeiten) sanktioniert und als wichtiges Recht der Ärzteschaft bewertet wird.

Anders als das rein ideelle Berufsethos jedoch geht Freiberuflichkeit mit konkreten Befugnissen und Beschränkungen einher, welche die ärztliche Tätigkeit rahmen und auf die sich Ärzte auch zuverlässig berufen können. Autonomie ebenso wie ethische Verhaltensregeln werden durch die Selbstverwaltung erhalten; durch eigenständige Regulierung und Selbstdisziplinierung der Gemeinschaft. Die Kammern sind aber auch der Ort, an dem die Weiter- und Fortbildungsfragen diskutiert werden. Aufgrund der hohen Ansprüche an die Qualität der Ausbildung und die Wichtigkeit hierarchischer Titel genießt dieser Themenkomplex die besondere Beachtung der Ärzte. Die Kammer bietet den Ärzten somit die Möglichkeit der identitären Selbstvergewisserung, aber auch die einmalige Möglichkeit, ihre professionsbezogenen Belange handlungspraktisch zu gestalten. Daher ist es bedeutsam, wie die Kammer von den Ärzten rezipiert wird.

Tatsächlich gibt es drei ganz grundsätzliche Leitthemen, welche für die Ärzteschaft den Sinn und Zweck der Selbstverwaltung begründen und die mit den vorgestellten Sozialisationsmotiven korrespondieren. Bei diesen Leitthemen handelt es sich *erstens* um die grundsätzliche Unterstützung der autonomen, staatsfernen Selbstregulierung. Eine Einmischung in medizin-fachliche Themen ist für die Ärzteschaft schlechterdings unvorstellbar. Politiker mangele es am nötigen Sachverstand: „Die reden wie der Blinde von der Farbe oder Kuh vom Sonntag, ja? Und sonst haben die überhaupt keinerlei Schimmer, ja? Dafür aber laut…und überzeugt! Das auf jeden Fall. Und darum bin ich ein Fan der Selbstverwaltung. Weil die das kann" (ÄK INT2).

Zweitens steht die solidarische Kollektivgutproduktion durch die Selbstverwaltung im Zentrum. Dabei ist in den Kammern die Interessenvertretung nachrangig. Diese Aufgabe wird eher den Verbänden, dem Marburger Bund und den Kassenärztlichen Vereinigungen zugewiesen. Aufgrund der hohen Bedeutung der einheitlichen, anspruchsvollen Aus- und vor allem Fortbildung steht in erster Linie deren Regulierung und Entwicklung im Vordergrund. Gerade Weiterbildung wird aktuell als „das große Thema" betrachtet: „Wie will ich die machen? Soll es so bleiben wie früher oder wollen wir einen ganz anderen Ansatz in der Weiterbildung haben?" Für solche wichtigen Diskussionen sei die „Kammer schon ein schönes Instrument, weil man viele verschiedene Gruppen, auch Interessen hat, die dann ihre Meinung dazu sagen und eben auch guten Input bringen zu Informationen, zu Sichtweisen" (ÄK INT5). Es geht hier also um eine binnenregulatorische Präferenz, welche die Grundausrichtung der Kammern eher selbstreferenziell statt umweltorientiert sieht.

Drittens bieten die Kammern eine einzigartige Möglichkeit berufspolitischen Handelns und Entscheidens. Die demokratischen Strukturen werden in ihrer Verfasstheit unterstützt und auch sehr aktiv durch die verschiedenen Gruppen genutzt, d. h. es handelt sich um eine formal-partizipative Rezeption der Selbst-verwaltung: „Selbstverwaltung bedeutet die Geschicke des eigenen Berufsstandes mitaufzubauen" (ÄK INT1). Daher findet ein lebendiger, demokratischer Aus-tausch statt, bei der die Protagonisten auf überzeugende Argumente angewiesen sind, um eine Mehrheit zu erlangen. So könnten gerade bei geheimen Abstim-mungen auch schon mal Stimmen aus der eigenen Fraktion fehlen, was es „demo-kratisch lebendiger macht, weil man als Spitzenfunktionär nicht so easy-peasy seine Anträge durchbekommt" (ÄK INT14).

Insgesamt bildet die Selbstverwaltung für die Ärzte also eine institutionelle Rahmung ihrer beruflichen Professionsvorstellungen, in der verwurzelte Identi-täts- und Handlungsangebote miteinander korrespondieren.

4.1 Konfliktlinien innerhalb der Kammer

Mit Blick auf die Selbstverwaltungseinrichtungen der Ärzte wird eine themati-sche Zweiteilung konstruiert, die den Kammern traditionell die Bearbeitung medizin-ethischer Themen zuweist, während konflikthafte Verteilungsfragen den Kassenärztlichen Vereinigungen zugeordnet werden. Ein genauerer Blick auf die Ärztekammern macht jedoch deutlich, dass auch dort durchaus Konfliktlinien zu identifizieren sind, die durch die Ärzte kritisch wahrgenommen werden. Explizit werden drei Entwicklungen genannt: Dabei handelt es sich um die zunehmende Fragmentierung und (teils KV-getriggerte) Verteilungskämpfe unter den Arzt-gruppen, Probleme der Nachwuchsrekrutierung und „Wohlstandsverwahrlosung" sowie um Kritik an der langsamen und innovationshemmenden hauptamtlichen Verwaltung. Unter diesen kritischen Aspekten ist die erst genannte sicherlich die schwerwiegendste.

Dissens und Verteilungskämpfe
Ein wesentlicher Kritikpunkt der Ärzteschaft bezieht sich auf die zunehmende Nutzung der Kammer für Partikularinteressen und Klientelpolitik, sodass diese in wachsendem Maße Arena für Verteilungskonflikte würde. Zwei Ebenen sind dabei zu unterscheiden: Erstens beruhen die Konflikte auf diversen Interessenge-gensätzen, die durch die Heterogenität der teilweise konkurrierenden Arztgruppen verursacht werden. Zweitens leidet die Kammer auch unter der Eskalation der Verteilungskonflikte zwischen Haus- und Fachärzten in den Kassenärztlichen Ver-einigungen. Diese Auseinandersetzungen würden zusehends in die Kammer hinein-getragen; teilweise durch Doppelmandatsträger, welche Konflikte personalisierten und kammerinterne Diskussionen stets im Kontext des KV-Konfliktes beurteilten.

Seit Mitte der 2000er-Jahre hätten diese Streitigkeiten an Bedeutung gewonnen, sodass der Konflikt „übergeschwappt ist, obwohl es da [in der Kammer] natürlich eigentlich gar nichts zu suchen hat." Die Ärzte seien aber einfach „völlig unfähig davon zu abstrahieren; werden also von ihrem Mammon doch sehr stark, sehr stark beeinflusst" (ÄK INT2). Dies stellt für die ohnehin vorhandenen Interessenkonflikte innerhalb der Ärzteschaft ein zusätzlich verschärfendes Element dar. So werden die Geschehnisse innerhalb der KVn und KBV durch die gesamte Ärzteschaft aufmerksam verfolgt, da die Performanz und Akzeptanz der Schwesterorganisationen – allein schon auf politischer Ebene – auch Auswirkungen auf die Ärztekammern haben. Stellvertreterkriege, die sich negativ auf die Handlungsfähigkeit der Kammer auswirken, werden von den anderen Fraktionen kritisiert:

> Und das ist also vor ein paar Jahren mal so heftig gewesen, dass wir dann als Marburger Bund jedenfalls keine große Lust mehr hatten, uns dauernd in diese Auseinandersetzungen und in diese, ich sag mal, Nachbewertungen von Vertragsabschlüssen der Kassenärztlichen Vereinigungen hineinzerren zu lassen, weil das ist irgendwie – das müssen die in der KV machen, das sehe ich alles ein, und wir müssen das ja auch im Marburger Bund machen, das wir irgendwie die Sphären auch klären und zu einer Vereinheitlichung der Forderungen kommen, aber das ist etwas anderes als in der Kammer ablaufen soll. Wir brauchen nicht als Kammer eine Ersatzrolle für eine mehr oder weniger gut agierende KV spielen (ÄK INT10).

Allerdings sind Verteilungskämpfe und Auseinandersetzungen um Partikularinteressen in der Kammerarbeit nicht unüblich und finden durchaus auch zwischen anderen Arztgruppen statt. Hauptprotagonisten in kammerinternen Konflikten sind tatsächlich der ambulante und der stationäre Sektor, das heißt, die niedergelassenen Ärzte und der Marburger Bund. So seien sich „Hausärzte und der Marburger Bund erstmal nicht so ganz grün, weil die Interessen einfach anders sind." Und natürlich gehe es bei diesen Interessen darum, „was sind Leistungen, wie werden Leistungen vergütet und abgerechnet (...), aber auch wer bekommt Personal?" (ÄK INT7). Strittige Punkte sind häufig in Themenbereichen zu finden wie der sektorübergreifenden Versorgung, also den Schnittstellen zwischen Krankenhaus und ambulanter Versorgung, der Organisation der Fortbildungen oder des Notfalldienstes. Beispielhaft ist hier die Frage nach der Pflichtweiterbildung in der ambulanten Praxis:

> Das sind Dinge, die wirklich ganz unterschiedliche, auch fundamentale Interessen berühren. Dort wird man sich auf der Basis der gemeinsamen Position der Ärzteschaft vielleicht finden können, aber von der Grundseite sind das schon sehr diametrale Interessen, die dort aufeinanderprallen. Die werden auch mit Härte geführt und die spiegeln sich auch in den Gruppierungen wieder, nicht? Das heißt, dort haben

wir tatsächlich natürlich die Hausärzte, gerade auch die niedergelassenen Fachärzte, die also das sehr unterstützen, weil sie natürlich Verstärkung in der Praxis wollen, weil sie natürlich auch Arbeitskräfte akquirieren wollen, das muss man einfach so sagen, und auf der anderen Seite wollen sich die Krankenhausärzte natürlich nicht vorschreiben lassen, wo sie ihre Weiterbildung zu welchen Konditionen machen wollen...müssen. Also das sind schon ganz gravierende Sachen, das wird auch heftig durchgeführt (ÄK INT6).

Nicht ganz unbedeutend für die Perspektive auf einige Themenbereiche ist auch der Umstand, dass hier selbstständige Arbeitgeber gegen gewerkschaftlich organisierte Arbeitnehmer agieren. Zudem wird der Aufstieg des Marburger Bundes insofern misstrauisch beäugt, als dass er deutlich die meisten Amtsträger in die Spitzenpositionen der Selbstverwaltung entsendet und dort eine „Erbdynastie" bilde. Dies wird vor allem auf die Zerstrittenheit der niedergelassenen Ärzte zurückgeführt.

Neben den Konflikten zwischen diesen Gruppen macht sich jedoch die allgemein beobachtbare Spezialisierung und Fragmentierung der Berufsgruppen und Verbände auch in der Kammer bemerkbar. Die Atomisierung der ärztlichen Verbandslandschaft und der Konkurrenzkampf der Spezialisten werden mit großer Sorge beobachtet. Durch die Diversifizierung der Interessenlagen und der Arbeitskontexte haben sich auch unterschiedliche Identitäten und ein insgesamt differenziertes Akteursfeld herausgebildet (van Elten 2016, S. 6–7).

Daraus resultieren abnehmende Interessenhomogenität und höhere Anforderungen an die Interessenaggregation durch die ärztliche Selbstverwaltung. Die Vielzahl der Wahllisten, die verschiedene sozialstrukturelle, hierarchische und berufsgruppenspezifische Interessen abbilden, dokumentiert diese Ausdifferenzierung. Dies sichert einerseits eine aktive Beteiligung in der Selbstverwaltung, schürt aber auch Befürchtungen, einigen Vollversammlungmitgliedern würde der Blick für das gemeinsame Anliegen der Ärzteschaft verloren gehen, was der Kammer durch unnötige Klientelpolitik schade. Darüber hinaus ist die Kammer keineswegs so stark auf ethische Themen limitiert, wie der übliche Vergleich mit den Kassenärztlichen Vereinigungen nahelegt. Im Gegenteil gibt es harsche Auseinandersetzungen über Kompetenzen, Zuständigkeiten und Leistungen.

Man [kann] natürlich nicht leugnen, dass Partikularinteressen irgendwo immer mit durchkommen. Wenn Sie sich über fachübergreifende Dinge unterhalten, da geht es durchaus nicht immer so friedlich zu, dass man sagt, ‚das ist eherne Einsicht', ja? Nehmen Sie zum Beispiel die Augenärzte und die Kinderärzte: Wir haben gesagt, ‚wir müssen die Kleinkinder möglichst mit zwei Jahren sehen, damit wir Schielen, drohendes Schielen, mit eventueller Schwachsichtigkeit des einen oder anderen Auges – also eine wirkliche Beeinträchtigung – frühzeitig erkennen'. Haben die Kinderärzte gesagt, ‚nee, nee, das müssen sie überhaupt nicht. Wir gucken die ja mit drei an.' – Es ging da ganz popelig um zehn Euro nämlich, die sie kriegten für diese Vorsorge, weil die waren der Meinung, wir wollten die denen wegnehmen. Da haben wir, glaube ich, acht Jahre gebraucht, um mit denen Klarschiff zu kriegen, dass wir die zehn Euro von denen gar nicht haben wollten, ja? Da sehen Sie, das meinte ich, die Partikularinteressen, ja? Die dann plötzlich wieder hoch schwemmen, ‚ja, ihr wollte ja bei uns wildern' (ÄK INT8).

Neben tatsächlich materiell begründeten Auseinandersetzungen zwischen den verschiedenen Gruppen erweisen sich aber auch Repräsentationsprobleme als konflikthaft, wenn kleinere Gruppierungen ihre Interessen nicht ausreichend vertreten sehen. In diesem Kontext sehen sich Hausärzte oft nicht ausreichend gewürdigt, zumal Marburger Bund und Fachärzte „gemeinsame Sache machen" würden, wenn sie die Mehrheit in der Kammer bilden. Derlei Vorwürfe werden von den Vertretern der „regierenden" Ärzteschaft abgewiesen; jedoch erscheinen hier Mehrheitsentscheidungen problematisch, weil kleinere Gruppen demokratisch kaum Möglichkeiten haben, bei Abstimmungen ihren Vorstellungen Raum zu geben.

Hier besteht also das Risiko einer Versäulung von Konflikten aufgrund mangelnder Rollendifferenzierung (Luhmann 2010, S. 353 ff.; van Elten 2016). Es ist hauptsächlich diese Entwicklung, welche die Akzeptanz und Handlungsfähigkeit der KVn ruiniert hat; es findet sich jedoch, wenn auch in weit geringerem Maße, als delegitimierende Tendenz in den Ärztekammern wieder, weil auf Mehrheiten im Zweifelsfall auch ganz klar beharrt wird:

Wir sind, wenn Sie so wollen, sind die Krankenhausärzte vertreten durch den Marburger Bund und über uns die Gebietsärzte, die Fachärzte. Und daraus können Sie, wenn Sie wollen, mit einer gewissen Bösartigkeit eine Sache stricken, indem Sie sagen, ‚ja, wir vertreten nur die Fachärzte und die Krankenhausärzte. Die Allgemeinärzte, die Hausärzte stehen dabei draußen vor der Tür.' Das können Sie bösartig daraus machen (…). Nur, wenn ich gewählt habe – oder die Kolleginnen und Kollegen haben gewählt – und die wählen die und die Leute in den und den Prozentlagen und das zusammen zum Beispiel ergibt eine deutliche Mehrheit…dann ist das korrekt. Ob ich dann individuell zufrieden bin, ist etwas Anderes (ÄK INT4).

Darüber hinaus treten auch in der Kammer die üblichen Auseinandersetzungen zwischen Einzelpersonen oder verschiedenen Gruppierungen auf, die mitunter im Wesentlichen auf persönlichen Befindlichkeiten, Eitelkeiten, Statusfragen sowie hierarchiebegründeten Ehrerbietungserwartungen beruhen. Zwistigkeiten zwischen Einzelpersonen würden dann gelegentlich zu Fraktionsfragen erklärt und derlei Kleinkriege mit torpedierendem Stimmverhalten zur Eskalation getrieben. Zwar funktioniert die demokratische Bearbeitung noch zur Zufriedenheit der Ärzte. Allerdings wird auch das Risiko gesehen, dass man mit der Zunahme von Partikularinteressen zuungunsten des Gesamtinteresses dem negativen Beispiel der Kassenärztlichen Vereinigungen folgen könnte:

Das ist hier in [Bezirk XY] im KV-Vertreterversammlungsbereich total vergiftet, da hat nach den letzten Wahlen, hat die Mehrheitsgruppe (…) nämlich zum Beispiel den Hausarztverband praktisch aus allen Dingen raus gedrängt, mit der völlig idiotischen Folge, das in einem der wichtigen Ausschüsse, wo es hauptsächlich um Allgemeinmedizin und hausärztliche Medizin geht, ist kein einziger Hausarzt drin. Da sind Kinderärzte drin, die sind von der anderen Fraktion da rein gewählt worden, aber von der großen Hausarztgruppe, die knapp ein Drittel der Vertreterversammlung stellt, ist kein einziger drin – und das führt natürlich bei denen jetzt schon dazu, dass die jetzt schon wahrscheinlich, sag ich jetzt einfach mal vorsichtig, schon jetzt die Messer wetzen, und bei jeder Vertreterversammlung gehen die sich gegenseitig an die Gurgel – und wenn sich diese Mehrheitsverhältnisse irgendwie ändern, dann wird das dazu führen, dass die Messer nicht mehr gewetzt, sondern gezogen werden. Und das ist dumm. Und wenn das durch gewählte Vorsitzende dann auch noch gefördert und forciert wird, dann haben sie eine katastrophale Situation. Das bringt keinen weiter, und das muss, unter allen Umständen muss man sowas in der in der Kammerarbeit vermeiden (ÄK INT13).

Dabei ist man sich bei aller Selbstkritik aber einig, dass die ‚Schuld' für diese Zunahme an Konflikten in erster Linie politisch initiiert und gewollt ist. Gerade mit der Trennung von Fach- und Hausärzten sei taktisch geschickt ein Verteilungskonflikt innerhalb der Ärzteschaft provoziert worden, der ebenso wie die begleitenden Maßnahmen der Kostendämpfung und Budgetierung dazu geführt habe, dass sich die Ärzte entzweiten und so als Verhandlungspartner gegenüber der Politik geschwächt würden. Obgleich über diese Bewertung innerhalb der Ärzteschaft ein allgemeiner Konsens herrscht, tut dies der Eskalationsspirale in den Gremien keinerlei Abbruch.

Nachwuchsprobleme und Wohlstandsverwahrlosung
Diese Schilderung berührt zwei unterschiedliche Aspekte, die jedoch beide ein Generationengefälle betreffen. Dabei steht einerseits die sogenannte „Generation Y" im Fokus des Unmuts. Auf der anderen Seite vermisst man den Eifer alter Tage beim Nachwuchs, insbesondere des Marburger Bundes. Dabei sind zwei Entwicklungspfade auszumachen, nämlich zum einen die veränderten Auffassungen von ‚Work-Life-Balance' bestimmter Jahrgangskohorten, die zum anderen mit einer abnehmenden Assoziationsbereitschaft zusammentreffen. Darüber hinaus wird grundsätzlich beklagt, dass.

die Jungen nicht verstehen, wie wichtig für sie selber in ihrer Ausbildung (…) die Kammer war und wie wichtig Kammer ist und was für ein wertvolles Gut das ist, wenn man für seine eigene, seine fachliche Qualifikation eine eigene Organisationsstruktur hat, die das politisch überantwortet bekommt, sich darum zu kümmern (ÄK INT13).

Dabei muss die rückläufige Assoziationsbereitschaft näher differenziert werden. Per se mangelt es weder der Ärztekammer noch dem Marburger Bund an Nachwuchs, was Mitglieder oder Ehrenamt angeht. Der Marburger Bund kann vielmehr auf eine Erfolgsgeschichte zurückblicken und hat seinen Organisationsgrad enorm steigern können. Im Gegensatz zu den gewerkschaftlichen Anfangszeiten sind die Mitglieder aber vielmehr Kunden im Sinne selektiver Dienstleistungen als Gewerkschaftsmitglieder einer Großorganisation.

Ihre Mitgliedschaft beläuft sich größtenteils auf Briefverkehr und Tarifbindung, ohne dass damit ein aktives Engagement verbunden wäre. Es handelt sich also nicht um sozialkapitalrelevantes Engagement, sondern um „inaktive" oder konsumierende Mitgliedschaft (siehe auch Putnam 1995)[10]. Dies ist jedoch symptomatisch für das Phänomen abnehmender langfristiger Assoziationsbereitschaft, von dem auch der Marburger Bund nicht verschont bleibt. Bei den Kammern macht sich Nachwuchsmangel noch nicht im Ehrenamt bemerkbar, allerdings in einer nachlassenden Wahlbeteiligung.[11]

Demzufolge handelt es sich hier zunächst um eine allgemeine Entwicklung, die nicht nur den Marburger Bund oder die Kammer als Großorganisation betrifft. In diesem speziellen Fall fällt sie aber für die aktiven Marburger-Bund-Mitglieder ins Gewicht. Der jüngeren Generation wird nämlich vorgeworfen, sie sei durch den Fortschritt, den die ältere Generation erkämpft hätte, so verwöhnt, und fände so komfortable Arbeitsbedingungen vor, dass sie weder die Erfolge noch die Arbeit ihrer Marburger-Bund-Kollegen einzuordnen und zu schätzen wüssten. Vielmehr ginge es den jungen Ärzten buchstäblich zu gut, sodass eine Desensibilisierung für Arbeitnehmerrechte eingetreten sei. Die heutigen Zustände würden als selbstverständlich gegeben betrachtet und stellten aufgrund des Erfolges des Marburger Bundes keinen ausreichenden Handlungsanreiz mehr dar.

Für die Mitglieder und Kämpfer der ersten Stunde ist dies kaum hinnehmbar. Sie deuten das mangelnde Engagement als Form der „Wohlstandsverwahrlosung" – der Nachwuchs sei materiell durch die Vorgängergeneration so gut abgesichert, dass ihm der Sinn kollektiven Handelns für die Gemeinschaft fehle. Gleichermaßen handelt es sich dabei auch um eine Verlusterfahrung eben dieser ersten Generation der MB-Gewerkschafter, die ihre Erinnerung an die Anfänge

---

[10]Auch die anderen klassischen Argumente zu nachlassendem Engagement werden hier aufgeführt: Zeitmangel, erhöhte Mobilität, neue Familienmodelle und Geschlechterrollen, andere Prioritäten, weniger lokale oder regionale Bindungen. Diese geänderten Lebensentwürfe führten auch zu einem größeren Organisationsaufwand, sodass weniger Zeit für ein längerfristiges und zeitraubendes Engagement vorhanden sei.

[11]Die allerdings mit rund 50 % immer noch weit über denen in anderen Kammern liegt.

der Gewerkschaftszeit zu Beginn der 2000.er Jahre verklärt und nun über die ent-politisierte Jugend klagt. Darüber hinaus würde es unter der Jugend und an den Fakultäten eine sonderbare Revitalisierung elitärer Zeremonien geben und der egalitäre Gewerkschaftsgedanke unter den Medizinstudenten verdrängt.[12]

Eine weitere, umfassendere Facette der Kritik bezieht sich auf die Vorstellungen jüngerer Ärztekohorten bezüglich angemessener Arbeitsbedingungen, die stark mit den Arbeitsgewohnheiten älterer Berufsangehörige kontrastieren und daher bestenfalls befremdet, häufig jedoch ablehnend betrachtet werden. Die so genannte „Generation Y" setzt sich für familienfreundliche Arbeitsbedingungen, flache Hierarchien und vor allem begrenzte und geregelte Arbeitszeiten ein. Dies wird von Teilen der Ärzteschaft als unzureichende Leistungsbereitschaft aufgefasst und als unkollegial verurteilt. Der frühere Kampf für eingeschränktere Dienstzeiten sei zwar legitim gewesen, man müsse deshalb aber nicht von einem Extrem ins andere fallen. Der Arztberuf sei schließlich anspruchsvoll und mit Leistungsbereitschaft verknüpft, dies müsse „nicht so krankhaft sein wie das vorher gewesen ist, das muss dann aber auch nicht auf dem Niveau von Arbeit im öffentlichen Dienst sein" (ÄK INT14).

Langsame Verwaltung und mangelnde Innovation
Schließlich trifft die Kritik der Ärzteschaft auch gruppenexterne Akteure. So wird der langsamen Verwaltung eine innovationshemmende Wirkung vorgeworfen. Misstrauen hinsichtlich angemessener Expertise im Rahmen der Selbst-verwaltung betrifft dabei schon mal jeden, der nicht ärztlich ausgebildet ist und deswegen mit der Arbeit, den Rahmenbedingungen und der Bedeutung der Selbstverwaltung nicht in gleichem Maße vertraut sei. Folge sei, dass die Verwal-tungsangestellten der Kammer die Alltagspraxis der Mediziner nicht vollziehen könnten und stets in ihrer Verwaltungslogik und im Verwaltungsduktus verharr-ten. Die Initiierung von Reformen sei daher mühsam und zeitraubend; die Haupt-amtlichen teils unkooperativ, weshalb zu überlegen sei, ob nicht nur Personen mit medizinischem Grundwissen eingesetzt werden sollten. Damit sich mehr Ärzte mit der Kammer identifizierten, sollte diese viel kollegialer agieren und dies auch offener kommunizieren. Dazu gehöre, kenntnisreichere Angestellte im Hauptamt zu installieren, besser über die Aufgaben und Leistungen der Selbstverwaltung aufzuklären und weniger als „gängelnde" Institution in Erscheinung zu treten.

---

[12]Hier wird vor allem auf die Praxis mancher Fakultäten verwiesen, eine amerikanisierte Abschlussfeier zu veranstalten, bei denen die AbsolventInnen im Talar gekleidet sind und ihre Hüte in die Luft werfen sowie die Zuweisung bestimmter Namen für Abschlussklassen wie der „Galen-Jahrgang" o. ä.

Insbesondere Medizinstudenten und jüngere Ärzte würden die Kammer sonst
überwiegend als Obrigkeitsinstanz erleben. Die langwierigen Verfahren innerhalb der Verwaltung wären überdies abschreckend, da man dies im Rahmen des
schnelllebigen Arbeitslebens als unzeitgemäß schleppend empfände.
Reformen in der Kammer anzuregen und durchzubringen sei jedoch ausgesprochen schwierig, da es deutlich an Offenheit mangele. Akzeptanz für neue
Ansätze zu schaffen und das Tempo der Umsetzung würden dem Versuch gleichen, einen Richtungswechsel bei einem fahrenden „Supertanker" vorzunehmen
(ÄK INT14). Das Hauptamt würde jedoch Modernisierungen und Anpassungen
kaum zulassen, sondern würde träge, nicht serviceorientiert und praxisfern agieren, sodass der Gedanke naheläge, Leute,

> die da vielleicht seit 30 Jahren auf einem Arbeitsplatz sitzen und schon immer
> unfreundlich waren, die bleiben das auch, und da greift eben moderne Unterneh-
> mensphilosophie, wenn ich das mal charmant ausdrücken darf, nicht. Solche Leute
> dann...hm... ja, rauszuschmeißen. Punkt (ÄK INT13).

Konfliktlinien in den Kammern verlaufen demnach nicht nur zwischen den verschiedenen Ärztegruppen, zwischen Hierarchien, Generationen und Geschlech-
tern, sondern auch zwischen Haupt- und Ehrenamt.

4.2   Spannungen mit externen Akteuren

Die vorgestellten Spannungslinien zeigen auf, dass es auch innerhalb der Kammern zu Konflikten kommen kann. *Intern* verlaufen diese Spannungslinien
entlang verschiedener fachlicher und hierarchischer Gruppen. *Extern* stehen
die Kammern Kostenträgern wie den KVn und den Krankenkassen sowie den
Gesundheitsministerien und der Politik im Allgemeinen gegenüber. Die Kassen
und KVn als Kostenträger sind durch Streitigkeiten bezüglich der Leistungsab-
rechnung und Mittelzuweisung stets Konfliktpartner der Kammern. Darüber hinaus wirken sich die Zustände in der KV wie bereits angedeutet nicht nur dadurch
auf die Ärztekammern aus, dass deren Konflikte sich als Stellvertreterkriege in
der Kammer niederschlagen. Vielmehr delegitimieren das strukturelle Defizit der
Konfliktbearbeitung in den KVn und die daraus resultierenden Koordinations-
und Performanzdefizite die ärztliche Selbstverwaltung als solche.
Hinsichtlich der Politik wird die Kritik seitens der Ärzteschaft klar formuliert.
Insbesondere Regulierungsbestrebungen aus Brüssel werden überaus kritisch
betrachtet. Die Ärzte fürchten um ihre Standards in der Berufsausbildung und

Berufsausübung, wobei die Deregulierungsabsichten hinsichtlich der Freiberuflichkeit für die Ärzteschaft am schwersten wiegen. Zugrunde liegender Dissens
sei hier das mangelhafte Grundverständnis für die Idee der freien Berufe, deren
Handlungsfelder zu Recht nicht dem freien Markt überlassen sei:

> Ja, aber das erfolgt natürlich, wenn es von der EU aus erfolgt, im Wesentlichen, weil
> die EU ja eine marktradikale Organisation ist. Die EU versteht alles im Leben als
> Produkt, das in die Abteilung ‚Güter' oder ‚Dienstleistungen' gehört und die EU hat
> sich bisher gar keine Blickwinkel auf die Bedeutung des Elements der Freiberuf-
> lichkeit erarbeitet, sondern sie glaubt ja, das alles im Grunde nur merkantilen Anrei-
> zen folgt und deswegen erscheinen ihr alle Versuche, den Staaten, die das anders
> sehen, Regulierungen der freien Berufe gegen die Marktkräfte zu setzen, verdäch-
> tig, weil damit die Marktradikalität, die die EU als Leitbild begleitet [bedroht ist]
> (…) Deswegen stehen wir auch manchmal ein bisschen im Weg, ja …vor allem
> bei der Herstellung absolut identischer Regeln in ganz Europa stehen wir im Weg,
> und Regelabweichungen gehören zu einer differenzierten sich selbst gestaltenden
> Gesellschaft zwingend dazu (ÄK INT10).

Dass die organisierte Ärzteschaft über die Kammern weniger lautstark in Erscheinung tritt, heißt demnach nicht, dass es keine Spannungen mit externen Akteuren geben oder diese nicht kritisch beobachtet würden. Die Offenheit gegenüber
Umweltkritik ist allerdings unter der Ärzteschaft ausgesprochen dünn gesät.
Diese bewegt sich meist entlang eines Rückzugs auf die Freiberuflichkeit und die
dichotome Rollenzuweisung von Experten und Laien. Für negative Folgen von
finanziellen Fehlanreizen werden dementsprechend auch die Gesundheitspolitik
und die Kostenträger verantwortlich gemacht, während die Ärzteschaft lediglich mit diesen Konsequenzen umgehen müsste. Diese Perspektive veranschaulicht wieder die starke identitäre Abgrenzung der autonomen Berufsgemeinschaft
gegenüber fachfremden Akteuren, bei der die Kammer einen wichtigen institutionellen Rückzugspunkt darstellt. Über die Organisation der Kammer erfolgt
dann ein Schließungsprozess gegenüber der Umwelt, sei es gegenüber politischen
Akteuren, Kostenträgern oder medialer Kritik.

> Also ich glaube, große Einigkeit herrscht immer in Situationen, in denen die Ärzte-
> schaft glaubt oder tatsächlich erlebt, dass eine, ja, eine Übergriffigkeit von staatli-
> chen Organisationen oder Krankenkassen stattfindet. Da gibt es dann eine doch sehr
> große Gemeinschaftlichkeit, sich dagegen zur Wehr zu setzen, gerade wenn Ein-
> griffe in die Selbstverwaltung stattfinden. Da gibt es immer eine große Einigkeit. Es
> gibt natürlich auch eine große Einigkeit, wenn eine tatsächliche oder vermeintliche
> Verunglimpfung von Ärzteschaft in der Presse stattfindet zum Beispiel. Das sind so
> Situationen, wo sich doch so die Reihen bei allen sonstigen Interessengegensätzen
> sehr schnell schließen (ÄK INT8).

Tab. 1 Interne und externe Konfliktlinien. (Quelle: eigene Darstellung)

Gruppe	Konfliktlinie
Intern	
Marburger Bund vs. niedergelassene Ärzte	Angestellte vs. Selbstständige, Arbeitnehmer vs. Arbeitgeber, Verteilungskonflikte stationär/ambulant, Dominanz des Marburger Bundes
Fachärzte vs. Hausärzte	Verteilungskonflikte, Kompetenzstreitigkeiten, Interessenvertretung
Junge vs. ältere Ärzte	Generationengerechtigkeit (Versorgung), Verständnis von „Work-Life-Balance", Entwicklungsmöglichkeiten, Vergreisung von Gremien
Chefärzte/leitende Ärzte vs. angestellte und Assistenzärzte	Arbeitsbeziehungen, Kompetenzen, Hierarchien, Führungsverhalten
Landärzte vs. Stadtärzte	Verteilungskonflikte, Interessenvertretung
Diverse Ärzteverbände	Konkurrenz untereinander und zur Selbstverwaltung, Nutzung der Selbstverwaltung für Klientelpolitik
Extern	
Ärztekammer vs. KV	Verteilungs- und Abrechnungskonflikte, Bild der ärztlichen Selbstverwaltung in der Öffentlichkeit, Übergreifen von KV-Konflikten in die Kammer
Ärztekammer vs. Krankenkassen	Verteilungs- und Abrechnungskonflikte, Mittelzuweisungen
Ärztekammern vs. Politik	Gesundheitspolitische Diskurse, Eingriffe in die ärztliche Autonomie, Finanzierung der Gesundheitspolitik, Medizin-ethische Regulierungen, Deregulierung und Entprivilegierung des freien Berufes (EU), Funktionsfähigkeit der Selbstverwaltung

Zusammengefasst kann also festgehalten werden, dass die Ärztekammern ganz im Gegensatz zu ihrer diskursiven Darstellung sowohl eine Reihe interner als auch externer Spannungslinien aufweist (s. Tab. 1). Begünstigt wird die Stabilität und Handlungsfähigkeit der organisierten Ärzteschaft angesichts dieser Divergenzen durch die interpretative Verbindung von Professionsmythos und Selbstverwaltung. Dem wird im folgenden Abschnitt nochmals genauere Aufmerksamkeit geschenkt.

5   Der Einfluss von Professions- und Gemeinschaftsmythen auf den Umgang mit Konflikten

Betrachtet man die vorgestellten positiven und kritischen Aspekte der Ärztekammer aus Mitgliederperspektive, so fallen zwei Dinge auf. Erstens ist die Kammer durch zahlreiche Spannungslinien geprägt, die über ethische Debatten weit hinausgehen und handfeste Interessenkonflikte zwischen den Arztgruppen offenbaren. Zweitens verhalten sich die positiven und negativen Beschreibungen nahezu komplementär zueinander: Auf der einen Seite zeichnet sich die Kammer durch aktive und differenzierte Fraktionen aus; die Möglichkeit der Deliberation und des Austauschs wird geschätzt. Die Rollendifferenzierung innerhalb der Kammer trägt zudem dazu bei, dass die Versäulung von Konflikten wie in den Kassenärztlichen Vereinigungen nicht stattfindet.

Auf der anderen Seite repräsentiert dies auch die steigende Interessendiversifizierung, zunehmenden internen Widerspruch und das Risiko, das Partikularinteressen über das Gemeinschaftsinteresse gestellt werden. Dies betrifft auch die Stärke des Marburger Bundes. Ein einflussreicher und anerkannter Akteur in der Selbstverwaltung und der politischen Interessenvertretung ist für die Ärzte von Vorteil, eine weitergehende Dominanz kann jedoch auch Unmut unter den weiteren Ärztegruppen provozieren.

Gleiches gilt für die Feminisierung der Medizin, die sich wandelnden Arbeitsbeziehungen und die Ansprüche jüngerer Ärztekohorten. Die Bearbeitung dieser Themen spricht für die Ärztekammer und dokumentiert Anpassungsfähigkeit und die Einbeziehung wichtiger (Nachwuchs-)Gruppen; sie erhöhen aber auch die Anzahl der Spannungslinien über fachliche Grenzen hinaus, da diese Entwicklungen nicht ohne weiteres durch jene Gruppen akzeptiert werden, die damit einen eventuellen Statusverlust verbinden (d. h. in erster Linie ältere Männer an der Hierarchiespitze).

Die Mitglieder der Kammern (und hier auch des Marburger Bundes, über den letztlich auch viele Ehrenamtliche für die Kammern rekrutiert werden) zeigen sich sehr zufrieden mit den Leistungen und Erfolgen ihrer Vertretungen – gleichzeitig geht mit dieser Zufriedenheit aber auch ein nachlassender Leidensdruck und eine zunehmende Engagementträgheit einher.

Daraus wird ersichtlich, dass die Kammern durchaus einem Risiko unterliegen, Konfliktstrukturen und Organisationsprobleme zu entwickeln. Von Vorteil ist hier, dass die Kammer stark anschlussfähig ist an eine geteilte Vorstellung beruflicher Vergemeinschaftung, die in der Lage ist, eine Balance zwischen den

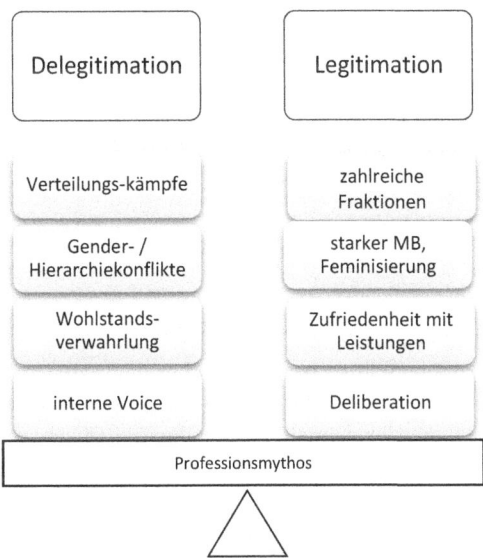

Abb. 1 Balance durch professionsbezogene Gemeinschaftsvorstellungen. (Quelle: eigene Darstellung)

komplementären Faktoren, also zwischen Deliberation und Fragmentierung, Erfolg und Engagementträgheit sowie der Emanzipation nachrückender Generation gegenüber dem etablierten Ehrenamt, zu halten. Denn diese Faktoren können in beide Richtungen ausschlagen, nämlich sowohl legitimierend als auch delegitimierend (s Abb. 1). Dass die Kammer als Kristallisationspunkt der Professionsgemeinschaft interpretiert wird, wirkt sich hier stabilisierend aus, das heißt, die Qualität des daraus erwachsenen Gemeinschaftssinns gibt den Ausschlag, ob beispielsweise ein demokratischer Konsens gesucht wird oder sich die Gruppen unversöhnlich um ihre Partikularinteressen streiten.

Die Identität als gemeinsame Profession nimmt somit mehr Einfluss zumindest auf das gemeinschaftliche Handeln in der Selbstverwaltung, als die medialen Streitigkeiten vermuten lassen. Zwar ist die Kammer nicht so konfliktfrei, wie sie gerne nach außen präsentiert wird. Gleichzeitig wird sie aber auch als institutioneller Rahmen für die eigene berufliche Identität und professionelle Gemeinschaft empfunden. Daraus speist sich ein Gemeinschaftssinn, der dazu beiträgt, Konfliktrisiken abzusenken und eben nicht „Niedertracht, Neid und Intrigen" zu pflegen, sondern eine ausgewogene Kammerpolitik zu betreiben. Dies wird auch in der Art und Weise sichtbar, wie konflikthafte Themen mit externen Akteuren verhandelt werden. Interner Streit und partikulare Interessen können durchaus eine einheitliche Haltung gegenüber Dritten erschweren. Bei „Angriffen" aus der Umwelt zeigen die Ärzte jedoch eine enorme Geschlossenheit, die vornehmlich auf der ausgeprägten Selbstbeschreibung als autonom handelnde Berufsgemeinschaft basiert.

6   Fazit

Die Ärzteschaft und ihre Selbstverwaltung sind medial stark in die Kritik geraten und haben an Akzeptanz verloren. Die chaotischen Zustände in den Selbstverwaltungsorganisationen, die sich zentral um Verteilungskonflikte zwischen den Ärztegruppen drehte, hat den Eindruck erweckt, dass die Ärzteschaft hauptsächlich ökonomisch motiviert agiert und die daraus resultierende Konkurrenz ihre eigenen Vertretungsorganisationen lahmlegt. Weit entfernt von den ursprünglichen Idealen der ehernen Professionsgemeinschaft ist so der Eindruck erweckt worden, ein gemeinschaftliches Interesse, normative Verhaltensstandards und der besondere Blick auf das Patientenwohl seien keine handlungsleitenden Faktoren mehr. Wenn Ethik thematisiert würde, dann in den Ärztekammern, die vom Diskurs um Interessenkonflikte weitgehend ausgeschlossen wurden und denen mit Blick auf politische Entwicklungen eine Nebenrolle zugewiesen wird.

Dieser Beitrag hat unter Rückgriff auf empirische Befunde das Verhältnis von Profession und Selbstverwaltung aus der Perspektive der Ärzte untersucht. Es konnte gezeigt werden, dass Profession und Selbstverwaltung in ihrer Entwicklung eng zusammen verlaufen. Diese berufliche Sozialisation trägt auch heute noch zur Stabilisierung eines Professionsmythos bei, der eine starke normative Rahmung der Berufsauffassung ermöglicht. Diese ist anschlussfähig an den Anspruch einer konsensorientierten Selbstverwaltung, die sowohl das Interesse der Berufsgenossen, als auch letztlich das Wohl der Patienten in den Vordergrund stellt. Am Beispiel der Ärztekammern konnte illustriert werden, dass die Kammern nicht immun sind gegen Probleme und Konflikte innerhalb der organisierten Ärzteschaft. Allerdings zeigt das Beispiel ebenso, dass die Ärzte von einer Professionsidentität profitieren, welche die internen Interessengegensätze einhegt. Wenn es aber Organisationen mit Pflichtmitgliedschaft an einer stabilisierenden Gemeinschaftsidentität mangelt, drohen sie von Partikularinteressen gelähmt zu werden.

Literatur

Bandelow, Nils C. 2007. Ärzteverbände. Niedergang eines Erfolgsmodells? In *Interessen-verbände in Deutschland*, Hrsg. Thomas von Winter und Ulrich Willems, 271–293. Wiesbaden: VS Verlag.

Barber, Bernard. 1963. Some problems in the sociology of the professions. *Deadalus* 92 (4): 669–688.

Bühl, Walter L. 1986. Kultur als System. *Kölner Zeitschrift für Soziologie und Sozialpsychologie* 27:118–144.

Elten, Katharina van. 2016. Dissens und Konfliktlinien in der ärztlichen Selbstverwaltung. In *Verbände unter Druck. Protest, Opposition und Spaltung in Interessenorganisationen*, Hrsg. Detlef Sack und Christoph Strünck, 217–232. Wiesbaden: VS Verlag.

Gerlinger, Thomas. 2009. Der Wandel der Interessenvermittlung in der Gesundheitspolitik. In *Interessenvermittlung in Politikfeldern. Vergleichende Befunde der Policy- und Verbändeforschung*, Hrsg. Britta Rehder, Thomas von Winter, und Ulrich Willems, 33–51. Wiesbaden: VS Verlag.

Greef, Samuel. 2012. *Die Transformation des Marburger Bundes. Vom Berufsverband zur Berufsgewerkschaft*. Wiesbaden: VS Verlag.

Heinz, Walter R. 2002. Berufliche und betriebliche Sozialisation. In *Handbuch der Sozialisationsforschung*, Hrsg. Klaus Hurrelmann und Dieter Ulrich, 397–416. Weinheim: Beltz.

Hoff, Ernst. 1985. Berufliche Sozialisation. Zur Verbindung soziologischer und psychologischer Forschung. In *Arbeitsbiographie und Persönlichkeitsentwicklung*, Hrsg. Ernst Hoff, Lothar Lappe, und Wolfgang Lempert, 15–40. Bern: Huber.

Hommerich, Christoph. 2007. *Die Freien Berufe in der Krise – zur Notwendigkeit einer Charta der Freien Berufe*. Vortragsmanuskript Impulsreferat Klausurtagung des BFB-Präsidiums.

Hommerich, Christoph. 2012a. Die Freien Berufe und das Vertrauen in der Gesellschaft – Ansätze zu einem Aufbruch. Aktuelle Stellungnahme 1/12 ifk. Institut für Kammerrecht. http://www.kammerrecht.de/media/aktuelle-stellungnahmen/aktuelle-stellungnahmen-1201.pdf. Zugegriffen: 8. Sept. 2016.

Hommerich, Christoph. 2012b. *Vertrauen in Kammern – eine schwindende Ressource?* Kammerrechtstag 2012. Institut für Kammerrecht. Trier, 27.09.2012.

Jütte, Robert. 1997a. *Geschichte der deutschen Ärzteschaft*. Köln: Deutscher Ärzte-Verlag.

Jütte, Robert. 1997b. Vorwort. In *Geschichte der deutschen Ärzteschaft*, Hrsg. Robert Jütte, 15–42. Köln: Deutscher Ärzte-Verlag.

Jütte, Robert. 1997c. Die Entwicklung des ärztlichen Vereinswesens und des organisierten Ärztestandes bis 1871. In *Geschichte der deutschen Ärzteschaft*, Hrsg. Robert Jütte, 15–42. Köln: Deutscher Ärzte-Verlag.

Kalkowski, Peter. 2010. *Arbeitspapier zur Klärung der Begriffe „Beruflichkeit und Professionalisierung" in der Fokusgruppe 1: „Beruflichkeit und Professionalisierung" im Rahmen des BMBF-Förderprogramms „Dienstleistungsqualität durch professionelle Arbeit"*. Göttingen.

Kluth, Winfried. 2007. Die Zukunft der freien Berufe in der globalisierten Dienstleistungsgesellschaft. Festvortrag anlässlich des 50-jährigen Bestehens der Ludwig-Sievers-Stiftung. In *Jahrbuch des Kammer- und Berufsrechts 2006*, Hrsg. Winfried Kluth, 266–281. Baden-Baden: Nomos.

Luhmann, Niklas. 2010. *Politische Soziologie*. Berlin: Suhrkamp.

Madeker, Ellen. 2009. Der Weg zum Leitbild der Freien Berufe. In *Jahrbuch des Kammer- und Berufsrechts 2008*, Hrsg. Winfried Kluth, 362–381. Halle an der Saale: Peter-Junkermann.

Mann, Thomas. 2008. *Gibt es eine „Ethik der Steuerberater"?* Vortragsmanuskript Jahrestagung der Steuerberaterkammer, 30.05.2008. Rheinland-Pfalz.

Meyer, Werner, und Wilhelm Diefenbach. 2005. *Handwerkskammern, andere Wirtschaftskammern und Berufskammern. Eine Untersuchung zu ihrer Stellung im Verfassungssystem des Grundgesetztes und im EU-Recht sowie zu ihren regionalen Organisationsstrukturen*. Alfeld: Gildebuchverlag.

Moser, Gabriele. 2011. *Ärzte, Gesundheitswesen und Wohlfahrtsstaat. Zur Sozialgeschichte des ärztlichen Berufsstandes in Kaiserreich und Weimarer Republik*. Freiburg: Centaurus.

Pitschas, Rainer. 1996. Recht der freien Berufe. § 9. In *Öffentliches Wirtschaftsrecht. Besonderer Band 2*, Hrsg. Rainer Pitschas, 17–74. Berlin: Springer.

Plantholz, Markus. 1998. *Funktionale Selbstverwaltung des Gesundheitswesens im Spiegel der Verfassung* Bd. 3. Berlin: Verlag Arno Spitz.

Putnam, Robert D. 1995. Bowling alone: America´s declining Social Capital. *Journal of Democracy* 6 (1): 65–78.

Süddeutsche Zeitung. 2015. „Chaostage in der Ärzteschaft". http://www.sueddeutsche.de/wirtschaft/fachaerzte-gegen-hausaerzte-chaostage-in-der-aerzteschaft-1.2760781. Zugegriffen: 28. Sept. 2016.

Ulrich, Dieter. 2002. Zur Relevanz verhaltenstheoretischer Lern-Konzepte für die Sozialisationsforschung. In *Handbuch der Sozialisationsforschung*, Hrsg. Klaus Hurrelmann und Dieter Ulrich, 57–76. Weinheim: Beltz.

Wenger, Etienne. 1989. *Communities of practice. Learning, meaning and identity*. Cambridge: Cambridge University Press.

Wenger, Etienne. 2010. Communities of practise and social learning systems: the career of a concept. http://wenger-trayner.com/wp-content/uploads/2012/01/09-10-27-CoPs-and-systems-v2.01.pdf. Zugegriffen: 10. Juli 2017.

Wolff, Eberhardt. 1997. Mehr als nur materielle Interessen: Die organisierte Ärzteschaft im Ersten Weltkrieg und in der Weimarer Republik 1914–1933. In *Geschichte der deutschen Ärzteschaft*, Hrsg. Robert Jütte, 96–142. Köln: Deutscher Ärzte-Verlag.

Über die Autorin

Dr. des. Katharina van Elten Wissenschaftliche Mitarbeiterin am Lehrstuhl „Politisches System Deutschlands", Ruhr-Universität Bochum.

Die Praxis der Mitgliederbindung und Mitgliederrekrutierung

Zwischen nüchternem Kalkül und emotionaler Bindung – ein Thesenkatalog aus und für die Praxis

Hans Werner Busch

1   Zehn Thesen zum Einstieg

Die Erkenntnisse aus verschiedenen Studien im Institut für Verbandsmanagement zeigen, dass es einige generelle Entwicklungstrends in der Verbändelandschaft gibt, ebenso wie bewährte Instrumente des Mitgliedermanagements. Diese Erkenntnisse sind auch für spezifische Verbandstypen wie die der organisierten Ärzteschaft bedeutsam. Die wichtigsten Erkenntnisse werden hier gebündelt in Thesenform wiedergegeben, als ein Konzentrat langjähriger Forschung und Beratung im Verbandsmanagement. Der Beitrag folgt daher in erster Linie den praktischen Anforderungen der Verbandsarbeit, die in der Verbändeforschung häufig unterbelichtet bleiben. Er ist als Thesenkatalog im Vortragsstil konzipiert.

1. Verbände sind seit Jahren unter Druck hinsichtlich Mitgliederentwicklung und Ressourcenausstattung.
2. Die Verbändelandschaft ändert ihr Gesicht beständig durch Differenzierung, Fusionen, „Start-Ups". Sie fasert an den Rändern aus.
3. Der Wettbewerb um Mitglieder und Einfluss wird schärfer, weil die Entscheidungsoptionen für Mitglieder und potenzielle Mitglieder wachsen.

H. W. Busch (✉)
Institut für Verbandsmanagemen, Potsdam, Deutschland
E-Mail: hw.busch@ivm-busch.de

© Springer Fachmedien Wiesbaden GmbH 2018
T. Spier und C. Strünck (Hrsg.), *Ärzteverbände und ihre Mitglieder,*
Studien der Bonner Akademie für Forschung und Lehre praktischer
Politik, https://doi.org/10.1007/978-3-658-19249-5_5

4. Konzepte zur Mitgliederbindung und Mitgliederrekrutierung müssen diese Rahmenbedingungen und die Motivstrukturen zur Mitgliedschaft sorgfältig analysieren und bewerten.

5. Generell gilt die Tendenz, dass das Nutzen-Kosten-Kalkül als Motiv Priorität gewinnt: Welche Vorteile bringt mir die Mitgliedschaft?

6. Mitgliederzufriedenheit ist der analytische wie strategische Stellhebel.

7. Erfolgreiche Maßnahmenkonzepte zu Mitgliederbindung und Mitgliederrekrutierung greifen die Differenzierung der Motivgruppen und hieran gebundene Mitgliederkategorien (Zielgruppen) auf.

8. Maßnahmen bedürfen der empirischen Fundierung.

9. Im Zentrum der operativen Umsetzung findet sich ein systematisches Mitglieder-Beziehungs-management (MBM).

10. Alle Konzepte und Maßnahmen der Mitgliederbindung und Mitgliederrekrutierung sind durch ein stringentes Kommunikationskonzept zu untermauern.

Im Folgenden werden die Thesen näher erläutert und begründet, und dies aus einer praxisorientierten Perspektive der Verbändeforschung und des Verbandsmanagements.

▶ **These 1** Verbände sind seit Jahren unter Druck hinsichtlich Mitgliederentwicklung und Ressourcenausstattung.

Mitgliederbindung und Mitgliederrekrutierung sind Kernthemen in fast allen Verbänden. An ihrer erfolgreichen Bewältigung hängen Existenz und Wirkungsmacht eines Verbandes (Harrison und Shirom 1999). Bereits in unserer ersten Verbändestudie vor acht Jahren benannten die befragten Wirtschaftsverbände als größtes Risiko gleichauf an erster Stelle:

• Druck auf die finanziellen Ressourcen
• Mitgliederschwund (Tab. 1)

Diesen Druck auf die Mitgliederentwicklung spüren vor allem Traditionsverbände. Aus unseren Projekten und Analysen wissen wir, dass der Mitgliederbestand im Zeitraum der Jahre seit 2004 auf rund zwei Drittel abgenommen hat. Im Einzelfall hat er sich sogar halbiert.

Andererseits sind im vergleichbaren Zeitraum beachtenswerte Verbände entstanden, die weiterhin wachsen. Ein prominentes Beispiel aus der Industrie ist der IT- und Kommunikationsverband BITKOM, ursprünglich ein Zusammenschluss

Tab. 1 Risiken für die Verbandsentwicklung. (Quelle: Institut der deutschen Wirtschaft Köln Consult GmbH und Institut für Verbandsmanagement Berlin/Brüssel: Mit mehr Dienstleistungen wollen die kleineren Wirtschaftsverbände überleben (Verbandsstudie), Köln, Februar 2006)

Was sind die drei größten Risiken für Ihre Organisation?	N	%
Geringere finanzielle Ressourcen	70	61,4
Mitgliederschwund	69	60,5
Loyalitätsverlust bei den Mitglieder	46	40,4
Geringes ehrenamtliches Engagement	30	26,3
Steigende Interessenvielfalt der Mitglieder	25	21,9
Steigende Leistungsanforderungen	15	13,2
Sonstiges	14	12,3
Keine Antwort	4	3,5
Gesamt	114	100,0

kleinerer Verbände und Abkömmling der Traditionsverbände VDMA und ZVEI. Die Landschaft ändert sich beträchtlich (Sebaldt und Straßner 2004; Abb. 1). Dieses Veränderungsmuster ist auch ein Beispiel für die folgende These.

▶ **These 2** Die Verbändelandschaft ändert ihr Gesicht beständig durch Differenzierung, Fusionen, „Start-Ups". Sie fasert an den Rändern aus.

Die Gründe der *Differenzierung* sind vielfältig: Technologische Entwicklungen und sich verändernde Marktparameter führen zu völlig neuen Geschäftsmodellen der Marktakteure. Die *Spezialisierung in den Professionen* schreitet voran. Die Dynamik dieser Prozesse ist ungebremst.

Zugleich aber laufen gegenläufige *Prozesse der Kooperation,* der Zusammenschlüsse bis hin zu Fusionen, meist begründet von der Einsicht, dass politische und gesellschaftliche Wirkmächtigkeit vom Nachweis abhängt, beachtungswerter Repräsentant der Berufsgruppe bzw. Branche zu sein (Busch 2013).

Daneben, aber unübersehbar, entwickeln sich völlig neue Professionen und Wirtschaftsakteure, sog. Start-ups. Sie organisieren sich außerhalb der traditionellen Verbände und nehmen doch wieder Zuflucht zu verbandsartigen Organisationsformen. Ein Beispiel ist der Bundesverband Deutscher Start-ups mit über 500 Mitgliedern.

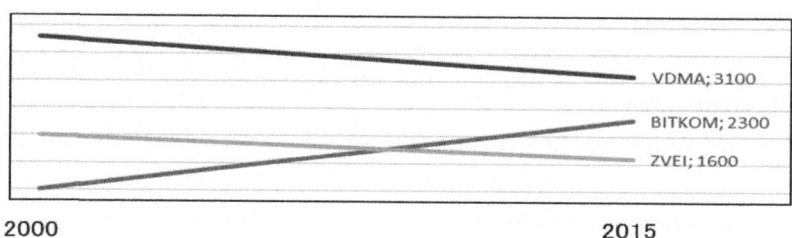

2000   2015

Abb. 1 Neue Verbände entwickeln sich auf Kosten der Traditionsverbände (Prinzipdarstellung). (Quelle: Institut für Verbandsmanagement nach Recherchematerielien)

Parallel und vergleichsweise expansiv zu diesen verbandsorganisatorischen Differenzierungen wachsen im Umfeld der Verbände und im Aktionsfeld der Mitglieder verbandsähnliche physische und virtuelle Organisationsformen auf, die aus Sicht der Mitglieder bzw. potenziellen Mitglieder Alternativen zum Verband anbieten, da sie deren sich verändernde Bedarfe tatsächlich oder scheinbar bedienen können (Spezialanbieter, Franchise-Systeme, Informationsplattformen, Netzwerke). Die modernen Informationsmedien begünstigen derartige Entwicklungen.

Die wesentlichen Folgerungen aus dieser Entwicklungsdynamik zur Vielfalt lauten für unser Thema der Mitgliederbindung und Mitgliederrekrutierung:

• Die Entscheidungsoptionen für Mitglieder bzw. potenzielle Mitglieder zur Zugehörigkeit zu einem Verband im Grundsätzlichen und zur Art des Verbandes im Speziellen wachsen.
• Nahezu jeder Verband steht im Wettbewerb um die Bindung seiner Mitglieder und erst recht um die Generierung neuer Mitglieder.
• Loyalisierung ist der prekäre Bindungsfaktor.

▶ **These 3** Der Wettbewerb um Mitglieder und Einfluss wird schärfer, weil die Entscheidungsoptionen für Mitglieder und potenzielle Mitglieder wachsen.

Die Verbände sind vor allem in ihren Kernkompetenzen der

• Informationspolitik und Informationsfunktion, der
• Dienstleistungen und der
• Politischen Interessenvertretung

unter Wettbewerbsdruck, wie aus unseren Projekten und Befragungen hervorgeht (Tab. 2).

Insoweit bieten sich Mitgliedern und potenziellen Mitgliedern prinzipiell zwei Entscheidungsoptionen:

- Bleibe ich Mitglied eines Verbandes bzw. werde ich Mitglied eines Verbandes oder sind meine Bedürfnisse und Bedarfe auch anderweitig zu decken?
- Wenn eine Verbandsmitgliedschaft richtig ist, welcher Verband passt am besten zu meinen Belangen?

Das Beispiel der folgenden Verbändelandkarte illustriert die vielfältigen Alternativen der Pharmaunternehmen zu einer Mitgliedschaft. Dabei sind beispielsweise Verbände, die bislang deutlich trennscharfe Mitgliedschaften aufweisen, wie BPI, BAH und vfa, durchaus auf dem Wege zu Kooperationen, weil ihre Mitgliedschaftsunternehmen dies erfordern. Zur gleichen Zeit aber bilden sich Spezialverbände heraus wie Progenerika oder BIO- Deutschland (Abb. 2).

▶   **These 4** Der Erfolg von Konzepten und der Praxis der Mitgliederbindung und Mitgliederrekrutierung ist abhängig von einer sorgfältigen Analyse und Bewertung dieser Rahmenbedingungen im Einzelfall.

Konzepte der Mitgliederbindung sind der Schlüssel zu einer handlungsorientierten Einordnung der Motivlage bei Mitgliedern und potenziellen Mitgliedern zu Mitgliedschaft.

▶   **These 5** Generell gilt die Tendenz, dass das Nutzen-Kosten-Kalkül als Motiv Priorität gewinnt: Welche Vorteile bringt mir die Mitgliedschaft?

Tab. 2 Wettbewerbstableau. (Quelle: Institut der deutschen Wirtschaft Köln Consult GmbH und Institut für Verbandsmanagement Berlin/Brüssel: Mit mehr Dienstleistungen wollen die kleineren Wirtschaftsverbände überleben (Verbandsstudie), Köln, Februar 2006 und weiteren Recherchen in Projekten des Instituts für Verbandsmanagement)

Wettbewerber	Intensität des Wettbewerbsnimmt Zusagen (%)	Wettbewerbsfeld
Internet Neue Medien	>50	Informationspolitik/-funktion
Andere verbände	~35	Politische Interessenvertretung
Private Organisationen und Netzwerke	~35	Dienstleistung

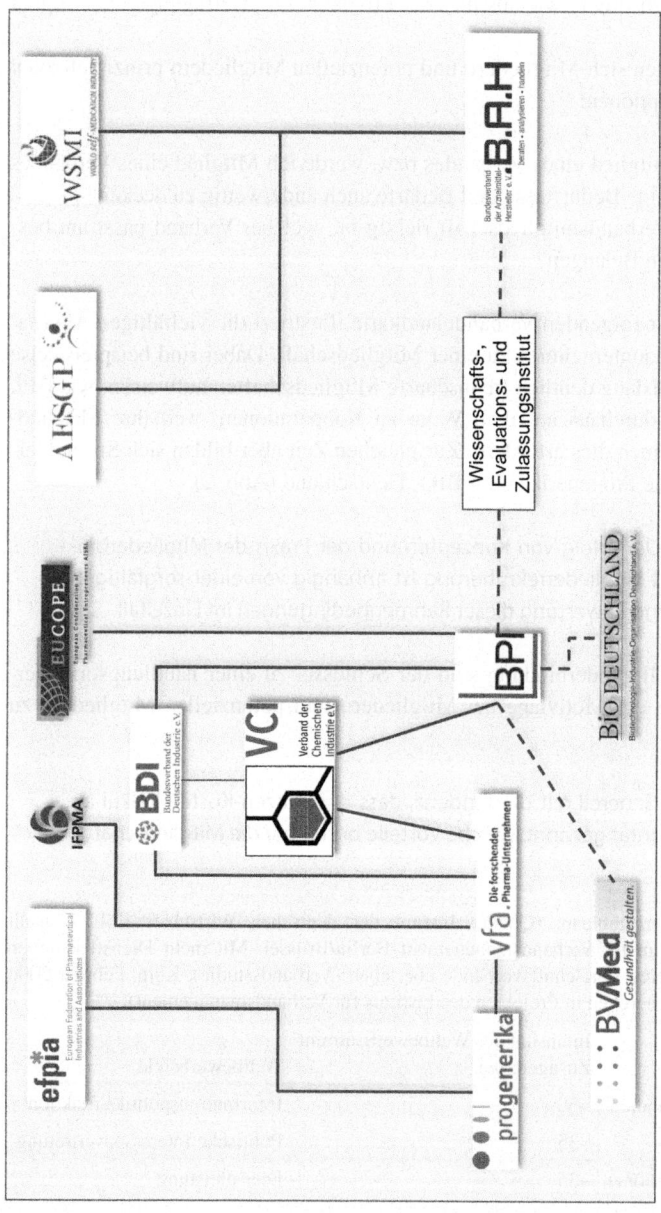

Abb. 2 Verbändelandkarte Pharma-Industrie. (Quelle: Institut für Verbandsmanagement, Vorstudie für Bundesverband der Pharmazeutischen Industrie, Berlin 2015)

Es war immer schon ein Topos der Verbändeforschung, dass Mitglieder nicht aus Altruismus oder Solidarität einer Interessenorganisation beitreten. Doch das Kosten-Nutzen-Kalkül gewinnt inzwischen noch mehr an Bedeutung. Zwei Aspekte lassen sich hierzu anführen:

• Zugehörigkeit aus Tradition wirkt kaum noch als Mitgliedschaftsmotiv, es sei denn Standesbewusstsein oder Identifikationsdruck auf eine Berufsgruppe lassen sich mobilisieren. Letzteres ist aus meiner Sicht der Grund, weshalb die Mitgliederentwicklung in Personenverbänden deutlich weniger dramatisch ist als in Wirtschaftsverbänden.

• Generell gilt: Das Nutzen-Kosten-Kalkül wird zum beherrschenden Mitgliedschaftsfaktor, wobei das Verständnis von Nutzen stark von individuellen bzw. „kollektiven" Präferenzen geprägt ist. Die Palette reicht von „berechenbarem" bis hin zu ideellem, von emotionalem zu machtrationalem Nutzen.

▶ **These 6** Mitgliederzufriedenheit ist der analytische wie strategische Stellhebel.

Der analytische wie der praktische Zugang zu Mitgliederbindung und Mitgliederrekrutierung weist stets auf den Faktor Mitgliederzufriedenheit als Engpassfaktor (siehe auch den Beitrag von Brechtel im vorliegenden Band). Mitgliederzufriedenheit selbst ist wiederum eine bedingte Größe, die von spezifischen Motiv- bzw. Faktorgruppen geprägt ist. Es hat sich als praktisch ertragreich erwiesen, zwei Motivgruppen zu unterscheiden:

1. Die Mitgliedschaft im Verband bietet mir „berechenbare Vorteile": Ich gewinne, weil die Leistungen des Verbandes unmittelbar zu meinem wirtschaftlichen Erfolg bzw. dem meines Unternehmens beitragen.
2. Die Mitgliedschaft im Verband bietet mir nicht rechenbare emotionale Vorteile, weil er Plattform ist für gegenseitigen Informationsaustausch, Unterstützung und Beratung, Entwicklung und Vertretung gemeinsamer Interessen und weil er über hohe Reputation im wirtschaftlichen, gesellschaftlichen Umfeld genießt: Ich gewinne, weil ich Teil einer professionellen Gemeinschaft bin und der Verband das Mitglied im Auge hat (Mitgliederzuwendung bzw. Mitgliederorientierung)

Der prinzipielle Wirkungszusammenhang besagt, dass die ausbalancierte „Bedienung" beider Motivgruppen die Mitgliederzufriedenheit prägt und die Bindung der Mitglieder festigt. Zugleich fördert deren Wahrnehmung im Umfeld des Verbandes die Chancen zur Gewinnung neuer Mitglieder (Abb. 3).

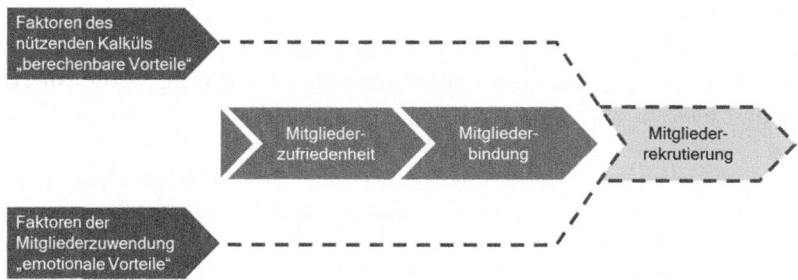

Abb. 3 Das Faktormodell der Mitgliederzufriedenheit. (Quelle: Institut für Verbandsmanagement aus Beratungsprojekten)

Maßnahmenkonzepte zur Mitgliederbindung und -rekrutierung, die diesem Modell folgen, müssen allerdings beachten, dass die Motivgruppen nicht in dieselbe Richtung wirken. Wir erläutern dies an Beispielen:

1. Beispiel: Höhe und Struktur des Mitgliedsbeitrags ist ein typisches Beispiel der Motivgruppe „berechenbare" Vorteile.
   Ein als zu hoch wahrgenommener Beitrag erzeugt Unzufriedenheit, ein sinkender vermindert Unzufriedenheit, aber ein Beitrag von Null führt nicht zu mehr Zufriedenheit. Das Optimum liegt im Schnittpunkt der Balance von Leistung und Gegenleistung.
2. Beispiel: Ein weiteres typisches Beispiel dieser Faktorgruppe sind Rahmenverträge zum Vorteil der Mitglieder (Sonderkonditionen).
   Das Fehlen ist ein Grund von Unzufriedenheit, ein Mehr verhindert Unzufriedenheit, aber die Maximierung führt auch in diesem Fall nicht zu gesteigerter Zufriedenheit. Das Optimum liegt wiederum im Schnittpunkt von Leistung und Gegenleistung.
   Was sind die Gründe der begrenzten Wirkung sog. berechenbarer Vorteile? Eine effiziente Gestaltung dieser Art von Vorteilsfaktoren wird im allgemeinen als „Bringschuld" des Verbandes eingefordert. Die Folge ist, dass eine schlechte Ausführung zu gesteigerter Unzufriedenheit führt und damit zur Gefährdung der Mitgliederbindung. Was als Bringschuld gewertet wird, kann nur in Grenzen die Zufriedenheit der Mitglieder steigern.
3. Beispiel: Im Gegensatz zu den Motiven/Faktoren der „berechenbaren" Vorteile gibt es für die Motive/Faktoren der „emotionalen" Vorteile, der Mitgliederorientierung prinzipiell keine absolute Sättigungsgrenze. Nur der Grenznutzen der Aktivität des Verbandes nimmt ab, wie das Beispiel der Mitgliederberatung veranschaulicht (Prinzip-Darstellung; Abb. 4).

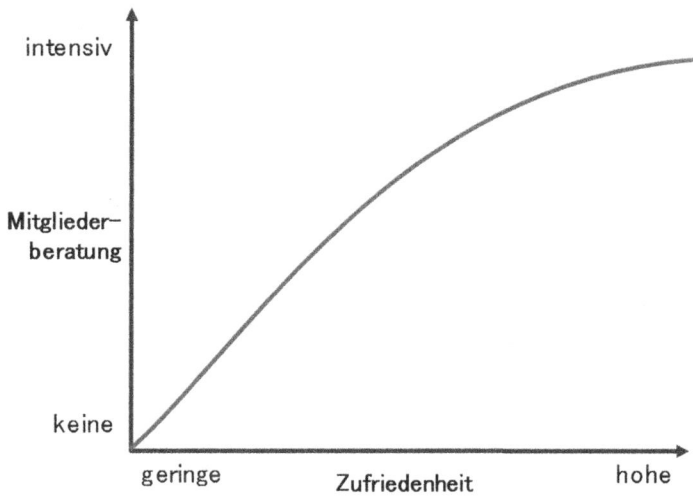

Abb. 4 „Emotionaler" Nutzen und Mitgliederzufriedenheit (Prinzipdarstellung). (Quelle: Institut für Verbandsmanagement aus Beratungsprojekten)

Ein Zwischenfazit zur Wirkung der Motiv-/Faktorgruppen auf die Mitgliederzufriedenheit und Mitgliederbindung lautet: Für Faktoren der „berechenbaren" Vorteile ist ein Optimum anzustreben, weil eine Tendenz zur minimalen Ausprägung Unzufriedenheit fördert und damit die Mitgliederbindung gefährdet, ein Wachstum aber keine Zufriedenheit garantiert. Beispiele hierfür sind:

• Rahmenverträge zu Mitgliedervorteilen (Sonderkonditionen)
• Mitgliederbeitrag
• Netzwerk
• Handlungsstärke
• Glaubwürdigkeit

Für Faktoren der „emotionalen" Vorteile gibt es ein permanentes Steigerungspotenzial, weil sie handlungsfördernde Zufriedenheit prägen. Beispiele hierfür sind:

• Mitgliederorientierung
• Interessenvertretung
• Beratung
• Individuelle Mitgliederbetreuung

Im Übrigen hat das hier von uns vorgestellte praxisorientierte Modell strukturelle Ähnlichkeiten mit dem Zweifaktorenmodell der Arbeitszufriedenheit von Frederick Herzberg (Herzberg et al. 1959). Was bedeuten diese analytischen Übungen für die Praxis der Mitgliederbindung und Mitgliederrekrutierung? Eine wesentliche praktische Handlungsorientierung bietet bereits die Differenzierung der beiden Motivgruppen. Sie geben deutliche Hinweise, für welches Verbandshandeln Anstrengung lohnt und welche Erwartungen an die einzelnen Maßnahmenbündel sinnvollerweise geknüpft werden können. Hieraus folgt die nächste These.

▶   **These 7** Erfolgreiche Maßnahmenkonzepte zu Mitgliederbindung und
    Mitgliederrekrutierung greifen die Differenzierung der Motivgruppen
    und hieran gebundene Mitgliederkategorien (Zielgruppen) auf.

Die Einteilung in Motiv- und Zielgruppen ist ein in der Praxis sehr wirksames Konzept. Ein Anwendungsbeispiel, das die Differenzierung der Motivgruppen widerspiegelt, bietet das Metallhandwerk. Unter der „Headline": „8 gute Argumente für die Mitgliedschaft in der Metallinnung" (http://www.metall-innung. org/alle_argumente.pdf) lassen sich die beiden Motivgruppen gut zuordnen, wenn auch nicht in allen Fällen trennscharf.

Die „berechenbaren" Vorteile:

- Mitgliedschaft lohnt sich: Die Vorteile auf einen Blick.
- Öffentlichkeitsarbeit: Sie tun gutes, wir reden darüber.
- Fachkräftemangel: Wir helfen ihnen den Nachwuchs zu finden.
- (Weiterbildung: Wir halten Sie fit.)

Die „emotionalen" Vorteile:

- Gemeinsam weiterkommen: Wir organisieren den Erfahrungsaustausch.
- Weiterbildung: Wir halten Sie fit.
- Technisch gut beraten: Wir sind für Sie da.
- Betriebsberatung: Unser Auftrag zu Ihrem Erfolg.
- Rechtsberatung: Wir wollen, dass Sie Recht bekommen.

Dieses Konzept ist zwar als Modell zur Ansprache von potenziellen Mitgliedern konstruiert, es spiegelt aber ebenso den Motivmix der Mitglieder selbst wider. Je nach Motivdominanz bei den einzelnen Mitgliedern lassen sich prinzipiell fünf Kategorien identifizieren (Abb. 5).

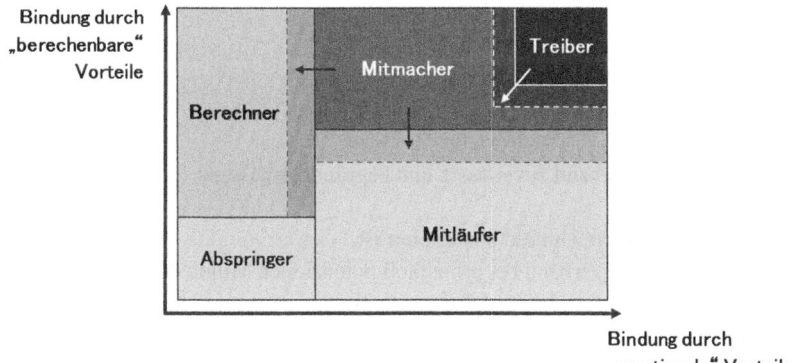

Abb. 5 Die fünf Mitgliederkategorien bzw. Zielgruppen. (Quelle: Institut für Verbandsmanagement; Konzeptionelle Entwicklung für Beratungsprojekte zur Mitgliederbindung und Mitgliedergewinnung)

Zur Erläuterung: Auch „Berechner" sind neben „Abspringern" wenig gebundene Mitglieder. Deshalb ist jedes Konzept der Mitgliederbindung darauf auszulegen, aus „Mitmachern" mehr „Treiber", aus „Mitläufern" und „Berechnern" mehr „Mitmacher" zu kreieren.

Dies ist leichter gesagt als getan. Deshalb müssen wir die Frage beantworten, welche Voraussetzungen zusätzlich erfüllt sein müssen, damit Mitgliederbindung und Mitgliederrekrutierung erfolgreich sind. Erste Hinweise dazu finden sich in der nächsten These.

▶ **These 8** Maßnahmen bedürfen der empirischen Fundierung.

Benötigt wird in allen Fällen die Empirie des eigenen Verbandes. Das bedeutet: In die Mitglieder hineinhorchen, in das Umfeld hineinschauen (Busch 2008). Danach sollte der Verband zuverlässig und begründbar wissen,

- welche Motive für die Mitglieder Bindungswirkung entfalten: „Warum bin im Verband?"
- welche Beweggründe Mitglieder veranlassen, dem Verband den Rücken zu kehren: „Was hat mich veranlasst, den Verband zu verlassen?"

Instrumente, das zu ergründen, sind u. a.:

- Mitgliederbefragungen
- Beschwerdemanagement

Zudem sollte der Verband zuverlässig und begründbar wissen,

- wie der Verband im Umfeld positioniert ist.
- welches Bild der Verband bei prinzipiell potenziellen Mitgliedern erzeugt:
- „Ist der Verband generell in der Branche, in der Profession als Akteur respektiert?"

Bewährte Instrumente hierzu sind u. a.

- Qualitative Interviews
- Wettbewerbsanalyse

Angesichts der zu Beginn unserer Abhandlung entfalteten Gesamtlage der Verbandslandschaft erweist sich die Wettbewerbsanalyse –, man könnte sie auch ein Instrument des Benchmarks nennen – als eine informationsreiche Basis für Maßnahmen der Mitgliederstabilisierung und des Mitgliederwachstums. Ein Beispiel aus unserer Praxis mag dies illustrieren (vereinfacht und zusammengefasst) (Abb. 6):

Zur Kommentierung: Für den Ankerverband (AV) bedeutet die Analyse, dass er erheblich bei Innovationsstärke und Ressourcenstärke nachlegen muss, um Lobby- und Servicestärke nachhaltig zu sichern. Die Profilschärfe ist nach aller Erfahrung zwar ein nützliches Merkmal aber keineswegs Garant für die Stabilität.

Die relativen Schwächen könnten bei Nutzung der Netzwerkstärke auch durch Kooperationen zumindest in Teilbereichen ausgeglichen werden. Die Stärkung des Ankerverbandes ist allerdings ohne ein Wachstumskonzept, also ohne Mitgliederrekrutierung nicht gewährleistet. Denn jeder Verband benötigt (relatives) Wachstum. Wachstum ist eine Grundvoraussetzung für die fortdauernde Attraktivität des Verbandes. Nur ein attraktiver Verband ist nachhaltig erfolgreich.

▶ **These 9** Im Zentrum der operativen Umsetzung findet sich ein systematisches Mitglieder-Beziehungs-Management (MBM).

Mitglieder-Beziehungs-Management ist keine bloße Methode oder gar nur ein Werkzeug. MBM bezeichnet das Grundverständnis dessen, wie der Verband seine

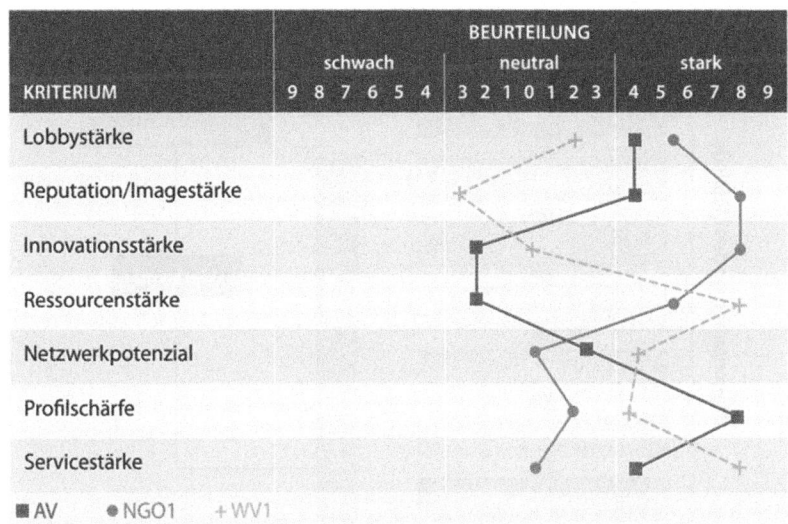

Abb. 6 Wettbewerbsanalyse/Benchmark. (Quelle: Institut für Verbandsmanagement nach einem Projekt für den Verband Die Familienunternehmer. Berlin 2012)

Mitglieder in Prozesse und Strukturen einbindet, wie er nicht-organisierte Zielgruppen erreichen will und wie er diese integriert (Busch et al. 2015). Mitglieder-Beziehungs-Management führt prozessartig von der Identifikation potenzieller Mitglieder bis hin zur Integration als aktives Mitglied. Das folgende Bild benennt die einzelnen Prozessschritte (Abb. 7):

Zusammenfassend und zusätzlich halten wir fest:

- Das professionelle MBM ist der Wegweiser für erfolgreiche Bindung und Akquisition.
- Mitglieder-Akquisition benötigt das aktive Mitglied mit aussagekräftigen und modernen Informationen im Gepäck.
- Die persönliche Ansprache ist der Türöffner und gibt Orientierung.
- Das Angebot und die Potenziale von Teilnahme an den Verbandsaktivitäten sind die ersten Schritte zur Integration.
- Gefragt sind die individuellen Erfahrungen des (neuen) Mitglieds. Sie müssen sich artikulieren können. Das kann auch in Ausschüssen erfolgen, besser aber noch in flexiblen, auf sich verändernde Anforderungen und Bedürfnisse zugeschnittene ad-hoc-Arbeitsgruppen!

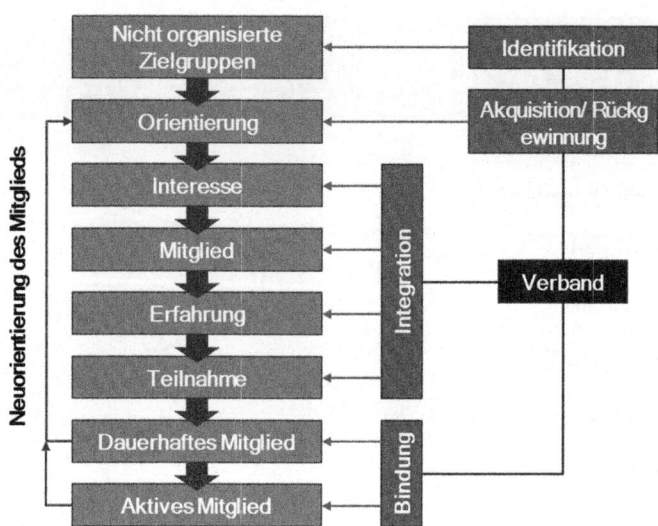

Abb. 7 Prozess des Mitglieder-Beziehungs-Managements (MBM) exemplarisch. (Quelle: Institut für Verbandsmanagement; aus Gutachten für Bundesverband Güterkraftverkehr, Logistik und Entsorgung. Frankfurt am Main 2015)

- Personifizierte, direkte Kommunikation, ob physisch oder online, sind unerlässlich.

Das Mitgliedermanagement ist vor allem auch eine Kommunikationsaufgabe. Sie systematisch zu betreiben, ist eine wesentliche Herausforderung für die Verbände.

▶ **These 10** Alle Konzepte und Maßnahmen der Mitgliederbindung und Mitgliederrekrutierung sind durch ein stringentes Kommunikationskonzept zu untermauern.

Kommunikation ist der Engpassfaktor bzw. strategische Hebel: Kommunikation ist (fast) alles! Doch in vielen Verbänden fehlen moderne interne Kommunikationskonzepte (Busch und Klauß 2011; Klauß 2011). Hierzu einige Merksätze:

- Weg von der Einbahnstraße hin zum Gegenverkehr:
  – Einweg ist (fast) von gestern. Kollaboration ist das Ziel.

- Der Schritt von der Einweg- zur Mehrwegkommunikation geht nicht auf dem Postweg:
  - Die digitalen Medien bieten viele neue Chancen. Sie benötigen aber die Basis eines sorgfältigen Konzepts.
- Öffentlichkeitsarbeit ist mehr als Information. Sie ist Reputations-Management.

2 Schlussbemerkung

Unsere Erfahrungen mit zahlreichen Projekten, in denen wir Verbände begleitet haben, führen immer wieder zu den hier entfalteten 10 Kernelementen, wenn es darum geht, Mitglieder wirksam zu binden und bisher Außenstehende von den Vorteilen und der Sinnhaftigkeit einer Mitgliedschaft im Verband zu überzeugen. Die praktisch orientierte Verbändeforschung kann daraus Rückschlüsse ziehen, wie Mitgliederorganisationen auch unter den Bedingungen der Individualisierung und Pluralisierung überleben können. Und sie kann näher ergründen, wie gut Verbände ihre Mitglieder zufriedenstellen können, ohne die strategischen Bewegungsspielräume der Verbandsführungen zu sehr einzuengen (Streeck et al. 2006).

Literatur

Busch, Hans Werner. 2008. *Das Ohr dicht am Puls der Mitglieder.* Vortrag beim RAL Forum 2008. St. Augustin: RAL-Institut.
Busch, Hans Werner. 2013. Verbände im Wettbewerb, Verbände unter Druck? *Verbändereport* 17 (1): 26–31.
Busch, Hans Werner, und Thomas Klauß. 2011. Verbandsarbeit heute und morgen unter dem Einsatz moderner Informations- und Kommunikationstechnologie. *Verbändereport* 15 (3): 10–15.
Busch, Hans Werner, Marc Eke, und John Albert Eke. 2015. Aufgaben- und Prozessmanagement in komplexen Verbandsorganisationen. *Verbändereport* 19 (8): 24–28.
Harrison, Michael I., und Arie Shirom. 1999. *Organizational diagnosis and assessment. Bridging theory and practice.* London: Sage.
Herzberg, Frederick, Bernard Mausner, und Barbara Bloch Snyderman. 1959. *The motivation to work.* New York: Wiley.
Klauß, Thomas. 2011. Der Einfluss von Social media auf die Verbandsorganisation und vice versa. In *Praxishandbuch Social Media in Verbänden,* Hrsg. Wolfgang Lietzau, Jens Bender, and Tim Richter, 106–127. Bonn: businessFORUM.

Sebaldt, Martin, und Alexander Straßner. 2004. *Verbände in der Bundesrepublik Deutschland. Eine Einführung*. Wiesbaden: VS Verlag.

Streeck, Wolfgang, Jürgen R. Grote, Volker Schneider, und Visser Jelle. 2006. *Governing Interests. Business associations facing internationalization*. London: Routledge.

Über den Autor

Dr. Hans Werner Busch Geschäftsführer des Instituts für Verbandsmanagement, Potsdam.

Zugang zur Politik und (un)zufriedene Mitglieder

Empirische Ergebnisse über die Mitglieder von ärztlichen Interessenverbänden

Thomas Brechtel

1 Der Einfluss und die Mitglieder von Interessengruppen und Verbänden

Staatstätigkeit und Regieren ist in pluralistischen Konsensus-Demokratien eng mit der Aktivität von Interessengruppen und Verbänden verbunden (Streeck und Schmitter 1985). Neben den politischen Parteien sind Interessengruppen auf vielen Ebenen (mit mehr oder weniger großem Einfluss auf Arbeitsgruppen, Fraktionen, Parteien, Ministerien, Gremien der Selbstverwaltung, Initiativen u. a.) des politischen Systems am politischen Prozess beteiligt. Dies trifft vor allem auf die Phasen des Agenda-Setting, der Implementierung oder der Evaluation und Re-Definition bestimmter Policies zu (May und Wildavsky 1978). Starke Kritik an dieser Systemkonstruktion wird unter der Interessengruppen-Pluralismus kritischen Charakterisierung einer „Herrschaft der Verbände" formuliert. Sie lässt sich zusammenfassen unter den Hauptkritikpunkten: Verbände sind übermächtig, undemokratisch und Gemeinwohl gefährdend und sie blockieren notwendige Reformen. Unter diesem Negativbild der Verbände und Interessengruppen werden diese für die Gefährdung des politischen Gleichgewichts verantwortlich gemacht.

T. Brechtel (✉)
37 Grad Analyse und Beratung GmbH, Köln, Deutschland
E-Mail: thomas.brechtel@37-grad.org

© Springer Fachmedien Wiesbaden GmbH 2018   115
T. Spier und C. Strünck (Hrsg.), *Ärzteverbände und ihre Mitglieder,*
Studien der Bonner Akademie für Forschung und Lehre praktischer
Politik, https://doi.org/10.1007/978-3-658-19249-5_6

1.1   Interessengruppen im politischen Prozess

Interessengruppen müssen, um langfristig erfolgreich sein zu können und um zu einem verlässlichen dauerhaften Akteur zu werden, eine starke Rückkopplung an ihre Mitglieder sicherstellen. Die Folgebereitschaft der Mitglieder kann hierbei wesentlich für die Konfliktfähigkeit einer Interessengruppe sein. Auf der anderen Seite müssen diese Gruppen aber auch zu einem dauerhaften und verlässlichen Partner für politische Entscheidungsakteure werden. Der „Zugang zur Politik" (Pappi et al. 1995) sichert die Berücksichtigung ihrer Gruppeninteressen etwa in Form von Gesetzen, Richtlinien und Verordnungen. Der erstrangige Adressat der Verbände für ihre Einflussversuche sind die politischen Akteure in der Legislative und der Exekutive. Die wichtigsten Ressourcen der Interessenverbände sind (exklusive) Information, Kenntnis und Sachverstand (Reutter 2002).

1.2   Ärztliche Interessengruppen im Gesundheitswesen

Die Vertretungen der ärztlichen Interessen, die unterschiedlichen Verbände der Ärzteschaft auf Bundes- und Landesebene, galten in der politikwissenschaftlichen Literatur lange Zeit als Musterbeispiel für einflussreichen Interessengruppeneinfluss in der Bundesrepublik (Bandelow 1998). Ähnliche Einschätzungen gib es zu den Lobbygruppen der Pharmahersteller (etwa zum Verband Forschender Arzneimittelhersteller e. V. – VFA) oder dem Bundesverband Medizintechnologie e. V. (BVMed).

„Zugang zur Politik" bedeutet Einfluss und hilft dabei, Verbandsinteressen zu verwirklichen (Pappi et al. 1995). Der direkte Weg und der „kurze Draht" sind wichtig. „Der Zugang zur Politik ist entscheidend und er kostet auch etwas" (Goffart und Siegm 2010). Der wohl wichtigste Moment des Zugangs der Interessenverbände zur Ausübung von Einfluss ist die Phase des Referentenentwurfs eines Gesetzes. In dieser wichtigen Frühphase lässt sich der allgemein umfangreichste Einfluss auf die Gestaltung politischer Maßnahmen ausüben. Hat ein Gesetz dieses maßgebliche Stadium verlassen, so wird die Stärke des Einflusses in aller Regel deutlich geringer (Reutter 2002; May und Wildavsky 1978).

1.3 Mitgliederidentifikation und Einflussressourcen

Für die Unterscheidung der Interessengruppen und Verbände im Gesundheitswesen gilt es zu berücksichtigen, dass diese Akteure grundsätzlich in zwei Bereiche aufgeteilt werden können: in Zwangsverbände und Kammern wie etwa die „Bundesärztekammer" oder die „Kassenärztlichen Vereinigungen" sowie in Freiwilligenverbände und Interessengruppen wie etwa „Ärzte ohne Grenzen" oder „Virchowbund" und „Hartmannbund", um nur einige Beispiele zu nennen. Kleinere Interessengruppen wie beispielsweise einzelne wissenschaftliche Fachgesellschaften, die über nur wenige Mitglieder verfügen, zeichnen sich oftmals durch nur geringen (politischen) Einfluss aus. Bei den Mitgliedern zahlenmäßig starker Zwangsverbände entsteht dagegen oft der Eindruck, von den Verbands- oder Interessengruppenaktivitäten, insbesondere denen der Führung, abgekoppelt zu sein. Während Zwangsverbände sich scheinbar wenig Gedanken über Mitgliederverluste machen müssen, kann es bei den Freiwilligengruppen dazu kommen, dass langfristig unzufriedene Mitglieder früher oder später aus der Gruppe austreten. Für viele große Interessengruppen und Institutionen ist seit langer Zeit ein erheblicher Mitgliederschwund festgestellt worden. Die frühere Bezeichnung „Mitgliederverlust" beschreibt diese Entwicklung, könnte jedoch bei genauerem Hinsehen auch durchaus mit dem Begriff einer „Mitgliederpreisgabe" (und einer damit einhergehenden Einflusspreisgabe) bezeichnet werden. Interessengruppen verlieren Mitglieder oder geben sie durch nicht konsequentes Handeln und durch Einflussverlust schlichtweg preis. Trifft dies zusammen mit einer ausbleibenden Neugewinnung von Mitgliedern, führt das mit hoher Wahrscheinlichkeit zu einem doppelten „Untergang" einer Interessengruppe oder sogar einer ganzen Institution.

1.3.1 Typologie: Einflussressourcen und Mitgliederressourcen

Allgemein können Interessengruppen oder politische Einflussgruppen also anhand von zwei grundlegenden Kriterien voneinander unterschieden beziehungsweise typologisiert werden: Die unterschiedlichen Dimensionen spannen eine Vier-Felder-Tafel auf, wie sie in der Tab. 1 abgebildet ist. Einflussressourcen stehen Mitgliederressourcen gegenüber (im Sinne von *constraints* und *opportunities* nach Streeck und Schmitter 1985), die jeweils stark oder schwach ausgeprägt sein können (Tab. 1). Sind beide Ressourcen in einem Verband oder in einer

Tab. 1 „Logiken" des Handelns von Interessensgruppen und Verbänden. (Quelle: nach Streeck und Schmitter 1985; Offe und Wiesenthal 1980)

		Einflussressourcen	
		Stark	Schwach
Mitgliederressourcen	*Stark*	Machtnetzwerk, „Todesstern"	Interessengemeinschaft, „Einflusslose"
	Schwach	Machtelite, „Kommandozentrale"	Freizeitklub, „Idealistengruppe"

Interessengruppe stark ausgebildet, so kann diese Struktur als Machtnetzwerk charakterisiert werden. Demgegenüber steht in der Hauptdiagonale eine auf beiden Dimensionen schwach ausgeprägte soziale Struktur, die sich ohne Einfluss und ohne Mitgliederbasis als eine Art Freizeitklub oder Idealistengruppe bezeichnen ließe. Die (noch einflusslose) Interessengemeinschaft und eine kleine einflussstarke Machtelite auf der anderen Seite finden sich in den Feldern der Nebendiagonale.

1.3.2 Typologie: Mitgliedermotivation und Mitgliederzufriedenheit

Alternativ dazu ließe sich eine Typologie aufbauen, die sich aus den Dimensionen Mitgliedermotivation und Mitgliederzufriedenheit heraus aufspannt und ebenfalls eine Gruppenbildung in vier Typen zulässt (Tab. 2). Ziel jedes politisch nach Einfluss suchenden Verbandes sollte eine Struktur sein, in der hohe Mitglieder-Motivation auf gleichsam hohe Mitglieder-Zufriedenheit triff („Aktivistenparadies"). Hohe Mitgliedermotivation bei gleichzeitig niedriger Mitgliederzufriedenheit führt dagegen zu einer Struktur mit hoher Frustration (Tab. 2). Für die Operationalisierung von Einfluss als Macht lassen sich bekannte Konzepte der mathematischen Spieltheorie anwenden (Brechtel 2015).

Tab. 2 Typologie zur Mitgliedermotivation und Mitgliederzufriedenheit. (Quelle: eigene Darstellung)

		Mitglieder-Motivation	
		Hoch	Niedrig
Mitglieder-Zufriedenheit	*Hoch*	„Aktivistenparadies"	„träge Masse"
	Niedrig	„Frustriertengruppe"	„lahmer Haufen"

2 Exkurs: Operationalisierung und Messung von Zufriedenheit bei Ärzten oder im Feld der Gesundheitspolitik

Folgt man empirischer, datensatzbezogener Forschung im Gesundheitswesen, gelingt die valide Abbildung einer wie auch immer definierten „allgemeinen Zufriedenheit der Mitglieder" oder eines „Vertrauens" in die Arbeit einer Interessengruppe" nicht (dazu stellvertretend für viele Messungen und Abbildungen von allgemeiner Zufriedenheit oder Systemvertrauen über einen Zeitraum von mehr als zehn Jahre im empirischen Instrument des Gesundheitsmonitors: Scherenberg 2014; Braun 2008; Braun 2010). Es ist daher davon auszugehen, dass das Konstrukt „allgemeine Zufriedenheit mit etwas" sich nicht valide abbilden lässt. Häufig treten sehr hohe Standardabweichungen bei der Messung, geringe Korrelationen mit themenspezifischer erhobenen Zufriedenheiten zu eindeutiger gefassten Konstrukten sowie schwer erklärbare Zufriedenheitsdilemmata und Unzufriedenheitsparadoxien auf.

Vor dem Hintergrund dieser Erkenntnis einer kaum fassbaren Dimension „allgemeiner Zufriedenheit" empfiehlt sich die Abfrage konkreter Zielgrößen wie etwa die Abfrage der Zufriedenheit in fachlicher und berufspolitischer Hinsicht, die Abfrage der Zufriedenheit in wirtschaftlicher Hinsicht, die Abfrage der Zufriedenheit bezüglich politischer Einflussnahme oder die Abfrage der Zufriedenheit mit der Arbeit der Verbände auf ein genau bestimmtes Ereignis (policyspezifisch) bezogen (beispielsweise: *„wie zufrieden sind Sie mit der Sicherung berufspolitischer Interessen beim Zustandekommen des Gesetzes zur Bekämpfung der Korruption im Gesundheitswesen aus dem Jahr 2015?"*).

2.1 Befragung von Verbands- oder Gruppenmitgliedern

Die Befragung besonderer Berufsgruppen oder Bevölkerungspopulationen erfordert eine sorgfältige Planung und Auswahl des geeigneten Instrumentes. Vor allem Kinder und Jugendliche sowie Hochaltrige gelten als eher sehr schwer zu befragende Gruppen (wenn ein standardisiertes Instrument mit geschlossenen Fragen und Filtern bei den Antwortoptionen zum Einsatz kommen soll). Für die Befragung von Ärzten haben sich in den letzten Jahren bestimmte Spezialinstitute entwickelt, die über einen ausreichend großen Datenpool von befragbaren Medizinern verfügen, die sich in nahezu jeder denkbaren und vorgegebenen Schichtung und Quotierung mit einem geeigneten Online-Tool befragen lassen (Hart et al. 2015). Filterführung, Plausibilisierung und eine zeitlich eng begrenzte Feldzeit der Umfrage werden somit möglich. Von einer postalischen, schriftlichen, standardisierten Befragung wird vor diesem Hintergrund eher abzuraten sein. Sowohl die Auswahlgesamtheit als auch der Rücklauf sollte systematisch beschreibbar sein. Vor allem mit Blick auf die Gültigkeit und Zuverlässigkeit der gewonnenen Analyse-Ergebnisse empfiehlt sich eine detaillierte Ausfalluntersuchung in Situationen, in denen der Rücklauf und unvollständige Datensätze zu bestimmten Items das Antwortverhalten nicht-zufällig (also systematisch) verzerren.

3   Empirische Ergebnisse aus vergangenen Ärztebefragungen (1992, 1998 und 1999)

Die hier noch einmal vorgestellten Daten stammen aus der Studie „Arztberuf und ärztliche Praxis im sozialen Wandel" – Institut für Angewandte Sozialforschung (Prof. em. H. Meulemann) und Seminar für Sozialwissenschaften (Prof. em. G. Kunz), beide Universität zu Köln. Das Forschungsprojekt wurde von der DFG gefördert. Untersucht wurde im Rahmen mehrerer Ärztebefragungen (Panelstudie im zeitlichen Längsschnitt und Replikation als Querschnittsdesign) die Zufriedenheit der Mitglieder von ärztlichen Interessengruppen und Zwangsverbänden. Dabei wurden die Verbände und Interessengruppen Ärztekammer, Kassenärztliche Vereinigung, Marburger Bund, Hartmannbund, Hausärzteverband und Virchowbund betrachtet. Die Urteile zur Mitgliederzufriedenheit wurden erfasst auf den Dimensionen: Berufspolitik, wirtschaftlich-ökonomische Aspekte und Gesamtzufriedenheit mit der Arbeit der Verbände und Interessengruppen. Im Rahmen einer standardisierten, schriftlichen und repräsentativen (Panel-)Befragung niedergelassener Haus- und Fachärzte in Deutschland (1992, 1998 und 1999) konnten mit Blick auf die Zufriedenheit der Teilnehmer die folgenden deskriptiven, bivariaten Hauptergebnisse gewonnen werden (Brechtel und Schnee 2000):

• Es besteht ein deutlicher Unterschied zwischen Zwangsverbänden und Freiwilligenverbänden, was die Zufriedenheit der Mitglieder angeht.
• Die Unzufriedenheit der Mitglieder hat im Zeitverlauf 1992 bis 1998 stark zugenommen (im Osten stärker als im Westen).
• Die Unzufriedenheit ist größer bei Mitgliedern von Zwangsverbänden als bei Freiwilligenverbänden.
• Die Unzufriedenheit bei wirtschaftlichen Aspekten ist größer als bei berufspolitischen Belangen.

- (Junge) Ärzte mit weniger Jahren der Niederlassung sind unzufriedener als Ältere.
- Wirtschaftlich erfolgreiche Ärzte (Umsatzgewinn) sind zufriedener.
- Die Unzufriedenheit über das Zustandekommen des Gesundheitsstrukturgesetzes 1993 ist hoch, Zwangsverbände werden hier schlechter beurteilt als Freiwilligenverbände.

Im Rahmen sowohl der Panelstudie als auch der Replikationsstudie zur Original-Befragung 1992 als Querschnitt sieben Jahre nach der ersten Messung konnten im Vergleich und mit Blick auf die Zufriedenheit der Teilnehmer im Rahmen multivariater Analysen die wesentlichen Ergebnisse in der Zusammenfassung herausgestellt werden (Tab. 3):

- Relativ deutliche Ergebnisse zur Erklärung der Unzufriedenheit resultieren aus der Betrachtung der früheren Unzufriedenheit. Je stärker die Unzufriedenheit der Panelteilnehmer schon 1992 war, desto signifikant unzufriedener sind die Befragten zur späterem Befragungszeitpunkt. Diese Effekte konnten nur im Panel-Design modelliert werden.
- Als nicht signifikant und damit als wenig aufschlussreich für die Erklärung hat sich in allen Fällen die Variable „Zufriedenheit mit dem Gesundheitsstrukturgesetz 1993" herausgestellt.
- Für das ärztliche Fachgebiet ist festzuhalten, dass die internistisch tätigen Ärzte (Internisten der hausärztlichen Versorgung) zufriedener mit den Berufsverbänden waren.
- Je näher das Datum der Niederlassung der Mediziner im Westen an das aktuelle Datum heranreicht, desto unzufriedener sind die Ärzte mit den Verbänden.
- Ärzte mit eher hohem Praxisumsatz (Einnahmen und Kosten) äußerten größere Unzufriedenheit, für Mediziner mit höherem Praxisgewinn (Überschuss) gilt das Umgekehrte: Je höher der Gewinn, desto stärker steigt die Zufriedenheit (Tab. 3).

Die empirischen Zufriedenheitsanalysen konnten auch deutlich zeigen, dass sich mit Blick auf die Bewertung der Verbandsarbeit ein Differenzierungsprozess im Verbändespektrum entwickelt hat. Ärztliche Spezialverbände, wie etwa der Hausärzteverband, wurden von den Hausärzten eher positiv bewertet. Wahrscheinlich fällt der beginnende Bedeutungs- und Einflussverlust der übergreifenden Großverbände genau in diese Zeit, in der deutlich wurde, dass die Vertretung von Spezialinteressen einzelner Fachgebiete oder Disziplinen an Bedeutung gewinnen würde.

Tab. 3 Gesamtzufriedenheit mit der Arbeit der Berufsverbände aus Sicht der Mitglieder 1992 und 1999 (Brechtel 2001, S. 284), Ergebnisse verschiedener Regressionsanalysen (beta-Koeffizienten)

	(je … desto unzufriedener) Prognose (±)	Ergebnisse der Panelbefragung 1992 bis 1998		Ergebnisse der Querschnittsbefragung 1992 und 1999	
		West	Ost	West	Ost
Kohorte	Späte Niederlassung (+)	n. s.	tnz^a	$0,232*$	tnz^a
Zufriedenheit mit dem GSG 1993	Unzufrieden (-)	n. s.	n. s.	n. s.	n. s.
Gesamtzufriedenheit 1992	Unzufrieden (+)	0,580***	0,630***	tnz	tnz
ärztliches Fachgebiet	Internist (-)	−0,183*	n. s.	n. s.	n. s.
Umsatz	Hoch (-)	0,249*	n. s.	n. s.	n. s.
Gewinn	Hoch (-)	−0,370**	n. s.	n. s.	−0,199*

Anmerkungen: Signifikanzniveau: * $p \leq 0,1$, ** $p \leq 0,01$, *** $p \leq 0,001$, n. s. nicht signifikant

Abhängige Variable: Gesamtzufriedenheit mit der Arbeit der Berufsverbände (Panelbefragung und Querschnittsbefragung), 1 = „sehr gut", 5 = „sehr schlecht"

Kohorte: Kohortenbezeichnung gemäß Jahr der Niederlassung: 1 = bis 1976, 2 = bis 1987, 3 = bis 1992, 4 = ab 1993 (nur für die Querschnittsbefragung)

Zufriedenheit mit dem GSG 1993: 1 = sehr einverstanden mit dem GSG, 5 = garnicht einverstanden mit dem GSG

Gesamtzufriedenheit 1992: Gesamtzufriedenheit mit der Arbeit der Berufsverbände zum Zeitpunkt des Jahres 1992, 1 = sehr gut, 5 = sehr schlecht

ärztliches Fachgebiet: 0 = Allgemeinarzt, 1 = Internist

Umsatz: letzter Umsatz 1997, min. = 47.000, max. = 1,2 Mio DM/Jahr

Gewinn: Gewinnentwicklung 1992 bis 1997, min. = -235.000, max. = 330.000 DM/Jahr

[a]Das Kohortenkonzept kann inhaltlich sinnvoll nur in den westlichen Bundesländern angewendet werden, da hierbei aus der gesundheitspolitischen Entwicklung der alten Bundesrepublik heraus Arztgruppen als Kohorten mit ähnlichem Erfahrungshintergrund für die Berufsausübung zusammengefasst worden sind

Die hier vorgestellten Daten stammen aus der Studie „Arztberuf und ärztliche Praxis im sozialen Wandel" – Institut für Angewandte Sozialforschung (Prof. em. H. Meulemann) und Seminar für Sozialwissenschaften (Prof. em. G. Kunz), beide Universität zu Köln. Das Forschungsprojekt wurde von der DFG gefördert

4   Zusammenfassung der Ergebnisse, Fazit und Ausblick

Empirische, datenbasierte Untersuchungen und Analysen über die Motivation und Zufriedenheit von Ärzten mit ihren Interessengruppen und Verbänden sind selten. Die hier gezeigten Ergebnisse der Befragung von Mitgliedern bei ärztlichen Zwangsverbänden und Interessengruppen haben ein gewisses Maß an Unzufriedenheit aufseiten der Mitglieder deutlich gemacht, das so nicht erwartet wurde (dazu die Ergebnisse in der Tab. 3).

Dies erstaunt umso mehr, wenn man bedenkt, dass sowohl die allgemeinen Bedingungen für die Berufsausübung als auch die Einkommen dieser Profession eher gut beziehungsweise überdurchschnittlich hoch sind. Hier zeigt offenbar eine Profession vor dem Hintergrund der Rahmenbedingungen zur Berufsausübung ein gewisses Unzufriedenheitsparadoxon.

Bei der Interpretation der empirischen Umfragedaten muss jedoch beachtet werden, dass sich die Ergebnisse auf eine Zeit beziehen, in der die ärztliche Berufsausübung deutlich freier war als aktuell (im Jahr 2016). Anforderungen der externen Qualitätssicherung, der Dokumentation sowie der Patientenpartizipation und der evidenzbasierten Medizin haben gerade in den letzten Jahren beträchtlich zugenommen und verändern den Arztberuf deutlich. Auch hat sich der Gestaltungseinfluss darauf stärker von den Akteuren der Selbstverwaltung hin zum untergesetzlichen Normengeber Gemeinsamer Bundesausschuss (G-BA) verlagert. Es ist daher davon auszugehen, dass die Unzufriedenheit in berufspolitischen Belangen aufseiten der Mitglieder der Zwangsverbände und Kammern noch einmal stark ansteigen wird (vgl. die Beiträge von Gerlinger, Klenk und van Elten in diesem Band).

In methodischer Hinsicht lässt sich festhalten, dass Ärzte im Rahmen einer schriftlichen und standardisierten Befragung (seinerzeit postalisch, heutzutage in jedem Fall im Wege einer Online-Befragung) eine vergleichsweise gut zu befragende Berufsgruppe sind. Bei der Auswahl der Befragungsstichprobe sollte etwaigen Verzerrungen im Rücklauf im Wege einer Schichtung und Quotierung vorgegriffen werden. In jedem Fall empfiehlt sich bereits in der Planungsphase ein Pretest sowie die Durchführung einer späteren Non-Responder-Analyse, um auch hier möglichen Verzerrungen und Ausfällen methodisch angemessen begegnen zu können.

Literatur

Bandelow, Nils C. 1998. *Gesundheitspolitik: Der Staat in der Hand einzelner Interessengruppen?* Opladen: Westdeutscher Verlag.
Braun, Bernard, und Gerd Marstedt. 2010. „Gesundheitspolitik auf dem Prüfstand." In *Gesundheitsmonitor 2010. Bürgerorientierung im Gesundheitswesen*, Hrsg. Jan Böcken, Bernard Braun, und Juliane Landmann, 251–288. Gütersloh: Verlag Bertelsmann Stiftung.

Braun, Bernard J. M., und Thomas Gerliner. 2008. „Erwartungen der GKV-Versicherten an die Zukunft des Gesundheitswesens 2001 bis 2008: Trends, soziale und politische Einflussfaktoren." In *Gesundheitsmonitor 2008. Gesundheitsversorgung und Gestaltungsoptionen aus der Perspektive der Bevölkerung*, Hrsg. Jan Böcken, Bernard Braun, und Robert Amhof, 270–293. Gütersloh: Verlag Bertelsmann Stiftung.

Brechtel, Thomas. 2001. Ärztliche Interessenpolitik und Gesundheitsreform: Die Zufriedenheit niedergelassener Ärzte mit den Berufsverbänden vor und nach dem Gesundheitsstrukturgesetz (GSG). *Zeitschrift für Gesundheitswissenschaften – Journal of Public Health* 9 (3): 273–288.

Brechtel, Thomas. 2015. Macht-Gremien und Gremien-Macht: Wie gerecht kann die Stimmenverteilung in den Gremien und Ausschüssen der Selbstverwaltung im Gesundheitswesen sein? In *Gesundheitswesen Aktuell 2015*, Hrsg. Uwe Repschläger, Claudia Schulte, und Nicole Osterkamp, 104–125. Wuppertal: Barmer GEK.

Brechtel, Thomas, und Melanie Schnee. 2000. Ärztliche Interessenpolitik: Ergebnisse einer schriftlichen Panel-Befragung. *Forschung in Köln* 2000:2–5.

Goffart, Daniel, und Thomas Siegm. 2010. Klamme Parteien nerven die Wirtschaft. Handelsblatt 23. Februar 2010. http://app.handelsblatt.com/politik/deutschland/parteienfinanzierung-klamme-parteien-nerven-die-wirtschaft/3375806.html. Zugegriffen: 21. Jan. 2016.

Hart, Dieter, Thomas Brechtel, und Martin Buitkamp. 2015. Wie nimmt die Ärzteschaft Patientenrechte und das Patientenrechtegesetz wahr? Ergebnisse einer Ärztebefragung des Gesundheitsmonitors. In *Gesundheitsmonitor 2015. Bürgerorientierung im Gesundheitswesen*, Hrsg. Jan Böcken, Bernard Braun, und Rüdiger Meierjürgen, 12–36. Gütersloh: Verlag Bertelsmann Stiftung.

May, Judith V., und Aaron B. Wildavsky. 1978. *The policy cycle*. Beverly Hills: Sage.

Offe, Claus, und Wiesenthal. 1980. The logics of collective action. Theoretical notes on social class and organizational form. *Political Power and Social Theory* 1:67–115.

Pappi, Franz Urban, Thomas König, und David Knoke. 1995. *Entscheidungsprozesse in der Arbeits- und Sozialpolitik. Zugang der Interessengruppen zum Regierungssystem über Politikfeldnetze. Ein deutsch-amerikanischer Vergleich*. Frankfurt a. M.: Campus Verlag.

Reutter, Werner. 2002. Organisierte Interessen in Deutschland. Entwicklungstendenzen, Strukturveränderungen und Zukunftsperspektiven. www.bpb.de/apuz/25541/organisierte-interessen-in-deutschland. Zugegriffen: 21. Juni 2016.

Scherenberg, Viviane. 2014. Unterschiedliche Bevölkerungsgruppen und das deutsche Gesundheitssystem: Erfahrungen, Zufriedenheit und Erwartungen. In *Gesundheitsmonitor 2014*, Hrsg. Jan Böcken, Bernard Braun, und Rüdiger Meierjürgen, 158–175. Gütersloh: Verlag Bertelsmann Stiftung.

Streeck, Wolfgang, und Philippe C. Schmitter. 1985. *Private interest government. Beyond market and state*. London: Sage.

Über den Autor

Dr. Thomas Brechtel Geschäftsführer 37 Grad Analyse und Beratung GmbH, Köln.

Zwischen öffentlich-rechtlicher Aufgabenerfüllung und ärztlicher Interessenvertretung

Kassenärztliche Vereinigungen und Ärztekammern

Philip Schillen und Corbin Kaiser

1   Einleitung

Die Kassenärztlichen Vereinigungen und Ärztekammern nehmen im Organisationsfeld der ärztlichen Interessenvertretung eine gesonderte Stellung ein, da sie beide Körperschaften des öffentlichen Rechts darstellen. Das ist insoweit relevant, als dass sich aufgrund ihres Status sowohl ihre Aufgaben als auch die Beziehung zu ihren Mitgliedern von klassischen Verbänden unterscheiden. Ziel des Portraits der Kassenärztlichen Vereinigungen und der Ärztekammern ist es dementsprechend, diese besondere Struktur und daraus resultierende Folgen in Bezug auf das Verhältnis der Körperschaften gegenüber den Mitgliedern und innerhalb der Mitgliedschaft sowie in Bezug auf die Beziehungen gegenüber externer Institutionen darzustellen.

Um abschließende Aussagen über die herausgehobene Rolle der beiden Körperschaften auch hinsichtlich des speziellen Verhältnisses zwischen Mitgliedschafts- und Einflusslogik treffen zu können, werden beide Selbstverwaltungseinrichtungen

P. Schillen (✉) · C. Kaiser
Lehrstuhl Politisches System Deutschlands, Ruhr-Universität Bochum, Bochum, Deutschland
E-Mail: philip.schillen@rub.de

C. Kaiser
E-Mail: corbin.kaiser@rub.de

© Springer Fachmedien Wiesbaden GmbH 2018   125
T. Spier und C. Strünck (Hrsg.), *Ärzteverbände und ihre Mitglieder,*
Studien der Bonner Akademie für Forschung und Lehre praktischer
Politik, https://doi.org/10.1007/978-3-658-19249-5_7

in Bezug auf ihre Entstehung und Entwicklung (Abschn. 2.1 und 3.1), ihren rechtlichen Status (Abschn. 2.2 und 3.2), ihre Mitgliederentwicklung und -struktur
(Abschn. 2.3 und 3.3), Leistungen gegenüber Mitgliedern (Abschn. 2.4 und 3.4),
ihre Interessen und ihre Vertretung nach außen (Abschn. 2.5 und 3.5) und innerorganisatorische Konfliktlinien und Probleme (Abschn. 2.6 und 3.6) analysiert. Als
Ergebnis dieser Analyse folgt ein Fazit (Abschn. 4), welches die Handlungslogik
beider Organisationen als Körperschaften des öffentlichen Rechts zusammenfassend einordnet.

2   Kassenärztliche Vereinigungen

2.1   Geschichte und Entwicklung

Um die Entstehung und Entwicklung der Kassenärztlichen Vereinigungen
(KVen) zu verstehen, ist ein kurzer Überblick über die ärztliche Interessenvertretung seit der Einführung der gesetzlichen Krankenversicherung im Rahmen der
Bismarck'schen Sozialgesetzgebung notwendig. Denn mit der Verabschiedung
des ‚Gesetzes betreffend die Krankenversicherung der Arbeiter' wurde im Jahre
1883 der Grundstein für die gesetzliche Krankenversicherung (GKV) nach dem
heutigen Verständnis gelegt. Dies ist aus Sicht der Ärztevertretung relevant, da
der Ärzteschaft mit der Gründung der Krankenkassen ein gesetzlich verankerter
Akteur gegenüberstand, der einen wesentlich höheren Organisationsgrad auf-
wies, als es für die Ärzteschaft der Fall war. Obwohl folglich der Bedarf nach der
Vertretung und Durchsetzung der kollektiven Interessen der Ärzteschaft gegenüber den Krankenkassen bereits seit der Gründung der GKV bestand, bedurfte es
zunächst einer Phase der „Homogenisierung und Aggregation der ärztlichen Interessen" (Behaghel 1994, S. 36), die 1891 auf dem Deutschen Ärztetag in der offiziellen Forderung nach einer gesetzlich verankerten „kollektiven Gegenmacht"
(ebd.) mündete.

Diese Art der Interessenbündelung und professionsbezogenen Koordination
beruhte auf den ersten organisierten Formen der ärztlichen Interessenvertretung
im 19. Jahrhundert. Bei jenen handelte es sich um den Ärztevereinsbund und kleinere privatrechtliche, lokale Ärzteorganisationen (Tauchnitz 2004, S. 191), die
insgesamt jedoch weder über genügend gesetzliche Kompetenzen noch über ausreichende Geschlossenheit verfügten, um auf einer Ebene mit den Krankenkassen
verhandeln zu können. Dennoch kann der Ärztevereinsbund als erste Vorgängerorganisation der heutigen KVen bzw. der Kassenärztlichen Bundesvereinigung
(KBV) – der Dachverbund der 17 KVen – gesehen werden, da es ihm gelang,

die Interessen der gesamten ärztlichen Verbandslandschaft zu konsolidieren und die heterogenen Interessen der Ärzteschaft in einer Organisation zu bündeln (ebd., S. 198 ff.). Dennoch blieben für die Ärzteschaft die erwünschten Erfolge aus, sodass die Forderung nach einer kollektiven Gegenmacht, die die Interessen der Ärzteschaft erfolgreich vertreten konnte, weiterhin fortbestand, woraufhin es im Jahr 1900 zur Gründung des Hartmannbundes kam. Der Hartmannbund stellt die zweite zentrale Vorgängerorganisation der KVen dar, da der Verbund in seinen ersten Gründungsjahren bereits einen enormen Organisationsgrad und beachtliche Erfolge in der wirtschaftlichen Interessenvertretung aufweisen konnte, sodass es 1903 zu einem Zusammenschluss mit dem Ärztevereinsbund kam und die wirtschaftlichen Belange der Ärzteschaft auf den Hartmannbund übertragen wurden (ebd.). Obwohl diese beiden Spitzenorganisationen in der Folge die Interessenvertretung der Ärzteschaft weitestgehend dominierten und erhebliche Erfolge erringen konnten, kam es nicht zu einer gesetzlichen Absicherung des Verhältnisses gegenüber den Krankenkassen (Behaghel 1994, S. 48 f.), was weiterhin das primäre Ziel der organisierten Ärzteschaft darstellte.

Erst zu Anfang der 1930er Jahre kam es aufgrund der Weltwirtschaftskrise und dem damit verbundenen finanziellen Druck auf die Krankenkassen zu einer Art „Tauschdeal" zwischen Regierung und Ärzteschaft, der letztlich in der offiziellen Gründung der KVen im Jahr 1931 resultierte (ebd.). Die beiden Spitzenverbände der Ortskrankenkassen, der Hartmannbund und der Ärztevereinsbund, einigten sich auf einen Vertragsentwurf, der letztlich vom Gesetzgeber weitestgehend übernommen wurde und durch den Reichspräsidenten in Form einer Notverordnung eingeführt wurde. Im Rahmen des Deals zwischen Ärzteverbänden und Regierung erklärten sich die Ärzteverbände dazu bereit, ihre zukünftigen Einnahmen an die Einnahmen der Krankenkassen zu koppeln, um dadurch die Beitragssatzstabilität der GKV langfristig zu sichern (Tauchnitz 2004, S. 218); als Gegenleistung für die von der Ärzteschaft akzeptierten finanziellen Einbußen erfolgte die Gründung der KVen als öffentlich-rechtliche Körperschaft mit Pflichtmitgliedschaft (Webber 1992, S. 212). Dadurch erreichten die Ärzteverbände letztlich nach etwa 40 Jahren ihr Ziel einer gesetzlich abgesicherten kollektiven Gegenmacht gegenüber den Krankenkassen.

Durch die Gründung als öffentlich-rechtliche Körperschaft mit Pflichtmitgliedschaft wurden die Aufgaben der KVen detailliert gesetzlich vorgegeben – im Fokus standen dabei „die Sicherung der ärztlichen Versorgung, die Verteilung der Vergütung und die Kontrolle der ärztlichen Tätigkeit" (Behaghel 1994, S. 47) – und bestehen seitdem in ihren Grundzügen bis heute. Da die Zulassung zur Kassenpraxis bzw. zu einem Kassenarztsitz nur in Verbindung mit einer Mitgliedschaft in der KV möglich war, vereinen die KVen seit ihrer Gründung die ambulant tätige

Ärzteschaft, was einen weiteren staatlich erzwungenen Organisierungsschub innerhalb der Interessenvertretung der Ärzteschaft darstellt (Tauchnitz 2004, S. 219). Der
Übergang von Interessenverbänden zu einer öffentlich-rechtlichen Organisation ist
insofern relevant, als dass sich daraus eine Doppelrolle für die KVen ableiten lässt,
die sowohl öffentliche-rechtliche Aufgaben wahrnehmen muss, aber weiterhin auch
ihren Mitgliedern zur Interessenvertretung verpflichtet ist – ein Konflikt, der die
Arbeit der KVen bis heute prägt.

Die weiteren Entwicklungen seit Gründung der KVen lassen sich in zwei Phasen unterteilen: Zum einen in eine Phase der Stärkung der ärztlichen Interessen,
die verbunden war mit einer Gestaltung des Kassenarztrechts entsprechend der
Vorstellungen der KVen (Behaghel 1994, S. 49). Diese Phase, die insgesamt von
einer weiteren Machtzunahme der KVen und im Zuge dieser Machtzunahme von
enormer Durchsetzungsfähigkeit im Verhältnis gegenüber den Krankenkassen
geprägt war, dauerte bis Mitte der 1970er Jahre an (Rosenbrock und Gerlinger
2014, S. 204). Die zweite, bis heute andauernde Phase wurde durch die Kostendämpfungspolitik und die entsprechende Gesetzgebung im Gesundheitssektor
maßgeblich beeinflusst; sie findet ihren Ursprung im Krankenversicherungs-Kos-
tendämpfungsgesetz im Jahr 1977 (Simon 2016, S. 52) und ging mit einer Einschränkung des Handlungsspielraums der Kassenärzte und der KVen einher.
Infolgedessen ergab sich ein stetiger Machtverlust der KVen sowie einer Macht-
verschiebung zugunsten der Krankenkassen (Behaghel 1994, S. 211; Rosenbrock
und Gerlinger 2014, S. 204).

Die Phase der Konsolidierung des Kassenarztrechts und der damit verbundenen Stärkung der KVen ist bereits unmittelbar nach der Gründung zu beobachten,
da in der Zeit der NS-Diktatur die Stellung der KVen insgesamt weiter gefestigt
wurde (Webber 1992, S. 213). Auch in der Nachkriegszeit wurden, trotz einiger
gegenläufiger Entwicklungen, die KVen letztlich in ihrer vorherigen Struktur auf
Länderebene wieder eingeführt und im Jahre 1953 zusätzlich die Kassenärztliche Bundesvereinigung (KBV) als Dachverbund der KVen gegründet. In den folgenden 20 Jahren bis zur Mitte der 1970er Jahre konnten die KVen ihre Position
gegenüber den Kassen weiter stärken, sodass sogar von einer Dominanz gegenüber den Kassen die Rede ist (Behaghel 1994, S. 20 ff.). Begründet werden kann
diese Entwicklung durch die Kombination steigender Einnahmen der Kassen und
einer steigenden Nachfrage nach Gesundheitsleistungen innerhalb der Bevölkerung (ebd.), sodass die gesamte Ärzteschaft finanziell enorm profitierte. Infolgedessen waren auch Verteilungskämpfe innerhalb der KVen kaum von Bedeutung,
sodass der Fokus der Vereinigungen auf einer erfolgreichen Interessenvertretung
liegen konnte.

In Folge der politischen Bemühungen ab Mitte der 1970er Jahre, die Ausgabensteigerung im Gesundheitswesen durch die sogenannten Kostendämpfungsgesetze einzuschränken, kam es zu erheblichen Veränderungen für die kassenärztliche Versorgung und damit auch für die KVen, da einerseits ihre Position gegenüber den Krankenkassen geschwächt wurde und sie zudem dazu veranlasst wurden, den einzelnen Kassenarzt stärker in seinem Handeln zu regulieren (ebd., S. 150). So schränkten die gesetzlichen Veränderungen ab dem Jahr 1977 insgesamt den Handlungsspielraum der KVen ein, während der wirtschaftliche Druck seitens der Politik erhöht wurde, woraufhin sowohl das Konkurrenzdenken innerhalb der Ärzteschaft als auch die Unzufriedenheit der Mitglieder mit der Interessenvertretung durch die KVen stieg (ebd., S. 219). Durch die weiteren Entwicklungen innerhalb der 1990er Jahre mit dem Ziel einer effektiveren Kostendämpfungspolitik wurde die Position der öffentlich-rechtlichen Körperschaften weiter geschwächt, sodass sich auch die Akzeptanz der Mitglieder der KVen gegenüber weiter verschlechterte und sich die Verteilungskonflikte intensivierten (Bandelow 2007, S. 272). Auch die derzeitigen Entwicklungen implizieren eine fortschreitende Unzufriedenheit der Mitglieder mit der Interessenvertretung und der Mittelzuweisung (van Elten 2016, S. 10), sodass auch die Konfliktlinien innerhalb der zu vertretenden Ärzteschaft (vgl. Abschn. 2.6), insbesondere zwischen Haus- und Fachärzten (ebd.), um die verbleibenden Ressourcen sich weiter zuspitzen und die KVen vor enormen Herausforderungen stehen.

2.2 Rechtlicher Status und Organisationsstruktur

Rechtlicher Status
Die Grundlage für den rechtlichen Status und die Organisationsstruktur der KVen und der KBV stellen die Regelungen im Fünften Buch des Sozialgesetzbuches (SGB V) dar. Insgesamt bestehen 17 KVen, deren Grenzen jeweils mit den Grenzen der Bundesländer identisch sind, abgesehen von Nordrhein-Westfalen, welches in die KV Westfalen-Lippe und die KV Nordrhein aufgeteilt ist. Die einzelnen KVen bilden auf Bundesebene als Dachverbund die KBV. Die KVen und die KBV sind gemäß des SGB V Körperschaften des öffentlichen Rechts (SGB V, § 77, Abs. 4 f.). Begründet werden kann die Wahl des rechtlichen Status durch die Aufgaben und Pflichten, welche den KVen bzw. der KBV per Gesetz übertragen wurden.

Um die öffentlich-rechtlichen Aufgaben, insbesondere die Sicherstellung der ambulanten Versorgung, zu gewährleisten, bedarf es entsprechender Kompetenzen. Diese lassen sich aus der Pflichtmitgliedschaft, dem Satzungsrecht und der

Disziplinarbefugnis ableiten (Quasdorf 2014, S. 13). Da die Zulassung zur kassenärztlichen Versorgung nur Mitliedern der KVen gestattet ist, handelt es sich
bei der Mitgliedsform faktisch um eine Pflichtmitgliedschaft. Durch diese ist
es den KVen möglich, die Mitglieder zur Einhaltung der Satzung zu verpflichten und bei Verstößen entsprechende Disziplinierungsmaßnahmen zu ergreifen.
Auch wenn die gesetzlich eingeräumten Kompetenzen der KBV und der KVen
sehr weitreichend sind und beiden Selbstverwaltungseinrichtungen einen großen Handlungsspielraum gestatten, hat der Staat dennoch die Rechtsaufsicht
über beide Organisationen inne. Folglich verfügen die nach Bundes- bzw. Lan-
desrecht zuständigen obersten Verwaltungsbehörden über die Rechtsaufsicht
gegenüber der KBV und den KVen (ebd.), sodass die theoretische Möglichkeit
bestünde, dass die Aufsichtsbehörde entsprechende Maßnahmen ergreifen kann,
um die Erledigung der gesetzlichen Pflichten durch die KVen sicherzustellen,
beispielsweise indem ein Beauftragter der entsprechenden Aufsichtsbehörde die
Geschäftsführung der KV übernimmt (Simon 2016, S. 294).

Aufgaben
Die zentralen Aufgaben und Pflichten sind, neben dem bereits genannten Sicherstellungsauftrag, die Gewährleistungspflicht, die Interessenvertretung und die
Mitarbeit in der gemeinsamen Selbstverwaltung (Simon 2016, S. 288 ff.).
    Der Sicherstellungsauftrag gilt als wichtigste Aufgabe, da die KVen dem-
entsprechend gesetzlich verantwortlich für die Bereitstellung der ambulanten
Versorgung sind und eine „ausreichende, zweckmäßige, wirtschaftliche und in
der Qualität gesicherte ärztliche Versorgung" (SGB V, § 75) sicherstellen müssen. Darüber hinaus ist es gemäß der Gewährleistungspflicht ebenfalls Aufgabe
der KVen gegenüber den Krankenkassen „Gewähr dafür zu übernehmen, dass
die ärztliche Versorgung den gesetzlichen und vertraglichen Erfordernissen entspricht" (Simon 2016, S. 293). Dies geschieht insbesondere durch die Über-
prüfungen der Abrechnungen und Wirtschaftlichkeitsprüfungen gegenüber den
Vertragsärzten. Um diese Aufgabe leisten zu können, besitzen die KVen die
gesetzliche Legitimation, bei Verstößen der Vertragsärzte gegen ihre gesetzlichen
und vertragsrechtlichen Pflichten Disziplinierungsmaßnahmen, wie z. B. Ver-
warnungen oder Geldstrafen, zu verhängen. Zu den Befugnissen und Aufgaben
der KVn gehören somit sowohl Kompetenzen im Bereich der Standesdisziplinie-
rung nach innen, als auch die Interessenvertretung ihrer Mitglieder nach außen.
Diese beinhaltet vor allem die Vertretung der wirtschaftlichen Interessen in den
Vergütungsverhandlungen mit den Krankenkassen. Ferner werden die Interessen
der Ärzteschaft im öffentlichen Raum und in gesundheitspolitischen Entscheidungsprozessen vertreten, wobei diese Aufgabe primär auf Bundesebene durch

die KBV erfüllt wird. Des Weiteren ist die Pflicht zur Teilnahme an der gemeinsamen Selbstverwaltung eine zentrale Aufgabe, aber auch eine zentrale Möglichkeit zur Einflussnahme und Interessenvertretung. Der Begriff der ‚gemeinsamen
Selbstverwaltung' beschreibt in Bezug auf die ambulante ärztliche Versorgung
die Übertragung von Entscheidungskompetenzen über die konkrete Ausgestaltung der die vertragsärztliche Versorgung betreffenden Gesetzgebung auf paritätisch von Vertretern der Kassenärztlichen Vereinigungen und der Krankenkassen
besetzte Gremien (Simon 2016, S. 272). Durch die Teilnahme an den entsprechenden Gremien erhalten die KVen folglich die Möglichkeit, direkten Einfluss
auf Entscheidungen bezüglich der ambulanten ärztlichen Versorgung zu nehmen
(ebd., S. 288 ff.).

Wie bereits angedeutet, nimmt die KBV insbesondere für die Interessenvertretung der gesamten Mitgliedschaft eine zentrale Rolle ein, da sie die Interessen der
Vertragsärzte und -psychotherapeuten auf Bundesebene gegenüber der Bundesregierung vertritt und dadurch Einfluss auf Gesetzgebungsverfahren nehmen kann
(Quasdorf 2014, S. 36). Zusätzlich ist es Aufgabe der KBV auf Bundesebene,
Verträge und Vereinbarungen abzuschließen, bundeseinheitliche Richtlinien zu
erlassen, an den Selbstverwaltungsgremien auf Bundesebene mitzuwirken und
das Bundesarztregister zu führen (Simon 2016, S. 298).

Organe und Finanzierung

In Folge der Umsetzung des GKV Modernisierungsgesetzes verfügen alle 17
KVen seit dem 01.01.2015 über eine Vertreterversammlung und einen hauptamtlichen Vorstand, die jeweils für sechs Jahre gewählt werden. Die Vertreterversammlung der KVen trifft die wichtigsten Entscheidungen, umfasst in der Regel 30
Mitglieder und wird durch die Mitglieder der jeweiligen KV gewählt. Die Vertreterversammlung beschließt die Satzung, welche der Genehmigung der Aufsichtsbehörde bedarf und stellt den Haushaltsplan fest. Des Weiteren wählt sie den
hauptamtlichen Vorstand, der die KV verwaltet und sowohl gerichtlich als auch
außergerichtlich vertritt. Die KVen finanzieren sich in der Regel über Beiträge der
Mitglieder, die durch die Vertreterversammlung im Rahmen des Haushaltsplans
festgelegt und bei der Abrechnung mit den einzelnen Mitgliedern einbehalten
werden (ebd., S. 32).

Die KBV auf Bundesebene ist ebenfalls in Form einer Vertreterversammlung
und einem hauptamtlichen Vorstand organisiert (Quasdorf 2014, S. 14 ff.). Um
ihre Aufgaben zu erfüllen, verfügen die Vertreterversammlung und der Vorstand
gemäß der jeweiligen Satzung über eine Geschäftsstelle. Die Ausgaben der KBV
werden über Beiträge in Höhe eines Promillesatzes der abgerechneten Vergütungen der einzelnen KVen gedeckt (KBV 2015a).

2.3　Mitgliederentwicklung und -struktur

Mitglieder der einzelnen KVen sind die zur Behandlung von GKV-Versicherten zugelassenen Ärzte und Psychotherapeuten. Dies umfasst die niedergelassenen Vertragsärzte, sowie die bei Vertragsärzten oder zugelassenen medizinischen Versorgungszentren angestellten Ärzte, die mindestens halbtags beschäftigt sind, und die zur ambulanten Versorgung ermächtigten Krankenhausärzte. Seit 01.01.1998 werden auch psychologische Psychotherapeuten und Kinder- und Jugendlichenpsychotherapeuten zur vertragsärztlichen Versorgung zugelassen und gelten damit ebenfalls als Mitglieder der KVen (Quasdorf 2014, S. 12); im Folgenden werden daher die zugelassenen Psychotherapeuten zu den Ärzten hinzugezählt.

Die aktuellen Angaben beziehen sich auf die Eintragungen im Bundesarztregister, Stand: 31.12.2015 (KBV 2015b). Zu diesem Zeitpunkt nahmen an der vertragsärztlichen Versorgung aus den 17 KVen insgesamt 167.316 Ärzte teil, davon ca. 77 % als Vertragsärzte. Die drei größten KVen mit jeweils mehr als 20.000 Mitgliedern sind die KV Bayerns, die KV Baden-Württemberg und die KV Nordrhein. Das Durchschnittsalter der Ärzte beträgt 53,8 Jahre; mehr als 83 % der an der vertragsärztlichen Versorgung teilnehmenden Ärzte sind zwischen 40 und 59 Jahre alt, während nur ein Prozent jünger als 35 ist und im Gegensatz dazu neun Prozent älter als 65 Jahre sind. Rund 44 % der an der vertragsärztlichen Versorgung teilnehmenden Personen sind Frauen und 56 % sind Männer, was insbesondere durch das ungleiche Verhältnis zugunsten der Männer unter den Vertragsärzten begründet ist. Im Unterschied dazu sind dagegen 55 % der insgesamt 27.174 angestellten Ärzte weiblich (ebd.).

Insgesamt sind in den letzten Jahrzehnten mehrere strukturelle Entwicklungstendenzen in der ambulanten Versorgung und der dort tätigen Ärzteschaft zu erkennen, die sich auch in der Entwicklung der Mitgliederstruktur der KVen niederschlagen. Die zentralen Entwicklungen sind eine deutliche Steigerung der Anzahl der Mitglieder – insbesondere im Bereich der angestellten Ärzte – sowie eine Erhöhung des Frauenanteils und des Durchschnittsalters (BÄK 2014). Relevant für die Entwicklungen innerhalb der KVen ist zudem, dass die Zahl der Hausärzte seit Mitte der 1990er Jahre kontinuierlich leicht sinkt, während die Anzahl der Fachärzte deutlich gestiegen ist, sodass dementsprechend auch der Anteil der Hausärzte innerhalb der KVen im Verhältnis zu den Fachärzten stark abgenommen hat (Kopetsch 2010).

2.4　Leistungen gegenüber Mitgliedern

Die Leistungen, welche die KVen als Körperschaften des öffentlichen Rechts gegenüber ihren Mitgliedern erbringen, unterscheiden sich grundsätzlich von Verbänden, die keine öffentlichen Aufgaben übernehmen. Des Weiteren handelt es sich für die Mitglieder, wie in Abschn. 2.1 dargestellt, faktisch um eine Pflichtmitgliedschaft und die KVen verfügen über Disziplinierungsmaßnahmen gegenüber den Mitgliedern, wenn diese ihre Aufgaben nicht entsprechend erfüllen. Während freiwillig organisierte Verbände ihre Mitglieder durch selektive Leistungen an sich binden müssen, gilt dies für die KVen nicht, da es sich bei der Mitgliedschaft wie beschrieben um eine Art Pflichtmitgliedschaft handelt. Die auf Hirschmann beruhende Exit-Voice-Theorie beschreibt diese Problematik insofern, dass Mitgliedern bei Unzufriedenheit mit der Arbeit eines Verbandes in der Regel zwei Optionen offen stehen; entweder die ‚Exit-Option', aus dem Verband auszutreten, oder die ‚Voice-Option', die Unzufriedenheit durch Widerspruch oder Beschwerde auszudrücken (Hirschmann 1970). Da die Mitglieder der KVen bei Unzufriedenheit mit den angebotenen Leistungen nicht über die Option verfügen, aus Protest die KV zu verlassen, da sie in dem Fall auch die Ermächtigung verlieren, an der vertragsärztlichen Versorgung teilzunehmen, sind die Leistungen gegenüber den Mitgliedern für die Mitgliedschaftsentscheidung von geringerer Relevanz als dies bei freiwillig organisierten Verbänden der Fall ist.

Die zentrale Leistung gegenüber den Mitgliedern, die auch als Aufgabe gesetzlich verankert ist, ist folglich die Interessenvertretung. Dies bezieht sich primär auf die Vertretung der wirtschaftlichen Interessen der Mitglieder gegenüber den Krankenkassen in Form der Verhandlungen über die Gesamtvergütung mit den Krankenkassen, sowohl auf Bundesebene als auch über die regionalen KVen auf Landesebene. Dies geschieht zunächst, indem der paritätisch aus je drei Mitgliedern der KBV und des GKV-Spitzenverbandes bestehende Bewertungsausschuss die Bewertung der ärztlichen Leistungen im Einheitlichen Bewertungsmaßstab definiert (Rosenbrock und Gerlinger 2014, S. 193). Diese Verhandlungen auf Bundesebene bilden die Grundlage für die Verhandlungen der einzelnen KVen mit den regionalen Krankenkassen über die Gesamtvergütung, die die Kassen an die KVen auszahlen. Die Verteilung der Gesamtvergütung an die einzelnen Mitglieder erfolgt wiederum über die KVen an die einzelnen Mitglieder. Es ist also Aufgabe der KBV und der einzelnen KVen im Sinne der wirtschaftlichen Interessen ihrer Mitglieder auf den entsprechenden Ebenen mit den Krankenkassen zu verhandeln und im Anschluss die verhandelte Gesamtvergütung innerhalb der Mitglieder so zu verteilen, dass die Konflikte aufgrund der Verteilung möglichst gering bleiben.

Neben der Vertretung der wirtschaftlichen Interessen der Gesamtheit der Mitglieder, treten die KVen allerdings in zunehmendem Maße als Dienstleister gegenüber ihren Mitgliedern auf (Quasdorf 2014, S. 22). Dies impliziert die Rolle der KVen als ständiger Ansprechpartner und Berater bei allen die vertragsärztliche Tätigkeit betreffenden Fragen, sei es bei der Beratung zur Niederlassung oder Aufklärung und Informationsbereitstellung bei Wirtschaftlichkeits- und Abrechnungsfragen (ebd.).

Die Leistungen der KVen gegenüber ihren Mitgliedern müssen folglich differenziert betrachtet werden. Zum einen erfolgt eine Interessenvertretung der wirtschaftlichen und auch rechtlichen Belange der Mitglieder, zum anderen fungieren die KVen aber auch als Dienstleister und bieten den Mitgliedern entsprechende Serviceleistungen an. Sie übernehmen aber nicht nur die Rolle als Ansprechpartner und Interessenvertreter ihrer Mitglieder, sondern sind auch stets ein Vermittler zwischen den ärztlichen Interessen und Krankenkassen sowie der Politik (Quasdorf 2014, S. 23), sodass oftmals als Ergebnis der gemeinsamen Selbstverwaltung Kompromisse gefunden werden müssen, die nicht immer den Erwartungen der Mitglieder entsprechen können. Dementsprechend ist das von Schmitter und Streeck skizierte Verhältnis von Mitgliedsschafts- und Einflusslogik (Schmitter und Streeck 1999) für die KVen von besonderer Bedeutung, da aufgrund der öffentlich-rechtlichen Aufgaben und der Pflichtmitgliedschaft der Mitglieder der Fokus stärker auf der Orientierung an externen Institutionen liegt, als dies in freiwillig organisierten Verbänden der Fall ist.

2.5   Interessen und ihre Vertretung nach außen

Wie bereits in den vorherigen Kapiteln angedeutet, ist die Interessenlage der KBV und der einzelnen 17 KVen aufgrund ihres Status als öffentlich-rechtliche Körperschaft, und der damit verbundenen Aufgaben, äußerst komplex. Durch „die in den KVen vollzogene institutionelle Verknüpfung eines Handlungsauftrags mit der Vertretung von Standesinteressen" (Rosenbrock und Gerlinger 2014, S. 204) besteht neben dem Interesse, die zu vertretende Ärzteschaft möglichst effektiv zu repräsentieren, stets das Ziel, die gesetzlichen Handlungsaufträge, insbesondere den Sicherstellungsauftrag zu erfüllen, um langfristig keine Kompetenzen an andere Akteure zu verlieren. Dadurch ist ein primäres Interesse der KBV und der KVen auch der Machterhalt insbesondere gegenüber den Krankenkassen, was eine Zufriedenheit der Politik mit der Aufgabenerfüllung der KVen voraussetzt.

Bezogen auf die Interessenvertretung der Mitglieder gilt es zu unterscheiden zwischen der korporatistischen Einflussnahme in den Institutionen der Selbstverwaltung und der lobbyistischen Einflussnahme; zudem hat in den letzten Jahren die direkt an die Öffentlichkeit gerichtete Interessenvertretung an Bedeutung gewonnen (ebd., S. 205).

Da das Ausmaß der korporatistischen Steuerung in der ambulanten Versorgung besonders stark ausgeprägt ist, formuliert der Staat lediglich einen politischen Ordnungsrahmen und überlässt die konkreten Steuerungskompetenzen den Akteuren der Selbstverwaltung (ebd., S. 200). Daher kommt für die KVen und die KBV der korporatistischen Einflussnahme in Bezug auf die Vertretung der Interessen der höchste Stellenwert zu, da durch die Mitarbeit in den entsprechenden Gremien die KVen auf Länderebene und die KBV auf Bundesebene sowohl die Ausgestaltung der ambulanten Versorgung maßgeblich mitbestimmen als auch die finanziellen Interessen ihrer Mitglieder in den Verhandlungen über die Gesamtvergütung vertreten können (vgl. Abschn. 2.4). Auf Landesebene geschieht dies primär im Landesausschuss der Ärzte und Krankenkassen, im Zulassungs- und Berufungsausschuss und in Schiedsämtern, wenn KVen und Krankenkassen sich in strittigen Fragen nicht einigen können. Auf Bundesebene geschieht die Interessenvertretung direkt durch den Abschluss von Verträgen und Vereinbarungen, z. B. durch die Bundesmanteltarifverträge oder die Festlegung des Einheitlichen Bewertungsmaßstabes (Simon 2016, S. 298). Zudem vertreten zwei Mitglieder der KBV zusammen mit zwei Vertretern der Deutschen Krankenhausgesellschaft und einem Mitglied der Kassenzahnärztlichen Bundesvereinigung die Interessen der Leistungserbringer im Gemeinsamen Bundesausschuss. Dieses seit 2004 bestehende, wichtigste Organ der gemeinsamen Selbstverwaltung (van Elten 2016, S. 11 f.) dient dazu, Richtlinien aufzustellen, die die „Inhalte der [Gesundheits]Versorgung näher […] bestimmen und zu entscheiden, welche Leistungen von der Gesetzlichen Krankenversicherung gezahlt werden" (BMG 2016). Im Bereich der ambulanten Versorgung werden die konkreten Leistungspflichten der Leistungserbringer in entsprechenden Richtlinien definiert (Rosenbrock und Gerlinger 2014, S. 150), sodass der Einfluss der Entscheidungen des GBA für die Mitglieder der KVen von besonders großer Bedeutung ist.

Aufgrund der Vielzahl an Kompetenzen, die per Gesetz der KBV und den KVen entweder direkt oder über die gemeinsame Selbstverwaltung indirekt übertragen worden sind, rückt die klassische Lobbyarbeit dementsprechend in den Hintergrund. Dies bedeutet indes nicht, dass Einflussnahme und Interessenvertretung darauf beschränkt sind die gegebene Gesetzgebung zu konkretisieren und umzusetzen. Denn auch vor dem eigentlichen Gesetzgebungsprozess gelingt es der KBV und den KVen oftmals relevante Themen beispielsweise durch wissenschaftliche Studien öffentlich zu machen, einen Diskus anzuregen und dadurch letztlich Gesetzesvorhaben teilweise zu initiieren. Auch im parlamentarischen

Gesetzgebungsprozess sind die Möglichkeiten, die Gesetzesvorhaben zu beeinflussen, vorhanden, indem die Beratungen des Gesundheitssauschusses und
dessen Verbands- und Expertenanhörungen zur Einflussnahme genutzt werden
(Simon 2015).

Obwohl die Ergebnisse der Interessenvertretung durch die KBV und KVen oftmals auch innerhalb der eigenen Mitglieder umstritten sind, gilt es dennoch zu
bilanzieren, dass die Vertretung der Interessen nach außen noch immer sehr ausgeprägt und effektiv stattfindet. Dies bezieht sich sowohl auf die Vertretung der
finanziellen Interessen der Ärzteschaft gegenüber den Krankenkassen als auch
auf die Interessenvertretung im Gesetzgebungsprozess bzw. im Implementations-
prozess der Gesetzgebung durch die Mitarbeit in den Institutionen der gemeinsamen Selbstverwaltung.

2.6   Innerorganisatorische Konfliktlinien und Probleme

Die derzeitigen Konflikte innerhalb der KVen basieren in ihrer grundsätzlichen
Problematik auf den Folgen der seit Mitte der 1970er Jahre andauernden Versuche der Kostendämpfungspolitik und den Auswirkungen dieser Gesetzgebungen,
welche für die KVen insbesondere ein geringer Handlungsspielraum und stärkerer
wirtschaftlicher Druck durch die Politik waren (Behaghel 1994, S. 219). Solange
die Einnahmen stetig zunahmen, konnten alle Mitglieder in ähnlichem Ausmaß
finanziell von der Interessenvertretung durch die KVen profitieren, sodass intern
eine konfliktfreie Politik möglich war. Wenn die Einnahmen aber stagnieren, sind
Zugewinne für einzelne Gruppen nur noch auf Kosten anderer Gruppen möglich. Während die Zahl der Ärzte seit den 1970er Jahren weiter anstieg, blieb ein
Anstieg der Gesamtvergütung in vergleichbarem Maße aus, sodass die Honorarverteilung und dementsprechend auch Verteilungskonflikte ins Zentrum der
Arbeit der KVen rückten (Rosenbrock und Gerlinger 2014, S. 206).

Im Zusammenhang mit der Enttäuschung der finanziellen Erwartungen kam
es in den letzten Jahrzehnten immer wieder zu intensiven innerorganisatorischen
Konflikten, die die KVen vor enorme Herausforderungen stellten. Von besonderer
Konflikthaftigkeit geprägt ist seit den Verteilungskonflikten in den 1990er Jahren
das Verhältnis zwischen Haus- und Fachärzten (Rosenbrock und Gerlinger 2014,
S. 206). Dieser bereits vorhandene Konflikt verschärfte sich weiter, seitdem im
Jahr 2000 die Trennung der Gesamtvergütung, die die KVen an ihre Mitglieder
auszahlen, in einen hausärztlichen und fachärztlichen Teil gesetzlich vorgeschrie-
ben ist (Simon 2016, S. 325). Da die einzelnen Mitglieder bzw. Gruppierungen

eben nicht über die Möglichkeit des Austritts bzw. über die Exit-Option verfügen, wird die Option des Widerspruchs bzw. die Voice-Option (Hirschmann 1970)
innerhalb der KVen dementsprechend umso stärker genutzt. Dies führt dazu, dass
die Konflikte zwischen Haus- und Fachärzten in großem Maße die gesamte Arbeit
der KBV und der KVen dominieren und andere relevante Themen in den Hintergrund gedrängt werden (van Elten 2016, S. 10 f.). Die Spaltung in die beiden
Arztgruppen und der damit verbundenen Schwächung des Zusammenhalts der
Ärzteschaft resultierte außerdem in einer gesteigerten Kompromissbereitschaft
gegenüber Krankenkassen und Politik, um die noch vorhandene Geschlossenheit
der Mitglieder zu demonstrieren (Rosenbrock und Gerlinger 2014, S. 207 f.). Ein
weiteres relevantes Ergebnis des Konflikts zwischen den beiden innerorganisatorischen Gruppierungen ist die Entwicklung der Hausarztverbände zu einflussreichen Konkurrenten auf Landesebene (ebd.).

Dieser durch KBV und KVen ungelöste Konflikt führt folglich dazu, dass
sowohl die Akzeptanz der eigenen Mitglieder als auch der politischen Entscheidungsträger gegenüber der KBV und den KVen sinkt, sodass diese unter
enormen Legitimationsdruck stehen (van Elten 2016, S. 11). Verstärkt wird
der Druck zudem durch finanzielle Skandale und Affären, die in der jüngeren
Vergangenheit zunehmend öffentlich wurden und sogar soweit führten, dass
Gesundheitsminister Herrmann Gröhe im Mai 2016 mit der Notfalloption drohte,
einen Staatskommissar zur Übernahme der Geschäftsführung der KBV einzu-
setzen und damit faktisch Vorstand und Vertreterversammlung zu entmachten
(Schröder 2016).

KBV und KVen stehen demgemäß vor großen Herausforderungen, die primär auf der schwierigen Doppelrolle basieren, sowohl die Mitglieder zufrieden zu stellen als auch den öffentlich-rechtlichen Aufgaben gerecht zu werden.
Der Sicherstellungsauftrag als wichtigste Kompetenz der KV ist nicht in Stein
gemeißelt, sondern der Fortbestand in seiner aktuellen Form ist von der Zufriedenheit der politischen Entscheidungsträger abhängig und kann auch kurzfristig aufgelockert werden. Um diese Errungenschaft der Ärzteschaft also aufrecht
zu erhalten, müssen KBV und KVen oftmals gegen die Interessen der Mitglieder agieren, sowohl Kompromisse mit Politik und Krankenkassen als auch die
Durchsetzung der Kontroll- und Disziplinierungsfunktion gegenüber den Mitgliedern betreffend. Konflikte und Unzufriedenheit scheinen bei dieser Konstellation
unumgänglich. Entscheidend wird der innerorganisatorische Umgang mit diesen
Konflikten sein.

3   Ärztekammern

3.1   Entstehung und Entwicklung

Die heutige, föderal organisierte Struktur der Ärztekammern in Deutschland existiert in ihrer jetzigen Form seit Beendigung des Zweiten Weltkrieges. Zwischen 1946 und 1962 erließen alle westdeutschen Landesparlamente nach und nach Gesetze, welche die Entstehung von Ärztekammern ermöglichten und die jeweiligen Landesärztekammern (LÄK) zu Körperschaften des öffentlichen Rechts erklärten. Die LÄK der fünf ostdeutschen Bundesländer wurden nach der Wiedervereinigung Deutschlands im Jahre 1990 gegründet; sie gliederten sich darauf in die seit 1955 bestehende freiwillige Arbeitsgemeinschaft der Landesärztekammern, der Bundesärztekammer (BÄK) ein, die bis zu diesem Zeitpunkt noch aus ihren zwölf westdeutschen Pendants bestand.[1]

Als rechtliche Nachfolgeorganisation der zwischen 1935 bis 1945 bestehenden Reichsärztekammer während des nationalsozialistischen Deutschen Reiches verfolgte die BÄK mit dem Zusammenschluss aller westdeutschen Landesärztekammern ursprünglich das selbsterklärte Ziel, „einheitliche Rechtsverhältnisse für die Ärzte in den neu gebildeten Ländern" und damit im gesamten Bundesgebiet zu schaffen, sowie die „Freiheit und Unabhängigkeit des ärztlichen Berufsstandes" zu bewahren (BÄK). Während die BÄK diese Ziele auch heute noch aktiv verfolgt, ist im zeitlichen Entwicklungsverlauf parallel dazu eine Erweiterung und Ausdifferenzierung ihres Organisationszwecks zu beobachten: Die einzelnen LÄK und die BÄK verpflichten sich heute vorrangig zur Wahrnehmung der „beruflichen Belange der Ärzte", der Überwachung der „Erfüllung der ärztlichen Berufspflichten" und der Förderung der „ärztlichen Fortbildung" (BLÄK 2002; hier am bayerischen Beispiel). Außerdem obliegt den Ärztekammern die ärztliche Standesgerichtsbarkeit, welche bei einem „Verdacht auf ein Berufsvergehen" ärztlicher Tätigkeit ein Verfahren einleiten und Ermittlungen durchführen müssen (Simon 2016, S. 286), sowie ferner die Administration ärztlicher Versorgungswerke (HeilBerG 2016, § 6, Abs. 1).

Die BÄK ist zudem als einziger deutscher Ärztezusammenschluss Mitglied im „Ständigen Ausschuss der Europäischen Ärzte", der berufspolitischen Vereinigung nationaler Ärztevereinigungen der Europäischen Union, sowie im Weltärztebund, in welchem sie seit 2005 zudem den Generalsekretär stellt (BÄK).

---

[1]Nordrhein-Westfalen gründete zwei Ärztekammern: Nordrhein und Westfalen-Lippe.

3.2   Rechtlicher Status und Organisationsstruktur

Die 17 LÄK in Deutschland sind allesamt (wie mitunter auch Berufsgenossenschaften, Rechtsanwaltskammern, Hochschulen oder Landesversicherungsanstalten) Körperschaften des öffentlichen Rechts mit hoheitlichen Aufgaben (Quasdorf 2014, S. 40). Ihr Körperschaftsstatus leitet sich aus den jeweiligen Heilberufs- und Kammergesetzen der Länder ab und impliziert konkret, dass sie öffentliche, nach Gesetz ländereigene Aufgaben übernehmen. Sie unterliegen der Rechtsaufsicht der jeweiligen für das Gesundheitswesen zuständigen Landesbehörde. Im Gegensatz zu den LÄK (und auch der KBV) ist die BÄK keine Körperschaft öffentlichen Rechts, sondern ein „freiwilliger Zusammenschluss der [Landes][ä]rztekammern in der Rechtsform eines nicht eingetragenen Vereins" (ebd., S. 41).

Die LÄK verstehen sich als Berufsvertretung aller approbierten Ärzte.[2] Sofern sie im jeweiligen Verwaltungsraum der Kammer ihren Beruf ausüben oder wohnhaft sind, sind sie zur Mitgliedschaft verpflichtet; daher kann die Mitgliederrekrutierung der LÄK als lückenlos bezeichnet werden (Bandelow 2007, S. 273), was sich hinsichtlich ihrer Interessenvertretung sowohl als großer Vorteil und Nachteil zugleich darstellen kann: Die Größe der LÄK verleiht ihnen zwar eine nicht zu unterschätzende Verhandlungsposition gegenüber anderen politischen Akteuren; gleichermaßen begünstigt sie jedoch auch die Herausbildung pluralistischer und mitunter konfligierender Interessen innerhalb der Kammern, was die Herausbildung eines gemeinsamen Interesses erschweren kann (siehe auch 3.6). Neben der Pflichtmitgliedschaft können in einigen Landesverbänden auch nicht mehr praktizierende Ärzte, sowie im Ausland tätige Berufsangehörige deutscher Nationalität freiwillig ihre Mitgliedschaft in ihrer LÄK erklären.

Alle Mitglieder der LÄK sind darüber hinaus ebenfalls in der BÄK vertreten, wobei sich diese Vertretung lediglich mittelbar über ihre jeweilige LÄK organisiert, da sich die BÄK als freiwilliger Zusammenschluss der 17 LÄK zu einer Arbeitsgemeinschaft versteht (Quasdorf ebd., S. 42).

Jede LÄK erhebt zur „Deckung der Kosten, die ihr durch Erfüllung ihrer Aufgaben entstehen", jährlich zu errichtende Mitgliedsbeiträge (LÄKH 2015; hier am hessischen Beispiel). Die Höhe der Beiträge legt jede LÄK eigenständig fest; sie richtet sich jedoch grundsätzlich nach den Einkünften aus ärztlicher Tätigkeit. Der jährliche Mitgliedsbeitrag der LÄK Hessen beispielsweise lag im Jahre 2015 zwischen mindestens 50 € und maximal 5600 €. Die Mitglieder verpflichten sich

---

[2]Darin inbegriffen sind sowohl niedergelassene, wie auch angestellte und beamtete Ärzte, allesamt unabhängig ihrer Nationalität.

ebenfalls zur Wahrung der jeweiligen Landessatzung. Als Gegenleistung erhalten sie als vollwertige Mitglieder „Beratung, Information und Hilfe" bei berufsbezogenen, rechtlichen und fachlichen Belangen und Stimmrecht bei der Wahl zur Delegierten- oder Kammerversammlung (ebd.). Die BÄK erhebt keine zusätzlichen Beiträge; die LÄK beteiligen sich anteilig an entstehenden Kosten.

Die 17 LÄK in Deutschland sind in unterschiedlich große, meist unselbstständige Verwaltungseinheiten unterteilt, welche sich durch einzelne Bezirks- und Kreisverbände zusammensetzen. In einigen Bundesländern sind einige dieser kommunalen Verbände jedoch ebenfalls eigene Körperschaften des öffentlichen Rechts, sodass die betroffenen LÄK damit zu „Körperschaft[en] von Körperschaften" werden (Quasdorf, ebd.). Wie Nils C. Bandelow bereits am Beispiel der LÄK Westfalen-Lippe feststellt, sind die LÄK in Bezug auf ihre interne Organisation hierarchisch und demokratisch aufgebaut (ebd., S. 276): Die Mitglieder der LÄK, sowie alle medizinischen Fachbereiche der Landesuniversitäten wählen in regelmäßigen Abständen Vorstände und Schlichtungsausschüsse der einzelnen Verwaltungsbezirke. Zudem haben sie unmittelbares und geheimes Stimmrecht bei der Wahl zur Delegierten-/ bzw. Kammerversammlung der LÄK, welche dann wiederum den geschäftsführenden Vorstand und das Präsidium für eine feste Wahlperiode wählt, sowie wichtige Posten in verschiedenen Ausschüssen und der Ethik-Kommission besetzt (ebd.). Dem gewählten Vorstand obliegt mitunter die Einsetzung von Fachbeauftragten zu bestimmten policies, sowie die Bereitstellung der Bürgerinformation. Ferner beschließt die Delegierten-/ bzw. Kammerversammlung die Satzung und Wahlordnung der LÄK, sowie den Haushaltsplan für die kommende Wahlperiode.

Die Vertreterversammlung der BÄK setzt sich aus gewählten Delegierten der einzelnen Vertreterversammlungen auf Landesebene zusammen. Organe der BÄK sind die Hauptversammlung und der Bundesvorstand. Die Hauptversammlung, der Deutsche Ärztetag, findet jährlich statt. Auf ihm wird die Satzung der BÄK diskutiert und verabschiedet; der Bundesvorstand (bestehend aus Präsident, Vizepräsidenten, den Präsidenten der LÄK, zwei weiteren Ärzten und einem ständigen Gast) wird auf vier Jahre, sowie über 1000 ehrenamtliche Mitglieder für die Bundesausschüsse und ständigen Einrichtungen gewählt (Quasdorf ebd., S. 42).

3.3 Mitgliederentwicklung und -struktur

Sämtliche aktuellen soziodemografischen Daten der Mitgliederschaft der LÄK und BÄK sind detailliert öffentlich zugänglich (BÄK 2015). Aus diesen Daten ergibt sich, dass den LÄK zum letzten Erhebungszeitpunkt am 31.12.2015 insgesamt

485.818 Mitglieder angehörig waren. Die Mitgliederzahl ist im Vergleich zum Vorjahr um einen Prozentpunkt angestiegen. Obwohl die Steigerungsrate zum jeweiligen Vorjahr seit mindestens 20 Jahren – soweit reichen die konkreten Daten – stets
positiv war, ist sie nichtsdestotrotz auch die niedrigste seit ebendiesen 20 Jahren.
Die Mitgliederzahl ist seit 1996 um etwa insgesamt 59,5 % gestiegen.

Dieser deutliche Anstieg der Mitgliedszahlen lässt sich nicht etwa durch eine
gestiegene Bevölkerungszahl in Deutschland (diese war in den letzten 20 Jahren
äußerst konstant) oder sinkende Beitrittsbarrieren erklären, da die Pflichtmitgliedschaft seit jeher besteht. Während dieses Phänomen nicht monokausal zu erklären
ist, bietet die Entwicklung der Studienanfänger in Deutschland im Zeitverlauf einen
ersten Erklärungsversuch: Die absolute Zahl der Studienanfänger im 1. Hochschulsemester stieg im Gesamtverlauf der letzten 20 Jahre von 262.407 im Jahre
1995 auf 505.736 im Jahre 2015 (BMBF 2016); dies entspricht einer Steigerung
von etwa 57,6 %. Ein signifikanter Anstieg an Studienanfängern legt einen dem-
entsprechenden Anstieg an Studierenden der Medizin und im späteren Zeitverlauf auch der Gesamtzahl praktizierender Ärzte nahe. Das Bundesministerium für
Gesundheit prognostiziert zudem aufgrund der demografischen Entwicklung auch
in Zukunft einen wachsenden Bedarf an Ärzten.

Von den aktuell 485.818 Mitgliedern sind etwa 76,4 % berufstätige Ärzte,
die übrigen etwa 23,6 % sind Ärzte im Ruhestand oder ohne derzeitige ärztliche
Tätigkeit. Die berufstätigen Ärzte sind entweder ambulant (etwa 40,4 % aller
berufstätigen Ärzte), stationär (etwa 51 %), in Behörden oder Körperschaften
(etwa 2,6 %) oder aber in anderen Bereichen (etwa 6 %) tätig. Ferner geben die
Daten Aufschluss darüber, welche Arztrichtungen am stärksten vertreten sind:
Neben der großen Anzahl an Ärzten ohne Gebietsbezeichnung (etwa 29,5 % aller
berufstätigen Ärzte) sind die Bereiche Innere Medizin und Allgemeinmedizin
sehr präsent, gefolgt von der Chirurgie, der Anästhesiologie und der Frauenheilkunde und Geburtshilfe.

In Deutschland üben mehr Ärzte als Ärztinnen ihren Beruf aus: Das Verhältnis liegt in etwa bei 54 % zu 46 %. Besonders fällt diese Ungleichverteilung in
der Chirurgie (mit einem Frauenanteil von nur etwa 19 %), in der Radiologie
(etwa 34 %), sowie in der Hals-Nasen-Ohrenheilkunde und der Inneren Medizin
(beide etwa 35,6 %) auf. Frauen bilden jedoch besonders in der Frauenheilkunde
und Geburtshilfe (etwa 64,8 %), aber auch zusätzlich in der Kinder- und Jugend-
medizin (57,3 %), sowie im haut- und geschlechtskrankheitlichen Bereich (etwa
53,8 %) eine Mehrheit der praktizierenden Ärzte (BÄK 2015).

Die Altersstruktur der Mitgliedschaft wird zwischen Vertragsärzten und Krankenhausärzten gesondert aufgeschlüsselt: Vertragsärzte waren seit jeher und
sind auch laut aktueller Daten deutlich älter als Krankenhausärzte. Während das

Alter der Krankenhausärzte seit mehr als zehn Jahren in etwa stagniert, ist das
Durchschnittsalter der Vertragsärzte im gleichen Zeitraum um knapp drei Jahre
gestiegen. Der Anteil der unter 35-jährigen berufstätigen Ärzte betrug Ende 2015
18,5 %; das entspricht einem Anstieg von etwas mehr als zwei Prozentpunkten in
den letzten zehn Jahren.

Obwohl der gesamtdeutsche Trend einen Mitgliederanstieg ausweist, gestalten sich die Mitgliedsentwicklungen in den einzelnen LÄK unterschiedlich: Die
Steigerungsrate von 2014 auf 2015 in den einzelnen Landesverbänden reicht von
+2,8 Prozentpunkten in Brandenburg, über Berlin, Hamburg, Hessen, Niedersachsen, Sachsen, Schleswig-Holstein und Thüringen mit einer Steigerungsrate von
ebenfalls +2 Prozentpunkten oder mehr bis hin zu Baden-Württemberg (−1,5),
dem Saarland (−1,4) und Bayern (−0,6), deren Mitgliedsanzahl im letzten Jahr
sogar gesunken ist. Die Landesverbände Bayern (79.291 Mitglieder), Baden-
Württemberg (64.137) und Nordrhein (58.541) sind die mitgliedsstärksten LÄK.
Schlusslicht bilden die LÄK in den bevölkerungsärmsten Bundesländern Bremen (4936 Mitglieder), dem Saarland (5844) und Mecklenburg-Vorpommern
(10.290). Aus diesen Daten lässt sich ebenfalls die Arztdichte in den einzelnen
Bundesländern ableiten, konkreter wie viele Einwohner je berufstätigen Arzt in
den jeweiligen Bundesländern leben: Die Spanne reicht hier von 141 Einwohnern
je Arzt in Hamburg bis 259 Einwohnern je Arzt in Brandenburg.

3.4   Leistungen gegenüber Mitgliedern

LÄK und BÄK sind keine berufspolitischen Interessenverbände im herkömm-
lichen Sinne, „sondern dienen der Überwachung der ärztlichen Berufsethik"
(Bandelow 2004, S. 61 f.). Die Aufgaben und Leistungen der LÄK sind in den
unterschiedlichen Kammergesetzen der Bundesländer geregelt; sie können sich
demnach in einigen Aspekten unterscheiden. Grundlegende Leistungen, die alle
LÄK gegenüber ihren Mitgliedern erbringen – und teilweise gesetzlich erbringen
müssen – sind unter anderem (Quasdorf, ebd.; Simon 2016, S. 286):

- Partizipationsrechte bei der Wahl zur Delegierten- oder Kammerversammlung
  (siehe auch Unterpunkt 3.2)
- Partizipationsrechte bei der Entsendung von Delegierten für den Ärztetag
  (siehe auch Unterpunkt 3.2)
- Informationsbereitstellung (fachlich und rechtlich)
- Die Förderung der ärztlichen Weiterbildung, genauer die Aus-, Weiter- und
  Fortbildung

- Die Regelungsgestaltung der Aus-, Weiter- und Fortbildung in einer Weiterbildungsordnung
- Die Aufsicht über die Einhaltung der Berufspflichten
- Die Ausübung der Standesgerichtsbarkeit
- Die Einrichtung von Schlichtungs- und Gutachterkommissionen (z. B. für ärztliche Behandlungsfehler)
- Die Einrichtung von Ethik-Kommissionen zur Beurteilung von Forschungsvorhaben
- Die Unterhaltung von ärztlichen Vorsorge- und Fürsorgeeinrichtungen „als alternative Systeme der Alters- und Hinterbliebenenversorgung, sowie für die Absicherung im Fall der Berufsunfähigkeit"
- Ausstellung eines Arztausweises zur Identifikation als praktizierender Arzt
- Die Interessenvertretung nach außen (siehe Unterpunkt 3.5)

Grundlegende Leistungen, die die BÄK zusätzlich gegenüber den Mitgliedern der LÄK erbringen, sind unter anderem (ebd.):

- Die Vertretung der Positionen der Ärzteschaft zu gesundheits- und sozialpolitischen Diskussionen gegenüber der Öffentlichkeit
- Die Herstellung von Beziehungen zur ärztlichen Wissenschaft und zu ärztlichen Vereinen im Ausland
- Der Beschluss von Richtlinien zur Qualitätssicherung
- Die Pflege des Zusammengehörigkeitsgefühls der Ärzte und ihrer Organisationen

Die meisten der oben aufgeführten Leistungen sind Kollektivgüter für die gesamte Ärzteschaft. Diese sollen die fachliche (praktizierende sowie forschende) Tätigkeit der Ärzte unterstützen und tragen darüber hinaus in vielerlei Hinsicht zu ihrer Absicherung gegenüber Behandlungsfehlern, Berufsunfähigkeit, ethischen Kontoversen, sowie allgemein zur Qualitätssicherung des gesamten Arztberufes bei. Die Spezifika der Interessenvertretung der Ärztekammern werden im nächsten Unterpunkt gesondert behandelt. Zudem herrscht in ihrer Nutzung keinerlei Rivalität oder Konkurrenz. Streng genommen werden Nichtmitglieder von ihrer Nutzung ausgeschlossen, da jedoch alle Ärzte als Pflichtmitglieder in ihrer jeweiligen LÄK organisiert sind und sich die Serviceleistungen nur an Ärzte richten, ist die Ausschließbarkeit für die Mitgliedschaft praktisch nicht gegeben.

Aufgrund der Pflichtmitgliedschaft stellt sich die Frage nach der Wichtigkeit dieser Leistungen für die Mitgliedschaftsentscheidung nur indirekt. Die Festlegung von einheitlichen Standards im Ärzteberuf und die Aufsicht über die Einhaltung dieser sind unabdingbar und einzig den LÄK und der BÄK inhärent. Dies trifft ebenso auf die ärztlichen Vorsorge- und Fürsorgeeinrichtungen zu. Jedem Arzt steht es jedoch frei, neben der Mitgliedschaft in der LÄK darüber hinaus Mitglied in anderen Verbänden zu sein. Diese Verbände sind meist Interessenvertretungen für spezifische Teile der Ärzteschaft (beispielsweise der Verband der leitenden Krankenhausärzte Deutschlands e. V. oder der NAV-Virchow-Bund als Verband der niedergelassenen Ärzte Deutschlands e. V.). Diese anderen Verbände und Vereinigungen sind – mit Ausnahme der Kassenärztlichen Vereinigungen – keine Körperschaften des öffentlichen Rechts; sie sind nicht etwa an der Ausübung der Standesgerichtsbarkeit oder der Unterhaltung von ärztlichen Vorsorge- und Fürsorgeeinrichtungen beteiligt. Trotzdem können diese freien Verbände in jenen Bereichen ihren Mitgliedern eine besondere fachliche Expertise bereitstellen, welche eventuell zu spezifisch für die Ärztekammern wäre, sowie zusätzlich zu den Ärztekammern berufliche Interessen nach außen vermitteln, andere Meinungen vertreten oder die Ärztekammern sogar öffentlich kritisieren, wie etwa geschehen vom Berufsverband der Deutschen Dermatologen (BVDD 2015).

3.5   Interessen und ihre Vertretung nach außen

Als Körperschaft des öffentlichen Rechts gestaltet sich eine Analyse der konkreten Interessenvertretung schwieriger als bei freien Verbänden, da sich die Ärztekammern mit einer Interessenvertretungsverflechtung konfrontiert sehen: Sie sollen sowohl Interessen der Ärzteschaft vertreten, sind gleichzeitig aber auch Teil der ärztlichen Selbstverwaltung – die Bundesländer haben konkrete Aufgaben an sie übergeben und unterstehen der staatlichen Aufsicht. Aufgrund ebendieser staatlichen Aufsicht werden sie „von vielen Ärzten eher als Vertretungen staatlicher Interessen gesehen" (ebd.), weshalb viele von ihnen neben den Ärztekammern noch in weiteren ärztlichen Interessenverbänden wie dem Marburger Bund organisiert sind.

Nichtsdestotrotz sind LÄK und BÄK wichtige Akteure in gesundheitspolitischen Fragen. Die Pflichtmitgliedschaft aller Ärzte in Deutschland trägt zu einem äußerst hohen Repertoire an fachlicher Expertise in allen Bereichen bei, welches die Ärztekammern nutzen können, um policies im Gesundheitsbereich zu beeinflussen und mitzugestalten. Dies geschieht weniger über den klassischen Weg des politischen Lobbyings gegenüber Parlamenten und Regierungen, sondern über die ärztliche Selbstverwaltung. Zwar ist die BÄK beispielsweise neben derzeit 50 weiteren Verbänden oder Arbeitsgruppen (Deutscher Bundestag, Stand: April 2016) eine eingetragene Lobbygruppe in der amtlichen Lobbyingliste des Deutschen

Bundestags, die Interessenvertretung vollzieht sich jedoch hauptsächlich abseits parlamentarischer Prozesse.

Die Ärztekammern, in besonderer Weise aber die BÄK auf den Deutschen Ärztetagen, erarbeiten Empfehlungen, Stellungnahmen und Muster-Berufsordnungen zu fachlichen, sowie berufsethischen Sachthemen. Die Ergebnisse dieser Schreiben dienen mit jenen der KVen als Grundlage für verbindliche Rahmenbedingungen für Ärzte – ohne dass die Legislative direkt in diesen Entstehungsprozessen involviert ist. Dies ist besonders in den Bereichen der Aus-, Fort- und Weiterbildung und für die Festlegung von Grundsätzen der (rechtlichen) Berufsethik der Fall. Hier wird die Position des für die Kammer zuständigen Ministeriums stark von den LÄK und KVen beeinflusst.

Zusätzlich wird den Ärztekammern eine hohe öffentliche Diskursprägungsmacht und Medienpräsenz zugeschrieben (van Elten 2016, S. 12): Die LÄK und BÄK beurteilen in öffentlichen Stellungnahmen und Pressemitteilungen gesundheitspolitische Entscheidungen der Bundes- oder Landesregierungen, loben oder kritisieren sie und positionieren sich in ihnen mitunter deutlich. Trotzdem ist es im Gegensatz zu den freien ärztlichen Interessenverbänden eher unüblich, dass sie zu einem direkten Veto-Player der Politik werden (ebd.). Der jährlich stattfindende Deutsche Ärztetag genießt ebenfalls ein erhöhtes mediales Interesse – vertretene Positionen und Leitdiskussionen der Tagung werden der breiten Öffentlichkeit zugetragen.

Die potenzielle Einflussnahme der Ärztekammern ist jedoch nicht unbegrenzt: Anders als in den KVen wird ihre politische Stellung primär dadurch limitiert, dass sie nicht im Gemeinsamen Bundesausschuss vertreten sind. Durch den Ausschluss bleibt ihnen die direkte Einflussnahme auf dieses gesundheitspolitische Gremium verwehrt. Darüber hinaus drängt sich die Frage auf, ob die Ärztekammern mit einer derart großen, heterogenen Mitgliedsstruktur überhaupt erfolgreich alle Interessen vertreten können. Dass diese Interessen mitunter konfligieren können, wird im nächsten Unterpunkt gesondert diskutiert.

3.6   Innerorganisatorische Konfliktlinien und Probleme

Durch die lückenlose Mitgliederrekrutierung der Ärztekammern ist dementsprechend auch die ganze Bandbreite der Ärzteinteressen in ihnen organisiert. Dies birgt Vorteile und Risiken: Einerseits verstärkt sich die Machtposition der LÄK und BÄK durch sie, da sie offiziell die gesamte Ärzteschaft in Deutschland repräsentieren und vertreten, sowie durch die Abdeckung aller verschiedenen Ärztebereiche auf ein hohes und sehr umfassendes Maß an fachlicher Expertise zurückgreifen können. Andererseits werden LÄK und BÄK gleichermaßen durch die große und pluralistische Mitgliedschaft vor die Herausforderung gestellt, alle Partikularinteressen adäquat abzubilden und verschiedenste Interessen zu integrieren (ebd.).

Dass die deutsche Ärzteschaft trotz „einheitlichen Bildungshintergrunds" (Bandelow 2007, S. 279) keine homogene Gruppe mit ähnlichen Interessen darstellt, ist bei Delegierten- und Kammerwahlen in großem Maße eminent: Durch häufige doppelte Mitgliedschaften der Ärzte in den LÄK und verschiedenen weiteren freien Ärzteverbänden haben ebendiese Verbände einen Weg über Listen in die Kammerversammlung gefunden: Große Verbände wie der Hartmannbund, der Marburger Bund oder der NAV-Virchow-Bund sind in vielen Kammerversammlungen der LÄK vertreten und erzielen häufig gute Ergebnisse (der derzeitige Präsident der BÄK, Frank Ulrich Montgomery gehört dem Marburger Bund an). Besonders deutlich zeigt sich die Heterogenität der Ärzteschaft zudem anhand der Vielzahl körperschaftsunabhängiger Listen, wie etwa der Gemeinschaftlichen Liste – Pädiatrie, der Liste Psychosoziale Medizin oder der Liste älterer Ärztinnen und Ärzte (z. B. Westfälisches Ärzteblatt 2014). Obwohl sich diese Listen meist nach ihrem Selbstverständnis nicht unmittelbar als alleinige Vertretung partikularer Interessen sehen, sondern Einigkeit und Kooperation suchen (ebd., S. 17), ist die vielseitige Listenlandschaft in den Kammerversammlungen die einzige Möglichkeit, den permanenten Interessenpluralismus in den Ärztekammern abzubilden und so möglichst vielen Akteuren Gehör zu verschaffen. Daraus lässt sich jedoch indes nicht schließen, dass der innerorganisatorische Meinungsaustausch allzeit harmonisch und konfliktfrei verliefe: Der seit Jahren andauernde Konflikt über die Strukturierung ambulanter und stationärer Versorgung (z. B. Clade 1999) etwa oder die geplante Novellierung der ärztlichen Gebührenordnung sind Themenbereiche, welche die Beteiligten Listen öffentlich sehr kontrovers diskutieren.[3] Dessen ungeachtet ist der innerorganisatorische Interessendissens der LÄK und BÄK für einen Verbund solcher Größe insgesamt eher gering. Dies liegt an zweierlei Gründen:

Erstens begrenzt die Listenvielfalt bei Delegierten- und Kammerwahlen die Entstehung dominanter oder „übermächtiger" Listen. Sie müssen Koalitionen mit anderen Listen eingehen, um eine Mehrheit in den Kammerversammlungen sicherzustellen. Empirisch zeigt sich eine relativ hohe Volatilität des Listensystems;

---

[3]Letzterer Konflikt sorgte auf dem Ärztetag 2016 zu einem Versuch, den Präsidenten Montgomery des Amtes zu entheben. Dieses Vorhaben scheiterte jedoch; der Antrag wurde mit 148 zu 85 Stimmen nicht zugelassen (Ärztetag 2016: Drucksache 0–01).

zudem sind die eingegangen Koalitionen und Allianzen meist nicht starr, sondern wechselhaft; Oppositionsmeinungen werden ebenfalls in Vorstandssitzungen
berücksichtigt, was zu einem funktionsfähigen und konsensbereiten Parlament beiträgt (van Elten 2016, S. 13).

Zweitens sind die konkreten Handlungsfelder und Entscheidungen der Ärztekammern oftmals fachübergreifend für die gesamte Ärzteschaft allgemein
relevant. Die Beantwortung berufsethischer Fragen, sowie die konkrete Ausgestaltung der allgemeinen ärztlichen Aus-, Fort- und Weiterbildung sind für den
übergroßen Teil der Ärzteschaft gleichermaßen Gewissens- oder Grundsatzent-
scheidungen, sodass nicht selten fachbereichsunabhängige Entscheidungen – oder
zumindest Kompromisse getroffen werden können, die nicht nur Einzelgruppen,
sondern der gesamten Ärzteschaft zugutekommen.

4   Fazit

Wie die Analyse der KVen und Ärztekammern verdeutlicht, ergeben sich aus dem
gesonderten Status weitreichende Folgen für die Verbände als Körperschaften des
öffentlichen Rechts, welche beide Verbände in ähnlichem Ausmaß betreffen. Aus
der herausgearbeiteten Doppelrolle, dass beide Verbände sowohl der Erledigung
öffentlicher Hoheitsaufgaben, wie auch der Interessenvertretung ihrer Mitgliedschaft verpflichtet sind, stellen beide vor Herausforderungen. Dies drückt sich im
Verhältnis von Mitgliedschafts- und Einflusslogik aus.

Die aus dem Status als Körperschaften des öffentlichen Rechts resultierende
Pflichtmitgliedschaft ermöglicht es, dass sich in den Ärztekammern die gesamte
und in den KVen die ambulant tätige Ärzteschaft vereint und die Organisationen
daher über eine ausgeprägte Handlungsfähigkeit verfügen. Durch die lückenlose Abdeckung der Mitgliedschaften aller im jeweiligen Organisationsfeld tätigen Ärzte können die Verbände seit Jahrzehnten einen starken Einfluss auf das
deutsche Gesundheitssystem geltend machen. Ihre große Mitgliederzahl trägt zu
einer erhöhten öffentlichen Wahrnehmung bei. Aus den gesetzlich übertragenen
Aufgaben und der einflussreichen Vertretung in der gemeinsamen Selbstverwaltung, welche eine bedeutsame, historisch gewachsene Errungenschaft für die Ärzteschaft ausdrückt, ergibt sich für die Selbstverwaltungseinrichtungen allerdings
auch eine besondere Verantwortung. Um den Fortbestand dieser Errungenschaft
für die Ärzteschaft sicherzustellen, sehen sie sich mit der Herausforderung konfrontiert, sowohl die politische Umwelt zufriedenzustellen und ihre gesamtge-
sellschaftlichen Aufgaben zu erfüllen, als auch die Interessen ihrer Mitglieder
nicht zu vernachlässigen. Diese verschiedenen Erwartungen können mitunter

im Spannungsverhältnis zueinander stehen: Um ihren langfristigen Einfluss auf die Gestaltung der deutschen Gesundheitspolitik zu sichern, müssen oftmals Konflikte mit der heterogenen Mitgliedschaft und auch innerhalb dieser in Kauf genommen werden.

Durch die hohe Mitgliederdichte der KVen und Ärztekammern entsteht eine heterogene, von Partikularinteressen geprägte Mitgliedschaft, wodurch die Interessenvertretung zusätzlich erschwert wird. Das kann insofern zu Problemen führen, als dass eine einheitliche Vertretung der Interessen oftmals schwierig zu realisieren ist. Das gilt in besonderem Ausmaß für die KVen, da diese die Aufteilung der Gesamtvergütung der ambulant tätigen Ärzte organisieren, was unweigerlich zu internen Verteilungskämpfen zwischen den einzelnen Interessengruppen innerhalb der Körperschaft führt. Eine Folge, dass nicht alle Partikularinteressen immer ausreichend berücksichtigt werden können, ist das Erstarken der freien Verbände ohne sozialrechtlichen Auftrag. Diese können sich konkreter um die Interessenvertretung einzelner Gruppen können. Das Konfliktpotenzial innerhalb der Ärztekammern ist indes geringer, da ihre Aufgaben innerhalb der Körperschaft weniger konfliktbehaftet sind (wie die Aus-, Weiter- und Fortbildung und die ärztliche Berufsethik). Die Zukunft der KVen und der Ärztekammern wird nicht zuletzt davon abhängig sein, wie ihnen der weitere Umgang im beschriebenen Spannungsfeld gelingt.

Literatur

BÄK (Bundesärztekammer). 2014. Ärztestatistik 2014: Etwas mehr und doch zu wenig. http://www.bundesaerztekammer.de/ueber-uns/aerztestatistik/aerztestatistik-2014/. Zugegriffen: 5. Aug. 2016.

BÄK (Bundesärztekammer). 2015. Ärztestatistik 2015. http://www.bundesaerztekammer.de/fileadmin/user_upload/downloads/pdf-Ordner/Statistik2015/Stat15AbbTab.pdf. Zugegriffen: 8. März 2016.

BÄK (Bundesärztekammer). 2016. 119. Deutscher Ärztetag. Drucksache 0–01. http://119daet.baek.de/data/media/B001.pdf?t=1471258636. Zugegriffen: 8. Aug. 2016.

BÄK (Bundesärztekammer). (o. J.). Geschichte der Bundesärztekammer. http://www.bundesaerztekammer.de/ueber-uns/geschichte-der-baek/. Zugegriffen: 3. Aug. 2016.

Bandelow, Nils C. 2004. Akteure und Interessen in der Gesundheitspolitik. Vom Korporatismus zum Pluralismus? *Politische Bildung* 37 (2):49–63.

Bandelow, Nils C. 2007. Ärzteverbände. Niedergang eines Erfolgsmodells? In *Interessenverbände in Deutschland*, Hrsg. Thomas von Winter und Ulrich Willems, 271–293. Wiesbaden: VS Verlag.

Behaghel, Katrin. 1994. *Kostendämpfung und ärztliche Interessenvertretung – Ein Verbandsystem unter Streß*. Frankfurt/New York: Campus Verlag.

BLÄK (Bayerische Landesärztekammer). *Heilberufe-Kammergesetz (HKaG)*. Bekanntmachung der Neufassung des Heilberufe-Kammergesetzes vom 6. Februar 2002: Bayerische Landesärztekammer.

BMBF. (2016). Daten – 2.5.4 Studienanfänger/-innen im 1. Hochschulsemester nach Hochschularten. Bundesministerium für Bildung und Forschung. http://www.datenportal. bmbf.de/portal/de/K253.html. Zugegriffen: 13. Aug. 2016.

BMG. (2016). Ärztliche Versorgung. Bundesministerium für Gesundheit. http://www.bmg. bund.de/themen/krankenversicherung/ambulante-versorgung/aerztliche-versorgung.html. Zugegriffen: 14. Aug. 2016.

BVDD. 2015. NAV: Ärztekammer handelt „ohne demokratische Legitimation". Berufsverband der Deutschen Dermatologen e. V. http://www.bvdd.de/news/gesundheitspolitik/ news-gesundheitspolitik/nav-aerztekammer-handelt-ohne-demokratische-legitimation. html. Zugegriffen: 10. Aug. 2016.

Clade, Harald. 1999. Verzahnung ambulant und stationär: Personale Integration und gestufte Versorgung. Deutsches Ärzteblatt 96 (21). https://www.aerzteblatt.de/archiv/17862/ Verzahnung-ambulant-und-stationaer-Personale-Integration-und-gestufte-Versorgung. Zugegriffen: 10. Aug. 2016.

Deutscher Bundestag. (2016). Öffentliche Liste über die Registrierung von Verbänden und deren Vertretern. https://www.bundestag.de/dokumente/lobbyliste. Zugegriffen: 9. Aug. 2016.

Elten, Katharina van. 2016. Dissens und Konfliktlinien in der ärztlichen Selbstverwaltung. In *Verbände unter Druck. Protest, Opposition und Spaltung in Interessenorganisationen*, Hrsg. Detlef Sack und Christoph Strünck, 217–232. Wiesbaden: VS Verlag.

HeilBerG. (2016). *Heilberufsgesetz Nordrhein-Westfalen*. Stand 1. Sept. 2016.

Hirschman, Albert O. 1970. *Exit, voice, and loyalty. Responses to decline in firms, organizations, and states*. Cambridge: Harvard University Press.

KBV. 2015a. Satzung der Kassenärztlichen Bundesvereinigung. Stand: 11.12.2016. http:// www.kbv.de/media/sp/Satzung_der_KBV.pdf. Zugegriffen: 5. Aug. 2016.

KBV. 2015b. Statistische Informationen aus dem Bundesarztregister. Kassenärztliche Bundesvereinigung. http://www.kbv.de/media/sp/2015_12_31.pdf. Zugegriffen: 5. Aug. 2016.

Kopetsch, Thomas. 2010. *Dem deutschen Gesundheitswesen gehen die Ärzte aus! Studie zur Altersstruktur und Arztzahlentwicklung*. Berlin: Bundesärztekammer und Kassenärztliche Bundesvereinigung.

LÄKH. 2015. Beitragsordnung der Landesärztekammer Hessen. https://www.laekh.de/ images/Aerzte/Mitgliedschaft/Mitgliedsbeitrag/Beitragsordnung.pdf. Zugegriffen: 8. Aug. 2016.

Quasdorf, Ingrid. 2014. Aufgaben und Organisation ärztlicher Körperschaften und Verbände. Zentrale Mitarbeiterfortbildung der Kassenärztlichen Bundesvereinigung. http:// www.kbv.de/media/sp/2014_11_20_Fortbildungsheft_1_webVersion.pdf. Zugegriffen: 27. Juni 2016.

Rosenbrock, Rolf, und Thomas Gerlinger. 2014. *Gesundheitspolitik. Eine systematische Einführung*. Bern: Huber.

Schmitter, Philippe C., und Wolfgang Streeck. 1999. *The organization of business interests. Studying the associative action of business in advanced industrial societies*. Köln: Max Planck Institut für Gesellschaftsforschung (Discussion paper 1999/01).

Schröder, Gerhard. 2016. Kassenärztliche Bundesvereinigung – Es droht die Zwangsverwaltung. Deutschlandfunk. http://www.deutschlandfunk.de/kassenaerztliche-bundesvereinigung-es-droht-die.1773.de.html?dram:article_id=354826. Zugegriffen: 5. Aug. 2016.

Simon, Michael. 2015. Lobbyismus in der Gesundheitspolitik. Bundeszentrale für politische Bildung. http://www.bpb.de/politik/innenpolitik/gesundheitspolitik/200658/lobbyismus-in-der-gesundheitspolitik?p=all. Zugegriffen: 12. Aug. 2016.

Simon, Michael. 2016. *Das Gesundheitssystem in Deutschland – Eine Einführung in Struktur und Funktionsweise*. Bern: Hogrefe.

Tauchnitz, Thomas. 2004. *Die organisierte Gesundheit – Entstehung und Funktionsweise des Netzwerks aus Krankenkassen und Ärzteorganisationen im ambulanten Sektor*. Wiesbaden: Deutscher Universitätsverlag.

Webber, Douglas. 1992. Die kassenärztlichen Vereinigungen zwischen Mitgliederinteressen und Gemeinwohl. In *Verbände zwischen Mitgliederinteressen und Gemeinwohl*, Hrsg. Renate Mayntz, 211–272. Gütersloh: Bertelsmann Stiftung.

Westfälisches Ärzteblatt. 2014. Mitteilungsblatt der Ärztekammer Westfalen-Lippe – Ausgabe 8/2014. http://www.aekwl.de/index.php?id=457&3s_aerzteblatt_id=780. Zugegriffen: 8. Aug. 2016.

Über die Autoren

Philip Schillen B.A., Wissenschaftliche Hilfskraft an den Lehrstühlen „Politisches System Deutschlands" und „Sozialpolitik und Institutionenökonomik", Ruhr-Universität Bochum.

Corbin Kaiser Studentische Hilfskraft am Lehrstuhl „Politisches System Deutschlands", Ruhr-Universität Bochum.

Liberale Interessensgemeinschaft oder doch Universalverband?

Der Hartmannbund

Moritz E. Behm

1 Einleitung

Unter der Vielzahl der Ärzteorganisationen in Deutschland ist der Hartmannbund als zweitgrößter Ärzteverband ein signifikanter Interessensvertreter des liberalen Flügels der Ärzteschaft. Der Verband der Ärzte Deutschlands e. V., der nach seinem Gründer Hermann Hartmann benannt ist, ist auf Bundesebene organisiert und setzt sich für die wirtschaftlichen, beruflichen und sozialen Interessen sämtlicher medizinischer Zünfte ein. Seit seiner Gründung im Jahre 1900 fungiert der Verband als vom Fachgebiet unabhängige Interessensvertretung für niedergelassene und angestellte Ärzte, Zahnärzte sowie Medizinstudierende in Deutschland. Aus den öffentlich bekundeten Forderungen und Zielen, wie z. B. die Wahrung der ärztlichen Freiberuflichkeit und der freien Arztwahl für Patienten als zentrale Forderungen, lässt sich der liberale Charakter des Verbandes ableiten. Auch im direkten Vergleich zu Deutschlands größtem Ärzteverband, dem Marburger Bund, dessen Beiname: „Verband der angestellten und beamteten Ärztinnen und Ärzte Deutschlands e.V." ist, zeigt die Fokussierung auf die Belange dieser gesonderten Berufsgruppen und begründet den Gewerkschaftscharakter des Marburger Bundes, zumal er der einzige Ärzteverband mit tarifpolitischer Aktivität ist. Der Hartmannbund, welcher im Vergleich zum Marburger Bund tarifpolitisch nicht

M. E. Behm (✉)
Universität Kassel, München, Deutschland
E-Mail: mail@moritzbehm.de

© Springer Fachmedien Wiesbaden GmbH 2018   151
T. Spier und C. Strünck (Hrsg.), *Ärzteverbände und ihre Mitglieder,*
Studien der Bonner Akademie für Forschung und Lehre praktischer
Politik, https://doi.org/10.1007/978-3-658-19249-5_8

aktiv ist, vertritt somit verstärkt die Belange von niedergelassenen Ärzten (vgl. Bandelow 2007, S. 272). Dies zeigt sich auch in der Positionierung des Hart- mannbunds zu gesundheitspolitischen Fragen und Themenbereichen, wie z. B. die Wahrung der Freiberuflichkeit, die Unabhängigkeit des Arztes und seiner Berufsausübung, die Freiheit der Niederlassung sowie eine angemessene ärztliche Vergütung, wobei bei Letzterem die GOÄ (Gebührenordnung für privatärztliche Leistungen) vermehrt Berücksichtigung findet. Ergänzend wird die Sicherung und Weiterentwicklung der Gesundheitsversorgung und die freie Arztwahl der Pati- enten im Themenkatalog des Hartmannbunds erwähnt, was ebenfalls die liberal- orientierte Ausrichtung auf die Stärkung der Position der niedergelassenen Ärzte[1] unterstreicht. Zu den Adressaten der Lobbyarbeit in diesem Gebiet zählen neben der politischen Ebene die Bundesärztekammer, der Verband der privaten Kran- kenversicherungen sowie Kassenärztlichen Vereinigungen.

Alle freien Ärzteverbände haben im Gegensatz zu den Ärztekammern mit Pflichtmitgliedschaft das Problem, dass sie für eine Mitgliedschaft werben müs- sen. So beinhaltet eine Mitgliedschaft im Hartmannbund, wie auch in allen anderen freien Ärzteverbänden, ein Paket von Zusatzleistungen, von dem die Mitglieder selektiv profitieren können. Neben Vergünstigungen bei Versicherun- gen, Finanzierungen sowie Hotels, Mietwagen und Verlagshäusern, werben die Verbände mit juristischer und betriebswirtschaftlicher Beratung, die den Mit- gliedern ohne zusätzliche Kosten zur Verfügung stehen. Ein maßgeblicher Faktor für die Mitgliedschaft und gesicherten Fortbestandes eines Verbandes stellt nach Bandelow die Kompatibilität der Verbandsziele zu den politisch dominierenden Leitbildern dar (2004, S. 290). Dabei setzen die Rekrutierungsbemühungen der freien Ärzteverbände meist schon bei den Medizinstudierenden an, die zur Siche- rung des Fortbestandes des Verbandes notwendig sind. Da sich zumindest die all- gemeinen Ärzteverbände in Bezug auf die Leistungen für Mitglieder nur marginal unterscheiden, spielt die Identifikation mit den Verbandszielen für potenzielle Mitglieder eine wichtige Rolle. Dies muss jedoch z. B. für die Gruppe der Medi- zinstudierenden nicht zwingend den ausschlaggebenden Faktor für eine Mitglied- schaft darstellen, sondern kann initial auch durch die angebotenen Leistungen für Mitglieder begründet sein, da eine Präferenz zur Niederlassung oder Anstellung und demzufolge entsprechender Ausrichtung der eigenen Interessen noch nicht feststeht.

---

[1]Obwohl aus Gründen der Lesbarkeit im Text die männliche Form gewählt wurde, beziehen sich die Angaben im gesamten Beitrag auf Angehörige beider Geschlechter.

Die politische Wirksamkeit eines Ärzteverbandes vergrößert sich durch die Anzahl seiner Mitglieder und kann, wie am Beispiel des Marburger Bundes deutlich wird, eine gewerkschaftsartige Macht annehmen. Eine eindeutige Identifikation mit den Verbandszielen führt zu einer homogenen Interessensvertretung. Die Haltung der Mitglieder zielt demnach häufig auf eine kompromisslose Vertretung ihrer Interessen ab (vgl. Groser 1992, S. 167 f.; Birkelbach 2003, S. 159). Aufgrund der Heterogenität der Mitglieder des Hartmannbundes (niedergelassene Haus- und Fachärzte, Klinikärzte und Medizinstudierende) und entsprechenden Doppelmitgliedschaften in weiteren Ärzteverbänden mit anderen Verbandszielen, stellt die kompromisslose Identifikation mit den Verbandszielen bei diesem Verband eine Herausforderung dar.

2 Entstehung und Entwicklung

Aus der Einführung der gesetzlichen Krankenkassen im Jahre 1883 resultierte das neue Dreiecksverhältnis zwischen Arzt, Patient und Krankenkasse. Die Grundlage für eine ärztliche Behandlung stellte der jeweilige Vertrag mit der entsprechenden Kasse dar. Die Bedingungen der Verträge wurden zwischen Arzt und Kasse einzeln ausgehandelt, denn die Kassen suchten sich die für sie tätig werdenden Ärzte selbst aus (Häussler et al. 2013, S. 5). Hieraus ergab sich seitens der Ärzte der Wunsch nach einer Interessensvertretung bezüglich der Verbesserung ihrer wirtschaftlichen Rahmenbedingungen. Bezug nehmend auf die Gesamtsituation der Ärzte sendete der Leipziger Arzt Hermann Hartmann im Jahr 1900 einen offenen Brief an die deutsche Ärzteschaft, mit dem Aufruf sich zu einer entsprechenden Interessengemeinschaft zu organisieren.

Aus dieser Initiative resultierte die Gründung des Schutzverbands der Ärzte Deutschlands, dessen Name im ersten Satzungsentwurf als „Verband der Ärzte Deutschlands zur Wahrung ihrer wirtschaftlichen Interessen" festgelegt wurde. Bis 1924 wurde allgemein „Leipziger Verband" als Synonym verwendet. Nach dem Tod des Initiators trägt der Verband bis heute den Namen „Hartmannbund". Primär sah der Hartmannbund seine Aufgaben in Wirtschaftsfragen hinsichtlich Verhandlungen mit Krankenkassen und der Aushandlung von Tarif- sowie Manteltarifverträgen. Die ursprünglichen Forderungen des Hartmannbundes waren die Ablösung der Einzelverträge zwischen Arzt und Krankenkasse durch einen Kollektivvertrag, die freie Arztwahl sowie das Zielleistungsprinzip, welches die Abrechnung von Einzelleistungen beinhaltete (Quasdorf 2014, S. 49). Im Jahre 1928 entwickelte der Hartmannbund die Allgemeine Deutsche Gebührenordnung (ADGO) als neue Richtlinie für die Honorierung der ärztlichen Tätigkeit, die für das gesamte Deutsche Reich gütig war. Im Zuge der Reichsärzteordnung vom 13.12.1935 und der Gründung der Reichsärztekammer wurde der Hartmannbund im gleichen Jahr aufgelöst.

Erst 1949 entstanden die ersten Vorläufer eines neuen Hartmannbundes: der sogenannte „Geislinger Kreis" und die „Gemeinschaft freipraktizierender Ärzte" in Hamburg. Die Neugründung des Hartmannbundes fand am 20.05.1949 statt. Ein Meilenstein im Hinblick auf die Vertretung der deutschen Ärzteschaft war die Beteiligung des Hartmannbunds an den Kanzlergesprächen 1960, um die Interessen seiner Mitglieder auf höchster politischer Ebene zu repräsentieren. Die liberale Grundeinstellung des Verbands ließ sich bereits früh beobachten, da sich der Hartmannbund beispielsweise im Jahr 1968 für ärztliche Gruppenpraxen in Deutschland einsetzte, die Ärzten die interdisziplinäre Zusammenarbeit im Team und gleichzeitige Nutzung von wirtschaftlichen Synergieeffekten ermöglichen sollten. Zudem kooperierte der Hartmannbund mit dem NAV-Virchow-Bund und dem Marburger Bund bei der Erarbeitung von gemeinsamen Musterverträgen und der individuellen Beratung für Ärzte. Nach der Wiedervereinigung Deutschlands 1990 gründete der Hartmannbund Landesverbände in allen neuen Bundesländern und plädierte für die Angleichung der Honorare in Ost- und Westdeutschland. Die Mitarbeit im Aktionsbündnis „Mittelstand im Gesundheitswesen" stellt im Jahr 1998 einen weiteren wichtigen Meilenstein des Hartmannbundes dar und unterstreicht erneut die liberale Ausrichtung des Verbandes.

Der Hartmannbund sieht heute seine Aufgabe in der Wahrung der beruflichen, wirtschaftlichen und sozialen Interessen aller Ärzte, unabhängig von ihrem Fachgebiet oder der Art der Berufsausübung. Nichtsdestotrotz werden die Interessenschwerpunkte bei den freien großen Ärzteverbänden doch recht deutlich: Die angestellten Ärzte finden ihre Interessensvertretung verstärkt beim Marburger Bund, obgleich der Hartmannbund in seinen Zielen die Vertretung von sämtlichen Beschäftigungsformen und Zünften beschreibt. Die niedergelassenen Ärzte haben ihre spezielle Interessensvertretung beim NAV-Virchow-Bund, durch dessen Beiname: „Verband der niedergelassenen Ärzte Deutschlands e.V." dies unmissverständlich klar wird. Allerdings ist der NAV-Virchow-Bund mit ca. 12.000 Mitgliedern (Gieseke 2007) ein im Vergleich zum Marburger Bund und Hartmannbund eher kleiner Verband, der aufgrund der niedrigen Mitgliederzahl in seiner Interessensvertretung eher beschränkt ist. Demnach scheint der Hartmannbund eine Art „Universalverband" für die deutsche Ärzteschaft darzustellen, mit einem eher liberalen Charakter und einem entsprechendem Fokus auf die Belange von niedergelassenen Ärzten.

Im Hinblick auf die politischen Entwicklungen ergibt sich für den Hartmannbund erneut die Notwendigkeit für eine Positionierung und Engagement zur

Gestaltung einer zukunftsfähigen Gesundheitspolitik. Zum einen im Rahmen der Diskussionen rund um das Versorgungsstrukturgesetz (vgl. Hartmannbund 2016e), welches u. a. eine Niederlassung von Ärzten auch in strukturschwachen Regionen lukrativer machen soll. Zentrale Neuerungen sind z. B. eine Verbesserung der Work-Life-Balance durch die Aufhebung der Residenzpflicht für niedergelassene Ärzte, sofern dadurch die Notfallversorgung nicht gefährdet wird, oder zusätzliche finanzielle Anreize, wie ausgenommene Abstaffelungen, die dem Arzt die Abrechnung von Leistungen ohne Abschläge ermöglicht, auch wenn die zustehende Behandlungsmenge pro Quartal bzw. Jahr überschritten wird (Gerlinger 2013).

Zum anderen in Bezug auf das 2016 in Kraft getretene eHealth-Gesetz, das den Weg für eine sichere digitale Kommunikation und entsprechende Anwendung im Gesundheitswesen ebnen soll. Der Bedarf nach einer digitalen Infrastruktur und die Einführung nutzbringender Anwendungen auf der elektronischen Gesundheitskarte werden seit vielen Jahren diskutiert (vgl. BMG 2016). Auch diese Gesetzesneuerung kann wie das Versorgungsstrukturgesetz die Position der niedergelassenen Ärzte in Deutschland im Positiven beeinflussen, was ein Aufgreifen dieser neuen Rahmenbedingungen für den Hartmannbund unabdingbar macht. Die digitale Transformation wird auch das Gesundheitswesen stark verändern (Thun 2014, S. 22–27). Besondere Herausforderungen sieht der Hartmannbund u. a. im Ausbau der Infrastruktur, in der Implementierung entsprechender Hardware in Kliniken und Praxen, in der Zertifizierung sogenannter Gesundheits-Apps oder zum Beispiel in der termingerechten Zertifizierung datensicherer Kommunikationstechnik (Hartmannbund 2016h). Dadurch können sich weiterführende Fragestellungen bezüglich der Vergütung von ärztlich erbrachten Leistungen in digitaler Umgebung ergeben und stellen somit einen prädestinierten Ansatzpunkt für den Hartmannbund zur politischen Involvierung dar.

3   Rechtlicher Status und Organisationsstruktur

Im direkten Vergleich zu den Ärztekammern und kassenärztlichen Vereinigungen, welche als Personalkörperschaften des öffentlichen Rechts zur Umsetzung von gesetzlichen Vorgaben verpflichtet sind, ist der Hartmannbund als eingetragener Verein (Hartmannbund 2013, § 1 Abs. 1) eine privatrechtliche Vereinigung und somit wesentlich freier in der Wahl seiner Organisationsstruktur.

Die Mitgliedschaft im Hartmannbund kann jeder in Deutschland approbierte Arzt oder Zahnarzt erwerben (Hartmannbund 2013, § 4 Abs. 1). Dies gilt auch für Medizinstudierende, die bis zur Erlangung ihrer Approbation als außerordentliche Mitglieder geführt werden und im Anschluss in eine ordentliche Mitgliedschaft

übergehen (ebd., § 4 Abs. 3). Die Beiträge variieren von einem Euro pro Monat
für Medizinstudierende bis hin zu 25 EUR pro Monat als Spitzenbeitragssatz
(Hartmannbund 2014b). Im Vergleich zu anderen Ärzteverbänden bestehen Unterschiede in der Beitragsstruktur, die im Vergleich von vier unterschiedlichen Beitragsgruppen und den Mitgliedsbeiträgen pro Kalenderjahr deutlich werden (vgl.
Abb. 1).

Bei einem Vergleich der Mitgliedsbeiträge der freien Ärzteverbände muss
berücksichtigt werden, dass beim Marburger Bund die Beiträge je nach Bundes-
land variieren können, sodass die Beiträge aus Bayern für das Beispiel verwendet wurden. Außer bei den Assistenzärzten, die ihre Approbation maximal fünf
Jahre haben, gibt es signifikante Unterschiede, obgleich diese bei monatlicher
Beitragserhebung auf den ersten Blick nicht sonderlich auffallen. Allerdings können die Beiträge des Hartmannbunds durch verschiedene Rahmenbedingungen
vergünstigt werden. Liegt beispielsweise bereits eine kostenfreie Mitgliedschaft
im kooperierenden MEDI-LEARN Club vor, so erhebt der Hartmannbund für
Medizinstudierende keinen Beitrag. Zudem gewährt der Hartmannbund zwischen 30–40 % vergünstigte Beitragssätze bei Doppelmitgliedschaften, z. B. im
Marburger Bund bei angestellten Ärzten (Hartmannbund 2014a, S. 1). Weitere
Vergünstigungen gibt es z. B. bei Berufsunfähigkeit sowie bei Ruheständlern
(ebd, S. 1). Desweiteren können im Rahmen einer korporativen Mitgliedschaft
andere Ärzteverbände Mitglied des Hartmannbundes werden. Diese können laut
Satzung einen Vertreter in den geschäftsführenden Vorstand und zwei weitere

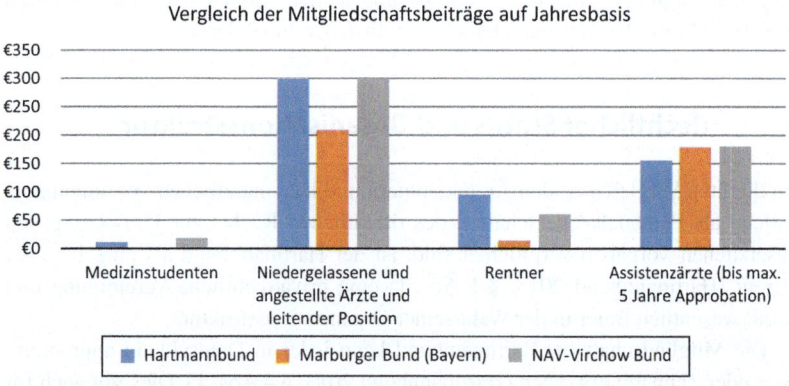

Abb. 1 Beitragsvergleich von vier Mitgliedsgruppen. (Quelle: Hartmannbund 2014a, S. 1;
Marburger Bund 2015, S. 1; NAV-Virchow-Bund 2015, S. 1)

Vertreter sowie Stellvertreter in den Gesamtvorstand des Hartmannbunds wählen. Im Hinblick auf die Hauptversammlung des Hartmannbunds nimmt seitens des korporativen Mitglieds der entsprechend gewählte Vorsitzende bzw. Vertreter teil (Hartmannbund 2013, § 4 Abs. 2; § 8 Abs. 1).

Der Hartmannbund ist in 17 Landesverbände ohne eigene Rechtspersönlichkeit organisiert, die sich innerhalb der einzelnen Bundesländer in Bezirk- und Kreisverbände mit jeweiligen Vorständen untergliedern. Der Bezirksvorstand kann mitunter auch in Personalunion mit weiteren Ämtern ausgeübt werden. Beispielsweise nimmt der aktuelle Bundesvorsitzende Klaus Reinhardt auch das Amt des Bezirksvorsitzenden Westfalen-Lippe wahr. Im Rahmen der Bearbeitung von Sonderaufgaben, die spezielle fachliche Expertise bedürfen, benennt der Gesamtvorstand Arbeitskreise, die in den Bereichen „Ambulante Versorgung", „Stationäre Versorgung", „Gesundheitsdienste", „Aus- und Weiterbildung" sowie „Assistenzärzte" dedizierte Fragestellungen bearbeiten. Die Aufgaben der Arbeitskreise werden vom geschäftsführenden Vorstand sowie dem Gesamtvorstand festgelegt. Die thematische Ausrichtung der Arbeitskreise im Hartmannbund zeigt eine verstärkte Arbeit in Bezug auf angestellte Ärzte. Die Themen der niedergelassenen Ärzte werden einzig durch den Arbeitskreis „Ambulante Versorgung" bearbeitet, der sich z. B. mit Fragestellungen rund um die vertrags- und privatärztliche Versorgung, die gesetzlichen Regelungen des SGB V und die vertraglichen Regelungen der Selbstverwaltung befasst. Zentral sind dabei die Themenfelder wie z. B. Freiberuflichkeit, Gebührenordnungen, Haftungsfragen sowie neuen Versorgungsformen, wie etwa die integrierte und hausarztzentrierte Versorgung (Hartmannbund 2016c).

Mit Blick auf das Problem einer homogenen Interessensvertretung bei heterogener Mitgliederstruktur, könnten die Schwerpunkte der Arbeitskreise auf einen immer stärkeren „universalen" Charakter des Hartmannbundes hindeuten, der nicht mehr primär für die Vertretung der Interessen von niedergelassenen Ärzten steht, sondern vermehrt auch die Belange von angestellten Ärzten berücksichtigt. Der Hartmannbund weist jedoch explizit darauf hin, dass die Arbeit des Arbeitskreises „Stationäre Versorgung" auf die Identifizierung von Missständen und Problemfeldern bei der tariflichen und außertariflichen Vergütung, der Ausübung der freien ärztlichen Tätigkeit und der Erarbeitung passgenauer Lösungsmodelle sowie zusätzlichen Vergütungsmodellen abzielt. Trotz unterschiedlicher Zielgruppen scheint die Forderung der Wahrung einer freien ärztlichen Tätigkeit eine inhaltliche Klammer zu sein, die den liberalen Grundtenor im Hartmannbund hervorhebt (Hartmannbund 2016d).

Der geschäftsführende Vorstand, der Gesamtvorstand sowie die Hauptversammlung stellen die Organe des Hartmannbunds dar. Der geschäftsführende

Vorstand besteht aus dem Vorsitzenden, einem Stellvertreter und mindestens drei, maximal fünf Beisitzern. Es wird hier besonders berücksichtigt, dass ein Mitglied aus der Mitte der die jungen Ärzte vertretenden Arbeitskreise gewählt werden soll (Hartmannbund 2013, § 10 Abs. 2), um auch die Stimmen der jungen Verbandsfunktionäre in entsprechenden Positionen zu berücksichtigen. Zu den Hauptaufgaben gehört das Führen der Geschäfte des Hartmannbundes mithilfe der Hauptgeschäftsführung. Ehemalige Vorsitzende können bei besonderen Verdiensten durch den Gesamtvorstand zu Ehrenvorsitzenden ernannt werden, wobei es immer nur einen Ehrenvorsitzenden geben kann. Dieser hat das Recht an allen Sitzungen und Veranstaltungen des Hartmannbundes teilzunehmen und ist redesowie antragsberechtigt.

Der Gesamtvorstand setzt sich zusammen aus den Mitgliedern des geschäftsführenden Vorstands, den jeweiligen Vorsitzenden der Landesverbände, zwei Vertretern der korporativen Mitglieder sowie den Vorsitzenden der Arbeitskreise. Die Landesverbände mit mehr als 2000 Mitgliedern haben zusätzlich das Recht, einen weiteren Delegierten in den Gesamtvorstand zu entsenden. Der Vorsitz des Gesamtvorstandes obliegt dem Vorsitzenden des Verbandes. Die Beschlussfähigkeit ist gewährleistet, wenn mindestens 50 % der stimmberechtigten Mitglieder anwesend sind (vgl. Hartmannbund 2013, § 2–6).

Im Hinblick auf die vertikale Organisationsstruktur im Hartmannbund sind auf der untersten Stufe die ordentlichen Mitglieder mit jeweils einer Stimme auf den lokalen Mitgliederversammlungen stimmberechtigt. An der Hauptversammlung hingegen können alle Verbandsmitglieder teilnehmen, jedoch sind nur die von den Landesverbänden gemeldeten und vom Bundesverband akkreditierten Delegierten stimmberechtigt (ebd. § 13 Abs 2). Über die Aufnahme eines ordentlichen Mitglieds entscheidet nach schriftlichem Antrag an den Bundes- oder Landesverband formal der geschäftsführende Vorstand des Bundesvorstands (vgl. ebd. § 5), obgleich eine Einzelfallprüfung bei entsprechender Mitgliederzahl unwahrscheinlich sein dürfte. Bei einem korporativen Mitglied fällt die Entscheidung im Gesamtvorstand (ebd. § 5 Abs 3). Die nächste Stufe sind die Delegierten der jeweiligen Landesverbände, welche in ihren Delegiertenversammlungen die in die Hauptversammlung sowie in den Gesamtvorstand zu entsendenden Delegierten wählen. Hinzu kommen je ein Stellvertreter pro Delegierten. Die Amtsdauer eines Delegierten beträgt vier Jahre (ebd. § 16 Abs 5).

Jedes Mitglied kann in die Organe des Verbandes gewählt werden, sofern kein spezieller Satzungsparagraf eine Kandidatur ausschließt. Die Satzung sowie die Beitragsordnung des Hartmannbundes ist bei Beitritt anzuerkennen. Außerordentlichen Mitgliedern obliegt auf der Hauptversammlung weder ein passives noch aktives Wahlrecht. Es besteht die Möglichkeit, dass Vorstände ordentliche

Mitglieder kooptieren können. Sonstige Unterschiede bei den Rechten und Pflichten der ordentlichen Mitglieder bestehen nicht. Allgemein wird vorausgesetzt, dass die Mitglieder für die Wahrung des Ärztestandes sowie für die Aufgaben des Verbandes eintreten (ebd. § 7 Abs 2). Mitglieder, die in ihrem Beruf besondere Verdienste erworben haben, können auf Vorschlag des Gesamtvorstandes zum Ehrenmitglied ernannt werden. Ehrenmitglieder sind weder stimmberechtigt noch beitragspflichtig.

4   Mitgliederentwicklung

Der Hartmannbund hat nach eigenen Angaben über 70.000 Mitglieder (Hartmannbund 2016a). Allerdings variieren die Zahlen je nach Quelle. Nach Angaben der Verbändeliste des deutschen Bundestages beläuft sich die Mitgliederanzahl des Hartmannbundes im Jahr 2016 auf 34.000 (Bundesanzeiger 2016, S. 375). Ein Teil der Unsicherheiten über die Mitgliederzahl resultiert aus möglichen Doppelmitgliedschaften von Ärzten, die individuell und zusätzlich über einen korporativ eingebundenen Verband Mitglied im Hartmannbund sind.

Tab. 1 zeigt die Mitgliederentwicklung des Hartmannbunds von den frühen 50er bis Ende der 80er Jahre. Die Mitgliederzahlen des Hartmannbunds wuchsen von 1952 bis 1989 mit einer durchschnittlichen jährlichen Wachstumsrate von ca. 1,7 %. Der durchschnittliche jährliche Zuwachs der berufstätigen Ärzte lag bei knapp 3 %. Bei der Annahme diese Raten bis zum heutigen Datum fortzuführen, ergäbe dies eine Mitgliederzahl im Jahre 2016 von ca. 55.000 Mitgliedern.[2] Bezug nehmend auf die Angaben des Bundesanzeigers scheint die Mitgliederzahl seit den 90er Jahren zu stagnieren und es ergibt sich eine durchschnittliche jährliche Wachstumsrate von ca. 1 % (+82 % seit 1952), wohingegen sich die Ärzteschaft mit der Anzahl von 371.300 berufstätigen Ärzten signifikant vergrößert hat (+481 % seit 1952) (Statistische Bundesamt 2016). Das entspricht einem Organisationsgrad bei 34.000 (70.000) Mitgliedern von 9,2 % (18,9 %) und zeigt einen deutlich fallenden Trend im Hinblick auf die sich im Hartmannbund organisierenden Ärzte.

Im Hinblick auf die Medizinstudierenden in Deutschland zeigt eine Studie des Hartmannbunds, dass 71 % nach dem Studium ein Angestelltenverhältnis anstreben. Davon 49 % als angestellter Arzt in einer Klinik und 22 % in einer Praxis

---

[2]Leider hat der Hartmannbund trotz wiederholter Nachfrage keine aktuellen Mitglieder- und Mitgliederstrukturzahlen zur Verfügung gestellt.

Tab. 1 Mitgliederentwicklung des Hartmannbundes. (Quelle: Bis 1989 nach Döhler und Manow 1997, S. 107; ab 1995 Zahl der Mitglieder des Hartmannbundes nach Angaben in der Verbändeliste des Deutschen Bundestags, Zahl der berufstätigen Ärzte nach der Ärztestatistik der Bundesärztekammer)

Jahr	Mitglieder	Berufstätige Ärzte	Organisationsgrad
1952	18.698	63.898	29,3
1955	18.042	67.602	26,7
1960	18.254	74.486	24,5
1965	16.382	79.931	20,5
1970	23.934	92.773	25,6
1975	30.693	114.624	26,8
1980	33.037	139.452	23,7
1985	34.425	160.902	21,4
1989	34.643	188.225	18,4
1995		273.880	
2000		294.676	
2005		307.577	
2010		333.599	
2015	34.000	371.302	9,2

oder MVZ. Die Möglichkeit zur Niederlassung erwogen hingegen nur 27 %. Der Anteil der Studierenden, die eine Tätigkeit im öffentlichen Gesundheitssektor anstreben lag bei 2 % (Hartmannbund o. J.). Etwa 34 % der deutschen Ärzteschaft sind niedergelassene Ärzte (Osterloh 2014, S. 672–673). Somit zeigen die Zahlen der Hartmannbund-Umfrage eine fallende Tendenz zur ärztlichen Niederlassung und dementsprechend resultiert im Hinblick auf die verstärkte Ausrichtung auf die Interessenvertretung von niedergelassenen Ärzten eine fallende Tendenz für die Rekrutierung neuer Mitglieder. Somit steht für den Hartmannbund nicht allein eine interne Harmonisierung bzgl. einer homogenen Interessensvertretung bei heterogener Mitgliederstruktur auf der Agenda, sondern auch die Aussicht auf weniger Mitglieder der primären Zielgruppe – der niedergelassenen Ärzte.

Eine weitere Herausforderung hinsichtlich der Mitgliederentwicklung stellt der demografische Wandel dar. Es rücken aufgrund der sich umkehrenden Alterspyramide immer weniger junge Mediziner nach. Seit 1994 hat die Anzahl der Studierenden im Fach Humanmedizin durchschnittlich pro Jahr um ca. 1 % abgenommen (Koepetsch 2010, S. 36). Berücksichtigt man zusätzlich die steigende Präferenz von Medizinstudierenden für eine Beschäftigung in einem Angestelltenverhältnis, so sind dies keine zuträglichen Aussichten für eine stabile und zukunftsfähige Mitgliederentwicklung.

5 Leistungen gegenüber Mitgliedern

Die Leistungen, die der Hartmannbund für seine Mitglieder anbietet, sind vielfältig. Das Spektrum reicht von kostenfreien Beratungsdienstleistungen, Seminaren, Musterverträgen bis hin zu wirtschaftlichen Vergünstigungen bei Banken, Versicherungen, Hotels sowie bei Autovermietung und -kauf. Bei den Beratungsdienstleistungen geht der Hartmannbund auf die verschiedenen Bedarfe der drei ärztlichen Mitgliedergruppen ein. Beispielsweise werden für angestellte Ärzte in der Klinik Seminare und Materialien zu Arbeitsvertrags- und Zeugnisprüfung, zu tarifrechtliche Fragen, sowie zu Elternzeit und Mutterschutz angeboten. Niedergelassene Ärzte, die Interesse an Themen wie Vertragsarztrecht, Berufsrecht, Arbeitsrecht und Steuerrecht haben, werden mit entsprechenden Inhalten bedient. Auch Angebote zu Honorar- und Abrechnungsfragen (GKV/PKV) sowie Praxisbewertung und Praxisübernahme finden sich im Servicekatalog des Hartmannbunds. Die letzte Mitgliedergruppe sind Ärzte in der Weiterbildung, die sich beispielsweise über Dokumentation und Nachweis ihrer Weiterbildungen informieren können oder hinsichtlich der Anerkennung von Weiterbildungsabschnitten aus dem In- und Ausland sowie der Förderung von Weiterbildungen (Hartmannbund 2016b).

Das Angebot des Hartmannbunds an verschiedenen Seminaren bezieht sich sowohl auf die bereits o. g. Gruppen des Praxis- und Klinikarztes, Arzt in Weiterbildung als auch auf Medizinstudierende. Spezielle Seminare zu Berufsstart, Kommunikation, Berufspolitik sowie besondere Netzwerkveranstaltungen für Ärzte gehören ebenfalls zu den Dienstleistungen des Verbands (Hartmannbund 2016f). Weitere Vorteile der Mitgliedschaft stellt eine Bibliothek von Merkblättern und Musterverträgen zum Download dar. Hier können die Mitglieder zu unterschiedlichsten Themen nützliche Unterlagen finden. Die Bandbreite für eine schnelle Selbsthilfe erstreckt sich beispielsweise von einer Checkliste für den Berufsstart über die wichtigsten Punkte bzgl. der Anstellung von Aushilfskräften in der eigenen Praxis bis hin zu Tipps für die Famulatur. In der Bibliothek der Musterverträge finden die Mitglieder zum Beispiel einen Musterbelegarztvertrag, ein Mustervertrag zur Erbringung von individuellen Gesundheitsleistungen (IGeL) oder einen Musterpartnerschaftsvertrag zwischen zwei Ärzten (vgl. Hartmannbund 2016g).

Zudem wird den Mitgliedern eine Reihe von Vergünstigungen bei kooperierenden Unternehmen, wie Banken, Versicherungen, Hochschulen, Hotels, Steuerberatungsfirmen und Autovermietungen gewährt. Im Hinblick auf die Relevanz der Angebote für die Mitglieder, besteht durchaus die Möglichkeit, dass etwaige Services des Hartmannbunds seitens eines Mitglieds nie in Anspruch genommen werden. So handelt es sich bei den Angeboten eher um Annehmlichkeiten für die

Mitglieder, die für sich betrachtet kaum genügend Anreize setzen, um Mitglied im Hartmannbund zu werden.

6   Interessen und ihre Vertretungen nach außen

Der Hartmannbund pflegt den Kontakt zu den politischen Entscheidungsträgern und vertritt aktiv die ärztlichen Positionen, beispielsweise bei Anhörungen zu Gesetzesinitiativen und im Rahmen wichtiger Veranstaltungen im Gesundheitswesen. Außerdem gehört der regelmäßige Austausch sowohl mit den ärztlichen Selbstverwaltungskörperschaften als auch mit anderen freien Verbänden aus dem Sozial- und Gesundheitsbereich zu den zentralen Verbandsaufgaben.

Die Mittel, die sich der Hartmannbund zur Vertretung der Interessen seiner Mitglieder bedient, umfassen sowohl die persönliche Intervention und Darstellung der Interessen auf höchsten Regierungsebenen, als auch Streiks, die in enger Abstimmung mit weiteren freien Ärzteverbänden organisiert werden (vgl. Spiegel online 2006). Beispielsweise unterstützte der Hartmannbund zum einen die Klagen zweier Ärzte gegen ein Universitätsklinikum sowie einer städtischen Klinik hinsichtlich der Eingruppierung von Ärzten in bestimmte Entgeltgruppen (Ärzteblatt 2007), zum anderen beriet er im September 2012 angestellte Ärzte im Rahmen der Verhandlungen über höhere Arzthonorare über vorübergehende Praxisschließungen und Streiks (Zeit online 2012, S. 1–2). Der Hartmannbund nutzt ein breites Spektrum von Interventionsmöglichkeiten, die von öffentlichen Stellungnahmen, über Verhandlungen mit öffentlichen Institutionen sowie privatwirtschaftlichen Unternehmen, bis hin zur Aufforderung zur vorübergehenden Niederlegung der Arbeit reichen.

Neben der Vertretung der wirtschaftlichen Interessen der deutschen Ärzteschaft liegt ein weiterer Hauptfokus auf der Restrukturierung des Medizinstudiums. Der Koalitionsvertrag der letzten Legislaturperiode zwischen CDU, CSU und SPD sieht eine zielgerichtetere Auswahl von Studienplatzbewerber für Medizin vor. Die Förderung von Praxisnähe und Stärkung der Allgemeinmedizin im Studium sollen maßgebliche Bestandteile der Restrukturierung sein (Koalitionsvertrag 2013, S. 58). Ergänzend spielt die Forderung nach der Öffnung des Medizinstudiums für Zulassungskriterien jenseits von Abiturnoten für den Hartmannbund eine zentrale Rolle. In der Vorlage des Hartmannbunds zum „Masterplan Medizinstudium 2020" wird eine Dreiteilung aus der Abiturnote, einem einheitlichen schriftlichen Test und einem Assessmentverfahren diskutiert. Man wünscht sich über diesen Weg eine verbesserte Ermittlung von medizinischen Talenten. Die Adressaten sind in diesem Zusammenhang vermehrt Universitäten, die Länder, das Bundesministerium für Gesundheit, das Bundesministerium für Forschung und Bildung sowie die Stiftung für Hochschulzulassung. Zudem sieht der Vorschlag des Hartmannbundes hinsichtlich der Einführung eines Wahlfachs mit dem Schwerpunkt der landärztlichen Medizin auch die enge Abstimmung mit Kommunen und akademischen Lehrpraxen vor (vgl. Hartmannbund 2015, S. 3–14).

Eine Stärkung der Allgemeinmedizin hat für den Hartmannbund ebenfalls einen hohen Stellenwert. Eine Hartmannbund-Umfrage unter Medizinstudierenden zeigte, dass die Studenten über den Bereich Allgemeinmedizin nur wenige Kenntnisse zu besitzen scheinen. Der Grund dafür ist, dass der Fachbereich Allgemeinmedizin im Studium erst relativ spät behandelt wird. Das Plädoyer des Hartmannbunds unterstreicht die Bedeutung von allgemeinmedizinischen Modulen bereits ab dem ersten Semester. Dies könne die Begeisterung junger Mediziner für diese Disziplin wecken und so eine Niederlassung als Arzt, gerade auch in ländlichen Regionen, wieder attraktiver machen (vgl. Hartmannbund 2015, S. 3–7).

7   Innerverbandliche Konfliktlinien und Probleme

Im Gegensatz zu den Facharztverbänden, die über homogenere Mitgliedschaften verfügen und demzufolge in den Interessenlagen der Mitglieder eine hohe Kongruenz aufweisen, verdeutlichen die internen Untergliederungen im Hartmannbund einen zentralen Interessenskonflikt zwischen Haus- und Fachärzten. Durch die unterschiedlichen Arbeitskreise des Hartmannbundes sollen die Interessen der jeweiligen Fachgruppen gebündelt und entsprechend dem Vorstand gegenüber vertreten werden. Im Hinblick auf den Umgang und die Berücksichtigung aller Interessen bei entsprechender Heterogenität der Mitglieder ist dies eine Notwendigkeit. Hier besteht großes Konfliktpotenzial und potenzielle Mitglieder sollten sich vor dem Eintritt bewusst machen, welche Interessen und politischen Ausrichtungen für den Hartmannbund im Vordergrund stehen. Dies scheinen nach dem bisher Gesagten die wirtschaftlichen Rahmenbedingungen mit besonderem Fokus auf niedergelassene Ärzte und die Freiberuflichkeit des ärztlichen Berufsstandes zu sein.

8   Fazit

Der Hartmannbund steht vor der fortwährenden Herausforderung, die Verbandsziele in der Öffentlichkeit, trotz stagnierender Mitgliederzahlen, weiterhin adäquat zu vertreten, was auch angesichts der heterogenen Mitgliederstruktur

nicht leicht ist. Die politischen Entwicklungen, wie beispielsweise das Versor-
gungsstruktur- sowie eHealth-Gesetz, bieten Potenzial die Position der niedergelassenen Ärzte nachhaltig zu stärken und auch in strukturschwachen Regionen
die Anzahl der Niederlassungen wieder zu erhöhen. Aufgrund des Fokus auf die
Belange der Niedergelassenen könnte mit den gesetzlichen Neuerungen eine Fes-
tigung der eigenen Position einhergehen, da Maßnahmen umgesetzt werden, die
das Arbeiten als niedergelassener Arzt attraktiver gestalten. Als zwei Kernpunkte
des Versorgungsstrukturgesetzes lassen sich in diesem Zusammenhang neben vielen weiteren Veränderungen die Aufhebung der Residenzpflicht und die Möglichkeit zum Betrieb von Zweigpraxen anführen, die sowohl aus wirtschaftlichen wie
auch aus sozialen Gesichtspunkten eine Verbesserung darstellen dürften.

Als zweitgrößter deutscher Ärzteverband nach dem Marburger Bund blickt
der Hartmannbund auf eine über hundertjährige Historie. Die Anpassung der Verbandsziele in Anlehnung an die politischen Entwicklungen im Gesundheitswesen, wie z. B. die fortschreitende digitale Transformation des Gesundheitswesens,
stellt die Grundlage für eine Kompatibilität mit den Interessen der Mitglieder dar.
Es bedarf einer zukunftsfähigen Vision für die deutsche Ärzteschaft und einer
dynamische Herangehensweise an die Fragestellungen in einer sich schnell ver-
ändernden Umwelt. Der Hartmannbund bietet seinen Mitgliedern eine Vielzahl
von zusätzlichen Vorteilen und Services an. Das zur Verfügung gestellte Wissen und die Expertise Bezug nehmend auf die Beratungsdienstleistungen liefern
besonders Berufseinsteigern einen Mehrwert.

Der Hartmannbund spiegelt den liberalen Flügel der ärztlichen Interessens-
verbände wieder. Durch seine Kernbotschaften, wie die Wahrung der ärztlichen
Freiberuflichkeit, die Stärkung der privaten Krankenversicherung und der ärztlichen Selbstverwaltung sowie die Förderung von familienfreundlichen Rahmenbedingungen der ärztlichen Tätigkeit, wendet sich der Hartmannbund insbesondere
an den ärztlichen Unternehmer. Die gesundheitspolitischen Entwicklungen bieten
Potenzial, sich positiv auf die Lage des Hartmannbundes und seine Mitglieder
auswirken zu können. Mit Blick auf die Mitgliederentwicklung und die heterogene Mitgliederstruktur, scheinen Anpassungen der inneren Strukturen hinsichtlich Einigkeit über Marschrichtung und Reaktionsgeschwindigkeit im Zuge einer
kontinuierlich digitalisierenden Gesundheitswirtschaft die zu priorisierenden
mittel- und langfristigen Herausforderungen des Hartmannbundes darzustellen.

Literatur

Ärzteblatt. 2007. Oberarzt-Streit: Hartmannbund unterstützt Klage gegen kommunales Krankenhaus. https://www.aerzteblatt.de/nachrichten/28531/Oberarzt-Streit-Hartmannbund-unterstuetzt-Klage-gegen-kommunales-Krankenhaus. Zugegriffen: 12. Juni 2016.

Bandelow, Nils C. 2004. Akteure und Interessen in der Gesundheitspolitik. Vom Korporatismus zum Pluralismus? *Politische Bildung* 37 (2): 49–63.

Bandelow, Nils C. 2007. Ärzteverbände. Niedergang eines Erfolgsmodells? In *Interessenverbände in Deutschland*, Hrsg. Thomas von Winter und Ulrich Willems, 271–293. Wiesbaden: VS Verlag.

Birkelbach, Klaus. 2003. Ärzteverbände im Urteil ihrer Mitglieder. Eine empirische Untersuchung der Zufriedenheit von Ärztinnen und Ärzten mit ihren Verbänden in den Jahren 1992 und 1998/1999. *Zeitschrift für Soziologie* 32 (2): 156–177.

Bundesanzeiger. 2016. Bekanntmachung der öffentlichen Liste über die Registrierung von Verbänden und deren Vertretern. https://www.bundesanzeiger.de/ebanzwww/contentloader?state.action=genericsearch_loadpublica-tionpdf&session.sessionid=e77d43f8217249b032669a5fea874012&fts_search_list.destHisto-ryId=45878&fts_search_list.selected=4dcb7d01a4605942&state.filename=BAnz%20AT%2019.05.2016%20B1. Zugegriffen: 12. Dez. 2016.

Bundesgesundheitsministerium (BMG). 2016. Das E-Health Gesetz. http://www.bundesgesundheitsministerium.de/themen/krankenversicherung/e-health-gesetz/e-health.html. Zugegriffen: 2. Nov. 2016.

Döhler, Marian, und Philip Manow. 1997. *Strukturbildung von Politikfeldern: Das Beispiel bundesdeutscher Gesundheitspolitik seit den fünfziger Jahren.* Wiesbaden: Springer.

Gerlinger, Thomas. 2013. Die Maßnahmen des GKV-Versorgungsstrukturgesetzes. http://www.bpb.de/politik/innenpolitik/gesundheitspolitik/156009/gkv-versorgungsstrukturgesetz. Zugegriffen: 1. Nov. 2016.

Gieseke, Sunna. 2007. Bundeshauptversammlung des NAV-Virchow-Bundes: Ärzte wollen sich das Heft nicht aus der Hand nehmen lassen. *Deutsches Ärzteblatt* 104 (47): A-3224/B-2839/C-2739.

Groser, Manfred. 1992. *Gemeinwohl und Ärzteinteressen – die Politik des Hartmannbundes.* Gütersloh: Bertelsmann Stiftung.

Hartmannbund. 2013. Satzung des Hartmannbundes. http://www.hartmannbund.de/fileadmin/user_upload/Downloads/Mitgliedschaft/2013-Satzung.pdf. Zugegriffen: 1. Juni 2016.

Hartmannbund. 2014a. Gesundheitspolitische Grundsätze des Hartmannbundes. http://www.hartmannbund.de/fileadmin/user_upload/Downloads/Themen/Hauptseite/Grundsatzpapier/2014-06-30_GrundsatzpositionenHartmannbund.pdf. Zugegriffen: 10. Juni 2016.

Hartmannbund. 2014b. Beitragsordnung. http://www.hartmannbund.de/fileadmin/user_upload/Downloads/Mitgliedschaft/2014-Beitragsordnung.pdf. Zugegriffen: 12. Juni 2016.

Hartmannbund. 2015. Masterplan Medizinstudium 2020. http://www.hartmannbund.de/fileadmin/user_upload/Downloads/Themen/Studierende/Medizinstudium-2020/2015-07-31_MasterplanMedizinstudium2020_Stellungnahme.pdf. Zugegriffen: 8. Sept. 2016.

Hartmannbund. 2016a. Wir über uns. http://www.hartmannbund.de/wir-ueber-uns/der-verband/. Zugegriffen: 1. Juni 2016.

Hartmannbund. 2016b. Mitglied werden. http://www.hartmannbund.de/wir-ueber-uns/mitglied-werden/mitgliedschaft/. Zugegriffen: 12. Juni 2016.

Hartmannbund. 2016c. Ambulante Versorgung. Aufgaben und Zuständigkeit. http://www.hartmannbund.de/wir-ueber-uns/gremien/arbeitskreise/ambulante-versorgung. Zugegriffen: 1. Nov. 2016.

Hartmannbund. 2016d. Stationäre Versorgung. Aufgaben und Zuständigkeit. http://www.hartmannbund.de/wir-ueber-uns/gremien/arbeitskreise/stationaere-versorgung. Zugegriffen: 1. Nov. 2016.

Hartmannbund. 2016e. GBA: Umfassende Neuregelungen nicht vor 2018. http://www.hartmannbund.de/detailansichten/aktuelle-meldungen/meldung/umfassende-neuregelungen-nicht-vor-2018. Zugegriffen: 2. Nov. 2016.

Hartmannbund. 2016f. Seminare. http://www.hartmannbund.de/seminare/. Zugegriffen: 12. Juni 2016.

Hartmannbund. 2016g. Merkblätter und Musterverträge. http://www.hartmannbund.de/merkblaetter/. Zugegriffen: 12. Juni 2016.

Hartmannbund. 2016h. Reinhardt: Ärzteschaft muss e-health als Chance begreifen und Entwicklung aktiv mitgestalten. http://www.hartmannbund.de/detailansichten/pressemitteilungen/meldung/reinhardt-aerzteschaft-muss-e-health-als-chance-begreifen-und-entwicklung-aktiv-mitgestalten/. Zugegriffen: 12. Juni 2016.

Hartmannbund. (o. J.). Wie sehen Sie Ihre Zukunft als Arzt oder Ärztin? In Statista – Das Statistik-Portal. https://de.statista.com/statistik/daten/studie/233917/umfrage/berufliche-zukunftsplanung-deutscher-medizinstudenten/. Zugegriffen: 1. Sept. 2016.

Häussler, Siegfried, Rolf Liebold, und Helmut Narr. 2013. *Die kassenärztliche Tätigkeit.* Heidelberg: Springer.

Koalitionsvertrag der CDU, CSU und SPD. 2013. Deutschlands Zukunft gestalten. https://www.cdu.de/sites/default/files/media/dokumente/koalitionsvertrag.pdf. Zugegriffen: 2. Nov. 2016.

Kopetsch, Thomas. 2010. *Dem deutschen Gesundheitswesen gehen die Ärzte aus! Studie zur Altersstruktur und Arztzahlentwicklung.* Berlin: Bundesärztekammer und Kassenärztliche Bundesvereinigung.

Marburger Bund. 2015. MB Beiträge 2015. https://www.marburger-bund.de/sites/default/files/dateien/seiten/landesverbaende/bayern/so-werden-sie-mitglied/beitraege-2015-mb-bayern.pdf. Zugegriffen: 1. Nov. 2016.

NAV-Virchow-Bund. 2015. Beitragsordnung. https://nav-virchowbund.de/uploads/files/beitragsordnung_2016.pdf. Zugegriffen: 1. Nov. 2016.

Osterloh, Falk. 2014. Ärztestatistik: Mehr Ärztinnen, mehr Angestellte. *Deutsches Ärzteblatt* 111 (16): 672–673.

Quasdorf, Ingrid. 2014. Aufgaben und Organisation ärztlicher Körperschaften und Verbände. Zentrale Mitarbeiterfortbildung der Kassenärztlichen Bundesvereinigung. http://www.kbv.de/media/sp/2014_11_20_Fortbildungsheft_1_webVersion.pdf. Zugegriffen: 27. Juni 2016.

Spiegel Online, o. V. 2006. Mediziner Streik. Ärzte wollen Arbeitskampf ausweiten. http://www.spiegel.de/wirtschaft/mediziner-streik-aerzte-wollen-arbeitskampf-ausweiten-a-406841.html. Zugegriffen: 2. Sept. 2016.

Statistisches Bundesamt. 2016. Gesamtzahl der Ärzte in Deutschland im Zeitraum von 1990 bis 2015. https://de.statista.com/statistik/daten/studie/158869/umfrage/anzahl-der-aerzte-in-deutschland-seit-1990. Zugegriffen: 20. Sept. 2016.

Thun, Sylvia. 2014. Digitalisierte Medizin – Die Zukunft der Medizin mit IT-Standards und einer weltweit gültigen Medizinfachsprache. *Informatik-Spektrum* 38 (1): 22–27.

Zeit Online. 2012. Ärztestreik ab September möglich. http://pdf.zeit.de/news/2012-09/03/gesundheit-aerztestreik-ab-september-moeglich-03180009.pdf. Zugegriffen: 2. Nov. 2016.

Über den Autor

Moritz E. Behm Doktorand im Fachgebiet „Theorie und Empirie des Gesundheitswesens" an der Universität Kassel und Dozent für eHealth & Innovationsmanagement an der FOM Hochschule München sowie der Fachhochschule des Mittelstands (FHM) Bielefeld.

Über den Autor

Freiberuflichkeit in der kontrollierenden Offensive

Der NAV-Virchow-Bund

Michaela Evans und Josef Hilbert

1 Einleitung

Der „NAV-Virchow-Bund – Verband der niedergelassenen Ärzte Deutschlands e. V." verfolgt in seiner Zwecksetzung die Sicherung und Förderung der frei-beruflichen Tätigkeit niedergelassener Ärzte[1] und Zahnärzte, der Niederlas-sungsfreiheit, des freien Zugangs zur vertragsärztlichen Tätigkeit und der freien Arztwahl der Bevölkerung. Gegründet wurde der Verband im Jahr 1949 in Köln, im Jahr 1990 wurde die Fusion mit dem Rudolf-Virchow-Bund beschlossen, dem ersten freien Ärzteverband der DDR. Als Berufsverband organisiert und vertritt der NAV-Virchow Bund laut Gründungssatzung die Interessen niederge-lassener oder niederlassungswilliger Ärzte aller Fachgebiete gegenüber Politik, Öffentlichkeit, aber auch gegenüber der ärztlichen Selbstverwaltung und sons-tiger Anspruchsgruppen auf Bundes- und Landesebene. Der Verband hat seinen

---

[1]Zur besseren Lesbarkeit des Textes wird nachfolgend auf eine genderspezifische Unter-scheidung verzichtet. [Anmerk. d. Verf.]

M. Evans (✉) · J. Hilbert
Westfälische Hochschule und Ruhr-Universität Bochum, Institut Arbeit und Technik (IAT), Gelsenkirchen, Deutschland
E-Mail: Evans@iat.eu

J. Hilbert
E-Mail: Hilbert@iat.eu

© Springer Fachmedien Wiesbaden GmbH 2018
T. Spier und C. Strünck (Hrsg.), *Ärzteverbände und ihre Mitglieder,*
Studien der Bonner Akademie für Forschung und Lehre praktischer
Politik, https://doi.org/10.1007/978-3-658-19249-5_9

Hauptsitz in Berlin und versteht sich als einziger Ärzteverband in Deutschland, der die Interessen seiner Mitglieder fachübergreifend organisiert. Mitglieder des Verbandes sind sowohl niedergelassene Haus-, als auch Fachärzte. „Das Leben des Arztes erleichtern" – zu den Leistungen, die der NAV-Virchow-Bund für seine derzeit rund 12.000 Mitglieder (Deutscher Bundestag 2017) vorhält, zählen insbesondere Serviceleistungen rund um die Themen Gründung, Führung und Abgabe der Praxis.

2   Wider die staatliche Einflussnahme: Wo steht der Arzt in der Gesellschaft?

Laut Selbstdarstellung unterscheidet sich der NAV-Virchow-Bund gegenüber anderen ärztlichen Berufsverbänden in Deutschland entlang der folgenden Merkmale:

- Der NAV-Virchow Bund ist als *fachübergreifender Verband* organisiert, der die Interessen niedergelassener Haus- und Fachärzte gegenüber Politik und Kostenträgern über alle medizinischen Fachgebiete hinweg vertritt (NAV-Virchow-Bund o. J. a).
- Der NAV-Virchow-Bund verfolgt eine *freie und unabhängige Interessenspolitik,* da er anders als Kassenärztliche Vereinigungen oder Ärztekammern nicht als Körperschaft des öffentlichen Rechts organisiert ist und damit nicht der Aufsicht der Politik untersteht. Er ist als „freier, selbstverwalteter Verband frei vom Einfluss Dritter und muss sich keinen politischen Kompromissen beugen" (NAV-Virchow-Bund o. J. a).
- Der NAV-Virchow-Bund fokussiert in seinen *Mitgliederstrukturen* auf niedergelassene und ambulant tätige Ärzte aller Fachgebiete und Zahnärzte. Dies ermöglicht dem Verband laut Selbstbeschreibung eine Spezialisierung und Professionalisierung in der Mitgliederbetreuung (NAV-Virchow-Bund 2014a).
- Der NAV-Virchow-Bund basiert in seinen *Organisationsstrukturen* auf Landesgruppen und Bezirksgruppen in den Bundesländern sowie auf einer Bundesgeschäftsstelle in Berlin. Damit besteht aus Perspektive der Mitglieder „ein direkter Draht von der Basis zur Politik" (NAV-Virchow-Bund o. J. a).

„Wider die staatliche Einflussnahme" – so lässt sich die programmatische Ausrichtung des NAV-Virchow Bundes in einem ersten Zugriff charakterisieren. Laut § 2 seiner Satzung ist eine zentrale Zielsetzung des Verbandes die Sicherung der freiberuflichen Tätigkeit. Konstituierend für die Verbandsarbeit in seiner historischen Entwicklung ist bis heute der Einschluss gesundheitspolitischer Ziele in eine weiter gefasste Gesellschaftspolitik. Damit sind für die Verbandsarbeit nicht nur gesundheitspolitische und -wirtschaftliche Mitgliederinteressen im engeren Sinne leitend, vielmehr adressiert der NAV-Virchow-Bund in seinem Interessenbereich die fortwährende Neubestimmung und Neuverortung der ärztlichen Profession in der Gesellschaft: Erhalt der Freiberuflichkeit, Niederlassungsfreiheit, Förderung von Kooperationen und Bürokratieabbau ebenso wie die Reform der ärztlichen Selbstverwaltung sowie die Umsetzung einer leistungsgerechten Vergütung sind zentrale programmatische Themen der Verbandsarbeit (Deutscher Bundestag 2017; www.nav-virchow-bund.de). Der NAV-Virchow-Bund vertritt die Auffassung, dass es nicht Aufgabe des Staates sein kann, im Sinne eines zentralistisch gelenkten Gesundheitssystems bevormundend einzugreifen. In diesem Sinne wirkt der Verband darauf hin, staatliche Einflussnahme auf die Organisation, Steuerung und Regulierung des Gesundheitswesens dahin gehend zu beschränken, einen Ordnungs- und Leistungsrahmen zu schaffen, der eine effiziente Umsetzung gesundheitspolitischer Ziele gewährleistet (NAV-Virchow-Bund 2014b).

Der NAV-Virchow-Bund ist in der Rechtsform eines „e.V." organisiert. Gemäß seiner Satzung § 3 Abschn. 1 können alle niedergelassenen Ärzte und Zahnärzte, alle anderen Ärzte, die in der ambulanten Versorgung tätig sind oder waren, sowie Krankenhausärzte und Ärzte, welche die Niederlassung anstreben bzw. im Rahmen der vertragsärztlichen Versorgung tätig sind oder waren, Mitglieder des Verbandes werden. Darüber hinaus sind laut Satzung § 3 Abschn. 2 auch außerordentliche Mitglieder zugelassen. Hierbei handelt es sich um Studierende der Medizin und der Zahnmedizin mit dem Berufsziel der Niederlassung sowie Hinterbliebene von Mitgliedern und außerordentlichen Mitgliedern.

Die Aufnahme in den Verband erfolgt aufgrund einer schriftlichen Beitrittserklärung, über deren Annahme der Bundesvorsitzende oder ein stellvertretender Bundesvorsitzender entscheidet (§ 3 Abschn. 3). Die Beitragsordnung (gültig seit 1.1.2016) sieht unterschiedliche Beiträge für einzelne Mitgliedsgruppen vor. Die Kosten der Mitgliedschaft für niedergelassene Ärzte und solche Ärzte, die in der ambulanten Versorgung tätig sind sowie für angestellte und beamtete Ärzte und Zahnärzte in leitender Position betragen 25,00 EUR pro Monat; Assistenzärzte und angestellte Ärzte mit dem Ziel der Niederlassung zahlen 15,00 EUR monatlich. Für Mitglieder im Ruhestand gilt der ermäßigte Monatsbeitrag in Höhe von 5,00 EUR. Medizinstudierende und außerordentliche Mitglieder zahlen einen monatlichen Mitgliedsbeitrag von 1,50 EUR. Der Beitrag ist steuerlich abzugsfähig, für niedergelassene Ärzte als Betriebskosten, für angestellte Ärzte als Werbungskosten.

Der NAV-Virchow Bund ist in insgesamt 13 Landesgruppen[2] und weitere Bezirksgruppen gegliedert. In die Organe des Verbandes und seiner Untergliederungen können alle ordentlichen Mitglieder gewählt werden, die die satzungsgemäßen Voraussetzungen erfüllen und zur Übernahme des Amtes bereit sind. Außerordentliche Mitglieder besitzen nicht das passive Wahlrecht. Wahlen gemäß der Satzung erfolgen grundsätzlich nach dem Mehrheitswahlsystem und für die Dauer von vier Jahren. In den Landesgruppen haben derzeit sowohl Allgemeinmediziner, Fachärzte sowie Diplom-Mediziner mit unterschiedlicher Fachausrichtung den Landesvorsitz inne. Die Landesgruppe Hessen ist derzeit (2017) unbesetzt.

Das oberste Organ des Verbandes ist die Bundeshauptversammlung. Diese ist mindestens einmal im Jahr einzuberufen. Sie muss außerdem zusammentreten, wenn der Bundesvorstand dies beschließt, oder wenn die Einberufung von mehr als 20 Delegierten der Bundeshauptversammlung schriftlich beim Bundesvorsitzenden unter Angabe der Tagesordnung beantragt wird (§ 7 Absatz 2). Die Bundeshauptversammlung setzt sich aus Delegierten der Landesgruppen zusammen. Jede Landesgruppe erhält zwei Delegierte für die ersten 400 Mitglieder. Bei Überschreitung dieser Richtzahl erhält die Landesgruppe auf angefangene 200 Mitglieder je einen weiteren Delegierten (§ 6 Absatz 1). Die Landeshauptversammlung muss mindestens einmal im Jahr zusammentreten. Darüber muss die Landeshauptversammlung einberufen werden, wenn mindestens ein Drittel der Delegierten dies unter Angabe der Tagesordnung fordert (§ 6 Absatz 2). Die Landeshauptversammlung ist ohne Rücksicht auf die Zahl der erschienenen Delegierten beschlussfähig (§ 6 Absatz 3).

Die Bundeshauptversammlung wählt den Bundesvorstand, der aus dem Bundesvorsitzenden, bis zu zwei stellvertretenden Bundesvorsitzenden und mindestens vier Beisitzern besteht (§ 8 Absatz 1). Der Bundesvorstand ist Vorstand im Sinne des Bürgerlichen Gesetzbuches (BGB). Je zwei Vorstandsmitglieder, darunter einer der Vorsitzenden, haben gemeinsam Vertretungsbefugnis. Der Bundesvorsitzende und jeder stellvertretende Bundesvorsitzende haben jedoch einzeln Vertretungsbefugnis und führen die Geschäfte des Verbandes. Aufgabe des Bundesvorstandes ist die berufs-, gesundheits-, und sozialpolitische Führung des Verbandes sowie die Vertretung und Durchsetzung der formulierten Ziele (NAV-Virchow-Bund 2012). Der Gesamtvorstand des NAV-Virchow-Bundes setzt sich

[2]Baden-Württemberg, Bayern, Berlin/Brandenburg, Hamburg, Hessen, Mecklenburg-Vorpommern, Mitteldeutschland, Niedersachsen/Bremen, Nordrhein, Rheinland-Pfalz, Saarland, Schleswig-Holstein, Westfalen-Lippe.

schließlich zusammen aus dem Bundesvorstand, den Vorsitzenden der Landesgruppen und einem ihrer Stellvertreter (NAV-Virchow-Bund 2012).

Die Geschäftsstelle des NAV-Virchow-Bundes besteht aus einem Hauptgeschäftsführer sowie acht weiteren Mitarbeiterstellen. Die Hauptgeschäftsführung
wird durch zwei Assistenzstellen unterstützt, weitere Stellen sind den Kompe-
tenzfeldern „Presse- und Auslandreferent/-in", „Mitgliederservice Landesgruppen", „Verwaltung", „Wissenschaftliche Mitarbeiter/-in" sowie „Justiziariat" und
„Mitgliederverwaltung" zuzuordnen (NAV-Virchow-Bund o. J. a). Die Aufgaben
der Geschäftsstelle sind die Vorbereitung und Formulierung der Meinungsbildung
des Verbandes, die Vertretung des Verbandes in Anhörungen und Sitzungen, die
Herstellung und Pflege von Kontakten, die Koordination der Aktivitäten innerhalb
der Bundesgeschäftsstelle sowie die innerverbandliche Organisation entlang der
genannten Fachbereiche (NAV-Virchow-Bund 2012).

Die Arbeit des NAV-Virchow-Bundes ist organisatorisch zudem in neun verschiedene Ressorts gegliedert, deren Themen von „Innovativen Versorgungsstrukturen", „Honorar- und Abrechnungsfragen", über „Telemedizin, Telematik und
Datenschutz" bis hin zu Themen der „Berufsordnung" oder „Europa/Ausland/
Zukunft/Umwelt" reichen. Der NAV-Virchow-Bund verfügt weiterhin über ein
Auslandsreferat, das sich im Rahmen der Europäischen Arbeitsgemeinschaft der
niedergelassenen Ärzte (E.A.N.A.) engagiert. Ihr Ziel ist „[…] die Pflege eines
intensiven Erfahrungsaustausches über Strukturen des Gesundheitswesens und
die Systeme der Gesundheitsversorgung und der sozialen Sicherheit der verschiedenen Länder Europas und der Informationsaustausch über aktuelle gesund-
heits- und sozialpolitische Entwicklungen mit Schwerpunkt auf der ambulanten
Versorgung" (NAV-Virchow-Bund o. J. c). Nicht zuletzt angesichts der vieldis-
kutierten Nachwuchssicherung in der ambulanten ärztlichen Versorgung liegt
ein Schwerpunkt der Verbandsarbeit auf der Ansprache und Begleitung jüngerer
Ärzte. Dies kommt organisatorisch im „Arbeitskreis Junge Ärzte" zum Ausdruck;
der Bundesobmann des Arbeitskreises ist gleichzeitig im Bundesvorstand des
Verbandes.

Mit der „Brendan-Schmittmann-Stiftung des NAV-Virchow-Bundes", gegründet 1974 als Stiftung privaten Rechts, verfügt der Verband über ein eigenes For-
schungs- und Beratungsinstitut im Dienste niedergelassener Ärzte und ihrer
Patienten. Satzungsgemäße Aufgabe der Stiftung ist es, die Weiterentwicklung
der ärztlichen Versorgung in Deutschland, insbesondere die Versorgungsmedizin,
zu fördern und zu unterstützen. Sie soll dem NAV-Virchow-Bund ermöglichen,
„[…] seine Tätigkeit auf das Studium zukunftsweisender Weiterungen der Prä-
ventivmedizin sowie moderner Organisationsformen der ärztlichen Versorgung
auszudehnen" (NAV-Virchow-Bund o. J. c). Auch soll sie die ärztliche Versorgung

und die praktischen Erfahrungen in anderen Staaten beobachten und die Übertragbarkeit auf die Verhältnisse in Deutschland prüfen. Zu den Aufgaben zählt auch die Erstellung von Gutachten, etwa zu den Themen *„Darum gehen Ärzte aus dem Krankenhaus in die Niederlassung"* (2017), *„Historische Entwicklung und epochenspezifische Funktionalität der Gebührenordnung für Ärzte"* (2015) oder *„Die Entwicklung ausgewählter Aspekte vertragsärztlicher Tätigkeit der letzten 15 Jahre"* (2011). Jährlich verleiht der NAV-Virchow-Bund zudem die Kaspar-Roos-Medaille an Personen, die sich durch vorbildliche ärztliche Haltung oder durch erfolgreiche berufsständische Arbeit einen besonderen Verdienst um das Ansehen der Ärzteschaft erworben haben. Die Verleihung findet im Rahmen der Bundeshauptversammlung statt.

Eine erste Annäherung an verbandpolitisch prägende Themen bieten die Entschlüsse der jüngsten Bundeshauptversammlung (2016): Dort standen die Novellierung und Neuverhandlung der ärztlichen Gebührenordnung (GOÄ), die Abschaffung der Terminservicestellen bei den Kassenärztlichen Vereinigungen (KV-en), die Reform des Systems der KV-en sowie der Wandel des Arztberufs durch digitale Technik in der Gesundheitsversorgung auf der Agenda. Einen zentralen Stellenwert in der Verbandsarbeit hat zudem die „Krise der Selbstverwaltung" und der Vergütungsstrukturen für ärztliche Leistungen (vgl. Heinrich 2015). Während Freie Berufe, und hier insbesondere der Arztberuf, nach wie vor ein hohes gesellschaftliches Ansehen genießen, ist die Institution der „Freiberuflichkeit" in den vergangenen Jahren zunehmend unter Druck geraten. Ursächlich hierfür sind neben soziodemografischen und beschäftigungsstrukturellen Veränderungen, insbesondere versorgungs- und professionspolitische Entwicklungspfade. So sinkt in Deutschland der Anteil der niedergelassenen Ärzte unter 40 Jahren kontinuierlich, während der Anteil der mindestens 60-Jährigen niedergelassenen Ärzte in der Versorgung steigt. Außerdem sind zunehmend mehr Frauen als Ärztinnen in der Versorgung tätig, der Anteil der berufstätigen Ärztinnen und Zahnärztinnen steigt seit Jahren an. Zugleich möchten zunehmend weniger Ärzte im ambulanten Bereich eine eigene Praxis gründen. Demgegenüber hat die Tätigkeit als ambulant angestellter Arzt an Attraktivität gewonnen, Vollzeitstellen werden reduziert und auch die geleistete Wochenarbeitszeit ist rückläufig (vgl. Bundesärztekammer 2017).

Der demografische Wandel macht vor dem NAV-Virchow-Bund nicht halt, dies drückt sich in einer Erhöhung des Durchschnittsalters der Mitglieder sowie in einem Rückgang der Zahl der Mitglieder aus (s. Abschn. 5 dieses Beitrags). Entsprechende Entwicklungen werden im Verband etwa durch den „Arbeitskreis Junge Ärzte" aufgegriffen. Darüber hinaus zieht die Professionalisierung benachbarter Gesundheits(fach)berufe die Grenzen zu tradierten Domänen und Privilegien der Freien Berufe neu. Die Gründe hierfür sind vielfältig und einer vertiefenden Analyse lohnenswert. An dieser Stelle zu nennen sind vor allem die Akademisierung zentraler Gesundheits(fach)berufe (v. a. Pflege, Physiotherapie, Ergotherapie, Logopädie), die Diskussion um den Direktzugang einzelner Gesundheits(fach)berufe zur Gesundheitsversorgung (z. B. Physiotherapeuten, Logopäden) oder spannungsreiche Debatten um die Delegation und Substitution ärztlicher Tätigkeiten auf bzw. an Assistenzberufe (vgl. NAV 2017). Hinzu kommt die Tatsache, dass insbesondere in den letzten Jahren neue (berufsgeleitende) Qualifizierungsabschlüsse für Medizinische Fachangestellte (MFA) in der ambulanten Versorgung entstanden sind, wie sie im Kontext von EVA (Entlastende Versorgungsassistentin), AGnES-Fachkräften (Arztentlastende Gemeindenahe E-Health-gestützte Systemische Intervention), im Modell MoNI (Modell Niedersachsen), MOPRA (Mobile Praxisassistenten) oder VERAH (Versorgungsassistentin in der Hausarztpraxis) zum Ausdruck kommen. Nicht zuletzt vor dem Hintergrund neuer sozialräumlicher Versorgungskonzepte zielen auch Träger ambulanter und stationärer Pflegeleistungen auf einen Ausbau ihrer Dienste im häuslichen Umfeld. Wie sich diese berufs-, professions- und versorgungspolitischen Transformationsprozesse auf tradierte Domänen und Privilegien niedergelassener Ärzte auswirken, wäre in einem weiteren Schritt differenzierter herauszuarbeiten. Dies adressiert zum einen eine vertiefende Analyse, was aus Sicht der spezifischen Interessenbereiche niedergelassener Ärzte förderliche oder hinderliche Entwicklungen sind. Zum anderen wäre zu untersuchen, wie mögliche Spannungsfelder in der konkreten Verbandspolitik aufgegriffen und mit Blick auf die Politikproduktion innerverbandlich verarbeitet werden. Wichtige Analysekriterien in diesem Zusammenhang sind sicherlich die potenziellen Effekte auf das freiberufliche Selbstverständnis, die Berufssituation und die Freiräume zur patientenorientierten Versorgungsgestaltung niedergelassener Ärzte und Fachärzte, Kontrollgewinne und Kontrollverluste im Kontext lokaler und regionaler Versorgungsdomänen sowie Auswirkungen auf die Erlössituation.

3   Trotz Alleinstellungsmerkmal unter Wettbewerbsdruck: Der NAV-Virchow Bund in der Welt der Ärzteverbände

Der NAV-Virchow Bund ist Teil einer komplexen Landschaft von Ärzte- und *Ärztinnen*organisationen[3] *(sic)*. So weist die aktuelle Lobbyliste des Deutschen Bundestages allein unter den Stichworten „Arzt" und „Arztvernetzung" 51 (Spitzen-)Verbände aus (ohne Tierärzte; Deutscher Bundestag 2017). Zu nennen sind

---

[3]Zu nennen ist hier etwa der Deutsche Ärztinnenbund e. V. (DÄB), im Jahr 2017 hat der Verband nach Auskunft des Deutschen Bundestags (2017) 2015 Mitglieder.

hier – neben dem NAV-Virchow-Bund selbst – der Hartmannbund – Verband der Ärzte Deutschlands e.V., der Marburger Bund e.V., der Deutsche Hausärzteverband e.V. sowie, last but not least, die Ärztekammern und die Kassenärztlichen Vereinigungen. Eine systematische und aktuelle Darstellung der Welt der Ärzteorganisationen mit ihren unterschiedlichen Zielen, Aufgaben, Schwerpunktsetzungen und Mitgliedschaften liegt bislang nicht vor – und erst recht fehlt eine politisch-soziologisch inspirierte und empirisch fundierte Analyse ihrer Entwicklungstrends, Veränderungskräfte und Spannungen (vgl. Groser 1992, S. 119 f.). Für die Zwecke dieser Veröffentlichung muss deshalb ein kleiner Überblick über zentrale Merkmale der unterschiedlichen Profile der Organisationen genügen, an die sich dann ein paar Hinweise auf Veränderungstrends, Überlappungen und auch Spannungen anschließen[4].

Ärztekammern sind Körperschaften des öffentlichen Rechts, in denen alle Ärztinnen und Ärzte obligatorisch Mitglied sind, egal, ob sie in Kliniken und Krankenhäusern oder im niedergelassenen Bereich tätig sind. Sie nehmen gesetzliche verbriefte Aufgaben der Selbstverwaltung vor allem der ärztlichen Fort- und Weiterbildung, aber auch der Qualitätssicherung sowie des Schlichtungswesens wahr. Zudem verstehen sie sich als Vertretung ärztlicher Berufsinteressen. Kassenärztliche Vereinigungen (KV-en) sind ebenfalls Körperschaften des öffentlichen Rechts, sie stützen sich auf Zwangsmitgliedschaft und sind – wie die Ärztekammern – ebenfalls auf rechtlicher Basis mit der Übernahme von Selbstverwaltungsaufgaben betraut. Vertreten sind in den KV-en allerdings nicht alle Ärzte, sondern nur die niedergelassenen Ärztinnen und Ärzte sowie die niedergelassenen Psychotherapeuten. KV-en haben insbesondere zwei zentrale Aufgaben: Zum einen sind sie als Selbstverwaltungsinstitution für die Gewährleistung einer flächendeckenden vertragsärztlichen Versorgung mit niedergelassenen Ärzten zuständig und regeln dazu, wer unter welchen Bedingungen wo einen Arztsitz übernehmen kann. Zum anderen vereinbaren sie mit den Kostenträgern, sprich: den Krankenkassen, wie die ärztlichen Leistungen im niedergelassenen Bereich vergütet werden, allerdings nur im Rahmen sogenannter kollektivvertraglicher Lösungen. Niedergelassene Ärzte können auch „Selektivvertragliche Versorgungsvereinbarungen" abschließen und ihre Leistungen mit Kostenträgern direkt abrechnen.

Der „Deutsche Hausärzteverband e. V." bzw. seine Mitgliedsorganisationen auf Länderebene vertreten insgesamt rd. 32.000 niedergelassene Allgemeinmediziner

---

[4]Die Ausführungen stützen sich im Wesentlichen auf die Selbstdarstellungen der Vereinigungen, Kammern und Verbände im Internet, auf einschlägige Wikipedia und ÄrzteWiki-Artikel. Sie alle einzeln zu referenzieren hätte den Text enorm aufgebläht und unübersichtlich gemacht; deshalb muss dieser allgemeine Verweis genügen.

bzw. Hausärzte (2016). Sie verstehen sich zum einen als berufspolitische Interessenvertretung und als Dienstleister, zum anderen sind sie aber auch Partner einer speziellen Form von Versorgungsvereinbarungen jenseits der kollektivvertraglichen Regelungen die KV-en abschließen. In Paragraf 73b des SGB V sind Kostenträger aufgefordert, mit geeigneten Ärzteorganisationen Vereinbarungen zur sogenannten „Hausarztzentrierten Versorgung" zu treffen. Hier wirken Hausärzte als Heiler, steuernde Versorgungsakteure sowie als „Coaches" für Patienten. Der Deutsche Hausärzteverband e. V. und seine jeweiligen Landesverbände sind die wichtigsten ärztlichen Vertragspartner in der Hausarztzentrierten Versorgung, allerdings gibt es auch Modelle, in den die KV-en eine Rolle spielen. Der Marburger Bund – mit insgesamt knapp 114.000 Mitgliedern (2016) – versteht sich als die gewerkschaftliche, gesundheits- und berufspolitische Interessenvertretung von angestellten und beamteten Ärztinnen und Ärzten. Seine Organisationsdomäne liegt damit v. a. im Bereich der Krankenhausärzteschaft, von denen ca. 70 % als Mitglieder im Marburger Bund organisiert sind, aber auch – und in den letzten Jahren mit zunehmender Bedeutung – in den neuen entstandenen und weiter entstehenden Medizinischen Versorgungszentren (MVZ) mit einer wachsenden Anzahl von angestellten Ärztinnen und Ärzten. Der Marburger Bund schließt Tarifverträge, versteht sich aber auch als Interessenvertretung in Angelegenheiten jenseits der Tarifpolitik.

Die Organisationsdomäne des „Hartmannbundes – Verband der Ärzte Deutschlands e. V." ist an keinen besonderen Ärztestatus gebunden. Hier können alle Ärzte Mitglied werden. Er vertritt derzeit etwa 34.000 Mitglieder und fokussiert fächerübergreifend sowohl auf berufs- als auch auf standespolitische Interessen. Ein Beispiel, wo Standespolitik sichtbar wird, ist etwa die Betonung, dass die immer häufiger geforderte Delegation ärztlicher Aufgaben an nicht-ärztliche Gesundheitsberufe nicht zur Substitution ärztlicher Aufgaben führt (siehe etwa Hartmann Bund 2011). Große Vorbehalte kamen vom Hartmannbund auch gegen den o.g. Paragrafen 73b SGB V, der die Basis für die Hausarztzentrierte Versorgung darstellt und Hausärzte auch im Austausch mit Kolleginnen und Kollegen anderer Fachdisziplinen zu einem „Coach" des Patienten macht. Ein noch relativ junger ärztlicher Berufsverband ist die Freie Ärzteschaft e. V. (FÄ), die 2004 gegründet wurde und über ca. 2000 Mitglieder verfügt – niedergelassene Haus- und Fachärzte sowie Praxisnetze (Freie Ärzteschaft o. J.). Die FÄ setzt sich für eine sichere und zukunftsorientierte Medizin ein und kritisiert alles, was ein Schritt in eine rationierte Staatsmedizin sein könnte (ebd.) Besonders kritisch ist der verbandliche Blick auf neue ambulante Versorgungsformen jenseits der freien Arztpraxis und auf die digitalisierte Vernetzung in der Medizin. Die Stellungnahmen der FÄ sind oft sehr pointiert. Eine Pressemitteilung zu den rechtlichen Vorgaben der Entwicklung der Telematikinfrastruktur ist etwa überschrieben mit: „E-Health-Hype gefährdet Medizindaten der ganzen Bevölkerung" (17.5.2017).

Der „Verein demokratischer Ärztinnen und Ärzte e. V." (vdää) setzt demgegenüber auf eine anspruchsvolle Medizin für Alle und äußert deshalb Kritik an allen
Trends, die eine Mehrklassenmedizin befördern sowie an einer auf überzogene
Privilegien zielende ärztliche Berufs- und Standespolitik. Der vdää übernimmt
keine regulativen Aufgaben und wirkt auch nicht am Design von Versorgungsstrukturen mit. Er versucht seine Position v. a. durch wissenschaftliche Veranstaltungen und öffentliche Diskussionen zu profilieren. Der vdää hat ca. 500
Mitglieder, seit Mitte der 2010-er Jahre ist auf seiner Internetseite nur noch wenig
Bewegung.

Parallel zu diesen meist disziplinenübergreifenden Zusammenschlüssen von
Ärzten gibt es noch disziplinär aufgestellte Fachgesellschaften und Berufsverbände. Als Beispiele seien hier etwa die „Deutsche Gesellschaft für Rheumatologie e. V." sowie der Berufsverband „Deutscher Rheumatologen e.V." genannt.
Während in der Gesellschaft die Erforschung rheumatischer Erkrankungen sowie
der fachliche Austausch über wissenschaftliche Erkenntnisse und praktische
Erfahrungen im Mittelpunkt stehen, zielt der Berufsverband auf die Vertretung
berufspolitischer Angelegenheiten. Derzeit (Mitte 2017) etwa wird an Orientierungen für die Zusammenarbeit der ambulanten und stationären Rheumatologie
im Rahmen der sogenannten „Allgemeinen Spezialfachärztlichen Versorgung"
gearbeitet. Die Berufsverbände sind wiederum in einem Spitzenverband der Fachärzte Deutschlands e. V. zusammengeschlossen (SpiFA).

Vor dem Hintergrund der umrissenen Organisationsvielfalt steht der NAV-
Virchow-Bund mithin als eine Organisation dar, die als einzige freiwillig getra-
gene gemeinsame Vertretung der niedergelassenen Haus- und Fachärzte zwar
über ein interessenpolitisches Alleinstellungsmerkmal verfügt, dennoch aber in
Konkurrenz zu anderen Verbänden steht – in Bezug auf die berufs- und standespolitischen Interessen etwa zum Hartmannbund, in Bezug auf Fragen der Versorgungsgestaltung, zum Hausärzteverband und zu den disziplinär-spezialisierten
Fachverbänden, mit Blick auf Fragen rund um die Niederlassung zu den KV-en.
Die im verbandlichen Vergleich eher ‚bescheidenden' und sinkenden Mitgliederzahlen (s. u.) sprechen dafür, dass der NAV-Virchow-Bund sich derzeit nicht
leicht tut, sich in dieser kompetitiven Welt der Ärzteverbände zu behaupten.

4   Der Blick zurück: Von der Existenz- zur Expansionspolitik

Die Zeit zwischen 1945 und dem Ende der 1950er Jahre stand in Deutschland ganz
im Zeichen des Wiederaufbaus gesellschaftlich notwendiger Infrastrukturen. Zentral waren in diesem Zusammenhang der Wiederaufbau und die Reorganisation des

Gesundheitssystems. Allerdings galt ein Großteil der Aufmerksamkeit zunächst dem Auf- und Ausbau eines leistungsfähigen Krankenhauswesens. Gleichzeitig setzten die Alliierten, angesichts der schlechten Lebensverhältnisse sowie der schwierigen gesundheitlichen Versorgungslage, in der Wiederaufbauphase auf die Strukturen der ärztlichen Selbstverwaltung. Somit standen auch die niedergelassenen Ärzte nach Kriegsende vor der Herausforderung, sich im Kontext einer neuen Gesellschafts- und Versorgungsstruktur zu organisieren und zu positionieren. Die Gründung des NAV-Virchow-Bundes geht zurück auf das Umfeld des 52. Deutschen Ärztetags 1949 in Hannover. Der Deutsche Ärztetag ist eine Institution, die sich als höchstes Gremium der Deutschen Ärzteschaft mit grundsätzlichen Fragen auseinandersetzt, „[…] zu denen die deutschen Ärzte der Öffentlichkeit gegenüber ihre Meinung darzulegen wünschen" (Bundesärztekammer o. J.). Die Agenda von 1949 zeigt, dass die zentralen Themen von damals auch heute nicht an Aktualität eingebüßt haben: Neben der allgemeinen Gesundheitslage und der Zukunft der medizinischen Forschung, ging es damals um Themen wie „Sozialhygiene als Gegenwartsproblem", „Fürsorge und Altersversorgung" und um das „Problem der Flüchtlingsärzte". Darüber hinaus wurden der „Arzt in der Sozialversicherung" sowie die „Berufs- und Facharztordnung für die deutschen Ärzte" diskutiert (Bundesärztekammer o. J.).

Nach Kriegsende war aufgrund der Erfahrungen im Dritten Reich die Dezentralisierung politischer Entscheidungs- und Gesetzgebungsstrukturen in Deutschland ein zentrales politisches Ziel. Während auf dem 51. Ärztetag 1948 in Stuttgart noch eine einheitliche deutsche Ärzteordnung gefordert wurde, kam der Parlamentarische Rat diesem Wunsch allerdings nicht nach. Im Ergebnis.

> […] wurde die Gesundheitsgesetzgebung weiterhin in die Hände der Länder gelegt. Lediglich die Zulassung zum ärztlichen Beruf blieb nach Art. 74 Nr. 19 GG der konkurrierenden Gesetzgebung des Bundes vorbehalten, wovon dieser erst durch die Schaffung der Bundesärzteordnung vom 2.10.1961 Gebrauch gemacht hat. Dementsprechend blieb der Ärzteschaft hinsichtlich eines überregionalen Leitbildes der Berufsausübung wieder einmal nur der Weg der Selbsthilfe (Taupitz 1991, S. 295 f.).

Nachdem sich niedergelassene Ärzte nach Kriegsende zunächst in Arbeitsgemeinschaften zusammengeschlossen hatten und Anfang 1949 erste Landesverbände gegründet wurden (Nordrhein-Westfalen und Hamburg), erfolgte auf dem 52. Ärztetag der Zusammenschluss niedergelassener Ärzte zum „Verband der niedergelassenen Nicht-Kassenärzte Deutschlands" (NKV). Im Nachgang formierten sich weitere Landesverbände unter dem Vorsitz von Hanswolf Muschallik und seines Geschäftsführers Kaspar Roos. Die Gründung des NKV erfolgte zeitlich nach der Gründung des Marburger Bundes 1947 und nach der Gründung der ersten Landesärztekammer in Bayern 1946. Die Umbenennung in „Verband der niedergelassenen Ärzte Deutschland e.V." (NAV) erfolgte im Jahre 1957. Ziel des NKV/NAV war es, allen Ärzten, die ihre Qualifikation zur Niederlassung besaßen, die Zulassung zur kassenärztlichen Tätigkeit zu ermöglichen. Im Jahr 1960 konnte der Verband ein Urteil des Bundesverfassungsgerichts anstrengen, das die freie Zulassung aller Ärzte zur Kassenzulassung und die Liberalisierung der Bedarfsplanung zum Gegenstand hatte. Mit Blick auf die Sichtbarkeit und Positionierung der verbandlichen Aktivitäten des NAV in Westdeutschland war dies ein entscheidender Erfolg.

Diese kurze historische Reflexion macht bereits deutlich, dass der NAV-Virchow-Bund sich zunächst als Notgemeinschaft entwickelte, deren Wurzeln in einer bedrohten Existenz seiner späteren Mitglieder lag. Die Fusion zwischen dem NAV und dem „Rudolf-Virchow-Bund" wird als Typus der Fusion eines westdeutschen Verbandes mit einer ostdeutschen nachwendlichen Verbandsneugründung „auf Augenhöhe" charakterisiert (Sebaldt und Straßner 2004, S. 250 f.). Gleichwohl bleibt festzuhalten, dass dieser Prozess erheblich durch Organisations- und Professionalisierungsdefizite des Rudolf-Virchow-Bundes einerseits sowie durch die Expansionsbestrebungen des NAV in die ostdeutschen Bundesländer andererseits befördert wurde. So wurde in Ostdeutschland am 3. Februar 1990 der Rudolf-Virchow-Bund gegründet, allerdings zeigte sich alsbald, dass Organisations- und Strategieprobleme ebenso wie zunehmender Mitgliederschwund es dem Verband schwierig machten, sich neben dem mächtigen westdeutschen NAV zu behaupten. „Zudem hätten die Ärzteorganisationen Westdeutschlands, seien es die Körperschaften oder freien Verbände, keinerlei Interesse an einer neuen Organisation im Osten gehabt. Deren Bestreben sei es vielmehr gewesen, sich möglichst schnell auf dem Gebiet der DDR auszubreiten" (Merten und Gerst 2006, S. A2288). Annäherungen zwischen dem NAV und dem Rudolf-Virchow-Bund hatte es zuvor durchaus gegeben, allerdings liefen sich die Bemühungen schnell fest: „Knackpunkt war die Tatsache, dass die dortigen staatlich-gesetzlich strukturierten Körperschaften keine Möglichkeit hatten, mit privaten ärztlichen Verbänden der Bundesrepublik Kontakt zu knüpfen. Erst eine Konferenz der WHO-Region Europa brachte das ‚Ei des Kolumbus'. Dort saßen der Vertreter des NAV neben Ärzten der DDR, darunter ein hochrangiges Mitglied der Partei- und Staatsspitze. Im kollegialen Gespräch zeigte sich sehr schnell, dass sich die wissenschaftlichen Fachverbände der DDR in ihren leitenden Handlungsorientierungen als Verbände mit freiwilliger Einzelmitgliedschaft verstanden. Damit stand einer Einladung von Vertretern des NAV in die DDR nichts mehr im Weg. Sie wurde innerhalb weniger Tage ausgesprochen" (Hirschmann 2010). Am 10. November 1990 beschloss die Bundeshauptversammlung des NAV mit einer Gegenstimme und drei Enthaltungen die Vereinigung mit dem Rudolf-Virchow-Bund und parallel dazu einstimmig die Vereinigung mit dem DAZ – Deutscher Arbeitskreis für Zahnheilkunde. Im März 1991 erfolgte dann die Fusion beider Verbände, die in dem Namen „NAV-Virchow-Bund" zum Ausdruck kam.

5   Mitgliederstrukturen, Mitgliederentwicklung und Mitgliederleistungen

Der NAV-Virchow Bund betreut aktuell rund 12.000 Mitglieder (2016), 2004 waren noch über 20.000 Mitglieder im Verband organisiert (Deutscher Bundestag 2017; Sebaldt und Straßner 2004). In Bezug auf die insgesamt rund 144.000 Haus- und Fachärzte in Deutschland beträgt der Organisationsgrad des NAV-Virchow-Bundes damit rund 8,3 %. Demgegenüber können sowohl der Hartmannbund – Verband der Ärzte Deutschland e. V. (ca. 34.000 Mitglieder) als auch der Deutsche Hausärzteverband (32.000 Mitglieder) derzeit deutlich höhere Mitgliederzahlen und Organisationsgrade realisieren. Nach Angaben einer verbandsinternen Mitgliederbefragung stellen derzeit die Hausärzte mit der Facharztrichtung „Allgemeinmedizin" (21,6 %) sowie die „Hausärztlichen Internisten" (12,0 %) den größten Mitgliederblock im Verband. Weitere quantitativ relevante Mitgliedsgruppen sind die Fachärzte aus dem Bereich Gynäkologie (11,5 %), gefolgt von der Gruppe der Chirurgen und Orthopäden (9,9 %) (Jahresbericht des NAV-Virchow-Bundes 2015, S. 81).

Die bevorzugte Form der Berufsausübung der NAV-Mitglieder ist die selbstständige Tätigkeit in eigener Praxis, wobei mehr als ein Drittel der Befragten (38,2 %) in der Umfrage angaben, Mitglied einer Gemeinschaftspraxis zu sein. Laut Ergebnis der Befragung sind durchschnittlich sieben Mitarbeiter in den organisierten Arztpraxen angestellt. Mehr als 60 % der Befragten sind seit mindestens 11 Jahren im Verband organisiert. „Kurzfristige Mitgliedschaften sind eher die Ausnahme", so ein Ergebnis der Analyse. Besonders aufschlussreich ist die Frage nach den die Mitglieder interessierenden Themen (Jahresbericht des NAV-Virchow-Bundes 2015, S. 82). Hier zeigte sich, dass den Themen „Erhalt der Freiberuflichkeit", „Informationen zur Praxisführung" sowie der „Rechtsberatung" seitens der Mitglieder höchste Prioritäten eingeräumt werden. Ursprünglich waren die konkreten materiellen Anreize für die Mitglieder des NAV-Virchow-Bundes im Vergleich mit dem Hartmannbund e. V. oder dem Marburger Bund e. V. deutlicher geringer. Das Leistungsspektrum des Verbandes deckt heute unterschiedliche Güterarten ab: So werden neben Informations- und Beratungsleistungen auch

Rechtsberatung sowie günstige Arztversicherungen (Regressversicherungen, Haft-pflichtversicherungen, Praxisausfallversicherungen) und vergünstigte Konditionen für Analysen zur wirtschaftlichen Situation der Ärzte (Kostenanalyse, Betriebs-wirtschaftliche Beratung, Praxis-Controlling, Praxisvergleich) angeboten. Darüber hinaus eröffnet die Mitgliedschaft auch die Möglichkeit, über einen verbandlich gebündelten Strom- und Gaseinkauf die Energiekosten durch Preisvorteile zu sen-ken. Weitere Leistungen für Mitglieder sind vergünstigte Hotelkonditionen, die Anmietung von Nutzfahrzeugen zu Sonderkonditionen sowie der Beitritt zu einer kostengünstigen Regressversicherung in einem Gruppenversicherungsvertrag. Die Aufmerksamkeit der Mitglieder für die Verbandsarbeit wird derzeit nach eigenen Auskünften vor allem über die „mediale Berichterstattung" erzielt, erst an zweiter Stelle werden „in Anspruch genommene Serviceleistungen" genannt.

Der NAV-Virchow Bund richtet sich in seiner Interessenvertretung an die Politik, die Öffentlichkeit, aber auch an die Organe der ärztlichen Selbstverwal-tung und sonstiger Anspruchsgruppen auf Bundes- und Landesebene. Insbeson-dere politische Aktivitäten im Vorfeld von Gesetzgebungsverfahren spielen eine bedeutende Rolle. Hierzu zählt etwa die Mitwirkung über die eigenen Verband-strukturen oder über assoziierte Verbände im Vorfeld. Das Spektrum der einge-setzten Mittel reicht von klassischen Positionspapieren über die Teilnahme an öffentlichen Anhörungen (etwa: 14. Dezember 2016: Entwurf eines Gesetzes zur Stärkung der Arzneimittelversorgung in der GKV (GKV-Arzneimittelver-sorgungsstärkungsgesetz – AMVSG) bis zur Verfassung gemeinsamer Presse-erklärungen mit anderen Verbänden. Auch die Teilnahme und Unterstützung an bundesweiten Protesttagen gehören zum Repertoire. Die Mitwirkung an der Erarbeitung von Vertragskonzepten für Anträge im Innovationsfonds im Rah-men der „Agentur deutscher Ärztenetze" prägten in jüngster Vergangenheit die Interessensvertretungsarbeit. In Kooperation mit der Kassenärztlichen Bundes-vereinigung (KBV) erstellt der Verband seit 2012 den „Ärztemonitor". Hierbei handelt es sich um eine Umfrage niedergelassener Ärzte zu aktuellen Themen wie Praxisnachfolge, wirtschaftliche Situation, Arbeitsbedingungen, Fort- und Weiterbildung oder technologischen Innovationen (z. B. Telemedizin). Mit die-sem Instrument verfügt der NAV-Virchow Bund nach eigenen Angaben über ein „Schwergewicht" unter den Befragungen im Gesundheitsbereich. Neutraler for-muliert eröffnet die Befragung, die 2016 zum dritten Mal durchgeführt wurde, einen wichtigen Zugang zur Deutungshoheit in Bezug auf die Situation der nie-dergelassenen Ärzteschaft.

6   Verbandliche Interessenvertretungspolitik als Strategie „kontrollierender Offensive"

Mit Blick auf seine Interessenvertretungspolitik verfolgt der NAV-Virchow-Bund eine Vernetzungsstrategie „kontrollierender Offensive", die den Verband sowohl in der Interessenvertretung in der Fläche als auch im Zusammenspiel mit anderen Facharztverbänden stärkt. Diese strategische Positionierung ist dem strukturellen Nachteil niedergelassener Ärzte in der Durchsetzungsfähigkeit spezifischer Interessen, vor allem in der Honorarverhandlung, geschuldet. Zum anderen haben gesundheitspolitische Reformen der vergangenen Jahre dazu beigetragen, Verteilungskämpfe zwischen den Leistungserbringern in der Gesundheitsversorgung, und damit auch unterschiedlicher Ärztegruppen, zu verstärken. Parallel hierzu hat sich das Spektrum der aktiven Facharzteverbände in den vergangenen Jahren in Deutschland ausdifferenziert. Mitgliederschwund und die Auszehrung der Basis, aber auch der Bedeutungsgewinn europäischer Regulierung haben neue verbandliche Vernetzungsstrategien notwendig gemacht. Für den NAV-Virchow-Bund lässt sich diese strategische Handlungsorientierung anhand von drei Beispielen nachzeichnen.

Eine Besonderheit des NAV-Virchow-Bundes war im Jahr 2012 die Einrichtung einer *„Koordinierungsstelle für den Ärzteprotest"* (Pressemitteilung vom 28.8.2012). Hintergrund waren angekündigte Kürzungen der Ärztehonorare durch die Krankenkassen. Während angestellte Ärzte in den Streik für höhere Entgelte bzw. Honorare treten können, bleibt niedergelassenen Ärzten lediglich die Möglichkeit, ihre Praxis zu schließen, sofern sie weiterhin die Grundversorgung sicherstellen können. Vor diesem Hintergrund war es Ziel der Koordinierungsstelle, die Protestmaßnahmen und Praxisschließungen zu koordinieren, und diese Maßnahmen als Signal an Krankenkassen und Politik auszusenden. Nach Angaben des Verbandes wurden hierfür diejenigen Verbände, die sich an der Koordination der Ärzteproteste beteiligen wollen, erfasst. Anschließend wurden in „[…] kurzfristig anberaumten Telefonkonferenzen Aktivitäten und Ideen aus den einzelnen Verbänden zusammengetragen und im Internet veröffentlicht" (ArztWiki.de 2013). Mit diesem Vorgehen versuchten die niedergelassenen Ärzte auf einen strukturellen Nachteil gegenüber angestellten Ärzten mit Streikrecht zu reagieren, um ein wirkungsvolles Signal an Krankenkassen und Politik auszusenden.

Ein zweites Beispiel ist die auf Initiative des NAV-Virchowbundes 2011 gegründete *„Agentur deutscher Arztnetze"*. Sie vertritt die politischen Interessen von rund 400 Ärztenetzen und Gesundheitsverbünden in Deutschland. Ziel ist es, Interessen und Kompetenzen in einer gemeinsamen Netzagentur zu bündeln und sich auf Bundesebene besser zu positionieren. Dazu gründeten 15 Netze im Juli 2011 die Agentur deutscher Arztnetze e. V. Der NAV-Virchow-Bund ist selbst

Mitglied der Agentur und der Vorstandsvorsitzende der Agentur deutscher Arztnetze ist stellvertretender Bundesvorsitzender des NAV-Virchow-Bundes. Aktuell
sind insgesamt 23 ordentliche Mitglieder in der Agentur organisiert. Neben der
Schaffung einer bundesweiten Plattform für Praxisnetze stehen auch deren Ins-
titutionalisierung im SGB V sowie die Förderung von Netzen „vor dem Hintergrund des Kollektivertrags" im Mittelpunkt. Die Gründungsinitiative ist einerseits
der Notwendigkeit zur Erschließung neuer Mitgliedergruppen geschuldet. Andererseits geht es darum, über Vernetzung im Rahmen moderner Versorgungsstrukturen die politische Durchsetzungsfähigkeit zu erhöhen, die Umsetzung neuer,
auch wirtschaftlich attraktiver Versorgungsangebote zu befördern (etwa § 87b
SGB V) und wirtschaftlichen Nachteilen für niedergelassene Ärzte entgegen zu
wirken.

Als drittes Beispiel lässt sich anführen, dass der NAV-Virchow-Bund seit 2015
assoziiertes Mitglied im „SpiFA –Spitzenverband Fachärzte Deutschlands" ist.
Der Verband ist ein Dachverband und wurde 2005/2006 zunächst als informel-
ler Gesprächskreis unter dem Namen „Potsdamer Runde" ins Leben gerufen. Seit
Juli 2012 ist der Verband unter seinem jetzigen dem Namen aktiv. Der SpiFa e. V.
ist mit seinen derzeit 27 Mitgliedsverbänden mittlerweile Deutschlands größter
Facharztdachverband. Der Vorstandvorsitzende des SpiFa e. V. ist derzeit (2016)
zudem Bundesvorsitzender des NAV-Virchow-Bundes. Nicht zuletzt aus der
Wahrnehmung heraus, dass die niedergelassenen Fachärzte in den vergangenen
Jahren in versorgungspolitischen Verteilungskonflikten benachteiligt wurden,
kann das Engagement im SpiFA als zentraler Baustein *fachärztlicher* Interessenspolitik interpretiert werden.

Einer der wichtigsten politischen Gestaltungsfelder des NAV-Virchow-Bundes ist derzeit ohne Zweifel die Novellierung der Gebührenordnung für Ärzte
(GOÄ). Die GOÄ regelt die Abrechnung der ärztlichen Leistungen außerhalb
der vertragsärztlichen Versorgung in Deutschland. Ein zentraler verbandlicher
Kritikpunkt hinsichtlich der Novellierung besteht in der grundlegenden Überar-
beitung des Paragrafenteils in den Verhandlungen mit der Privaten Krankenversicherung (PKV). Dieser regelt die Anwendung und weitere Aktualisierung der
GOÄ. Eine nach den Vorschriften der GOÄ erstellte Privatliquidation zielt sowohl
auf Privatpatienten, d. h. Patienten, die bei einer privaten Krankenversicherung
versichert oder unversichert sind und ihre Behandlung selbst bezahlen, als auch
auf gesetzlich Versicherte im Fall sogenannter individueller Gesundheitsleistungen (IGeL) oder bei Wahl des Kostenerstattungsverfahrens. Dagegen ist die Vergütung vertragsärztlicher Leistungen nach dem fünften Sozialgesetzbuch durch
den Einheitlichen Bewertungsmaßstab (EBM) geregelt (§ 87 Abs. 2 SGB V). Die
Abrechnung erfolgt hier nicht gegenüber den Versicherten, sondern über die KV

mit der gesetzlichen Krankenversicherung. Im Kern der Auseinandersetzung geht es um den Erhalt einer „eigenständigen, kostenträgerunabhängigen GOÄ" (vgl. NAV-Virchow-Bund Jahresbericht 2016, S. 8), weil sie den Ärzten die Möglichkeit gibt, in einer Ultima Ratio dem GKV-System auch den Rücken zu kehren und in reiner Privatpraxis tätig zu werden. Ein zentrales politisches Ziel besteht darin, den Einfluss der niedergelassenen Ärzte im Prozess der Novellierung der GOÄ zu erhöhen und auch gegenüber der Bundesärztekammer eine transparentere Verhandlungsführung durchzusetzen.

7 Auf der Suche nach einem neuen verbandlichen Selbstverständnis

Der NAV-Virchow-Bund steht derzeit vor der großen Herausforderung, Kräfteverhältnisse neu zu gestalten und auszutarieren. Im Mittelpunkt steht einerseits die Entwicklung einer modernen, zukunftsfähigen Gesundheitsversorgung, die auch künftig hinreichend Leistungsanreize für die Verbandsmitglieder bieten soll. Andererseits gilt es, tradierte Werte und Domänen wie die „Freiberuflichkeit" vor staatlicher Einflussnahme zu sichern. Dies zielt insbesondere auf die ärztliche Selbstverwaltung als Ort, an dem ärztliche Selbstbestimmung tagtäglich gelebt wird (vgl. NAV-Virchow-Bund Jahresbericht 2016, S. 3). Aus den vorangegangenen Überlegungen lassen sich Erkenntnisse zum spezifischen Verhältnis von Einfluss- und Mitgliedschaftslogik für den NAV-Virchow-Bund ableiten. Diese fokussieren zum einen den Wandel innerverbandlicher Interessenskonstellationen in Folge gesundheitspolitischer Reformen. Auch der Attraktivitätsverlust freiberuflicher Tätigkeit trägt dazu bei, das verbandliche Selbstverständnis in Richtung einer modernen Freiberuflichkeit neu auszuhandeln. Zum anderen steht der NAV-Virchow-Bund für eine kontrollierende offensive Vernetzungsstrategie, die zum Ziel hat, den politischen Einfluss und die Durchsetzungsfähigkeit des Verbandes insgesamt zu erhöhen. Aus diesen Ausgangsbedingungen lassen sich spezifische Spannungsfelder herleiten, die den Verband in den kommenden Jahren aller Wahrscheinlichkeit nach prägen werden:

Verlagerung gesundheitspolitischer Verteilungskonflikte: Der NAV-Virchow-Bund versteht sich als fachübergreifender Verband, dessen Mitglieder aus Haus- und Fachärzten rekrutiert werden. Gesundheitspolitisch stand in den vergangenen Jahren die Stärkung wettbewerbsorientierter Strukturreformen auf der Agenda, die Versorgungs-, Finanzierungs- und korporatistische Regulierungsstrukturen im Gesundheitswesen gleichermaßen beeinflusst haben. Der Wettbewerb der Leistungsanbieter untereinander wurde gezielt befördert, ein Prozess in dem sich regionale

Versorgungsformen und -strukturen ausdifferenziert haben. Im Ergebnis haben auch niedergelassene Ärzte mehr Spielräume für den Abschluss von Selektiv- und Individualverträgen. Parallel hierzu hat der Staat seinen Einflussbereich in der Versorgung ausgeweitet, tradierte Akteure wie die Kassenärztlichen Vereinigungen (KV-en) mussten im Zuge dieser Entwicklung Domänenverluste hinnehmen. Die skizzierten Entwicklungen haben Partikularinteressen auch niedergelassener Ärzte gegenüber Kollektivinteressen befördert mit der Folge, dass gesundheitspolitische Verteilungskonflikte sukzessive auch als innerverbandliche Spannungsfelder im NAV-Virchow-Bund zum Tragen kommen. Hier werden sie als Interessenkonflikte zwischen den Mitgliedsgruppen der Haus- und Fachärzte sowie zwischen den Interessen von Haus- und Fachärzten, aber auch zwischen unterschiedlichen Facharztgruppen sichtbar.

Verbandliches Selbstverständnis und moderne „Freiberuflichkeit": Eine zentrale Zielsetzung des NAV-Virchow-Bundes ist die Sicherung der freiberuflichen Tätigkeit. Freiberuflichkeit ist nicht gleichzusetzen mit Selbstständigkeit. Sondern in der verbandlichen Perspektive des NAV-Virchow-Bundes wird damit primär die Leistung des niedergelassenen Arztes in der Gesellschaft adressiert. Ausgehend hiervon wirken insbesondere zwei programmatisch miteinander verschränkte Debattenlagen auf innerverbandliche Interessenskonstellationen ein und befördern dort auch neue Herausforderungen der Integration von Mitgliederinteressen: Neue Perspektiven in der Nachwuchssicherung und die Zukunft der Freiberuflichkeit. Der Weg in die eigene Praxis ist für angehende Medizinerinnen und Mediziner längst nicht mehr die attraktivste Option, die eigene Berufstätigkeit zu gestalten. So gehen junge Ärzte eher in die Anstellung. Insbesondere niedergelassene Ärzte in ländlichen Regionen sowie in sozialstrukturell benachteiligten Stadtteilen sind auf der Suche nach neuen Wegen der Nachwuchssicherung. Einerseits könnten niedergelassene Ärzte von neuen Modellen der ärztlichen Weiterbildung, die junge Mediziner nicht nur an das „vertraute System Krankenhaus" bindet, sondern auch an eine selbstständige Praxisführung im ambulanten Bereich heranführt, profitieren. Hierfür werden jedoch neue Modelle notwendig, die die Berufstätigkeit in freiberuflicher Tätigkeit und in der Anstellung flexibel miteinander kombinieren können. Dies bedeutet, die freiberufliche Tätigkeit an neue Werte, veränderte berufsbiografische Anforderungen und Einstellung zum Berufsleben im Generationenwandel anzupassen. Angesichts der Alterung der Mitgliederstruktur sowie des steigenden Anteils von Ärztinnen in der Versorgung bedeutet dies für den NAV-Virchow-Bund auch eine innerverbandliche Debatte zum Selbstverständnis einer modernen „Freiberuflichkeit" im Kontext vernetzter Versorgungs- und Leistungsstrukturen.

Politischer Paradigmenwechsel und Differenzierungsdruck: Der NAV-Virchow-Bund kritisiert die vielfach reaktive statt aktive Rolle ärztlicher Interessenvertretungen in der Gesundheitspolitik der vergangenen Jahre. Insbesondere den Akteuren der ärztlichen Selbstverwaltung wird vorgeworfen, sich zu wenig um die Vertretung der ärztlichen Interessen gegenüber der Politik, den Krankenkassen sowie der Deutschen Krankenhausgesellschaft (DKG) gekümmert zu haben. Im Rücken der Schwäche der Kassenärztlichen Bundesvereinigung (NAV-Virchow-Bund Jahresbericht 2016, S. 33) konnten sich insbesondere die Krankenhäuser in der ambulanten Versorgung erweiterte Optionen erschließen. Der NAV-Virchow-Bund verfolgt vor diesem Hintergrund eine verbandliche Vernetzungsstrategie mit dem Ziel „[...] die innerärztlichen Streitereien beizulegen, eigene Konzepte zu entwickeln und die Krise zu überwinden" (ebd.). Diese Vernetzung mit anderen Ärzteverbänden soll letztlich dazu beitragen, die politische Machtposition und Durchsetzungsfähigkeit im koordinierten Zusammenspiel zu erhöhen. Innerverbandlich steigt hierdurch jedoch auch der Druck, entsprechend konzertierte Positionen zu erarbeiten. Zudem wird es künftig für den Verband wichtiger, mit eigenen verbandlichen Positionen und Leistung für faktische, aber auch für potenzielle Mitglieder sichtbar zu sein. Hinzu kommt, dass sich Morbiditätsstrukturen, Versorgungsinfrastrukturen im Zusammenspiel von Krankenhäusern, Haus- und Fachärzten sowie politische Rahmenbedingungen auf regionaler Ebene erheblich voneinander unterscheiden. Dies markiert auch unterschiedliche Ausgangslagen, Interessen und Erwartungen der Mitglieder. Eine besondere Herausforderung des NAV-Virchow-Bundes besteht vor diesem Hintergrund darin, die Erhöhung der politischen Durchsetzungsfähigkeit mit den sich fach- und regionalspezifisch ausdifferenzierenden Interessen der Mitglieder in Einklang zu bringen. Während ersteres auf eine Stärkung verbändeübergreifender Positionen hinausläuft, entsteht durch letztere ein Differenzierungsdruck in Prozessen politischer Positionierung und Entscheidungsfindung.

Ausbau als Dienstleister: Der NAV-Virchow-Bund hat seine Service-Leistungen in den letzten Jahren deutlich ausgebaut. Dies kommt nicht nur einem artikulierten Interesse aus der Mitgliedschaft entgegen, sondern dies kann auch im Sinne eines Mitgliedschaftsanreizes wirken, der dann umso wichtiger wird, wenn sich die verbandsinternen Spannungsfelder verbreitern und vertiefen. Ob und inwieweit dieser Effekt trägt, wird die Zukunft zeigen. Es fällt auf, dass die politische Außendarstellung des NAV-Virchow-Bundes diese Entwicklung zur Service-Organisation bislang nur wenig akzentuiert transportiert.

Werden die Aktivitäten und Entwicklungstrends des NAV-Virchow-Bundes e. V. vor dem Hintergrund des verbandssoziologischen Theorems der „Logic-of-Membership" und der „Logic-of-Influence" analysiert, dann drängen sich folgende Einschätzungen auf: Der NAV-Virchow-Bund kann sich weder über Zwangsmitgliedschaft und übertragene Regulierungsaufgaben noch auf besonders exklusive Zugänge zu gesundheitspolitischen Entscheidungen stützen. Er hat mithin bei der „Logic of Influence" eher schwächere Ressourcen als andere

Ärzteorganisationen, v.a. als die Kassenärztlichen Vereinigungen und die Ärztekammern. Demgegenüber braucht er aber bei politischen Stellungnahmen weniger
vorsichtig und weniger ausgewogen vorzugehen als genannte Organisationen, die
Teil der Selbstverwaltung sind und durch Zwangsmitgliedschaft gestützt werden.
Einem pointierten Eintreten für zentrale Berufs- und Standesinteressen steht mithin wenig im Weg. Allerdings ist die Mitgliedschaftsdomäne des NAV-Virchow-
Bundes sehr breit, sodass auch bei politischen Stellungnahmen und Aktionen auf
innerverbandlichen Interessenausgleich und Ausgewogenheit geachtet werden
muss. Andere, kleinere Organisationen mit einer eingeschränkteren Mitgliedschaftsdomäne – etwa der Hausärzteverband oder die Freie Ärzteschaft – können
hier akzentuierter auftreten. Ein weiterer Weg zur Stärkung der Mitgliederbindung, zur Stärkung der „Logic of Membership" ist der Ausbau von Dienstleistungsangeboten. Er wird vom NAV-Virchow-Bund aktiv beschritten, wenngleich
auffällt, dass das entsprechende Dienstleistungspotenzial nur verhalten kommu-
niziert wird. In Zukunft wird wahrscheinlich der Trend zu neuen und vernetzten
Versorgungsformen, neuen Beschäftigungsstrukturen und Beschäftigungsverhält-
nissen für Ärzte stärker werden. In diesem Gestaltungsfeld Beratungs-, Unterstüt-
zungs- und Organisationsangebote vorzuhalten, mit denen sich niedergelassene
Ärzte in die vernetzte Versorgung einbringen können, neue Zielgruppen angesprochen werden ohne Nachteile für ihre Freiberuflichkeit fürchten zu müssen,
könnte eine perspektivreiche Zukunftsoption sein.

8   Fazit

Der NAV-Virchow-Bund steht in seiner verbandlichen Interessenspolitik ohne
Zweifel für die Sicherung und Förderung der freiberuflichen Tätigkeit niedergelassener Ärzte und Zahnärzte in einem sich wandelnden Gesundheitssystem in
Deutschland. Reformen im deutschen Gesundheitssystem haben in den vergangenen Jahren auch Verteilungskonflikte zwischen verschiedenen Ärztegruppen
befördert. Die Integration der Mitgliederinteressen innerhalb des Verbandes ist
dadurch nicht einfacher geworden. Reformtempo und eine steigende Komplexität gesundheitspolitischer Entscheidungen erschweren die Mitwirkung an der
politischen Entscheidungsfindung. Der NAV-Virchow-Bund hat hierauf nicht
zuletzt mit einer offensiven Vernetzungsstrategie reagiert, die auch die besonderen Herausforderungen einer vernetzten Versorgung aus Sicht der Mitglieder
in den Blick nimmt. Allerdings bleiben noch einige Baustellen offen. So wurde
in der Analyse deutlich, dass die spezifischen Interessenlagen von Ärztinnen
oder angehenden Medizinerinnen in den Verbandsaktivitäten bislang kaum

eine Rolle spielen. Angesichts des steigenden Anteils von Frauen, die als Ärztinnen zur Sicherung der gesundheitlichen Versorgung der Bevölkerung beitragen, ist künftig ihrer Rolle sowie ihren Bedürfnissen und Erwartungen als tätige Ärztinnen mehr Rechnung zu tragen. Dies erfordert nicht nur ein programmatisches Umdenken in der konkreten Verbandsarbeit, sondern verlangt auch von der Wissenschaft eine Verbändeforschung, die sich intensiver als bislang mit der verbandlichen Organisation, Interessenpolitik und Entwicklungsperspektive von Frauen in der Sozial- und Gesundheits*wirtschaft* im Allgemeinen, und von Ärztinnen im deutschen Gesundheitssystem im Besonderen auseinandersetzt. Dies gilt sowohl für Analysen zum Einfluss von Frauen in traditionellen männerdominierten Interessenorganisationen, als auch für Analysen mit Blick auf den spezifischen Typus von „Ärztinnenverbänden".

Literatur

ArztWiki.de. 2013. „NAV-Virchow-Bund." http://www.arztwiki.de/wiki/NAV-Virchow-Bund. Zugegriffen: 8. Juni 2017.

Bundesärztekammer. 2017. „Ärztestatistik zum 31. Dezember 2016." http://www.bundesaerztekammer.de/fileadmin/user_upload/downloads/pdf-Ordner/Statistik2016/Stat16AbbTab.pdf. Zugegriffen: 5. Juni 2017.

Bundesärztekammer. (o. J.). „Themen der Deutschen Ärztetage seit 1948." http://www.bundesaerztekammer.de/aerztetag/geschichteauszeichnungen/themen-der-deutschen-aerztetage-seit-1948/. Zugegriffen: 5. Juni 2017.

Deutscher Bundestag. 2017. „Ständig aktualisierte Fassung der öffentlichen Liste über die Registrierung von Verbänden und deren Vertretern. Stand: 21.4.2017." https://www.bundestag.de/blob/189476/b5c8f2195537f84bdb1fe398ff721d9d/lobbylisteaktuell-data.pdf. Zugegriffen: 5. Juni 2017.

Freie Ärzteschaft. 2017. *E-Health-Hype gefährdet Medizindaten der ganzen Bevölkerung.* Pressemitteilung vom 17.05.2017.

Freie Ärzteschaft. (o. J.). „Das sind wir." https://freie-aerzteschaft.de/vorstand/ziele/. Zugegriffen: 8. Juni 2017.

Groser, Manfred. 1992. *Gemeinwohl und Ärzteinteressen – die Politik des Hartmannbundes.* Gütersloh: Bertelsmann Stiftung.

Hartmann Bund. 2011. *GBA überschreitet Grenze von Delegation zu Substitution – Reinhardt: Heilkunde muss allein ärztliche Aufgabe bleiben!* Pressemitteilung des Hartmann Bundes vom 8. 11. 2011.

Heinrich, Dirk. 2015. „Sind Freiberuflichkeit, Selbstverwaltung und eigene Praxis alles Auslaufmodelle?" http://www.nav-virchowbund.de/uploads/files/heinrich_bhv_2015_bericht_zur_lage_v6_2_druck.pdf. Zugegriffen: 5. Juni 2017.

Hirschmann, Erwin. 2010. „Redemanuskript 20 Jahre NAV-Virchow-Bund." http://www.nav-virchowbund.de/uploads/files/bhv_2010_fusion_hirschmann.pdf. Zugegriffen: 5. Juni 2017.

Merten, Martina, und Thomas Gerst. 2006. „Wende im DDR-Gesundheitswesen 1989/1990: Vom Westen viel Neues." *Deutsches Ärzteblatt* 103 (36): A2288–A2293.

NAV-Virchow-Bund – Verband der niedergelassenen Ärzte Deutschlands. 2012. „Die Landesgruppen des NAV-Virchow-Bundes." http://www.nav-virchowbund.de/uploads/files/s78-82_organisationinternet.pdf. Zugegriffen: 12. Mai 2017.

NAV-Virchow-Bund – Verband der niedergelassenen Ärzte Deutschlands. 2015. „Jahresbericht 2015." https://www.nav-virchowbund.de/uploads/files/nav-jb_2015_final.pdf.

NAV-Virchow-Bund – Verband der niedergelassenen Ärzte Deutschlands. 2016. „Jahresbericht 2016." http://www.nav-virchowbund.de/uploads/files/nav-jb_2016_gesamt-pdf.pdf.

NAV-Virchow-Bund – Verband der niedergelassenen Ärzte Deutschlands. (o. J. a). „Herzlich willkommen beim NAV-Virchow-Bund!". https://www.nav-virchowbund.de/. Zugegriffen: 5. Juni 2017.

NAV-Virchow-Bund – Verband der niedergelassenen Ärzte Deutschlands. (o. J. b). „Geschäftsstelle." http://www.nav-virchowbund.de/ueber_uns/geschaeftsstelle.php. Zugegriffen: 12. Mai 2017.

NAV-Virchow-Bund – Verband der niedergelassenen Ärzte Deutschlands. (o. J. c). „Auslandsreferat (E.A.N.A.)." http://www.nav-virchowbund.de/ueber_uns/auslandsreferat.php. Zugegriffen: 6. Juni 2017.

NAV-Virchow-Bund – Verband der niedergelassenen Ärzte Deutschlands. 2014a. „Verbandssatzung in der Fassung vom 11. Februar 2014." http://www.nav-virchowbund.de/uploads/files/20131109_satzung_1.pdf.

NAV-Virchow-Bund – Verband der niedergelassenen Ärzte Deutschlands. 2014b. *Praxisaufkauf und schnelle Termine: Gesetzesvorhaben wirft große Widersprüche auf.* Pressemitteilung vom 20.10.2014.

NAV-Virchow-Bund – Verband der niedergelassenen Ärzte Deutschlands. 2017. *CDU-Vorschlag zur Delegation: Ärzte lassen sich nicht an den Rand drängen.* Pressemitteilung vom 30.3.2017.

Sebaldt, Martin, und Alexander Straßner. 2004. *Verbände in Bundesrepublik Deutschland. Eine Einführung.* Wiesbaden: VS Verlag.

Taupitz, Jochen. 1991. *Die Standesordnungen der freien Berufe. Geschichtliche Entwicklung, Funktionen, Stellungen im Rechtssystem.* Berlin: De Gruyter.

Über die Autoren

Michaela Evans Leiterin des Forschungsschwerpunkt „Arbeit und Wandel" am Institut Arbeit und Technik (IAT), Westfälische Hochschule und Ruhr-Universität Bochum.

Prof. Dr. Josef Hilbert geschäftsführender Direktor des Institut Arbeit und Technik (IAT), Westfälische Hochschule und Ruhr-Universität Bochum.

Zwischen Berufsverband und Gewerkschaft

Der Marburger Bund als Ärzteverband

Samuel Greef

1   Einleitung

In der komplexen, heterogenen und ausdifferenzierten Verbandslandschaft der Ärzteorganisationen nimmt der Marburger Bund eine Sonderrolle ein. Er ist der einzige Ärzteverband der tarifpolitisch aktiv ist und damit den Status einer Gewerkschaft innehat. Seine Zuständigkeit in tariflichen Belangen musst „Der Marburger Bund – Verband der angestellten und beamteten Ärztinnen und Ärzte Deutschlands" (Marburger Bund 2016b, S. 1) im Jahr 2006 zunächst in einem mehrere Monate andauernden Arbeitskampf gegenüber den Arbeitgebern durchsetzen. Seitdem verhandelt er eigenständig die tarifpolitischen Interessen der Krankenhausärzte mit der „Tarifgemeinschaft deutscher Länder" (TdL), der „Vereinigung Kommunaler Arbeitgeber" (VKA) und privaten Klinikkonzernen wie Helios.

Als Berufsverband und Berufsgewerkschaft vertritt der Marburger Bund die beruflichen, sozialen und tariflichen Interessen seiner Mitglieder. Zu seinen Adressaten zählen daher neben der politischen Ebene insbesondere die Ärztekammern als Institutionen der ärztlichen Selbstverwaltung und die Krankenhausträger als Hauptarbeitgeber von angestellten und beamteten Ärzte (Einflusslogik). Daneben bietet er seinen (potenziellen) Mitgliedern eine Vielzahl von Informationen, Beratungs-, Fort- und Weiterbildungsangeboten sowie Serviceleistungen an (Mitgliedschaftslogik). Mit der Transformation des aus berufsverbandlicher Tradition

S. Greef (✉)
FB05 Politisches System, Universität Kassel, Kassel, Deutschland
E-Mail: greef@uni-kassel.de

© Springer Fachmedien Wiesbaden GmbH 2018   191
T. Spier und C. Strünck (Hrsg.), Ärzteverbände und ihre Mitglieder,
Studien der Bonner Akademie für Forschung und Lehre praktischer
Politik, https://doi.org/10.1007/978-3-658-19249-5_10

entstandenen Marburger Bunds zur Berufsgewerkschaft unterlagen sowohl die mitgliedschafts- als auch die einflussbezogenen Verbandsfunktionen deutlichen Veränderungen.

An der Transformation des Marburger Bundes zeigt sich beispielhaft, dass ein Verband seine Arbeit beständig zwischen der einflusslogischen und der mitgliedschaftslogischen Perspektive austarieren muss (vgl. Schmitter und Streeck 1999). In der medialen Darstellung der Streiks der Jahre 2005 und 2006 wurde vielfach der Anschein erweckt, als sei der Marburger Bund der treibende Auslöser des Tarifkonfliktes gewesen. Der damalige Vorsitzende des Marburger Bundes, Frank Ulrich Montgomery, wurde sogar zur Galionsfigur des Kampfes hochstilisiert (vgl. Greef und Speth 2013, S. 39 f.). Tatsächlich waren aber unzufriedene Assistenzärzte, insbesondere an den Universitätskliniken, die Triebfeder des Arbeitskampfes – viele von ihnen zu Beginn der Streiks überhaupt nicht im Marburger Bund organisiert. Sie mussten den Verband, der viele Jahrzehnte lang als Berufsverband vornehmlich die berufspolitischen Interessen der angestellten Ärzte auf allen Ebenen vertrat, erst einmal dazu bewegen, nun auch die tarifpolitische Interessenvertretung der Krankenhausärzte zu übernehmen.

In dieser Situation zeigte sich deutlich, dass die Kunst für einen Verband darin besteht, „der Mitgliedschaftslogik zu folgen, ohne das heterogene Interesse der Handlungsfähigkeit oder gar den Bestand des Verbandes (zu) gefährden. Insofern prägt die Mitgliedschaftslogik in der Praxis die Strategie von Verbandsführungen, die sie jedoch mit der Einflusslogik austarieren müssen" (Strünck und Sack 2016, S. 2). Im Fall des Marburger Bundes stellte sich das Unterfangen der Assistenzärzte als nicht ganz einfach heraus. Aufseiten der Verbandsführung dominierte zum damaligen Zeitpunkt der Primat der Einflusslogik. Dem Vorstand des Verbandes, insbesondere dem damaligen Vorsitzenden Montgomery, wäre es fast nicht gelungen, rechtzeitig eine neue Balance zwischen Einfluss- und Mitgliedschaftslogik herzustellen. Die Assistenzärzte drohten bereits mit dem Austritt und der Gründung eines Konkurrenzverbandes. Damit hätte der Marburger Bund nicht nur die Chance verpasst, seine Einflussmöglichkeiten über die berufspolitische Ebene hinaus auf die tarifpolitische Arena auszuweiten, sondern eventuell sogar die Zukunft des Verbandes aufs Spiel gesetzt.

2   Entstehung und Entwicklung

Zur Zeit der Gründung des Marburger Bundes existierte noch keiner der anderen großen Ärzteverbände wie der Hartmannbund oder der NAV-Virchow-Bund. Die Entstehung des Verbandes begann 1947 mit den regional verankerten „Marburger

Gemeinschaften".[1] Diese waren aus der ein Jahr zuvor ins Leben gerufenen „Arbeitsgemeinschaft der Jungärzte" innerhalb der Ärztekammer hervorgegangen (vgl. Marburger Bund 2007a, S. 7). Nach der Wiederherstellung der Landesärztekammern in den amerikanischen Besatzungszonen bestand deren erste Aufgabe darin, dass Überangebot an Ärzten zu regulieren. Dazu beschränkten sie, anknüpfend an die Reichsärzteordnung der Weimarer Zeit, die Niederlassungsfreiheit. Um den damit einhergehenden Konflikt zwischen den bereits niedergelassenen (älteren) Ärzten und den jungen Nachwuchsärzten, die zum Teil von der Front zurückkehrten, einzuhegen, wurde eine Vertretung der Jungärzte in der Ärztekammer initiiert.[2] Letztlich konnte aber dieser Versuch, einen Ausgleich zwischen den Interessen der niedergelassenen und der jungen Ärzte zu institutionalisieren, die Gründung eines eigenständigen Jungärzteverbandes nicht verhindern.

Bereits 1948 schlossen sich die Regionalgemeinschaften zum „Marburger Bund – Vereinigung der angestellten Ärzte" zusammen. Ein Jahr darauf erfolgte die Umbenennung zum „Verband der angestellten Ärzte Deutschlands – Marburger Bund". Um trotz des neu gegründeten Verbandes die Konkurrenz zu den Ärztekammern einzudämmen, wurden „die berufspolitischen Fragen den Kammern überlassen" (Marburger Bund 1978, S. 11). Die neue Organisation sollte dagegen insbesondere „die wirtschaftlichen Belange der Jungärzte" vertreten (ebd.). Auf dieser Grundlage etablierten sich, bis heute andauernd, personelle Verflechtungen zwischen Ärztekammern und Marburger Bund. Immer wieder übernehmen etwa (ehemalige) Vorsitzende des Verbandes Spitzenämter in den Ärztekammern (aber auch den Kassenärztlichen Vereinigungen).

Schon zu dem Zeitpunkt, als die Jungärzte sich dagegen entschieden, in den Ärztekammern zu verbleiben, trat das Thema Tarifpolitik auf die Tagesordnung. Es war sogar mit ein Grund für die Abkopplung von den Ärztekammern. Eine „eigenständige Organisation mit Tariffähigkeit, [hätte es] (…) innerhalb der ärztlichen Körperschaften mit Pflichtmitgliedschaft" nicht geben können (Gerst 1997, S. 204). Stattdessen sollte der Marburger Bund als Dachverband die Tarifgemeinschaft für die Marburger Gemeinschaften bilden. Aus den Gemeinschaften entstanden dann zwischen 1948 und 1949 die ersten zwölf Landesverbände des

---

[1]Eine direkte Vorläuferorganisation mit strukturellen oder personellen Anknüpfungspunkten aus der Weimarer Zeit gab es nicht. Bis 1930 existierten mit dem „Deutschen akademischen Assistentenverband" und dem „Reichsverband der angestellten Ärzte" jedoch zwei Verbände, die Interessen von jungen Ärzten vertaten (vgl. Stobrawa 1979, S. 27).

[2]Dazu wurden Vertreter in den Beratungsausschuss der 1947 gegründeten „Arbeitsgemeinschaft der Westdeutschen Ärztekammern" aufgenommen.

mit der Gründung der Bundesrepublik Deutschland umbenannten „Verbandes der angestellten Ärzte Deutschlands (Marburger Bund)" (vgl. Gelsner 1985, S. 72; Rottschäfer 1997, S. 22). Wie die Bundesärztekammer wurde die Geschäftsstelle des Verbandes in Köln angesiedelt.

Eine eigene Tarifzuständigkeit wurde dem Verband von der für die Ärzte zuständigen DGB-Gewerkschaft „Öffentliche Dienste, Transport und Verkehr" (ÖTV) abgesprochen. Da es damals nicht möglich schien, den Anspruch auf Tariffähigkeit gegenüber den Arbeitgebern durchzusetzen, schloss der Marburger Bund 1950 stattdessen einen Freundschaftsvertrag mit der „Deutschen Angestellten-Gewerkschaft" (DAG) ab. Als Standesgewerkschaft, die am Statusgedanken anknüpfte, stand die DAG dem MB näher als die solidarisch orientierte Branchengewerkschaft ÖTV. Die DAG übernahm damit die tarifpolitische Interessenvertretung für den MB, war selbst aber wiederum nur durch eine Tarifgemeinschaft mit der ÖTV an den Tarifverhandlungen beteiligt (vgl. Greef 2012, S. 242 f.).

1954 wurde der „Bund Berliner Assistenzärzte" als dreizehnter Landesverband in den Marburger Bund aufgenommen. Ein Jahr darauf schlossen sich Nordrhein-Westfalen und Rheinland-Pfalz zu einem Landesverband zusammen. 1959 entstand mit der Wiederangliederung des Saarlandes auch dort ein Landesverband. Zwei Jahre später schlossen sich vier Landesverbände zum Landesverband Baden-Württemberg zusammen.

Die letzte große Veränderung der regionalen Organisationsstruktur vollzog sich im Zuge der deutschen Wiedervereinigung. Nicht ohne Konflikte mit den standespolitischen Konkurrenzverbänden Hartmannbund und NAV, begann der Marburger Bund mit dem Aufbau von regionalen ärztlichen Initiativen in Ostdeutschland. Diese waren durch Patenschaften mit den westdeutschen Landesverbänden verbunden. 1990 traten dann die fünf ostdeutschen Initiativen dem Marburger Bund als Landesverbände bei. Mit dem Zusammenschluss der Landesverbände Berlin West und Berlin Ost/Brandenburg erreichte der Marburger Bund Ende 1990 seine endgültige Organisationsstruktur mit 14 Landesverbänden (vgl. Groser 1992, S. 150; Preusker 1997, S. 184–196). Dagegen zog die Bundesgeschäftsstelle des Marburger Bundes erst im Jahr 2005 von Köln nach Berlin. Damit siedelte sich der Verband örtlich näher an der Bundesärztekammer, der Kassenärztlichen Bundesvereinigung und dem politischen Teil des Gesundheitsministeriums an.

Mit der Transformation vom Berufsverband zur Berufsgewerkschaft in den Jahren 2005 und 2006 fand die bislang letzte umfassende Veränderung des

Verbandes statt. Ausgangspunkt waren die Tarifverhandlungen die ver.di[3] zum Übergang vom „Bundes-Angestelltentarifvertrag" (BAT) zum „Tarifvertrag des öffentlichen Dienstes" (TVöD) führte. Obwohl der Marburger Bund formal in der Tarifkommission an den Verhandlungen beteiligt war, sahen insbesondere die jungen Assistenzärzte an den Uniklinken ihre Interessen bei den Verhandlungen nicht ausreichend vertreten (vgl. Greef 2012, S. 254 ff.). Aus diesem Grund sollte der Marburger Bund der Dienstleistungsgewerkschaft das Verhandlungsmandat entziehen und eigenständig verhandeln.

Ihr Anliegen formulierten die Assistenzärzte auf unterschiedlichen Wegen gegenüber dem Bundesvorstand, insbesondere aber über die Landesverbände. Anfänglich waren die jungen Ärzte mit der Strategie des Kritisierens (der Inhalte der laufenden Tarifverhandlung) und des Protestes (Aufforderung an den Marburger Bund die tarifpolitische Vertretung durch ver.di aufzukündigen) nicht erfolgreich. Die Assistenzärzte gingen daher sogar so weit, neben der Formulierung von „Voice" auch die „Exit"-Option anzudrohen (vgl. Hirschman 1970) – wenn der Marburger Bund nicht die tarifpolitische Vertretung der Ärzte übernähme, würden sie eine eigene Gewerkschaft gründen (vgl. Greef 2012, S. 263, 271). Die Verbandsführung des Marburger Bundes hielt zunächst dennoch an den bestehenden Verhandlungsmodalitäten fest. Insbesondere der damalige Vorsitzende Montgomery argumentierte aus einflusslogischer Perspektive: die Ärzte hätte bislang noch keinerlei Streikerfahrung und es bestehe die Gefahr, dass sich nicht genug Mediziner für einen Arbeitskampf mobilisieren ließen. Daher wäre es vorzuziehen, den (geringen) Einfluss über die bestehende formale Verhandlungsbeteiligung nicht zu gefährden. Erst als sich genügen Mitglieder im Verband selbstständig mobilisierten,[4] mit einer Abkehr vom Marburger Bund drohten und ihren Unmut gegenüber dem Kurs der Verbandsführung insbesondere in ihren Landesverbänden kundtaten, änderte der Bundesvorstand seine Ausrichtung. Eine wichtige Rolle spielten dabei die Vorsitzenden der Landesverbände. Sie nutzen ihre Machtposition im Verband, um den Vorstand dazu zu bewegen, ver.di das Verhandlungsmandat zu entziehen

---

[3]Mit der Gründung der „Vereinigten Dienstleistungsgewerkschaft" (ver.di) im Jahr 2001 gingen sowohl die ÖTV als auch die DAG in der neuen Gewerkschaft auf. ver.di übernahm damit gleichzeitig den Freundschaftsvertrag zwischen MB und DAG und somit die tarifpolitische Vertretung für die Ärzte.

[4]Ausgehend von Einzelinitiativen der Assistenzärzte an den Uniklinken riefen sie unter anderem ein bundesweites Netzwerk ins Leben, das wiederholt erfolgreich Großdemonstrationen und Warnstreiks gegen die Tarifverhandlungen von ver.di und für bessere Arbeitsbedingungen organisierte. Außerdem etablierten sie Assistenzsprecherräte, an deren Treffen auch der Vorstand des Marburger Bundes teilnahm (vgl. Greef 2012, S. 256 ff., 262).

und eigenständige Tarifverhandlungen mit den Arbeitgebern einzufordern. Damit verschob sich der Handlungsprimat des Bundesverbandes von der einflusslogischen zur mitgliedschaftslogischen Perspektive. Der gesamte Prozess dauerte fast ein Jahr (Oktober 2004 bis September 2005) (vgl. ebd., S. 274).

Nach einem 13-wöchigen Arbeitskampf konnte der Marburger Bund seinen ersten eigenständigen Tarifvertrag mit der „Tarifgemeinschaft deutscher Länder" (TdL) abschließen. Kurz darauf folgten dann Abschlüsse mit der „Vereinigung Kommunaler Arbeitgeber" (VKA) und ersten privaten Klinikkonzernen. Der Verband hatte seine Handlungsfähigkeit damit deutlich ausgeweitet, seinen berufspolitischen Schwerpunkt um eine tarifpolitischen ergänzt und damit letztlich an Einfluss bzw. Einflussmöglichkeiten gewonnen. Seit 2006 ist der Marburger Bund somit nicht mehr nur ein Berufsverband, sondern auch eine Berufsgewerkschaft. Die damit erfolgte Transformation des Verbandes spiegelt sich in angepassten Organisationsstrukturen wider.

3   Rechtlicher Status und Organisationsstruktur

Der Marburger Bund ist ein eingetragener Verein (e. V.) und heute sowohl als Berufsverband als auch Berufsgewerkschaft tätig. In dieser dualen Funktion vertritt er die „beruflichen, sozialen und tarifpolitischen Belange" der angestellten und verbeamteten Ärztinnen und Ärzte in der Bundesrepublik Deutschland (Marburger Bund 2016b, § 2 Abs. 1). Die Organisationsstruktur des Marburger Bundes besteht aus der Bundesebene und den 14 regionalen Mitgliedsverbänden. Dabei bilden jeweils Berlin und Brandenburg sowie Nordrhein-Westfalen und Rheinland-Pfalz gemeinsam einen Landesverband. Die Landesverbände untergliedern sich wiederum in Bezirksverbände (s. Abb. 1).

Als Dachorganisation ist der Bundesverband des Marburger Bundes ein Verband zweiter Ordnung. Ärztinnen und Ärzte als natürliche Personen (Einzelmitglieder) erwerben ihre Mitgliedschaft in einem der Landesverbände. Diese kennen ausschließlich individuelle Mitglieder. Mit dem Beitritt in einen Landesverband geht gleichzeitig eine Mitgliedschaft im Bundesverband einher (vgl. ebd., § 3 Abs. 3). Da der Bundesverband zusätzlich die regionalen Vereinigungen (Landesverbände) als Mitglieder hat, verfügt dieser sowohl über eine individuelle als auch eine kollektive Mitgliedschaft (vgl. ebd., § 3 Abs. 1).

Aufgrund der historischen Entwicklung des Marburger Bundes ist die informelle Struktur des Verbandes durch eine große Autonomie der einzelnen Landesverbände geprägt. Das hierarchische Verhältnis zwischen Bundes- und Landesebene, das sich teilweise in der Satzung findet (s. Abb. 1), entspricht damit

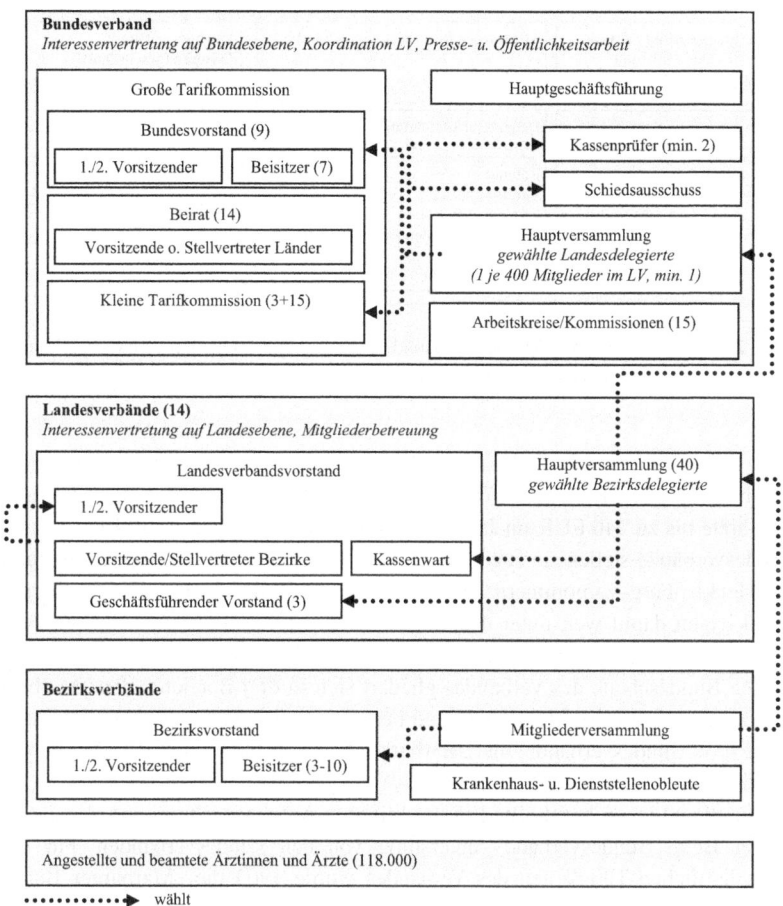

Abb. 1 Organisationsstruktur des Marburger Bundes. (Quellen: Marburger Bund 2016b; Marburger Bund LV Hessen 2007; Boeck 1997, S. 9; Eigene Darstellung)

nicht der gelebten verbandlichen Wirklichkeit (vgl. Greef 2012, S. 205 f.). Die Eigenständigkeit der Landesverbände spiegelt sich beispielsweise in der Finanzierungs- und Beitragskonzeption wider. Jeder einzelne Landesverband zieht selbst die Mitgliedsbeiträge ein und diese verbleiben auch zum Großteil im jeweiligen Verband. Nur ein Teilbetrag von 32 EUR (Stand 2012) wird an die Bundesebene abgeführt. Der Mitgliedsbeitrag variiert zwischen den Landesverbänden

Abb. 2 Organigramm der Marburger Bund Bundesebene. (Quellen: Marburger Bund
o. J. d, o. J. e, o. J. h; Eigene Darstellung)

und staffelt sich zumeist entlang der Ärztehierarchie.[5] Assistenzärzte zahlen etwa
150 bis 170 EUR, Fachärzte 170 bis 200 EUR, Oberärzte 190 bis 220 EUR und
Chefärzte bis zu 240 EUR im Jahr. Studenten zahlen weniger als 10 EUR, einige
Landesverbände stellen sie sogar beitragsfrei (vgl. ebd., S. 206; Marburger Bund
LV Mecklenburg-Vorpommern 2013, S. 13). Die Mitgliedsbeiträge im Marburger
Bund liegen damit weit unter denjenigen der DGB-Gewerkschaften (deren Bei-
träge liegen in der Regel bei einem Prozent des Bruttolohns pro Monat).

Die Bundesebene des Verbandes gliedert sich in drei Bereiche: den „Marburger Bund Verband der angestellten und beamteten Ärztinnen und Ärzte Deutschlands e. V. Bundesverband", die „Marburger Bund Stiftung" und die „Marburger
Bund Treuhandgesellschaft" (s. Abb. 2).

Die eigentlichen berufs- und tarifpolitischen Aufgaben übernimmt der „Mar-
burger Bund Bundesverband" unterstützt von den Landesverbänden. Für die
wirtschaftlichen Tätigkeiten des Verbandes wurde 1963 die „Marburger Bund-
Treuhandgesellschaft mbH" (MBT) gegründet. Sie stellt seitdem einen Teil des
Dienstleistungsangebotes für Verbandsmitglieder und Externe zur Verfügung.
Zur Unterstützung insbesondere erwerbsloser Mediziner wurde 1988 die gemein-
nützige „Marburger Bund-Stiftung" ins Leben gerufen, die Weiterbildungs- und
Qualifizierungsangebote bereitstellt.

---

[5]Nicht nur die Beitragshöhe, auch die Zahl der Beitragsgruppen unterscheidet sich zwischen den einzelnen Landesverbänden. Einige kennen etwa sechs Beitragsgruppen andere
dagegen vierzehn (vgl. Marburger Bund LV Thüringen 2014, S. 18; Marburger Bund LV
Mecklenburg-Vorpommern 2013, S. 13).

Das höchste beschlussfassende Organ des Marburger Bundes ist die zweimal pro Jahr zusammentretende Hauptversammlung. Hier gefasst Beschlüsse sind für die Landesverbände verbindlich, was deren historisch gewachsene Autonomie jedoch kaum einschränkt. „Delegierte aus manchen Landesverbänden [müssen] von Zeit zu Zeit gebeten werden (…), sich in der Hauptversammlung des Bundesverbandes als Angehörige des obersten Organs der gesamten Organisation zu fühlen und sich zu bemühen, dort bei aller Wichtigkeit ihrer regionalen Interessen die Belange und das Ansehen des Gesamtverbandes so objektiv und wirksam wie möglich zu vertreten" (Gelsner 1985, S. 332). Diese landsmännische Orientierung hält sich bis heute im Verband (vgl. Greef 2012, S. 208). Die Zahl der Delegierten richtet sich proportional nach der Mitgliederzahl (ein Delegierter je 400 Mitgliedern) (vgl. Marburger Bund 2016b, § 8 Abs. 1). Zu offenen Auseinandersetzung zwischen den Landesverbänden kommt es trotz deutlicher Größenunterschiede selten.[6] Zum einen unterscheiden sich deren Interessen zumeist nicht grundsätzlich, sondern allenfalls in Detailfragen. Zum anderen dienen Beirat, Sitzungen der Großen Tarifkommission oder Geschäftsführerrunden im Vorfeld der Hauptversammlung dazu, Streitpunkte zwischen den Landesverbänden vorab zu klären (vgl. Greef 2012, S. 217 f.). Der Vorstand als zweites Organ des Bundesverbandes besteht aus dem 1. und 2. Vorsitzenden und sieben Beisitzern (vgl. ebd., § 10 Abs. 1).[7] Unterstützt wird der Vorstand durch die Geschäftsstelle mit einem hauptamtlichen Geschäftsführer und etwa 30 hauptamtlichen Mitarbeitern (vgl. Greef 2012, S. 214).[8]

Die inhaltliche, fachliche und berufspolitische Arbeit findet im Bundesverband in Arbeitskreisen und Kommissionen statt. Deren Anzahl ist nicht satzungsgemäß festgelegt[9] und richtet sich nach den unterschiedlichen kontinuierlichen

---

[6]Etwa 30 % der Gesamtmitgliedschaft entfallen auf den Landesverband Nordrhein-Westfalen/Rheinland-Pfalz. Es folgen Bayern und Baden-Württemberg mit einem Anteil von jeweils etwa 16 %.

[7]Nach einer Satzungsergänzung auf der 129. Hauptversammlung am 21. und 22. Mai 2016 in Hamburg, müssen dem Vorstand mindestens drei Frauen und drei Männer angehören (vgl. Marburger Bund 2016c). Informell wird bei der Besetzung des Vorstandes darüber hinaus auf die Verteilung zwischen den Landesverbänden geachtet (vgl. Greef 2012, S. 208 f.).

[8]Zusätzlich verfügen auch die Landesverbände über Geschäftsstellen und hauptamtliches Personal (so haben etwa die Landesverbände Baden-Württemberg oder Hessen etwa 11 bis 13 hauptamtliche Mitarbeiter) (vgl. Greef 2012, S. 214 f.).

[9]Im Jahr 2016 bestanden 14 Arbeitskreise, Kommissionen und Arbeitsgruppen auf Bundesebene (vgl. Marburger Bund o. J. b).

Arbeitsschwerpunkten des Marburger Bundes (etwa das Thema Fort- und Weiterbildung) sowie aktuellen Problemlagen und Diskussionsbedarfen (etwa zum
Familienfreundlichen Krankenhaus). Auch hier zeigt sich die starke Stellung der
Landesverbände, die die Mitglieder in die Arbeitskreise entsenden. Zusätzlich
sind die Vorsitzenden der Landesverbände (oder ihre Stellvertreter) über den mindestens zweimal im Jahr tagenden Beirat in die Arbeit des Bundesvorstandes einbezogen (vgl. ebd., S. 212 f.).

Um die besonderen Interessen des ärztlichen Nachwuchses besser berücksichtigen zu können, wurden die Gremienstrukturen angepasst. Mit dem „Sprecherrat
der Medizinstudenten" und dem „Sprecherrat der Ärztinnen/Ärzte in der Weiterbildung" (konstituiert am 13.10.2014) ist beim Bundesverband deren direkte Einbindung institutionalisiert worden – in der Satzung mit Fassung vom 22.05.2016
finden sich allerdings beide Gremien nicht wieder (vgl. Marburger Bund o. J. a,
2016b). Letzterer entstand insbesondere aus den Erfahrungen heraus, die der
Verband im Zuge des Protestes der Assistenzärzte und der Transformation zur
Berufsgewerkschaft gemacht hat. Die Transformation hat darüber hinaus zum
Ausbau der tarifpolitischen Gremien geführt. Die Zuständigkeit für Tarifverhandlungen obliegt der Großen Tarifkommission, beziehungsweise, bei Übertragung
der Befugnisse, der Kleine Tarifkommission (vgl. Marburger Bund 2016b, § 11,
12). Die Landesverbände verfügen ebenfalls über eigene Tarifkommissionen, die
Haustarife mit einzelnen Krankenhäusern oder regionalen Klinikverbünden aushandeln können (vgl. Greef 2012, S. 219 f.).

4   Mitgliederentwicklung und -struktur

Der Marburger Bund vertritt alle angestellten und beamtete Ärztinnen und Ärzte
in Deutschland. Ordentliche Mitglieder in einem Landesverband sind daher
„Studierende der Medizin" oder „in einem Anstellungs- oder Beamtenverhältnis
beschäftigt" (Marburger Bund LV Hessen 2007, § 2 Abs. 2). Abhängig beschäftigte Mediziner arbeiten vornehmlich in Krankenhäusern, einige wenige in
Behörden. Aufgrund dieser Arbeitsmarktstruktur wird der Marburger Bund vornehmlich als Interessenvertretung der Krankhausärzte wahrgenommen. Niedergelassene Ärzte gehören dementsprechend nicht zur Klientel des Verbandes und
können allenfalls außerordentliche Mitglieder werden beziehungsweise als solche
nach ihrer Niederlassung im Verband verbleiben (vgl. ebd. § 3 Abs. 3, 4). Ohnehin bestünde ein Problem, wenn diese in einer arbeitgeberähnlichen Position tätig
sind. Mit Arbeitgebern in der Mitgliedschaft wäre der Marburger Bund nicht

„gegnerfrei" und würde damit seinen Gewerkschafsstatus verlieren (vgl. BAG 2004, 1ABR 51/3; Greef 2012, S. 228).

Die großen Branchengewerkschaften im DGB waren jahrzehntelangen Mitgliederrückgänge, einer schwindende korporatistischen Einbindung und damit verbundenen Einflussverluste ausgesetzt. Während sie sich, als Antwort auf diese Herausforderungen, „zunehmend mitgliedschaftslogisch" ausrichten (Rehder 2009, S. 62), stellt sich die Ausgangslage für den Marburger Bund anders dar. Die Mitgliederentwicklung des Verbandes verläuft seit seiner Gründung 1949 fast kontinuierlich positiv. Es ist daher nicht verwunderlich, dass der Vorstand des Verbandes im verbandsinternen Konflikt um die Trennung von ver.di zunächst an der einflusslogischen Perspektive festhielt. Erst unter der Androhung von Mitgliederaustritten und der Gründung einer Konkurrenzgewerkschaft fand der Wechsel zur Mitgliedschaftslogik statt.

Im Zuge der folgenden Transformation vom Berufsverband zur Berufsgewerkschaft erfuhr die Mitgliedschaft in den Jahren 2005/2006 einen größeren Zuwachs von 80.000 auf 108.000. In den folgenden Jahren ging das Steigerungsniveau jedoch wieder auf das der Vorjahre zurück. Im Jahr 2016 verfügte der Verband über knapp 118.000 Mitglieder (s. Abb. 3).

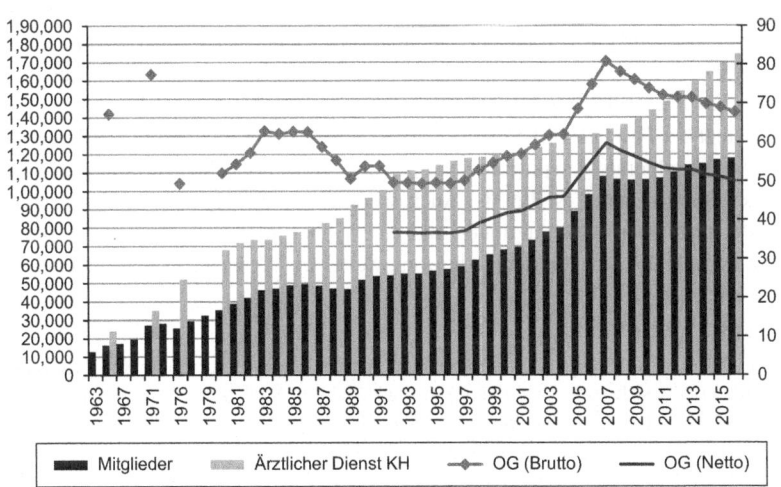

Abb. 3 Mitgliederentwicklung des Marburger Bundes. (Quellen: Marburger Bund; Statistisches Bundesamt 2015, Tab. 1.2; Ärztestatistik der BÄK n. Gerst 1997, S. 220; Eigene Darstellung und Berechnung)

Der Organisationsgrad des Marburger Bundes kann mit der Entwicklung der Mitgliederzahl nicht mithalten. Zwischen 1991 und 2007 stieg er zwar von knapp 37 auf 60 % (netto Organisationsgrad) an.[10] In den letzten Jahren sank er jedoch wieder auf 50 % ab (s. Abb. 3). Dieser Verlauf hängt vor allem damit zusammen, dass die Zahl der Ärzte in der vergangenen Zeit überproportional ansteigt. Erklären lässt sich dieser Zuwachs mit veränderten Arbeitsstrukturen. Zum einen nimmt die Zahl der Ärztinnen stärker zu und damit die Teilzeitquote. Aber auch viele Ärzte sind nicht mehr bereit, die erhebliche Belastung durch Überstunden ohne weiteres mitzumachen (vgl. Greef 2012, S. 98 ff.). Der größere Teilzeitanteil muss in den Krankenhäusern in der Folge über mehr angestellte Ärztinnen und Ärzte ausgeglichen werden. Mit den Steigerungsraten der Gesamtärztezahl hält die positive Mitgliederentwicklung des Marburger Bundes nicht mit, weshalb der Organisationsgrad des Verbandes zurückgeht. Verglichen mit den großen Branchengewerkschaften im DGB, mit einem Brutto-Organisationsgrad von etwa 20 % (vgl. Greef 2014, S. 703), fällt der Organisationsgrad des Marburger Bundes aber immer noch sehr viel höher aus.

Genaue Zahlen über die Zusammensetzung seiner Mitgliedschaft veröffentlicht der Marburger Bund nicht. Allerdings gibt es mit dem MB-Monitor, einer seit 2010 in unregelmäßigen Abständen durchgeführten Mitgliederbefragung durch die IQME, einige Anhaltspunkte. In der Befragung aus dem Jahr 2015[11] stellte sich die Altersverteilung bei den erwerbstätigen Ärztinnen und Ärzten in der Mitgliedschaft wie folgt dar: 30 Jahre oder jünger: 15 %, 31 bis 40 Jahre: 38 %, 41 bis 50 Jahre: 23 %, 51 bis 60 Jahre: 20 % und 4 % über 60 Jahre. Der Anteil an Frauen betrug 45 %. Unter allen hauptamtlichen Ärzten im Krankenhaus liegt der Frauenanteil bei 46,1 % (vgl. Statistisches Bundesamt 2015, S. 44). Die Ärztehierarchie spiegelt sich ebenfalls in der Mitgliederstruktur des Marburger Bundes wider (s. Tab. 1). Auch wenn er als Jungärzteverband gegründet wurde, verbleiben viele Ärztinnen und Ärzte, über ihrer Karriere und die Wechsel innerhalb der Ärztehierarchie hinweg, weiter im Verband. Im Marburger Bund

---

[10]Die Differenz von etwa 17 Prozentpunkten zwischen dem Brutto- und Nettoorganisationsgrad erklärt sich zum einen durch die große Zahl an Studierenden im Verband. Diese sind gleichzeitig ein Zeichen für die erfolgreiche Mitgliederrekrutierung des Marburger Bundes, die insbesondere auf angehende Ärztinnen und Ärzte an den Universitäten abzielt. Zum anderen senken nicht approbierte Ärzte im praktischen Jahr sowie die Rentner und Pensionäre in der Mitgliedschaft den Nettoorganisationsgrad ebenfalls (vgl. Greef 2012, S. 225).

[11]27.986 Mitglieder wurden angeschrieben, von denen 3895 antworteten (Brutto-Rücklaufquote von 15 %) (vgl. IQME 2015, S. 2).

Tab. 1 Berufliche Position der im MB organisierten Ärztinnen und Ärzte

Berufliche Position	Anteile (in %)	
	An erwerbstätigen MB-Mitgliedern (2015)	An hauptamtlicher Ärztinnen und Ärzte im Krankenhaus (2014)
Arzt/Ärztin in der Weiterbildung	40	45,7
Facharzt/Fachärztin	24	22,2
Oberarzt/Oberärztin	26	23,7
Chefarzt-Stellvertreter/in	6	8,3
Chefarzt/Chefärztin	3	
Andere Position	1	–

(Quellen: IQME 2015, S. 5; Statistisches Bundesamt 2015, S. 40, 45; Eigene Berechnung)

sind daher, in annähernd dem gleichen Verhältnis wie im Ärztlichen Dienst in den Krankenhäusern, Assistenzärzte, Fachärzte und Oberärzte genauso anzutreffen, wie Chefärzte. Letztere allerdings nur, wenn diese im Krankenhaus angestellt sind. Selbstständig tätige Chefärzte und Ärztliche Direktoren würden dagegen, wie selbstständig tätige niedergelassene Ärzte, die Gegnerfreiheit der Mitgliedschaft und damit den Gewerkschaftsstatus des Verbandes aufs Spiel setzen.[12] Ohnehin verändert sich die Position der Chefärzte in der Krankenhaushierarchie,[13] sodass sich viele von ihnen, trotz leitender Funktion, immer deutlich als „normale" Angestellte im Krankenhaus wahrnehmen (vgl. ebd., S. 160 f.).

Mit etwa 18.000 Medizinstudierenden in der Mitgliedschaft beträgt deren Anteil an der Gesamtmitgliedschaft etwa 15 %. Genauere Zahlen gibt der Landesverband Bayern heraus. Unter seinen 19.084 Mitgliedern im Jahr 2015 waren

---

[12]Aus diesem Grund besteht keine direkte Mitgliederkonkurrenz zwischen dem Marburger Bund und dem „Verband der Leitenden Krankenhausärzte Deutschlands". Der VLK richtet sich mit seinem Leistungsangebot vor allem an Chefärzte und Ärztliche Direktoren in arbeitgeberähnlicher Position.

[13]Mit der zunehmenden Ökonomisierung des Krankenhaussektors (etwa durch Privatisierungen und eine Gesetzgebung, die Wettbewerb und Kostendruck erhöht [insbesondere Gesundheitsstrukturgesetz 1993 und Fallpauschalengesetz 2002]) verschiebt sich die Machtkonstellation im Krankenhaus. Entscheidungskompetenz geht von den Ärzten beziehungsweise dem Ärztlichen Direktor verstärkt auf Betriebswirtschaftler und Geschäftsführer über (vgl. Greef 2012, S. 76 ff., 160).

3870 Studierende (20 %). Insgesamt sind 51 % aller seiner Mitglieder weiblich, unter den Studierenden sind es 62 % (vgl. Marburger Bund LV Bayern 2016).

5   Leistungen gegenüber Mitgliedern

Für seine Mitglieder stellt der Marburger Bund verschiedene serviceorientierte Leistungen in Form von Beratungs-, Informations- und Vertragsangeboten zur Verfügung. Diese Klubgüter stellen nicht zuletzt selektive Mitgliedschaftsanreize dar, da nur Mitglieder diese in Anspruch nehmen und davon profitieren können. In seiner Funktion als Berufsgewerkschaft und damit Tarifakteur übernimmt der Verband für angestellte Ärztinnen und Ärzte zusätzlich die Kollektivverhandlungen mit öffentlichen, konfessionellen und privaten Krankenhausträgern. Die abgeschlossenen Tarifverträge kommen zwar unmittelbar seinen Mitgliedern zugute. Da der Verband aber Nichtmitglieder nicht von der Geltung eines Tarifabschlusses ausschließen kann, handelt es sich bei einem Tarifvertrag um ein öffentliches Gut. Die vom Marburger Bund erbrachten Leistungen umfassen also sowohl private als auch öffentliche Güter.

Der Verband selbst nennt acht Leistungsfelder, die Vorteile für die Mitglieder versprechen: 1) Berufspolitische und gewerkschaftliche Interessenvertretung, 2) Rechtsberatung, 3) Prozessvertretung, 4) Auslandsberatung, 5) Kostenlose und vergünstigte Seminare, 6) Sondertarife für Versicherungen und Finanzdienstleistungen, 7) Broschüren und Mitgliederzeitung sowie 8) Merkblattservice zu arbeitsrechtlichen Fragen (vgl. Marburger Bund o. J. c). Die unterschiedlichen Leistungen werden dabei direkt durch die Bundesebene oder die Landesverbände erbracht. Einzelne Angebote werden zusätzlich extern eingekauft.

In den Bereich der berufsbezogenen Angebote fällt die individuelle Rechtsberatung und Prozessvertretung. Der Verband unterstützt seine Mitglieder in sozial-, berufs- und arbeitsrechtlichen Fragen und vertritt sie in beruflichen Rechtsstreitigkeiten sowie arbeitsrechtlichen Verfahren. Dieser Leistungsbereich wird hauptsächlich von den Landesverbänden abgedeckt. Sie beschäftigen hauptamtliche Juristen als direkte Ansprechpartner für die Mitglieder. Die Rechtsberatung konzentriert sich wesentlich auf den direkten, meist telefonischen Mitgliederkontakt.

Der Bundesverband ist für die bundesweite Informations-, Presse- und Öffentlichkeitsarbeit zuständig, während die Landesverbände die regionale Ebene übernehmen. Darüber hinaus ist der Marburger Bund auf der internationalen Ebene aktiv und vernetzt. Er ist Gründungsmitglied der 1964 entstandenen „Fédération Européenne des Médecins Salariés" (FEMS) (vgl. Rottschäfer 1997, S. 56 f.). Ebenso existiert beispielsweise ein Kooperationsvertrag mit der tschechischen Ärztegewerkschaft LOK-SCL (vgl. Marburger Bund 2007b, S. 3).

Eine wichtige Leistung von Gewerkschaften für ihre Mitglieder stellt die Streikunterstützung dar. Während von den abgeschlossenen Tarifverträgen, wie bereits gesagt, auch Nichtmitglieder profitieren, können nur Mitglieder im Streikfall mit Mitteln aus der Streikkasse des Verbandes rechnen, um ihren streikbedingten Lohnausfall abzumildern. Streikunterstützung stellt somit in der Regel ein wichtiges Mobilisierungsinstrument für den Arbeitskampf dar. Angaben zur Höhe des Streikfonds des MB gibt es nicht. Vermutlich fällt diese jedoch deutlich geringer (sowohl in der Gesamtsumme als auch im Verhältnis zur Mitgliederzahl) aus, als bei den DGB-Gewerkschaften. Dies dürfte weniger an der geringeren Mitgliederzahl als vielmehr an den deutlich niedrigeren Mitgliedsbeiträgen liegen, die den Aufbau der Streikkasse einschränken.[14] Im Marburger Bund verfügt dennoch nicht nur der Bundesverband über eine Streikkasse. Im Zuge der Transformation zur Berufsgewerkschaft wurden in den einzelnen Landesverbänden zusätzlich Streikkassen eingeführt (vgl. Greef 2012, S. 241). Die Streikordnung des Verbandes legt fest, dass die Landesverbände verpflichtet sind, „Streikfonds in angemessener Höhe zu unterhalten", ohne deren Umfang jedoch weiter zu spezifizieren (Marburger Bund 2016e, § 4). Darüber hinaus haben die Mitglieder des Marburger Bundes nicht, wie bei den DGB-Gewerkschaften üblich, einen „Anspruch" auf Streikgeld. Vielmehr legt die Streikordnung fest: „Streikunterstützungen können in Härtefällen gewährt werden. Die Entscheidung obliegt den Vorständen der Landesverbände" (ebd.).

Auf der Bundesebene ist nicht allein der Marburger Bund als eingetragener Verein der Anbieter von Mitgliederleistungen. Zur Verknüpfung der berufspolitischen Arbeit und den verbandlichen Dienstleistungsangeboten wurde 1962 die „Marburger-Bund-Treuhandgesellschaft" (mbt) als Unternehmen gegründet. Sie gibt die „Marburger Bund Zeitung" (MBZ) heraus und bietet klassische Serviceleistungen an. So richtet sie von der Ärztekammer als Fortbildungen anerkannte Seminare aus und vermittelt Versicherungsangebote (Berufshaftpflicht, Lebensversicherung, Rechtsschutz etc.) (vgl. Marburger Bund o. J. e; Boeck 1997, S. 10; Marburger Bund 2007c, S. 6). Die MBZ ist mit einer Auflage von annährend 116.000 Exemplaren (Stand 2015; Marburger Bund 2016a) mehr als eine reine Mitgliederzeitung, die über Verbandsinterna berichtet. Sie deckt vielmehr das gesamte Spektrum an berufspolitischen, -ständischen und -fachlichen Fragen ab. Sie informiert darüber hinaus über politische wie gesellschaftliche Entwicklungen

---

[14]Dieser Umstand mag mit dazu beigetragen haben, dass in der langen Streikphase zur Durchsetzung des Gewerkschaftsstatus 2005/2006 die streikenden Ärzte auf materielle Kompensation verzichteten. Hinzu kam die Nutzung ungewöhnlicher Arbeitskampfformen, wie Streik in der Freizeit oder zum Abbau von Überstunden (vgl. Greef 2012, S. 240 f.).

im Gesundheitswesen, innerhalb der Ärzteschaft und im Krankenhaus. Eine für die Mitglieder wichtige Funktion übernimmt die MBZ aber auch durch ihren umfangreichen Stellenangebotsteil. Die MBZ erscheint 18 Mal im Jahr und ist für Nichtmitglieder für 35 EUR jährlich erhältlich (vgl. ebd.). Zusätzlich werden parallel Informationen in einem öffentlichen sowie einem wöchentlichen MBZ-Newsletter für Mitglieder per Mail herausgegeben. Aktuelle Ereignisse werden darüber hinaus auf den Webseiten der Landesverbände und des Bundesverbandes thematisiert.

Mit der 1988 gegründeten „Marburger Bund Stiftung" als eigenständige rechtsfähige Stiftung privaten Rechts, hält der Verband weitere Unterstützungsleistungen für seine Mitglieder vor. Die Hauptaufgaben der Stiftung haben sich mit der Zeit gewandelt. Historisch zielte die Stiftung aufgrund der Arbeitsmarktsituation zur Gründungszeit auf die Bewältigung von Arbeitslosigkeit ab. Dazu wurden Beratungen, der Erwerb von Zusatzqualifikationen und Seminare für Arbeitslose und von Arbeitslosigkeit bedrohte Mediziner angeboten. Diese Angebote bestehen weiterhin, haben jedoch angesichts der veränderten Arbeitsmarktlage an Bedeutung verloren. Heute steht insbesondere die Unterstützung junger Ärztinnen und Ärzte in ihrem individuellen beruflichen Werdegang im Mittelpunkt. Dazu gehören etwa Beratungsangebote zu Auslandsaufenthalten und -tätigkeit (vgl. Marburger Bund o. J. d).

Einzelne Serviceangebote wie Versicherungen, Fortbildung und zum Teil berufsspezifische und rechtliche Beratung könnten theoretisch auch von Konkurrenzorganisationen oder private Dienstleister angeboten werden. Die Kollektivinteressenvertretung durch Tarifverhandlungen und eine Streikausfallunterstützung könnten dagegen nur von konkurrierenden Gewerkschaften erbracht werden, die allerdings kaum Ärzte in ihrer Mitgliedschaft haben. Durch die jahrzehntelange Erfahrung und das umfassende Gesamtangebot aus Informationen, Beratung und berufspolitischer sowie tarifpolitischer Arbeit gibt es für Krankenhausärzte keinen zum Marburger Bund konkurrenzfähigen Einzelakteur. Neben den vielfältigen Leistungen, die der Verband auf den unterschiedlichen Ebenen für seine Mitglieder anbietet, liegt seine Hauptarbeit jedoch in der Vertretung der durchaus heterogenen Mitgliederinteressen nach außen.

6   Interessen und ihre Vertretung nach außen

Aufgrund seiner Entstehung als Berufsverband übernimmt der Marburger Bund zum einen klassischerweise die berufsständische und berufspolitische Interessenvertretung der angestellten und verbeamteten Ärzte. Mit der Transformation des Verbandes zur Berufsgewerkschaft hat sich – wie zu erwarten – zum anderen sein Engagement in der Tarifpolitik und im Rahmen der betrieblichen Mitbestimmung deutlich erweitert. Daher kann heute mit Blick auf die Interessenvertretung von einem Dualismus aus berufsständischem und gewerkschaftlichem Schwerpunkt gesprochen werden.

Ein wichtiger, wenn nicht der bedeutendste Aspekt der berufspolitischen Tätigkeiten des Marburger Bundes betrifft die Arbeit mit und in den Ärztekammern.[15] Neben der „Bundesärztekammer" (BÄK) sind vor allem die „Landesärztekammern" (LÄK) bedeutsam. Als Körperschaften des öffentlichen Rechts besitzen diese einen quasi-staatlichen Charakter und übernehmen die „hoheitliche Aufgabe der Aufsicht über die Ärzte" (Bundesärztekammer o. J.; Bandelow 2007, S. 273). Dazu gehörten unter anderem Qualitätssicherung, Überwachung von Berufsausübung, -pflichten und -ethik. Sie verabschieden die landesspezifischen Berufs- und Weiterbildungsordnungen für Ärzte und überwachen gleichzeitig deren Einhaltung. Sie bestimmen damit über Berufszugang und Aufstiegswege im Arztberuf. Pflichtverletzungen sanktionieren an die Kammern angegliederte Berufsgerichte (vgl. Stobrawa 1979, S. 38 f., 41). Die Kammern bieten ihren Pflichtmitgliedern (alle Mediziner in ärztlicher Tätigkeit) darüber hinaus nicht nur Versorgungsleistungen an. Sie vertreten die Berufsinteressen der Ärzteschaft und formulieren ärztliche Positionen zu gesundheits- und sozialpolitischen Themen sowie Gesetzgebungsverfahren. Damit sind sie einerseits Konkurrenten zum Marburger Bund bei der politischen Einflussnahme. Andererseits stellen sie wichtige Multiplikatoren für die Durchsetzung der Ärzteinteressen dar. Dementsprechend stellen die Kammern wichtige Adressaten für die verbandliche Interessenvertretung dar. Dabei kann es zu Konflikte mit anderen Ärzteverbänden kommen, etwa um berufspolitische Fragen in der Aus- und Weiterbildung.

Der Marburger Bund tritt den Kammern gegenüber aber nicht nur als Akteur mit durchaus divergierenden Interessen auf, sondern er ist, über MB-Mitglieder in den Gremien, unmittelbar an der Arbeit der Ärztekammern beteiligt. Sie sind damit nicht nur Adressaten der Interessenvermittlung, sondern bieten darüber hinaus Aufstiegs- und Karrieremöglichkeiten für Mandatsträger außerhalb des Verbandes (vgl. Boeck 1997, S. 11). Historisch hat sich eine enge personelle Verflechtung zwischen Marburger Bund und Ärztekammern etabliert. Häufig finden sich unter den Präsidenten der BÄK und aktuelle Präsidenten der LÄK und auf den Vizepräsidents- und Vorstandsposten der Ärztekammern ehemalige Mandatsträger des Marburger Bundes. So ist etwa Frank Ulrich Montgomery, bis 2007

---

[15]Aufgrund ihrer Ausrichtung auf die niedergelassenen Kassenärzte sind die „Kassenärztlichen" und „Kassenzahnärztlichen Vereinigungen" für die Interessenvertretung des Marburger Bundes dagegen nur bedingt, etwa als Vetospieler in der Gesundheitspolitik, von Bedeutung (vgl. Greef 2012, S. 122 f.).

Vorsitzender des Marburger Bund Bundesverbandes, seit 2001 der Präsident der BÄK. Er löste Jörg-Dietrich Hoppe ab, der von 1999 bis 2011 BÄK-Präsident war und zuvor von 1979 bis 1989 als Vorsitzender den Marburger Bund führte (vgl. Greef 2012, S. 121 f.). Und der aktuelle Vorsitzende Rudolf Henke ist Präsident der Ärztekammer Nordrhein (vgl. Deutscher Bundestag o. J.).

Neben der ärztlichen Selbstverwaltung sind die politischen Akteuren, sowie Organisationen und Institutionen des Gesundheitswesens für den Marburger Bund relevante Ansprechpartner. Für die Berufspolitik spielt das Politikfeld der Gesundheitspolitik und insbesondere die Krankenhausgesetzgebung eine bedeutende Rolle. Bei der Interessenvertretung in diesem Bereich sind die berufspolitischen Kernkompetenzen des Marburger Bundes klar zwischen Bundesverband und Landesverbänden verteilt. Der Bundesverband bearbeitet die auf der Bundesebene angesiedelten Fragen, während die Landesverbände diese Arbeit im regionalen Kontext selbstständig übernehmen. Daher ist es „naheliegend, dass der Verband enge Kontakte zur Politik auf der Bundes- und Landesebene" pflegt (Greef und Speth 2013, S. 32). Mit Blick auf die Gesetze und Gesetzesreformen im Gesundheitswesen der letzten Jahrzehnte konstatiert Bandelow (2007, S. 272) allerdings, dass die Ärzte und ihre Verbände nicht mehr länger als „unüberwindliche Blockademacht" auftreten könnten. „Insbesondere die politische Vetomacht [der Ärzteverbände] ist in den letzten Jahren erodiert" (ebd., S. 288). Nichts desto trotz versucht der Marburger Bund weiterhin direkt und über die Ärztekammern auf die Gesundheitspolitik im Sinne seiner Mitglieder einzuwirken. Über direkte Kontakte zu Politikern hinaus, werden MB-Verantwortliche selbst politisch aktiv. Der aktuelle MB-Vorsitzende Rudolf Henke konnte etwa bei der Bundestagwahl 2009 ein Direktmandat (für die CDU) gegen die damalige Gesundheitsministerin Ulla Schmidt erringen. Seitdem sitzt er unter anderem im Ausschuss für Gesundheit des Deutschen Bundestages und hat heute den stellvertretenden Vorsitz inne. Sein Direktmandat konnte er bei der Wahl 2013 verteidigen (vgl. Greef und Speth 2013, S. 33; Deutscher Bundestag o. J.).

Mit der Transformation des Verbandes zur Berufsgewerkschaft hat sich auf der politischen Ebene aber auch das Themenspektrum erweitert. Dies zeigt sich exemplarisch an dem von Arbeitgeberseite formulierten und von der Bundesregierung aufgegriffenen Versuch, die vom Bundesverfassungsgericht anerkannt Tarifpluralität gesetzlich wieder zugunsten der Tarifeinheit einzuhegen.[16] Um

---

[16]Die Tarifpluralität ermöglicht es dem Marburger Bund, dass ein eigenständiger Tarifvertrag für Ärztinnen und Ärzte im Krankenhaus neben dem ver.di-Tarifvertrag für Pflegekräfte und administratives Personal gelten darf. Zuvor galt der Grundsatz der Tarifeinheit: ein Betrieb – ein Tarifvertrag.

diesem Ansinnen entgegenzuwirken, hat der Marburger Bund seine Interessenvertretung auf den Bereich der juristischen Durchsetzung erweitert beziehungsweise es tritt diese Form der Interessendurchsetzung stärker zutage. Im Verbund mit anderen Berufsgewerkschaften wurden unter anderem mehrere Rechtsgutachten in Auftrag gegeben, um den Gesetzesentwurf zur Re-Regulierung der Tarifeinheit argumentativ entgegentreten zu können. Das Mittel der „strategischen Rechtskommunikation (Litigation-PR)" hat für den Verband an Bedeutung zugenommen (Greef und Speth 2013, S. 30).

Die tarifpolitische Arbeit war dem Verband – wie bereits beschrieben – vor seiner Transformation zur Berufsgewerkschaft nicht fremd. Im Zuge der Durchsetzung der Tariffähigkeit des Verbandes hat sie jedoch eine enorme Aufwertung erfahren. Nicht zuletzt wurden die Kommissionen für die Tarifarbeit (Kleine und Große Tarifkommission) ausgebaut. Aktuell schließt allein der Bundesverband des Marburger Bundes Tarifverträge mit der TdL, der VKA, sechs privaten Klinikkonzernen und drei Klinikverbünden beziehungsweise Diensten von Versicherern ab (vgl. Marburger Bund o. J. f). Zur Durchsetzung der tarifpolitischen Interessen (Einkommen und Arbeitsbedingungen wie Arbeitszeiten, Überstunden oder Vereinbarkeit) seiner Mitglieder bedient sich der Marburger Bund des gesamten Spektrums gewerkschaftlicher Machtmittel, von Tarifverhandlungen über Warnstreiks bis hin zu unbefristeten Arbeitsniederlegungen. Die Anwendung wird in der Streikordnung geregelt, die bereits in der Präambel feststellt, dass der Marburger Bund „im Streik ein wesentliches Kampfmittel zur Erreichung seiner gewerkschaftlichen Ziele" sieht (Marburger Bund 2016e, S. 1). Der Verband musste insbesondere in der Transformationsphase auf Streikmaßnahmen zurückgreifen, um seinen Status als Berufsgewerkschaft gegenüber der Arbeitgeberseite durchzusetzen (vgl. Greef 2012, S. 276 ff.).

In der Tarifpolitik steht der Verband durchaus in Konkurrenz zu anderen Gewerkschaften.[17] Für die tarifpolitische Interessenvertretung der Ärztinnen und Ärzte war vor der Transformation des Marburger Bundes zur Berufsgewerkschaft die „Vereinigte Dienstleistungsgewerkschaft" (ver.di) zuständig. Obwohl der MB sich von ver.di getrennt hat und heute eigenständige Tarifverträge abschließt, werden auch in den von ver.di ausgehandelten Tarifverträge die Ärzte erfasst. In der Praxis ist ver.di dennoch keine direkte Konkurrenz für Tarifpolitik und Mitgliedergewinnung, da die

---

[17]Die gewerkschaftlichen Konkurrenzorganisationen „medsonet." (Christlicher Gewerkschaftsbund) und die im „dbb beamtenbund und tarifunion" organisierten Gesundheitsgewerkschaften sind tarifpolitisch nicht relevant und werden daher im Folgenden nicht behandelt (vgl. Greef 2012, S. 125 ff.).

Dienstleistungsgewerkschaft kaum Ärzte als Mitglieder organisierte. Anders sieht es im Bereich der politischen Einflussnahme, etwa in der Gesundheitspolitik aus. Hier steht der Marburger Bund in einem direkten Konkurrenzverhältnis. Ver.di unterhält nicht nur eine Fachkommission, die sich für „die spezifischen beruflichen und fachlichen Interessen" der Ärzte einsetzt (vgl. ver.di o. J.). Insbesondere ist die Dienstleistungsgewerkschaft für die anderen im Krankenhaus vertretenen Berufsgruppen, die Pflegekräfte und den administrativen Bereich, nicht nur tarifpolitisch zuständig, sondern auch in deren beruflicher und fachlicher Interessenvertretung aktiv.

Ebenfalls zum gewerkschaftlichen Teil der Interessenvertretung des Marburger Bundes zählt die betriebliche Mitbestimmung. Dieser Themenbereich ist im Zuge seiner Transformation zur Berufsgewerkschaft gleichfalls wichtiger geworden. Bei anstehenden Betriebsratswahlen fährt der Verband umfangreiche Kampagnen, um die Präsenz von im Marburger Bund organisierten Ärztinnen und Ärzten in den Betriebs- und Personalräten der Krankenhäuser auszubauen. Neben Wahlaufrufen und Informationen zur Mitbestimmungsarbeit wurden zur Betriebsratswahl 2010 etwa Weiterbildungsmaßnahmen für (angehenden) Betriebsräte in Zusammenarbeit mit dem KURS-Institut angeboten.[18] Außerdem finden Betriebsrätekonferenzen mit wechselnden Themenschwerpunkten statt. Die Betriebsratswahlen 2014 wurden ebenfalls mit einer größeren Kampagne unter dem Titel „MB – Mein Betriebsrat. Bestimmt mit. Bewegt mehr." begleitet (vgl. Marburger Bund o. J. g). Bei den Betriebs- und Personalratswahlen konkurriert der Marburger Bund nicht nur mit ver.di um Mandate, sondern auch mit gewerkschaftsunabhängigen Listen. Genaue Zahlen über den Erfolg des Marburger Bundes bei den Betriebsratswahlen liegen nicht vor.

7   Innerverbandliche Konfliktlinien und Probleme

Aufgrund der berufsverbandlichen Tradition des Marburger Bundes ergab sich nach der Transformation zur Berufsgewerkschaft eine heterogene Interessenlage im Verband. Auf der einen Seite standen die Verfechter eines berufspolitisch dominanten Verbandsverständnisses. Auf der anderen Seite befanden sich die eher gewerkschaftsorientierten Mitglieder, darunter vor allem junge Assistenzärzte. Die „jungen Wilden" präferierten einen gewerkschaftlichen Fokus.

---

[18]Das Institut wurde 2004 gegründet. Formal unabhängig vom Marburger Bund bot das Institut jedoch ausschließlich Angebote für dessen Mitglieder sowie Gremienmitglieder an, die mit MB-Vertretern zusammenarbeiten (vgl. Greef 2012, S. 234).

Inhaltlich müssen sich berufsständische und gewerkschaftliche Ziele jedoch nicht widersprechen. Mit einer dualen Ausrichtung, die beiden Schwerpunkten Rechnung trägt, ist es dem Marburger Bund gelungen, die Interessen beider Mitgliedergruppe einzubinden und adäquat in der Verbandarbeit abzubilden. Zwar lassen sich innerverbandliche Spannungen nicht ganz ausschließen, allerdings hat sich nach der erfolgreichen Etablierung des Verbandes als Berufsgewerkschaft gezeigt, dass sich diese heterogene Gemengelage nicht als offener Konflikt im Verband Bahn bricht (vgl. Greef 2012, S. 297 f.).

Eine weitere mögliche Spannungs- oder Konfliktlinie liegt in der Ärztehierarchie. Auch diese tritt aber im Verband nicht offen zutage. Dem Marburger Bund gelingt es offensichtlich, einen angemessenen Umgang mit den unterschiedlichen Interessen der Ärztinnen und Ärzte auf den verschiedenen Hierarchiestufen der ärztlichen Berufslaufbahn zu finden. Die Interessenschwerpunkte der Assistenzärzte sind andere, als diejenigen der Fach- oder Oberärzte und Chefärzte spielen eine weitere Sonderrolle. Diese Bandbreite bedient der Marburger Bund, was exemplarisch an den Beschlüssen der letzten (129.) Hauptversammlung am 21. und 22. Mai 2016 im Hamburg deutlich wird. Diese behandeln etwa Themen von der Fördervereinbarung für Ärztinnen und Ärzte in der Weiterbildung bis hin zu Probleme mit Zielvereinbarungen in Chefarztverträgen (vgl. Marburger Bund 2016d).

Die unterschiedlichen Interessenlagen der Mitgliedergruppen werden auch durch die Arbeitskreise und Kommissionen auf Bundesebene adressiert. So gibt es beispielsweise drei Arbeitskreise zu den Themen Universitäten, Fort- und Weiterbildung sowie Leitende Ärzte (vgl. Marburger Bund o. J. b). Dennoch gestaltet sich gerade die Einbindung der Assistenzärzte in den Verband nicht ohne Hindernisse. Sie haben aufgrund der doppelten Belastung durch Arbeit und Weiterbildung am wenigsten Zeit, um sich selber ehrenamtlich im Verband zu engagieren. Gleichzeitig gehören sie nur zeitlich begrenzt dieser Statusgruppe an. Darüber hinaus unterscheiden sich die beruflichen Perspektiven der in Facharztweiterbildung befindlichen Ärzte. Trotz beschränkter kassenärztlicher Niederlassungsmöglichkeiten[19] sehen einige Assistenzärzte weiterhin ihre Zukunft in der Selbstständigkeit und nicht in einer Karriere im Krankenhaus. Für sie ist

---

[19]Die Kassenärztlichen Vereinigungen (KV) planen im Rahmen ihres Sicherstellungsauftrages die flächendeckende Versorgung mit ambulanten ärztlichen Leistungen. Dazu legen sie anhand facharztgruppenspezifischer Schlüssel (Verhältnis von Bevölkerung und Ärzten) die Niederlassungsmöglichkeiten fest. Ohne abgeschlossene Facharztweiterbildung ist somit keine Niederlassung über die KVen möglich. Niedergelassene Ärzte ohne KV-Zulassung können nur Privatpatienten behandeln.

das Krankenhaus nur eine Durchgangsstation. Nicht nur die dortigen Arbeitsbedingungen und Entlohnung, sondern auch die Mitgliedschaft im Marburger Bund
sind für sie nur von kurzzeitigem Interesse. Entsprechend schwer – wenn überhaupt – lassen sie sich für eine aktive, längerfristige Mitgestaltung von Verbandsarbeit und Interessenvertretung gewinnen. Daher brauchte es im Marburger Bund
entsprechende Strukturen, um die Interessen der Assistenzärzte besser in den verbandsinternen Willensbildungsprozess aufnehmen zu können. Diese Strukturen
haben sich insbesondere in der Zeit der Ärztestreiks herausgeformt beziehungsweise wurden in dieser Phase verfestigt und institutionalisiert. Eine wichtige
Rolle spielt dabei der bereits erwähnte „Sprecherkreis der Ärztinnen und Ärzte in
Weiterbildung", der regelmäßig zusammentritt und direkt dem Vorstand berichtet.
Zusammenfassend lässt sich für den Marburger Bund konstatieren, dass es ihm
gut gelingt, die unterschiedlichen Interessenlagen zwischen berufspolitischer und
gewerkschaftlicher Orientierung sowie zwischen den ärztlichen Hierarchieebenen
in den Verband zu integrieren.

8   Fazit

Als Berufsverband war der Marburger Bund vor seiner Transformation viele
Jahrzehnte lang für die berufspolitische und -ständische Interessenvertretung der
angestellten und beamteten Ärztinnen und Ärzte zuständig. Gleichzeitig wurde
das Angebot an Service- und Dienstleistungen für die Mitglieder kontinuierlich
ausgebaut. Die erfolgreiche Interessenvertretung durch den Verband schlägt sich
seit seiner Gründung in wachsenden Mitgliederzahlen nieder. Aufgrund der funk-
tionierenden Mitgliedergewinnung und des Fokus auf der berufspolitischen Interessenvertretung entwickelte sich ein starker einflusslogischer Schwerpunkt in den
Verbandsfunktionen.

Dadurch lässt sich erklären, weshalb der Vorstand des Marburger Bundes sich in
den Jahren 2005 und 2006 zunächst so schwer damit tat, dem Ansinnen der Assistenzärzte, die Verbandsaufgaben um eine eigenständige tarifpolitische Vertretung
zu erweitern, stattzugeben. Im Spannungsverhältnis zwischen Mitgliedschafts- und
Einflusslogik (vgl. Schmitter und Streeck 1999) entschied sich die Verbandsführung erst sehr spät dazu, die „sichere" Verhandlungsposition als Juniorpartner bei
Tarifverhandlungen mit ver.di aufzugeben und sich mitgliedschaftslogisch zu verhalten. Rückblickend ist nicht sicher, ob der Marburger Bund in der heutigen Form
existieren würde, hätte er zu diesem Zeitpunkt an der einflusslogischen Perspektive
festgehalten. Nach dem aufgreifen des Unmuts der Assistenzärzte und der Transformation zur Berufsgewerkschaft steht der Verband heute deutlich gestärkt dar.

Allerdings kann nicht davon gesprochen werden, dass sich der Gesamtfokus des Marburger Bunds eindeutig von der einflusslogischen auf die mitgliedschafts- logische Perspektive verschoben hätte. Zwar wurden die unterschiedlichen Mit- gliedergruppen und ihre heterogenen Interessen noch besser in die Verbandsarbeit integriert. Strukturen wurden angepasst und die Ausrichtung an der Mitgliedschaft und damit die mitgliedschaftslogische Perspektive haben an Bedeutung gewon- nen. Gleichzeitig weiten sich mit der eigenständigen tarifpolitischen Arbeit aber auch die Möglichkeit zur Einflussnahme aus. Dieser zusätzliche Schwerpunkt in der Verbandsarbeit, die Mitgliederinteressen in Tarifverhandlungen gegenüber den Arbeitgebern zu repräsentieren, stärkt die einflusslogische Dimension.

Es ist aber nicht nur von Bedeutung, dass der MB sich als Berufsgewerkschaft den Arbeitgebern gegenüber als tarifpolitische Vetomacht etablieren konnte. Auch auf der politischen Ebene weitete sich mit der Transformation das Themenspekt- rum für die Einflussnahme aus. An dem Versuch, unter anderem über strategische Rechtskommunikation die drohende gesetzliche Re-Regulierung der Tarifeinheit abzuwenden, zeigt sich, dass es ebenso wichtig wird, die politische Vetomacht des Verbandes auszubauen. Hier steht wiederum die Einflusslogik im Fokus.

Letztlich bilden jedoch die Mitglieder die Legitimationsbasis für die Arbeit des Verbandes. Darüber hinaus sind sie eine entscheidende Machtressource. Mit Blick auf die Durchsetzungsfähigkeit in Tarifverhandlungen, die ohne streik- bereite Mitglieder kaum aufzubringen ist, werden für die Berufsgewerkschaft Marburger Bund die Mitglieder sogar noch einmal wichtiger, als sie dies für den Berufsverband Marburger Bund ohnehin schon sind. Insofern wird sich die Ärztegewerkschaft, wie jeder andere Verband, weiterhin aktiv um eine optimale Balance zwischen Einfluss- und Mitgliedschaftslogik bemühen müssen.

Literatur

BAG (Bundesarbeitsgericht). 2004. „Beschl. v. 14.12.2004, Az.: 1 ABR 51/03." https:// www.jurion.de/Urteile/BAG/2004-12-14/1-ABR-51_03?from=0:2245513. Zugegriffen: 29. Sept. 2016.

Bandelow, Nils C. 2007. „Ärzteverbände. Niedergang eines Erfolgsmodells?". In *Interes- senverbände in Deutschland*, Hrsg. Thomas von Winter und Ulrich Willems, 271–293. Wiesbaden: VS Verlag.

Boeck, Dieter. 1997. „Der Marburger Bund - Die Interessenvertretung der angestellten und beamteten Ärztinnen und Ärzte Deutschlands". In *50 Jahre Marburger Bund. Eine Chronik*, Hrsg. Thomas Rottschäfer und Uwe K. Preusker, 7–12. Bergisch Gladbach: Heider.

Bundesärztekammer. o. J. „Aufgaben der Ärztekammern." http://www.bundesaerztekammer.de/page.asp?his=3.66.70.1773. Zugegriffen: 30. Sept. 2016.

Deutscher Bundestag. o. J. „Rudolf Henke, CDU/CSU." https://www.bundestag.de/bundestag/abgeordnete18/biografien/H/henke_rudolf/258504. Zugegriffen: 30. Sept. 2016.

Gelsner, Kurt. 1985. *Der Marburger Bund. Chronik der organisierten Krankenhausärzte.* Frankfurt: Lang.

Gerst, Thomas. 1997. „Neuaufbau und Konsolidierung: Ärztliche Selbstverwaltung und Interessenvertretung in den drei Westzonen und der Bundesrepublik Deutschland 1945–1995". In *Geschichte der deutschen Ärzteschaft. Organisierte Berufs- und Gesundheitspolitik im 19. und 20. Jahrhundert,* Hrsg. Robert Jütte, 195–242. Köln: Deutscher Ärzte-Verlag.

Greef, Samuel. 2012. *Die Transformation des Marburger Bundes. Vom Berufsverband zur Berufsgewerkschaft.* Wiesbaden: VS Verlag.

Greef, Samuel. 2014. „Gewerkschaften im Spiegel von Zahlen, Daten und Fakten". In *Handbuch Gewerkschaften in Deutschland,* Hrsg. Wolfgang Schroeder, 659–755. Wiesbaden: VS Verlag.

Greef, Samuel, und Rudolf Speth. 2013. *Berufsgewerkschaften als lobbyistische Akteure – Potenziale, Instrumente und Strategien, Arbeitspapier 275.* Düsseldorf: Hans-Böckler-Stiftung.

Groser, Manfred. 1992. Gemeinwohl und Ärzteinteressen – die Politik des Hartmannbundes, Gütersloh.

Hirschman, Albert O. 1970. *Exit, voice, and loyalty. Responses to decline in firms, organizations, and states.* Cambridge: Harvard University Press.

IQME. 2015. „Ergebnisbericht der Mitgliederbefragung. MB-Monitor 2015 – Arbeitsbelastungen im Krankenhaus." https://www.marburger-bund.de/sites/default/files/dateien/seiten/mb-monitor-2015/gesamtauswertung-mb-monitor-2015-pk.pdf. Zugegriffen: 26. Sept. 2016.

Marburger Bund. 1978. *30 Jahre Marburger Bund. Jahrbuch 1978.* Köln: Marburger Bund.

Marburger Bund. 2007a. *60 Jahre Marburger Bund. Eine Zeitreise. Von der „Vereinigung der Jungärzte" zur Ärztegewerkschaft Deutschlands.* Berlin: Marburger Bund.

Marburger Bund. 2007b. „Ärzte streiken jetzt auch in Prag". *Marburger Bund Zeitung* 60 (8): 3.

Marburger Bund. 2007c. „mbt-Jubiläum: 45 Jahre erfolgreiche Arbeit". *Marburger Bund Zeitung* 60 (8): 6.

Marburger Bund. 2016a. „MBZ-Mediadaten 2016." https://www.marburger-bund.de/sites/default/files/dateien/seiten/mediadaten/57220-mbz-mediadaten2016-stellen-druck.pdf. Zugegriffen: 22. Sept. 2016.

Marburger Bund. 2016b. „Satzung, Fassung vom 22.05.2016." https://www.marburger-bund.de/sites/default/files/dateien/seiten/satzung/satzung-bv-fassung-2016-0522.pdf. Zugegriffen: 22. Sept. 2016.

Marburger Bund. 2016c. „Satzungsänderung. 129. HV 2016 /Beschluss Nr. 32." http://www.marburger-bund.de/node/14487. Zugegriffen: 27. Sept. 2016.

Marburger Bund. 2016d. „129. Marburger Bund Hauptversammlung. Beschlüsse." http://www.marburger-bund.de/node/13298. Zugegriffen: 27. Sept. 2016.

Marburger Bund. 2016e. „Streikordnung. Marburger Bund." https://www.marburger-bund.de/sites/default/files/dateien/seiten/streikordnung/streikordnung.pdf. Zugegriffen: 30. Sept. 2016.

Marburger Bund. o. J. a. „Sprecherrat der Ärztinnen und Ärzte in der Weiterbildung."
https://www.marburger-bund.de/der-marburger-bund/gremien/sprecherrat-der-aerztin-
nen-aerzte-der-weiterbildung. Zugegriffen: 22. Sept. 2016.

Marburger Bund. o. J. b. „Arbeitskreise/Kommissionen etc." http://www.marburger-bund.
de/der-marburger-bund/gremien/arbeitskreise-kommissionen-etc#content. Zugegriffen:
27. Sept. 2016.

Marburger Bund. o. J. c. „Unsere Leistungen – Ihre Vorteile." http://www.marburger-bund.
de/mitgliederservice. Zugegriffen: 27. Sept. 2016.

Marburger Bund. o. J. d. „Marburger-Bund-Stiftung." http://www.marburger-bund.de/der-
marburger-bund/stiftung. Zugegriffen: 27. Sept. 2016.

Marburger Bund. o. J. e. „Die Marburger Bund Treuhandgesellschaft." https://www.mar-
burger-bund.de/mb-treuhand/die-mb-treuhand. Zugegriffen: 27. Sept. 2016.

Marburger Bund. o. J. f. „Tarifverträge des Bundesverbandes." http://www.marburger-
bund.de/tarifpolitik/tarifvertraege. Zugegriffen: 28. Sept. 2016.

Marburger Bund. o. J. g. „MB – Mein Betriebsrat. Bestimmt mit. Bewegt mehr. Kampagne
des Marburger Bundes zur Betriebsratswahl 2014." https://www.marburger-bund.de/
betriebsrat. Zugegriffen: 28. Sept. 2016.

Marburger Bund. o. J. h. „Bundesgeschäftsstelle." https://www.marburger-bund.de/der-
marburger-bund/organigramm/bundesgeschaeftsstelle. Zugegriffen: 29. Sept. 2016.

Marburger Bund LV Bayern. 2016. „Jahresrückblick MB Bayern 2015." https://www.mar-
burger-bund.de/landesverbaende/bayern/landesverband/jahresrueckblick-2015. Zugegriffen: 26. Sept. 2016.

Marburger Bund LV Hessen. 2007. „Satzung vom 31. Oktober 2001 in der Fassung vom
24. Oktober 2007." https://www.mbhessen.de/tl_files/mbhessen/downloads/pdf/sat-
zungMBhessen.pdf. Zugegriffen: 22. Sept. 2016.

Marburger Bund LV Mecklenburg-Vorpommern. 2013. „Satzung des Marburger Bundes
Verband der Angestellten und beamteten Ärztinnen und Ärzte Deutschlands e.V. Landesverband Mecklenburg-Vorpommern." https://www.marburger-bund.de/sites/default/
files/dateien/seiten/landesverbaende/mecklenburg-vorpommern/satzung/satzung-
neu-2013.pdf. Zugegriffen: 27. Sept. 2016.

Marburger Bund LV Thüringen. 2014. „Satzung. Marburger Bund. Landesverband Thüringen e. V." https://www.marburger-bund.de/sites/default/files/dateien/seiten/landesver-
baende/thueringen/satzung/satzung-mb-thueringen.pdf. Zugegriffen: 27. Sept. 2016.

Preusker, Uwe K. 1997. „„Deutschland, einig Vaterland!" Zwölf ereignisreiche Monate auf
dem Weg zum gesamt-deutschen Marburger Bund". In *50 Jahre Marburger Bund. Eine
Chronik,* Hrsg. Thomas Rottschäfer und Uwe K. Preusker, 183–204. Bergisch Gladbach: Heider.

Rehder, Britta. 2009. „Die neue Dominanz der Mitgliedschaftslogik – Interessenvermittlung in der Tarifpolitik". In *Interessenvermittlung in Politikfeldern,* Hrsg. Britta Rehder,
Thomas von Winter, und Ulrich Willems. Wiesbaden: VS Verlag.

Rottschäfer, Thomas. 1997. „50 Jahre Marburger Bund - Chronik 1947 bis 1997". In *50
Jahre Marburger Bund. Eine Chronik,* Hrsg. Thomas Rottschäfer und Uwe K. Prusker,
13. Bergisch Gladbach: Heider.

Schmitter, Philippe C., und Wolfgang Streeck. 1999. *The organization of business interests.
Studying the associative action of business in advanced industrial societies.* Köln: Max
Planck Institut für Gesellschaftsforschung. Discussion paper 1999/01.

S. Greef

Statistisches Bundesamt. 2015. „Gesundheit. Grunddaten der Krankenhäuser 2014."
https://www.destatis.de/DE/Publikationen/Thematisch/Gesundheit/Krankenhaeuser/
GrunddatenKrankenhaeuser2120611147004.pdf?__blob=publicationFile. Zugegriffen:
26. Sept. 2016.
Stobrawa, Franz F. 1979. *Die ärztlichen Organisationen in der Bundesrepublik Deutschland*. Düsseldorf: Droste.
Strünck, Christoph, und Detlef Sack. 2016. „Die Mitgliedschaftslogik der Verbände zwischen Exit und Voice – Einleitung". In *Verbände unter Druck. Protest, Opposition und Spaltung in Interessenorganisationen*, Hrsg. Detlef Sack und Christoph Strünck, 1–7. Wiesbaden: VS Verlag.
ver.di. o. J. „Arzt/Ärztin." https://gesundheit-soziales.verdi.de/berufe/arzt-aerztin. Zugegriffen: 28. Sept. 2016.

Über den Autor

Dr. Samuel Greef Wissenschaftlicher Mitarbeiter am Fachgebiet „Politisches System der BRD – Staatlichkeit im Wandel", Universität Kassel.

Im Dauerclinch mit dem KV-System

Der Deutsche Hausärzteverband

Florian Eckert und Robin Rüsenberg

1   Einleitung

Der ambulante Sektor ist, gesundheitspolitisch betrachtet, von zahlreichen Konfliktlinien durchzogen und durch widerstreitende Interessen geprägt. Synchron
dazu erfolgt die Vertretung und Förderung der Interessen niedergelassener Ärzte –
abseits der ärztlichen Selbstverwaltung (Kassenärztliche Vereinigungen und Ärztekammern) – sehr häufig über sogenannte Berufsverbände, die sich zumeist nach
medizinischen Fachgruppen und Spezialisierungen aufteilen. Mittlerweile hat sich
die Anzahl dieser Organisationen stark ausdifferenziert: So listet die Resolution
zum Gesetz zur Stärkung der Versorgung in der gesetzlichen Krankenversicherung
(GKV-VSG) von März 2015 fast 60 ärztliche und psychotherapeutische Berufsverbände (Kassenärztliche Bundesvereinigung 2015), die sich jedoch etwa hinsichtlich Größe, Form, Mitgliedschaft und Themen stark unterscheiden. Sie alle
bewegen sich im Spannungsfeld von Mitgliedschafts- und Einflusslogik. Gesundheitspolitisch prominent ist der Deutsche Hausärzteverband: Insider, Gegner

Die Autoren geben ihre private Meinung wieder. Sie danken Nils Bandelow und Tjarko
Schröder für wertvolle Hinweise und Hintergrundinformationen.

F. Eckert (✉) · R. Rüsenberg
Berlin, Deutschland

© Springer Fachmedien Wiesbaden GmbH 2018   217
T. Spier und C. Strünck (Hrsg.), Ärzteverbände und ihre Mitglieder,
Studien der Bonner Akademie für Forschung und Lehre praktischer
Politik, https://doi.org/10.1007/978-3-658-19249-5_11

und Bündnispartner bescheinigen dem größten deutschen Berufsverband niedergelassener Ärzte einen „kometenhaften Aufstieg" (Paquet 2011, S. 37), was mit
einer sehr positiven eigenen Wahrnehmung korrespondiert: „Wir sind im Prinzip
das Silicon Valley im Gesundheitswesen", so Ulrich Weigeldt, der Bundesvorsitzende des Deutschen Hausärzteverbandes (zitiert nach Schmid 2015a; vgl. auch
Weigeldt 2016a). Gesundheitspolitik ist allerdings ein komplexer Prozess, der
auf verschiedenen Ebenen unter Beteiligung mitunter sehr heterogener Akteure
verläuft (vgl. Bandelow et al. 2012). Konkret muss eine Makroebene der staatlichen Regulierung von einer Mesoebene der kollektivvertraglichen Aushandlung
(Gemeinsame Selbstverwaltung) und einer Mikroebene des selektivvertraglichen
Wettbewerbs zwischen einzelnen Akteuren unterschieden werden. Wie noch näher
zu zeigen ist, engagiert sich und agiert der Deutsche Hausärzteverband unterschiedlich auf den verschiedenen Ebenen. Zunächst aber sollen Historie und Entwicklung (Kap. 2) sowie die Organisationsstruktur und die grundsätzlichen Ziele
(Kap. 3) beleuchtet werden, bevor der Deutsche Hausärzteverband als Akteur
zwischen Mitgliedsschafts- (Kap. 4) und Einflusslogik (Kap. 5) eingeordnet und
im Fazit abschließend versucht wird, Perspektiven im gesundheitspolitischen
Spannungsfeld aufzuzeigen.

Der Deutsche Hausärzteverband firmiert erst seit 2002 unter seinem heutigen
Namen (Maus 2002). Da sich in unmittelbarer zeitlicher Nähe zugleich das heute
mit Abstand bestimmende gesundheitspolitische Thema des Bundesverbandes –
die Frage der „Tarifautonomie" der Hausärzte in Form der Hausarztzentrierten
Versorgung (HzV) – entwickelte (Weigeldt 2013), sollen dieser Zeitraum wie
auch die HzV-Thematik den zeitlichen und inhaltlichen Bezugsrahmen des Bei-
trages bilden. Darüber hinaus steht der Deutsche Hausärzteverband als Bundesverband, nicht seine Landesverbände, im Mittelpunkt der Betrachtung.

2   Entstehung und Entwicklung

Am 4. Dezember 1960 wurde der Berufsverband der praktischen Ärzte und Ärzte
für Allgemeinmedizin Deutschlands (BPA) gegründet, die Vorläuferorganisation
des heutigen Deutschen Hausärzteverbandes. Eine wichtige Motivation bei der
Gründung 1960 betont der heutige Vorsitzende Weigeldt (2016b): Es ging explizit darum, den niedergelassenen Fachärzten eine schlagkräftige Interessenvertretung der Hausärzte entgegensetzen zu können. Denn bei der Gründung handelte
es sich um eine unmittelbare Reaktion auf als unbefriedigend empfundene politische Entwicklungen: Im März 1960 hatte das Bundesverfassungsgericht die bis

dahin geltende Beschränkung der Zulassung der Ärzte zur Kassenarztpraxis aufgehoben. In Folge des Urteiles ließen sich schließlich zahlreiche Fachärzte nieder, die in der Summe zu einer „massiven Vermehrung der praktischen Ärzte"
(Kossow 2010) führte. Diese Entwicklung „führte bei begrenztem Gesamthonorar, bei steigendem Wettbewerb, anspruchsvoller werdenden Patienten und damit
länger werdenden Arbeitszeiten der Ärzte zu einer unbefriedigenden Honorarentwicklung gerade bei den Hausärzten" (Kossow 2010).

Die vertragsärztliche Versorgung der gesetzlichen Krankenversicherung
(GKV) gliedert sich in eine haus- sowie eine fachärztliche Versorgung (§ 73
SGB V). An dieser Trennlinie zwischen Haus- und Fachärzten entzünden sich
oftmals gesundheitspolitische Konflikte. Im ambulanten Bereich sahen sich die
„Praktiker",[1] so der langjährige BPA-Vorsitzende Klaus-Dieter Kossow (2010),
als „die zunehmend Unzufriedenen." Zugleich fühlte man sich von den prä-
genden ärztlichen Standesorganisationen – vor allen den Ärztekammern und
dem Hartmannbund – nicht repräsentiert. Zeitgleich forcierten Funktionäre des
Hartmannbundes „die Entwicklung der Allgemeinmedizin mit eigenen Verbänden ohne Praktiker" (Kossow 2010). Die Interessenorganisation der Hausärzte
erlebte so binnen kurzer Zeit eine Aufspaltung, indem zugleich die Gründung
des Fachverbands Deutscher Allgemeinärzte erfolgte. Beiden rivalisierenden
Hausarztverbänden gelang es erst im Laufe der Zeit, ihre Differenzen zu überwinden: 1995 vereinigten sie sich schließlich zum Bundesverband Deutscher
Allgemeinärzte (BDA). Als auf dem Deutschen Ärztetag in Rostock im Jahr
2002 der „Facharzt für Innere und Allgemeinmedizin" in die (Muster-) Weiterbildungsordnung (MWBO) der Bundesärztekammer eingeführt wurde, erfolgte
die Umbenennung des BDA in Deutscher Hausärzteverband. Zwar wurde der
Beschluss des Ärztetages bereits acht Jahre später zurück genommen und die
Gebiete „Allgemeinmedizin" (Facharzt für Allgemeinmedizin) und das Gebiet
„Innere Medizin" (Facharzt in Innere Medizin) getrennt, doch die Umbenennung
des Berufsverbandes blieb bestehen.

---

[1]Da seit 2003 für die Niederlassung als Vertragsarzt neben dem Medizinstudium eine Weiterbildung zum Facharzt notwendig ist, handelt es sich bei der Mehrheit der Hausärzte
„technisch" ebenfalls um Fachärzte (zumeist „Facharzt für Allgemeinmedizin" bzw. „Facharzt für Innere und Allgemeinmedizin"). Früher existierte ferner die Möglichkeit sich allein
mit dem abgeschlossenen Medizinstudium hausärztlich als sogenannter Praktischer Arzt nie-
derzulassen. Die Zahl dieser Praktischen Ärzte ist durch die neuen Regelungen rückläufig.

3   Organisationsstruktur und grundsätzliche Ziele

3.1   Satzung und Mitgliedschaften

Der Berufsverband, der in das Vereinsregister des Amtsgerichts Köln eingetragen ist, sieht sich selbstbewusst als „die maßgebliche Spitzenorganisation auf Bundesebene für die Wahrnehmung der beruflichen und wirtschaftlichen Interessen von Ärztinnen und Ärzten, die an der hausärztlichen und hausarztzentrierten Versorgung teilnehmen" (§ 2 (1)) (Quelle der folgenden Informationen: Deutscher Hausärzteverband 2015a). Zu seinen Aufgaben zählt er die Beratung und Vertretung dieser ärztlichen Interessen gegenüber öffentlich-rechtlichen Körperschaften, Kostenträgern, Politik und Öffentlichkeit. Dabei nennt er als solche konkret die „Förderung der berufspolitischen und wirtschaftlichen Interessen" im Bereich der hausärztlichen und besonders selektivvertraglichen Versorgung (§ 2 (2b und c)). Auch „die Förderung von Aus-, Fort- und Weiterbildung" (§ 2 (2e)) zählen zu den Aufgaben.

Dem Deutschen Hausärzteverband als Dachverband können nur Körperschaften oder die 17 regionalen Hausärzteverbände angehören.[2] Die Mitgliedsverbände sind nach § 3 (3c) verpflichtet, einmal pro Halbjahr schriftlich ihre jeweilige Mitgliedszahl an den Sitz des Dachverbandes nach Köln zu melden. Nach der Zahl der Mitglieder orientiert sich der zu zahlende Beitrag, diese sind einmal pro Quartal fällig (§ 5 (2)). Im Gegenzug erhalten die Mitgliedsverbände über ihre Delegierten „das Teilnahme-, Rede- und Stimmrecht bei der Delegiertenversammlung" (§ 3 (4)).

3.2   Organe des Verbands

Der Hausärzteverband kennt in seiner Satzung drei Organe (§ 6): die Delegiertenversammlung, den Gesamtvorstand und den – zentralen – Geschäftsführenden Vorstand. Erstere ist das höchste Organ des Verbandes. Auf Beschluss des

---

[2]Die Landesverbände sind: Baden-Württemberg, Bayern, Berlin-Brandenburg, Braunschweig, Bremen, Hamburg, Hessen, Mecklenburg-Vorpommern, Niedersachen, Nordrhein, Rheinland-Pfalz, Saarland, Sachsen, Sachsen-Anhalt, Schleswig-Holstein, Thüringen und Westfalen-Lippe. Es fällt auf, dass die Anzahl zwar beispielsweise deckungsgleich ist mit den Kassenärztlichen Vereinigungen, doch nicht ihre Gebietsstruktur hat. Berlin ist mit Brandenburg zusammengeschlossen und Braunschweig hat – ähnlich wie die CDU – einen eigenen Landesverband.

Geschäftsführenden Vorstandes lädt der Bundesvorsitzende zur Delegiertenversammlung ein. Mindestens einmal im Kalenderjahr muss sie zusammenkommen. Ihr obliegt nach § 8 die Beschlussfassung des Haushaltsplans, weshalb sie Hüterin der Finanzen und auch der Jahresrechnung ist. Ihre Kontrollfunktion leitet sich auch dadurch ab, dass sie den Geschäftsführenden Vorstand wählt, jedoch auch ebenso einzelne Organmitglieder wie den Hauptgeschäftsführer abberufen kann. Als höchstes Gremium des Verbandes steht nur ihr zu, Satzungsänderungen wie jene der Geschäftsordnung zu beschließen. Während im Allgemeinen eine einfache Mehrheit der Stimmen ausreicht, ist für die Abberufung von Organen, des Hauptgeschäftsführers oder der Änderung von Satzung wie Geschäftsordnung eine Zweidrittelmehrheit der anwesenden Delegierten notwendig (§ 8 (2)).

Der Delegiertenversammlung gehören 120 Personen an. Jeder der einzelnen Mitgliedsverbände entsendet zunächst einen Delegierten, weshalb mit Blick auf die Landesverbände 17 Positionen automatisch besetzt sind. Die übrigen 103 Delegierten entfallen im Verhältnis zur Mitgliederstärke auf die jeweiligen Landesverbände. Das Verfahren zur Berechnung der Stimmstärke sieht im Einzelnen unter § 7 (2) vor, dass die frei zu verteilende Anzahl der 103 Stimmen mit der Mitgliederanzahl des jeweiligen Landesverbandes multipliziert und sodann durch die Anzahl aller Mitglieder aller Landesverbände – faktisch der Gesamtzahl aller Mitglieder – dividiert wird.[3] Wesentlich ist, dass hier die Zahl der beitragspflichtigen Mitglieder entscheidend ist, die dem Bundesverband im Halbjahr vor der Versammlung gemeldet wurde. Die Stimme ist somit an die finanzielle Beteiligung am Bundesverband geknüpft, da zugleich nur Delegierte der einzelnen Mitgliedsverbände Stimmrecht haben, die im „vorausgegangene(n) Kalenderhalbjahr ihrer Beitragspflicht an den Deutschen Hausärzteverband e. V. genügt haben" (§ 7 (3)). Die Versammlung ist beschlussfähig, wenn mehr als die Hälfte der möglichen Delegierten anwesend sind (§ 7 (5)).

Die Verankerung der einzelnen Mitgliedsverbände erfolgt auch über ihre Beteiligung am Gesamtvorstand des Dachverbandes. Gemäß § 9 der Satzung gehören diesem neben dem Geschäftsführenden Vorstand die Vorsitzenden der Landesverbände an. Ist ein Landesvorstandsmitglied bereits im Geschäftsführenden Vorstand, wird sein Stellvertreter in den Gesamtvorstand kooptiert. Insgesamt umfasst er 24 Personen. Dessen Leitung übernimmt der Bundesvorsitzende, der so zwei von drei Organen des Verbandes vorsitzt.

---

[3]Fiktives Beispiel: Mitglieder im Landesverband XY gleich 5000, Mitglieder insgesamt 30.000. Dann $103 \times 5.000/30.000 = 17,1$. Der Landesverband XY würde demnach 17 weitere Stimmen hinzugewinnen und hätte insgesamt 18.

Der Gesamtvorstand kommt zu Sitzungen „vierteljährlich, mindestens aber halbjährlich" zusammen. „Darüber hinaus findet eine Sitzung des Gesamtvorstandes statt, wenn dies mindestens fünf Mitgliedsverbände oder der Geschäftsführende Vorstand beantragen" (§ 9 (4)). Seine wesentliche Aufgabe ist die Beratung und Unterstützung des Letzteren, der sich so durch Beschlüsse des Gesamtvorstands auch eine weitere Legitimation seines Handelns einholen kann, bevor Entscheidungen auf der Delegiertenversammlung beschlossen werden. Die Satzung sieht so eine strategische Verzahnung des Geschäftsführenden Vorstands vor, dem eigentlichen Machtzentrum des Verbandes. Ihm gehören sieben Mitglieder an: Der Bundesvorsitzende, seine drei Stellvertreter, ein Schriftführer, der Schatzmeister und drei Beisitzer (§ 11 (1)). Sie werden auf vier Jahre von der Delegiertenversammlung gewählt und führen die Geschäfte des Verbandes, verhandeln mit anderen Verbänden, Körperschaften und Behörden, weshalb ihnen nach § 12 (1) auch die politische Positionierung des Verbandes zukommt.

Entscheidungen werden in der Regel auf Vorstandssitzungen getroffen, zu denen mit einer vierzehntägigen Frist eingeladen werden muss. § 11 (7) sieht jedoch vor, dass diese Frist unterschritten werden kann und auch nur bis zu drei Tage für die Einladung ausreichen, wenn es in „dringenden Fällen" notwendig ist. Auch eine Abstimmung im telefonischen oder schriftlichen Umlaufverfahren wird hier in der Satzung ermöglicht, wobei die dann notwendige Dringlichkeit keine nähere Spezifizierung erfährt. Zentraler Akteur des Organs ist der Bundesvorsitzende, der „den Verband gerichtlich und außergerichtlich alleine" vertritt. „Die Stellvertretenden Bundesvorsitzenden dürfen von ihrer Vertretungsmacht nur dann Gebrauch machen, wenn der Bundesvorsitzende rechtlich oder tatsächlich verhindert ist. Die Verhinderung ist von demjenigen nachzuweisen, der den Verband vertritt" (§ 11 (2)). Dies festigt die besondere Position des Bundesvorsitzenden gegenüber seinen Stellvertretern und beschränkt im Innenverhältnis ihre Vertretungsmacht. Die bisherigen Vorsitzenden des Deutschen Hausärzteverbandes waren: Klaus-Dieter Kossow (2002–2003, vorher BDA), Rainer Kötzle (2005–2007) und Ulrich Weigeldt (2003–2005, seit 2007).

4   Mitgliedschaftslogik: Der Deutsche Hausärzteverband als Dienstleister

4.1   Mitgliedsarten und „Leistungspaket"

Zu den Hausärzten zählen im Rahmen der vertragsärztlichen Bedarfsplanung Allgemeinärzte, Praktische Ärzte und Internisten, die hausärztlich tätig sind.

Der Deutsche Hausärzteverband wirbt regelmäßig um neue Mitglieder, wobei interessierte Hausärzte nicht dem Bundesverband als Dachverband der 17 Landesverbände beitreten können, sondern dem zuständigen Landesverband (Quelle der folgenden Informationen: Internetpräsenz des Deutschen Hausärzteverbandes bzw. seiner Landesverbände, August 2016). Entscheidend ist der Ort der Niederlassung. Die regionalen Hausarztverbände wenden sich im Wesentlichen an in der hausärztlichen Versorgung tätige Vertragsärzte – insofern können auch hausärztlich tätige Internisten Mitglied werden –, egal ob selbstständig oder angestellt, aber die regionalen Satzungen ermöglichen auch die Mitgliedschaft von Studierenden, Ruheständlern und Ärzten in Weiterbildung. Es existieren ordentliche und außerordentliche Mitgliedschaften, Ehren- und teilweise Fördermitgliedschaften. Die normalen Jahresbeiträge sind vergleichsweise heterogen und bewegen sich zwischen 240 EUR (Berlin-Brandenburg, Sachsen-Anhalt) und 360 EUR (Bayern, Hamburg, Mecklenburg-Vorpommern, Saarland, Sachsen). Es gibt Abstufungen, etwa für Ärzte in Weiterbildung.

Die regionalen Hausarztverbände offerieren ihren Mitgliedern unterschiedliche Dienstleistungen, die allerdings weitgehend mit dem „Leistungspaket" des Deutschen Hausärzteverbandes identisch sind: Interessenvertretung und politische Einflussnahme gegenüber Politik, Selbstverwaltung und Öffentlichkeit auf Landes- und Bundesebene, Fortbildungsveranstaltungen, Publikationen („Der Hausarzt", „*HausArzt*-PatientenMagazin", kooperationsabhängig: „Der Allgemeinarzt"), Teilnahme an den durch die Hausärzteverbände ausgehandelten Versorgungsverträgen, inkl. vergünstigter Abrechnung. Dazu kommen weitere Services wie Rechtsberatungen, Praxisbörsen und Versicherungen.

Zur Umsetzung seiner weiteren Dienstleisterfunktionen hat der Deutsche Hausärzteverband Organisationen gegründet – für die er wiederum „wie eine Holding in der Wirtschaft funktioniert" (Weigeldt 2012b). Zu nennen sind insbesondere die Wirtschaftsgesellschaft mbH im Deutschen Hausärzteverband, die Rahmenverträge bei Versicherungen, in der Telekommunikation oder der medizinischen Warenbeschaffung schließt, um Mitgliedern Preisvorteile zu verschaffen. Die Pro Versorgung AG wiederum soll sektorenübergreifende Versorgungsverträge für ausgewählte Indikationen in den sog. Versorgungslandschaften entwickeln und mit Krankenkassen umsetzen. Perspektivisch soll der stationäre Bereich mit einbezogen werden (Mehl 2016). Das Institut für hausärztliche Fortbildung im Deutschen Hausärzteverband e. V. (IhF) zielt auf eine „strukturierte und auf die hausärztliche Praxis zugeschnittene Fortbildung". Den Angeboten des IhF kommt nicht zuletzt durch die in den HzV-Verträgen geforderte Fortbildung Bedeutung zu. Das Projekt VERAH des IhF will mit den Medizinischen Fachangestellten nichtärztliches Personal zur Entlastung von Hausärzten qualifizieren.

2014 wurde eine Anerkennung der VERAH-Qualifikation durch die Bundesärzte-kammer erreicht (Deutscher Hausärzteverband 2014).

Von besonderer Bedeutung ist die Hausärztliche Vertragsgemeinschaft Akti-engesellschaft (HÄVG), die dem Bundesverband und den Landesverbänden gehört. Gegenstand des Unternehmens ist „die Erbringung von Dienstleistungen im Gesundheitswesen für Hausärzte und sonstige Leistungserbringer sowie deren Organisationen." Konkret geht es um die Administrierung und vor allem Abrech-nung von Selektivverträgen, also insbesondere der HzV, die der Deutsche Haus-ärzteverband bzw. seine Landesverbände abschließen. Während die regionalen Hausärzteverbände mit regionalen Kassen verhandeln, übernimmt der Bundesver-band diese Prozesse bei den bundesweiten Krankenkassen. Eine Abwicklung über die HÄVG wird immer angestrebt, Mitgliedsärzte erhalten einen Rabatt bei den Abrechnungsgebühren.

Weigeldt (2012b) betont die Unabhängigkeit des Bundesverbandes in sei-nen politischen Entscheidungen, zugleich sind die Organisationen personell und finanziell an den Deutschen Hausärzteverband angebunden (vgl. kritisch Hahn 2014, S. 26). Die genannten Organisationen haben ihren Sitz – wie der Bundes-verband – in Köln. Für die politische Arbeit unterhält der Bundesverband ferner ein Büro in Berlin-Charlottenburg. Gegenwärtig arbeiten ca. 300 Personen für den Bundesverband und die assoziierten Organisationen (Weigeldt 2016b).

4.2   Mitgliedszahlen und Präferenzen der Mitglieder

Der Deutsche Hausärzteverband hatte nach eigenen Angaben über die Landesver-bände im Jahr 2016 ca. 30.000 Mitglieder. Seit 2002 (12.000 Mitglieder) sind die Mitgliedszahlen damit über 24.000 Mitglieder (2007) stark angestiegen (Zahlen bei Bandelow 2007; Wasem et al. 2013, S. 89). Höhepunkt waren ca. 32.000 Mit-glieder im Jahr 2012. Das Wachstum der Mitgliedszahlen wird auf eine gestie-gene Attraktivität des Deutschen Hausärzteverbandes bei Hausärzten durch die HzV zurückgeführt – der Rückgang hingegen auf demografische Gründe: „Wir haben eine leicht sinkende Anzahl an Mitgliedern, was nicht an Austritten liegt, sondern daran, dass die Hausärzte älter werden" (Weigeldt und Mehl 2013, S. 11).

Über die konkreten Präferenzen der in den Hausarztverbänden organisierten Hausärzte ist öffentlich wenig bekannt. Der Bayerische Hausärzteverband – von Paquet (2011, S. 34) als „besonders radikal" beschrieben – hat als mitgliedsstärks-ter Landesverband im Jahr 2012 eine Mitgliederbefragung initiiert: Die überwie-gende Mehrheit der bayerischen Mitglieder sieht demzufolge den Schwerpunkt der Verbandsarbeit in der politischen Interessenvertretung mit Wahrung der finanziellen Interessen der Ärzte. Konkrete Beispiele dafür waren die Vereinheitlichung der Hausarztverträge und die Weiterentwicklung der HzV zu einem Primärarztmodell. Große Zustimmung fand ebenfalls die Forderung nach Aufhebung des Streikverbotes für niedergelassene Ärzte (Bayerischer Hausärzteverband 2012).

Weigeldt (2013) rühmt sich der „klaren Linie und inneren Geschlossenheit" des Deutschen Hausärzteverbandes. In der Tat haben die jährlichen Delegiertenversammlungen die grundsätzliche politische Strategie der „Tarifautonomie" durch Vollversorgungsverträge ohne KV-Beteiligung immer bestätigt. Zum Leidwesen des Bundesverbandes weicht der Hausärzteverband Sachsen-Anhalt von dieser Linie ab, auch in Brandenburg und Thüringen gab es Add-on-Verträge zusammen mit der KV. Darüber hinaus waren die Vergütungsunterschiede zwischen den verschiedenen (regionalen) HzV-Verträgen in der Vergangenheit Grund für Unmut zwischen den Landesverbänden. Der Bundesverband reagierte und versucht, stärker auf einheitliche Strukturen und Vergütungen innerhalb der HzV hinzuwirken, wenn auch „Einheitsverträge" abgelehnt werden. Um Friktionen zwischen an der HzV teilnehmenden und nicht-teilnehmenden Hausärzten zu vermeiden, soll die hausärztliche Vergütung auch im Kollektivvertrag auf eine „angemessene Höhe" gebracht werden. (Schmidt 2015b; Weigeldt 2013; vgl. Weigeldt und Tesic 2015).

Konfliktpotenzial gibt es im Verhältnis des Deutschen Hausärzteverbandes zu denjenigen Hausärzten, die Mandate in den Gremien der ärztlichen Selbstverwaltung – Kassenärztliche Vereinigungen (KVen), Kassenärztliche Bundesvereinigung (KBV) sowie Ärztekammern – wahrnehmen (vgl. Weigeldt 2016b). Die Beziehungen sind nicht immer reibungsfrei. Verschiedentlich wurde der Verdacht geäußert, die Vertreter in der Selbstverwaltung würden hausärztliche Interessen vernachlässigen. Besondere Brisanz gewann die Thematik als Weigeldt, der 2005–2007 als KBV-Vorstand amtierte, vorzeitig zurücktrat – nachdem er sich auch der Unterstützung der Hausärztevertreter in den KBV-Gremien nicht mehr sicher war (Kötzle 2007; Maus 2007).

5 Einflusslogik: Der Deutsche Hausärzteverband als politischer Akteur

5.1 Adressaten und Instrumente

Der Hausärzteverband ist gemäß seiner Satzung (§ 2) ein Interessenverband. Als Dachorganisation der Landesverbände konzentriert sich er sich in seiner Interessenartikulation jedoch vornehmlich auf die bundespolitische Ebene. Zu seinen

Adressaten zählen vornehmlich die Mitglieder des Deutschen Bundestages, von denen insbesondere die Fachpolitiker des Ausschusses für Gesundheit angesprochen werden. Von Bedeutung darüber hinaus sind aber auch die Institutionen der Gemeinsamen Selbstverwaltung, die Parteien und insbesondere das Bundesministerium für Gesundheit (BMG). Die Landesebene wird vom Dachverband nur dann in die politische Arbeit einbezogen, wenn dies auf Bitten der jeweiligen Landesverbände geschieht. In der Regel übernehmen sie diese Aufgaben in Eigenregie. Neben Landespolitikern in Parlamenten und Ministerien gehen sie dabei auch gezielt auf jene Bundespolitiker zu, die ihre Wahlkreise in den jeweiligen Bundesländern haben.

Mit Blick auf seine Rolle als Interessensvertreter wählt der Deutsche Hausärzteverband die gängigen Instrumente der politischen Interessenvertretung, die als „konsequente Sacharbeit" (Weigeldt 2016b) charakterisiert werden. Dazu zählen das persönliche Gespräch mit den zuständigen Fachpolitikern ebenso wie der Versand von Informationsmailings, Medienarbeit oder Veranstaltungen wie etwa der Parlamentarische Abend zum Deutschen Hausärztetag, der traditionell in unmittelbarer Nähe zum Bundeskanzleramt stattfindet. Neben diesem meist im Spätsommer stattfindenden Format, erfreut sich auch der Neujahrsempfang im Berliner Büro in Berlin-Charlottenburg über Beliebtheit bei gesundheitspolitischen Entscheidungsträgern. Auch die Öffentlichkeit zählt zum Ziel kommunikativer Bemühungen: Im Sommer 2010 wurden beispielsweise bundesweite Aktionstage mit Petitionslisten für Patienten organisiert, um gegen Reformpläne von Bundesgesundheitsminister Rösler zu protestieren (Deutscher Hausärzteverband 2010b).

5.2   Die Hausarztzentrierte Versorgung als gesundheitspolitisches Ziel

Traditionell dominiert das Kollektivvertragssystem die ambulante Versorgung: Dieses sieht vor, dass Kassenärztliche Vereinigungen (KVen) bzw. auf Bundesebene die Kassenärztliche Bundesvereinigung (KBV) als Körperschaften des öffentlichen Rechts mit den gesetzlichen Krankenkassen und ihren Verbänden die Organisation und das Honorar (Gesamtvergütung) der ambulanten Versorgung kollektiv für alle Vertragsärzte aushandeln. Die KVen organisieren anschließend Qualitätssicherung, Abrechnung und vor allem Honorarverteilung je nach erbrachter Leistung auf die einzelnen Ärzte. Zugleich haben sie den Sicherstellungsauftrag, müssen also ein den Bedarf deckendes Versorgungsangebot garantieren. Während die Ermittlung wie auch die Verteilung des ambulanten Honorars unter den verschiedenen Fachgruppen stets umstritten und konfliktbeladen ist und

die Zukunft des Sicherstellungsauftrag politisch kontrovers diskutiert wird (z. B.
Knieps und Reiners 2015, S. 205–264; Laschet 2015), sieht der Deutsche Hausärzteverband die Hausärzte durch das Handeln der Krankenkassen und vor allem
der als fachärztlich dominiert wahrgenommenen KVen massiv benachteiligt (z. B.
Weigeldt 2016a).

   Die Satzung verpflichtet den Deutschen Hausärzteverband zur Wahrnehmung
der beruflichen und wirtschaftlichen Interessen derjenigen Ärzte, die an der
hausärztlichen und Hausarztzentrierten Versorgung teilnehmen. Folglich engagiert sich der Deutsche Hausärzteverband für entsprechende Bedingungen, was
konkret nicht zuletzt das Ziel der Einkommensverbesserung umfasst, da ein aus-
kömmlicher Finanzrahmen in der Regelversorgung der GKV als nicht gewährleistet gesehen wird (z. B. Weigeldt und Mehl 2013, S. 21–22). Dadurch soll
ebenfalls Nachwuchssorgen vorgebeugt werden.

   Der BDA hatte sich in der Vergangenheit – letztlich erfolgreich – für eine
gesetzliche wie kammerrechtliche Stärkung der Hausärzte eingesetzt: Wegmarken
waren der Beschluss auf dem 105. Deutschen Ärztetag 2002 zur Schaffung des
„Arztes für Innere und Allgemeinmedizin" sowie die Trennung der ambulanten
Gesamtvergütung in einen haus- und einen fachärztlichen Teil im GKV-Gesund-
heitsreformgesetz 2000 durch Bundesgesundheitsministerin Fischer (Bündnis 90/
Die Grünen) (Maus 2002; vgl. Hoppenthaller 2010). Mit der Umbenennung rück-
ten anschließend die Rolle der Hausärzte im Kollektivvertrag und das Verhältnis
des Deutschen Hausärzteverbandes zu den KVen prominent auf die Agenda. Im
Mittelpunkt der politischen Bemühungen steht seitdem die Hausarztzentrierte
Versorgung (HzV) nach § 73b SGB V, deren Aufbau, Erhalt und Ausbau für den
Deutschen Hausärzteverbandes von höchster Bedeutung war und ist.

   Die HzV ist als eigenständige Versorgungssäule konzipiert und grenzt sich
vom Kollektivvertragssystem ab. Der Deutsche Hausärzteverband bewirbt die
HzV als qualitativ und wirtschaftlich attraktivere Alternative (z. B. Weigeldt und
Tesic 2015; zum Folgenden außerdem: Bundesregierung 2015; Lübeck et al.
2015; Sachverständigenrat Gesundheit 2012, S. 311; Schlingensiepen 2016;
Schmid 2015b; Weigeldt und Mehl 2013): Die HzV setzt bei der international
erprobten, aber in Deutschland politisch bisher nicht mehrheitsfähigen Steuerung eines Primärarztsystems an. Die Hausärzte sollen hierbei eine Lotsenfunk-
tion übernehmen, um die Qualität der medizinischen Versorgung von Patienten,
insbesondere bei chronischen Erkrankungen und komplexem Versorgungsbedarf,
zu verbessern und vorhandene Ressourcen möglichst effizient zu nutzen, etwa
bei verordneten Arzneimitteln. Versicherte schreiben sich in den in Deutschland
umgesetzten Modellen auf Basis eines HzV-Vertrages ihrer jeweiligen Krankenkasse freiwillig in die HzV für einen bestimmten Zeitraum ein und verpflichten
sich, Fachärzte erst nach Überweisung aufzusuchen. Krankenkassen hingegen

müssen HzV-Verträge abschließen. Vertragspartner sind im Normalfall die Landesverbände des Deutschen Hausärzteverbandes unter Beteiligung der HÄVG, aber auch KVen können HzV-Verträge abschließen, wenn die regionalen Hausärzteverbände zustimmen. Teilnehmende Ärzte, die nicht Mitglied in einem Hausarztverband sein müssen, verpflichten sich zur Einhaltung von Qualitätsanforderungen, die über die übliche hausärztliche Versorgung hinausgehen, etwa zur Teilnahme an strukturierten Qualitätszirkeln zur Arzneimitteltherapie oder zur Einrichtung eines speziellen Qualitätsmanagements. Etwa 80 % der Hausärzte erfüllen die notwendigen Qualitätsvorrausetzungen.

Insgesamt waren im Jahr 2015 bundesweit fast vier Millionen Patienten und mehr als 18.000 Ärzte in Hausarztverträgen eingeschrieben. Das Honorarvolumen der HÄVG belief sich auf ca. 970 Mio. EUR. Die regionalen Vergütungswerte der teilnehmenden Hausärzte befinden sich nach Auskunft des Deutschen Hausärzteverbandes deutlich über der Vergütung innerhalb des Kollektivvertragssystems – Weigeldt (2016b) spricht von einem um ca. 20–40 % höheren Niveau. Ferner existierten 55 HzV-Verbundverträge sowie rund 580 zumeist sehr ähnliche Einzelverträge in den Regionen, wobei ein deutliches Süd-Nord-Gefälle mit einer stärkeren Verbreitung in Süddeutschland festzustellen ist. Vor allem Baden-Württemberg und dort insbesondere die regionale AOK gilt als HzV-affin (vgl. Hermann und Graf 2015). Zum Teil heftige Kritik zieht sich die HzV jedoch aus Reihen der GKV als „reines Vergütungssteigerungsmodell für Hausärzte" (Malzahn und Jacobs 2016, S. 207) und vor allem durch den gesetzlichen Zwang für Krankenkassen, HzV-Verträge abschließen zu müssen, zu (z. B. Jacobs 2015). Für den Deutschen Hausärzteverband schreibt die HzV hingegen eine Erfolgsgeschichte – mit dem Bundesverband als Innovationsmotor (vgl. Mehl 2016).

5.3 Die Ausgestaltung der HzV als Ergebnis von politischen Allianzen

Der Deutsche Hausärzteverband, so Weigeldt (2012b), habe sich mittlerweile zu einer der effektivsten Interessensvertretungen in der deutschen Gesundheitspolitik entwickelt. In der Gesundheitspolitik sind jedoch politische Allianzen zur Zielerreichung unerlässlich (Bandelow et al. 2012). Die politischen Verhandlungsprozesse um die – insgesamt fünfmal geänderte – Ausgestaltung der gesetzlichen Grundlagen für die HzV machen hier keine Ausnahme.

Der Deutsche Hausärzteverband sieht die Hausärzte bereits seit geraumer Zeit in der Honorar- und Weiterbildungspolitik bei Ärztekammern und KVen massiv benachteiligt und durch Facharztinteressen kujoniert (Clade 2003): „Strategisch

müssen wir alle Möglichkeiten nutzen, die Hausärzte vom KV-System unabhängig zu machen", so der damalige Bundesvorsitzende Kötzle (2005). Hierbei
handelt es sich um eine immer noch aktuelle Position (z. B. Weigeldt 2016a), die
jedoch auch Widerspruch weckt, etwa seitens des NAV-Virchow-Bundes, wonach
„keine hausarztfeindlichen KBV- oder KV-Beschlüsse existieren" (Hahn 2014,
S. 26). Mit Blick auf die politische Debatte urteilt Paquet (2011, S. 34) allerdings,
dass die Frage einer tatsächlichen oder vermeintlichen Benachteiligung der Hausärzte nicht entscheidend für den politischen Meinungsbildungs- und Entschei-
dungsprozess sei. Die Stärkung der hausärztlichen Versorgung ist vielmehr seit
Jahren ein zwischen den Parteien in der Gesundheitspolitik unumstrittenes Ziel
und variiert letztlich in der Art und Weise, wie dieses Ziel angegangen wird (vgl.
Rumke et al. 2013, S. 26–41). Hintergrund ist die Sorge vor einem zukünftigen
Hausärztemangel insbesondere in ländlichen Regionen.[4] Wie die HzV vor diesem
Hintergrund in die GKV-Versorgungsstrukturen überführt worden ist, verdeutlicht
die Rolle des Deutschen Hausärzteverbandes im gesundheitspolitischem Macht-
und Verhandlungsgeflecht sowie die Grenzen und Möglichkeiten seines Einflus-
ses (zum Folgenden u. a.: Jacobs 2015; Knieps und Reiners 2015, S. 260–261;
Lübeck et al. 2015; Paquet 2011; aus KBV-Sicht: Feldmann 2014; aus Sicht des
Deutschen Hausärzteverbandes: Weigeldt und Tesic 2015):

Im Gesetz zur Modernisierung der gesetzlichen Krankenversicherung (GMG,
2004) – verabschiedet von einer informellen Großen Koalition – fand die HzV
als § 73b Eingang in das SGB V. Krankenkassen waren nun aufgefordert, ihren
Versicherten eine hausarztzentrierte Versorgung anzubieten – noch mit den KVen
als Partner. Das Gesetz zur Stärkung des Wettbewerbs in der gesetzlichen Krankenversicherung (GKV-WSG) von CDU/CSU und SPD konkretisierte 2007
dann, dass Krankenkassen eine flächendeckende HzV anbieten müssen. Bevor-
zugter Partner waren die regionalen Hausärzteverbände – sofern sie nicht eine
KV beauftragten. Zugleich wurden Regelungen zur Bereinigung der Gesamtvergütung eingeführt. Es gab aber keinen Sanktionsmechanismus, der Ver-
tragsabschlüsse „erzwingen" konnte. Dies änderte sich 2009: Im Gesetz zur
Weiterentwicklung der Organisationsstrukturen in der gesetzlichen Krankenversicherung (GKV-OrgWG) setzte die Große Koalition den 30. Juni 2009 als festes
Datum zum Abschluss von Verträgen fest, im Falle von Nichteinigung auf dem
Wege von Schiedsverfahren. Darüber hinaus wurde die Stellung der regionalen
Hausärzteverbände weiter gestärkt: Kassen waren zu HzV-Verhandlungen mit

---

[4]Die KBV schätzt, dass sich altersbedingt jeder fünfte Hausarzt bis zum Jahr 2030 aus der
Versorgung zurückziehen wird. Die Krankenkassen kritisieren hingegen aktuell ein Vertei-
lungsproblem der Arztsitze (vgl. Mihm 2016).

ihnen verpflichtet, wenn diese von mindestens 50 % der Allgemeinärzte innerhalb eines KV-Bezirks mandatiert werden. Der Hausärzteverband begrüßte dies uneingeschränkt: „Die Welt nach dem (GKV-OrgWG, d. V.) ist nicht mehr dieselbe wie vor diesem Datum. Auf jeden Fall für die hausärztliche Versorgung in Deutschland, für Hausärzte wie für ihre Patienten!" (Weigeldt 2008). Bereits vorher war Mitte 2008 der HzV-Vertrag mit der AOK Baden-Württemberg gestartet, wodurch sich diese KV-Region zur HzV-Musterregion entwickelte mit einer bundesweiten Ausstrahlung (vgl. Zahlen zur Entwicklung bei Jacobs 2015).

Die gute Stimmung sollte jedoch nach der Bundestagwahl 2009 rasch umschlagen: Das Gesetz zur nachhaltigen und sozial ausgewogenen Finanzierung der Gesetzlichen Krankenversicherung (GKV-FinG) der schwarz-gelben Koalition stellte 2011 die HzV unter den Grundsatz der Beitragssatzstabilität: Höhere Vergütungen als im KV-System mussten nun durch Effizienzsteigerungen oder Einsparungen gegenfinanziert werden, was heftige Kritik seitens der Hausärzte fand. In Bayern eskalierte die Situation anschließend: Nach einer vor allem mit der AOK Bayern kontrovers geführten Diskussion, der Kündigung der regionalen Hausarztverträge durch die Krankenkassen und einem gescheiterten Mitgliedervotum des Bayerischen Hausärzteverbandes, ob die Hausärzte ihre vertragsärztliche Zulassung kollektiv zurückgeben sollten, musste der Landesvorsitzende, Wolfgang Hoppenthaller, zurücktreten (vgl. Hoppenthaller 2010). Die Situation stellte sich damals, auch finanziell, kritisch für den Bundesverband dar (Weigeldt und Mehl 2013, S. 10). Das kontinuierliche Drängen des Deutschen Hausärzteverbandes nach Wiederherstellung des Status quo ante wurde aber schließlich von der erneuten Großen Koalition erhört: Im 14. Gesetz zur Änderung des Fünften Buches Sozialgesetzbuch (2014) hoben CDU/CSU und SPD die Vergütungsbeschränkungen des GKV-FinG auf und ersetzten diese durch Regelungen zur Qualitätssicherung und zur Wirtschaftlichkeit, deren Einhaltung der Aufsichtsbehörde vier Jahre nach Vertragsstart nachzuweisen sind.

Zwar betont der Deutsche Hausärzteverband parteipolitische Äquidistanz zu halten, eine besondere und kontinuierliche Allianz wird jedoch mit SPD und CSU gepflegt (vgl. Weigeldt 2009, 2013): Insbesondere die sozialdemokratischen Gesundheitspolitiker Ulla Schmidt und Karl Lauterbach zeigten sich Themen des Bundesverbandes gegenüber aufgeschlossen. Während die SPD ferner auf ihrem Parteitag Ende 2011 beschloss, die Ergebnisse des GKV-FinG zurückzunehmen sowie dem „Deutschen Hausärzteverband umfassende Beteiligungsrechte in den ärztlichen und den Gremien der gemeinsamen Selbstverwaltung" (SPD 2011) einzuräumen, machte sich die CSU insbesondere für den HzV-Vertragszwang im Rahmen des GKV-OrgWG stark. Mitunter war von einer „Lex Hoppenthaller" die Rede, die sich die CSU im kritischen Landtagswahlkampf 2008 habe aufzwingen lassen (vgl. zur „Hoppenthaller-Erpressung": Hoppenthaller 2010). In der schwarz-gelben Koalition konnte die CSU weitere Verschärfungen der HzV verhindern (Weigeldt 2010), wohingegen weite Teile der CDU und insbesondere die FDP andere Vorstellungen hatten (Paquet 2011, S. 39). Nach dem GKV-FinG wurde Bundesgesundheitsminister Rösler (FDP) hart angegangen und der Unfähigkeit und des Wortbruchs bezichtigt (z. B. Deutscher Hausärzteverband 2010a). Nach der Bundestagswahl 2013 besserten sich die parteipolitischen Rahmenbedingungen in der Großen Koalition für den Deutschen Hausärzteverband wieder: Das Gesetz zur Stärkung der Versorgung in der gesetzlichen Krankenversicherung (GKV-VSG, 2015) entsprach mit der Parität in den Gremien der KBV sowie der Ermöglichung von rein hausärztlichen Medizinischen Versorgungszentren (MVZ) Forderungen des Deutschen Hausärzteverbandes. Durch das Gesetz für sichere digitale Kommunikation und Anwendungen im Gesundheitswesen (E-Health-Gesetz, 2016) wurde der Bundesverband schließlich als „maßgebliche Spitzenorganisation" der an der HzV teilnehmenden Ärzte in den Beirat der Gesellschaft für Telematikanwendungen der Gesundheitskarte (gematik), die die Einführung der Gesundheitskarte und der Telematikinfrastruktur administriert, befördert (Deutscher Hausärzteverband 2015b; Weigeldt 2016a). Die Sorgen der Hausärzte seien mittlerweile „in der Politik angekommen", bilanziert Weigeldt, von dort würde jetzt eine „konstante Unterstützung" (zitiert nach Schmid 2015b) kommen.

5.4 Ordnungspolitische Probleme zwischen Kollektiv- und Selektivvertrag

In dem Maße wie die „Tarifautonomie" der Hausarztverträge gegen das „Monstrum KV-System" (Weigeldt 2012a) in Stellung gebracht wurde, überrascht es nicht, dass die KVen bzw. die KBV der HzV-Struktur mehr als nur kritisch gegenüberstanden. Insbesondere die privilegierte Stellung der Hausärzteverbände fand heftige Kritik. Zugleich gibt es einige Regionen, in denen der jeweilige Hausärzteverband bei den HzV-Verträgen mit der KV kooperiert, etwa in Brandenburg, Sachsen-Anhalt und Thüringen (Paquet 2011, S. 41; vgl. Feldmann 2014). Hierbei handelt es sich um sog. Add-on-Verträge, die an das KV-System „andocken" und zusätzliche Leistungen zusätzlich vergüten. Im Gegensatz dazu werden die vereinbarten Leistungen eines HzV-Vollversorgungsvertrages außerhalb des KV-Systems erbracht und vergütet – und später die KV-Gesamtvergütung entsprechend bereinigt. Die Abrechnung erfolgt dann über die HÄVG, nicht über die KV wie Falle des Add-on-Vertrages. Der Deutsche Hausärzteverband spricht sich vehement für den Abschluss von solchen Vollversorgungsverträgen ohne die

KVen aus (Weigeldt und Tesic 2015). Mögen hier auf beiden Seiten auch abrech-
nungspolitische und damit finanzielle Interessen eine Rolle spielen, zielt die
Kritik der KVen ordnungspolitisch auf das Ineinanderwirken von Kollektiv- und
Selektivvertrag: Gesundheitspolitische Beobachter weisen darauf hin, dass durch
die Einführung von selektivvertraglichen Möglichkeiten – vor allem der HzV,
die ja mehrheitlich ohne KV-Beteiligung organisiert wird – in die ambulante vertragsärztliche Versorgung ein Paradigmenwechsel stattgefunden hat (Knieps und
Reiners 2015, S. 263): Der Sicherstellungsauftrag der KVen wird in der hausärztlichen Versorgung infrage gestellt und die Erfüllung ihrer Aufgaben – etwa
Versorgungsgerechtigkeit, Qualitätssicherung, Notdienst, Verzahnung mit der
fachärztlichen Versorgungsebene – durch die Bereinigung erschwert oder gar, so
die Sorge der KVen, unmöglich gemacht (aus KBV-Sicht: Köhler 2010).

Die Einschränkung des Sicherstellungsauftrages der KVen wurde spätestens
durch das GKV-OrgWG forciert. Im Ergebnis nehmen die (regionalen) Hausarztverbände als privatrechtliche Vertragspartner eine Stellung ein, die ansons-
ten KVen im Rahmen von Kollektivverträgen zukommt (Sachverständigenrat
Gesundheit 2012, S. 310) – ohne überhaupt Interesse an der Übernahme des
Sicherstellungsauftrages zu haben (Weigeldt 2012b), welcher bei Selektivverträgen generell und auch im Falle der HzV auf die Krankenkassen übergeht. Die
Verzahnung mit dem fachärztlichen Versorgungsbereichen inkl. Krankenhaus
wird über Facharztselektivverträge (früher: § 73c SGB V, § 140a-d SGB V, seit
2015: § 140a SGB V –neu –) gesucht, die an die HzV „angedockt" werden sollen. Partner dieser sog. Versorgungslandschaften sind zunehmend fachärztliche
Berufsverbände, die dem Deutschen Hausärzteverband in der Vergangenheit
deutlich reservierter gegenüberstanden, sowie der MEDI-Verbund als Zusammenschluss von Ärztenetzen. Der erste Selektivvertrag dieser Art mit der Techniker
Krankenkasse war 2014 die „Versorgungslandschaft Rheuma", die am Schnitt-
stellenmanagement zwischen Hausarzt, Rheumatologen und Krankenhaus ansetzt
(Baumgärtner et al. 2013, S. 45–54; Weigeldt 2015, 2016a).

6   Fazit

In ärztlicher Interessenvertretung erfahrene Experten (Baumgärtner et al. 2013,
S. 10) raten niedergelassenen Ärzten, bei der Auswahl eines Berufsverban-
des vor allem auf folgende Kriterien zu achten: Mitgliederzahl, Aktivitäten in
Kammer und KVen, politische und juristische Aktivitäten, wirtschaftliches Pro-
fil (Managementgesellschaft), Kooperationen auf Landes- und Bundesebene,
Erfolge der letzten Jahren und aktuelle Schwerpunkte. Zieht man diese Kriterien

als Vergleichsfolie heran, ist der Deutsche Hausärzteverband unter der Vielzahl ärztlicher Verbände in Deutschland zweifellos ein Schwergewicht. In einer heterogener gewordenen Landschaft profitiert ärztliche Interessenvertretung, wenn sich Mitgliedsschafts- und Einflusslogik ergänzen. Dem Deutschen Hausärzteverband gelingt dieser Ausgleich von Mitgliedsschafts- und Einflusslogik offenbar gut, mehr noch: Es scheint sich dabei überhaupt erst um die Voraussetzung für sein gegenwärtiges gesundheitspolitisches Gewicht zu handeln. Der politische Verbandszweck ergänzt sich optimal mit dem Dienstleistungsangebot des Deutschen Hausärzteverbandes. Grundlage ist das Vertreten vergleichsweise homogener Interessen wie auch das Vorhandensein von politischen Bündnispartnern. Auch in der Facharzteschaft wird versucht, der eigenen Zersplitterung entgegen zu wirken und Interessen besser zu bündeln, etwa in Form des Spitzenverbandes Fachärzte (SpiFa). Der Deutsche Hausärzteverband dient dabei durchaus als Blaupause. Auffällig ist zudem, dass der politische Einfluss des Deutschen Hausärzteverbandes auf der Makroebene – insbesondere bei CSU und SPD – erst die Grundlage geschaffen hat, um Erfolge im selektivvertraglichen Bereich in Form der HzV zu erzielen und sich im Konflikt sowie mit nicht selten sehr offensiver Rhetorik vom korporativen KV-System abzukoppeln. Der Deutsche Hausärzteverband war dabei beides – Treiber *und* Instrument der Politik, die etwa in Person von Bundesgesundheitsministerin Schmidt das Monopol der KVen aufbrechen wollte (Paquet 2011).

„Der Deutsche Hausärzteverband ist DIE hausärztliche Interessenvertretung." (Weigeldt 2016b). Grundlage des Alleinvertretungsanspruches des Deutschen Hausärzteverbandes bleibt die HzV und die „Tarifautonomie". Bis 2018 waren in diesem Zusammenhang ehrgeizige Ziele ausgegeben (Schmidt 2015a). Trotz gestiegener Akzeptanz ist die HzV jedoch kein Selbstläufer bei den Krankenkassen (vgl. Schlingensiepen 2016), weshalb die gesetzliche Verpflichtung der Krankenkassen zum HzV-Vertragsabschluss für den Deutschen Hausärzteverband ein zentrales gesundheitspolitisches Ziel bleibt. Zur Generierung der hierfür notwendigen politischen Unterstützung ist es unerlässlich, den HzV-Mehrnutzen im Vergleich zur Regelversorgung aufzuzeigen. Für den bundesweit ersten HzV-Vertrag in Baden-Württemberg legten die Vertragspartner im Sommer 2016 Zahlen vor, wonach die HzV qualitativ hochwertiger als auch finanziell effizienter sei (AOK Baden-Württemberg et al. 2016).

Langfristig muss das Nebeneinander von Kollektiv- und Selektivvertrag jedoch politisch geklärt werden, um einer Fehlsteuerung wie auch einer Rollen- und Verantwortungsdiffusion vorzubeugen (vgl. Jacobs 2015; Knieps und Reiners 2015, S. 263–264; Laschet 2015). Bisher nehmen Bereinigungsvolumina der HzV wie auch der Facharztverträge insgesamt nur einen einstelligen Prozentbetrag an der gesamten ambulanten Honorierung ein und betroffen sind im Wesentlichen nur die KV-Regionen Baden-Württemberg, Bayern und – bereits weniger ausgeprägt – Nordrhein, Westfalen-Lippe, Hessen und Hamburg (vgl. Zahlen bei Albrecht 2016; Schlingensiepen 2016). Dies könnte sich in Zukunft ändern: Interesse in der Fachärzteschaft – an Selektivverträgen wie auch an einer Entspannung des Verhältnisses – ist geweckt (vgl. Spies 2016). Auch das KV-System bekundet den Willen, sich nicht mehr durch „überzogene Auseinandersetzungen zum scheinbaren Gegensatz ‚Hausarzt/Facharzt' oder in Diskussionen um die Frage ‚Kollektivvertrag oder Selektivvertrag' auseinanderdividieren" (Kassenärztliche Bundesvereinigung 2016) zu lassen. Diese Entwicklung bleibt auf allen Seiten abzuwarten: Erfahrungsgemäß wird die Gesundheitspolitik im Generellen wie der ambulante Sektor im Besonderen auch in Zukunft in ausreichendem Maße Themen bereithalten, bei denen es auf Möglichkeiten und Willen aller Akteure zu Kooperation und Einigung ankommt.

Literatur

Albrecht, Martin. 2016. Vortrag auf dem „Spreestadt-Forum zur Gesundheitsversorgung in Europa". *Gibt es einen Systemwettbewerb zwischen GKV und PKV?* 6. Juni in Berlin.

AOK Baden-Württemberg, MEDI Baden-Württemberg und Hausärzteverband Baden-Württemberg. 2016. Gemeinsame Pressemitteilung. *8-Jahres-Bilanz: Hausarztzentrierte Versorgung im Südwesten untermauert Vorteile.* 15. Juni.

Bandelow, Nils C. 2007. Ärzteverbände. Niedergang eines Erfolgsmodells? In *Interessenverbände in Deutschland,* Hrsg. Thomas von Winter und Ulrich Willems, 271–293. Wiesbaden: VS Verlag.

Bandelow, Nils, Florian Eckert, und Robin Rüsenberg. 2012. Wie funktioniert Gesundheitspolitik? In *Masterplan Gesundheitswesen 2020,* Hrsg. Bodo Klein und Michael Weller, 37–62. Baden-Baden: Nomos.

Baumgärtner, Werner, Michael Holzmann, und Steffen Holzmann. 2013. *Zukunft Arztpraxis. Auswirkungen der Veränderungen des Gesundheitsmarktes und der Versorgungsformen auf die Gestaltung der Berufsausübung.* Stuttgart: Georg Thieme.

Bayerischer Hausärzteverband. 2012. „Sonder-Newsletter des BHÄV zur Mitgliederbefragung 2012." http://www.bhaev.de/index.php/component/acymailing/archive/view/listid-2-bhaevnews/mailid-187-sonder-newsletter-des-bhaev-zur-mitgliederbefragung-2012. html. Zugegriffen: 27. Sept. 2016.

Bundesregierung. 2015. *Antwort der Bundesregierung auf Kleine Anfrage „Folgen des Wettbewerbs durch die Pflicht zu Angeboten Hausarztzentrierter Versorgung nach § 73b des Fünften Buches Sozialgesetzbuch"* vom 12. Juni. BT-Drucksache 18/5164.

Clade, Harald. 2003. Licht und Schatten. *Deutsches Ärzteblatt* 100 (23): 1578.

Deutscher Hausärzteverband. 2010a. Pressemitteilung. *Regierung schafft hausärztliche Versorgung in Deutschland ab. Versicherte zahlen mehr und verlieren den wohnortnahen Hausarzt.* 7. Juli.

Deutscher Hausärzteverband. 2010b. Pressemitteilung. *Patienten solidarisieren sich mit ihren Hausärzten – mehr als 120.000 Patienten stimmen gegen die Reformpläne der Regierung.* 10. September.

Deutscher Hausärzteverband. 2014. Pressemitteilung. *Deutscher Hausärzteverband begrüßt Anerkennung von VERAH-Qualifizierung – Impuls für die strukturierte Patientenbetreuung.* 23. Januar.

Deutscher Hausärzteverband. 2015a. „Satzung (in der Fassung vom 24./25. April 2015)." https://www.hausaerzteverband.de/cms/Satzung.117.0.html. Zugegriffen: 27. Sept. 2016.

Deutscher Hausärzteverband. 2015b. Pressemitteilung. *Deutscher Hausärzteverband begrüßt Versorgungsstärkungsgesetz – Konzentration auf Stärkung hausärztlicher Versorgung notwendig.* 11. Juni.

Feldmann, Regina. 2014. Statement auf dem Symposium „10 Jahre Hausarztzentrierte Versorgung in Sachsen-Anhalt". *Kollektiv und selektiv: Zwei Standbeine, kein Widerspruch.* 12. September.

Hahn, Thomas. 2014. Wie der Hausärzteverband vom schwachen KV-System profitiert. *Der niedergelassene Arzt* 9 (63): 25–26.

Hermann, Christopher, und Jürgen Graf. 2015. Wettbewerb als Innovationsmotor: Aufgaben und Selbstverständnis der AOK Baden-Württemberg. *Gesundheits- und Sozialpolitik* 69 (3–4): 34–39.

Hoppenthaller, Wolfgang. 2010. „Die Kassenärztlichen Vereinigungen: Funktionen, Dysfunktionen – und Zukunftsszenarien aus hausärztlicher Sicht." http://www.bhaev.de/images/stories/Aktuelles/2010-10-31_Rede_Zeno_2.pdf. Zugegriffen: 27. Sept. 2016.

Jacobs, Klaus. 2015. Vortrag auf der Tagung „Wie verändert sich die ambulante ärztliche Versorgung?" der Tagung der Gesellschaft für Sozialen Fortschritt. *Zur Rolle von Kollektivvertrag und Selektivverträgen für die Weiterentwicklung der ambulanten Versorgung.* 29. Oktober.

Kassenärztliche Bundesvereinigung. 2015. Pressemitteilung. *VV-Vorsitzende: Berufsverbände setzen Zeichen gegen das Versorgungsstärkungsgesetz.* 13. März.

Kassenärztliche Bundesvereinigung. 2016. „KBV 2020. Versorgung gemeinsam gestalten. Ein Konzept der KBV und der Kassenärztlichen Vereinigungen. Stand: 20. Mai 2016." http://www.kbv.de/media/sp/2016_05_20_Konzept_KBV_2020.pdf. Zugegriffen: 27. Sept. 2016.

Knieps, Franz, und Hartmut Reiners. 2015. *Gesundheitsreformen in Deutschland. Geschichte – Intentionen – Kontroversen.* Hans Huber: Bern.

Köhler, Andreas. 2010. Kollektivverträge und selektive Vollversorgungsverträge in der ambulanten ärztlichen Versorgung. Die Frage nach dem „Entweder-oder". In *BARMER GEK Gesundheitswesen aktuell 2010. Beiträge und Analysen*, Hrsg. Uwe Repschläger et al., 148–158. Wuppertal: BARMER GEK.

Kossow, Klaus-Dieter. 2010. *50 Jahre Hausarztverbände – Feiern ohne Feststimmung.* Unveröffentlichtes Manuskript.

Kötzle, Rainer. 2005. *Bericht zur Lage anlässlich der Delegiertenversammlung des Deutschen Hausärzteverbandes.* 29./30. September in Potsdam.

Kötzle, Rainer. 2007. *Bericht zur Lage anlässlich der Delegiertenversammlung des Deutschen Hausärzteverbandes.* 20./21. September in Berlin.

Laschet, Helmut. 2015. „KV-System mit Höhen und Tiefen." *Ärztezeitung.* 5. Oktober.

Lübeck, Robert, Martin Beyer, und Ferdinand Gerlach. 2015. Rationale und Stand der hausarztzentrierten Versorgung in Deutschland. *Bundesgesundheitsblatt* 58 (4–5): 360–366.

Malzahn, Jürgen, und Klaus Jacobs. 2016. Neuordnung der fachärztlich-ambulanten Versorgung. In *Krankenhaus-Report 2016. Schwerpunkt: Ambulant im Krankenhaus,* Hrsg. Klauber Jürgen et al., 197–216. Stuttgart: Schattauer.

Maus, Josef. 2002. Aus dem BDA wird der Hausärzteverband. *Deutsches Ärzteblatt* 99 (39): 2524–2526.

Maus, Josef. 2007. KBV-Vorstand Weigeldt tritt zurück. *Deutsches Ärzteblatt* 104 (28–29): 2021–2022.

Mehl, Eberhard. 2016. „Highlights Radio: 8 Jahre Bilanz HZV in Baden-Württemberg." http://www.letv-verlag-gesundheitspolitik.de/letv/highlights_radio/radio_beitrag?content=742. Zugegriffen: 27. Sept. 2016.

Mihm, Andreas. 2016. „Jeder fünfte Hausarzt macht bis 2030 seine Praxis dicht." *Frankfurter Allgemeine Zeitung.* 6. Oktober.

Paquet, Robert. 2011. *Vertragswettbewerb in der GKV und die Rolle der Selektivverträge. Nutzen und Informationsbedarf aus der Patientenperspektive.* Expertise im Auftrag der Abteilung Wirtschafts- und Sozialpolitik der Friedrich-Ebert-Stiftung, Bonn.

Ruth, Rumke, Axel Wunsch, und Robert Paquet. 2016. Ausblick auf die Gesundheitspolitik der 18. Wahlperiode des Deutschen Bundestages. In *BARMER GEK Gesundheitswesen aktuell 2013. Beiträge und Analysen,* Hrsg. Uwe Repschläger et al., 197–216. Wuppertal: BARMER GEK.

Sachverständigenrat Gesundheit. 2012. *Sondergutachten 2012. Wettbewerb an der Schnittstelle zwischen ambulanter und stationärer Gesundheitsversorgung.* BT-Drucksache 17/10323.

Schlingensiepen, Ilse. 2016. „Hausarztverträge bergen noch viel Wachstumspotenzial." *Ärztezeitung.* 24. August.

Schmid, Raimund. 2015a. „HzV wird zum Hit." *Ärztezeitung.* 27. Oktober.

Schmid, Raimund. 2015b. „Practica: Feierlaune bei Hausärzten." *Ärztezeitung.* 30. Oktober.

SPD. 2011. Ordentlicher SPD-Parteitag in Berlin. *Beschluss Nr. 59. Solidarische Gesundheitspolitik für alle Bürgerinnen und Bürger.* 4.-6. Dezember.

Spies, Hans-Friedrich. 2016. „Interview." *Ärztezeitung.* 7. September.

Wasem, Jürgen, David Matusiewicz, Susanne Staudt, Gerald Lux, Helmut Dahl, Rebecca Jahn, und Michael Noweski. 2013. Akteure des Gesundheitssystems in Deutschland. In *Praxislehrbuch Medizinmanagement,* Hrsg. Wasem Jürgen et al., 49–116. Berlin: MWV-Verlag.

Weigeldt, Ulrich. 2008. *Rundbrief an alle Hausärztinnen und Hausärzte in Deutschland.* 30. Oktober.

Weigeldt, Ulrich. 2009. *Bericht zur Lage anlässlich der Delegiertenversammlung des Deutschen Hausärzteverbandes.* 25. April in Köln.

Weigeldt, Ulrich. 2010. *Bericht zur Lage anlässlich der Delegiertenversammlung des Deutschen Hausärzteverbandes.* 16./17. September in Berlin.

Weigeldt, Ulrich. 2012a. *Bericht zur Lage anlässlich der Delegiertenversammlung des Deutschen Hausärzteverbandes.* 4./5. Mai in Hamburg.

Weigeldt, Ulrich. 2012b. *Bericht zur Lage anlässlich der Delegiertenversammlung des Deutschen Hausärzteverbandes.* 26./27. September in Berlin.

Weigeldt, Ulrich. 2013. *Bericht zur Lage anlässlich der Delegiertenversammlung des Deutschen Hausärzteverbandes. 19./20.* April in Wolfsburg.

Weigeldt, Ulrich. 2015. „Versorgungslandschaften – auf dem Weg zu mehr Qualität bei der Behandlung von Rheumapatienten." In *Patientenorientierung. Schlüssel für mehr Qualität,* (Hrsg.) Volker Amelung et al., 151–155. Berlin: Medizinisch Wissenschaftliche Verlagsgesellschaft.

Weigeldt, Ulrich. 2016a. *Bericht zur Lage anlässlich der Delegiertenversammlung des Deutschen Hausärzteverbandes am 15./16. April in Freiburg.*

Weigeldt, Ulrich. 2016b. *Bericht zur Lage anlässlich der Delegiertenversammlung des Deutschen Hausärzteverbandes am 22./23. September in Potsdam.*

Weigeldt, Ulrich, und Eberhard Mehl. 2013. „Interview." *Forum für Gesundheitspolitik* 3–4 (19).

Weigeldt, Ulrich, und Dusan Tesic. 2015. Hausarztzentrierte Versorgung nach § 73b SGB V: Vollversorgungs- oder Add-on-Vertrag? *Gesundheits- und Sozialpolitik* 5 (69): 37–45.

Über die Autoren

Dr. Florian Eckert Director Public Affairs, fischerAppelt relations GmbH, Berlin.

Dipl.-Pol. Robin Rüsenberg Geschäftsführer der Deutschen Arbeitsgemeinschaft niedergelassener Ärzte in der Versorgung HIV-Infizierter e. V. (dagnä), Berlin.

Schlussbetrachtung

Christoph Strünck und Tim Spier

Die organisierte Ärzteschaft in Deutschland verändert sich. Zu Beginn des 20. Jahrhunderts standen die Abwehrkämpfe gegen die Macht von Krankenkassen und Staat im Vordergrund. Der Hartmannbund und die Kassenärztlichen Vereinigungen stehen für diese frühe Phase. Anschließend entwickelte sich das heutige System der Selbstverwaltung und standespolitischen Interessenvertretung. Mit öffentlichen Körperschaften wie Kammern und Kassenärztlichen Vereinigungen, forschungs- und weiterbildungsbasierten Fachgesellschaften sowie freien Verbänden bietet sich den Ärzten eine ausdifferenzierte Landschaft berufspolitischer Organisationen. Einige davon gehören quasi automatisch zur beruflichen Karriere dazu. Bei anderen müssen sie sich entscheiden oder können sogar zwischen ähnlichen Interessenorganisationen wählen, etwa im Falle von NAV-Virchow-Bund und Hartmannbund. Und schließlich haben jüngere Verbandsentwicklungen wie die des Hausärzteverbands dazu geführt, dass die austarierte Architektur der Interessenvertretung ins Wanken gerät, weil Konkurrenzen und Konflikte stärker werden.

Die Beiträge und Verbandsporträts in diesem Band machen deutlich, dass die gewachsene Vielfalt berufspolitischer Interessenvertretung markante Ursachen und ebenso markante Konsequenzen hat. Die beiden wesentlichen Ursachen liegen einer veränderten Sozialstruktur der Ärzteschaft sowie in gesundheitspolitischen Reformen. Was die Sozialstruktur angeht, so fällt die Feminisierung der

C. Strünck (✉) · T. Spier
Seminar für Sozialwissenschaften, Universität Siegen, Siegen, Deutschland
E-Mail: christoph.Struenck@uni-siegen.de

© Springer Fachmedien Wiesbaden GmbH 2018   239
T. Spier und C. Strünck (Hrsg.), *Ärzteverbände und ihre Mitglieder*,
Studien der Bonner Akademie für Forschung und Lehre praktischer
Politik, https://doi.org/10.1007/978-3-658-19249-5_12

Medizin ins Auge. Mit der wachsenden Zahl von Medizinerinnen gehen neue Erwartungen an den Beruf einher. Die klassische niedergelassene Tätigkeit verliert an Attraktivität, was auch das Rollenbild des Arztes verändert. Angesichts der Fachkräfteknappheit steigen Anspruch und Durchsetzungsmöglichkeiten, Arbeitszeiten und Arbeitsorganisation stärker mit privaten Bedürfnissen in Einklang zu bringen. Diese veränderten Erwartungen passen gut zu neuen Versorgungsformen, wie sie unter anderem der Hausärzteverband zu etablieren versucht. Die komplexen Auswirkungen neuer Erwartungen und Werte auf das Berufsbild und die Organisationsfähigkeit der Ärzteschaft sind ein eigenständiges Thema, das hier nur erwähnt werden kann.

Auch die Auswirkungen gesundheitspolitischer Reformen sind erheblich und lassen sich hier nur kursorisch wiedergeben. Neben den vielen fachlichen Fragmentierungen der Ärzteschaft fallen insbesondere zwei zentrale Differenzen ins Auge, die auch von der Gesundheitspolitik geprägt werden. Das ist zum einen der Unterschied zwischen angestellten und niedergelassenen Medizinern und zum anderen der zwischen Fachärzten und Hausärzten. Gleich ob Reform der Krankenhausfinanzierung, Streit um die Neuregelung von Bereitschaftszeiten oder neue Versorgungsformen wie Medizinische Versorgungszentren (MVZ): Zumutungen wie Möglichkeiten an Krankenhäusern beeinflussen die Bereitschaft angestellter Ärzte, sich für ihre Belange auch verbandspolitisch zu engagieren. Der Funktionswandel des Marburger Bundes vom Berufsverband zur Berufsgewerkschaft ist ein gutes Beispiel dafür. Letztlich hat der Unmut jüngerer Assistenzärzte den traditionellen Verband dazu genötigt, eine stärkere Konfliktstrategie zu verfolgen. Die Konsequenz war, dass der Marburger Bund von seiner auf Kompromissfähigkeit und Berechenbarkeit beruhenden Einflusslogik stärker auf die Mitgliedschaftslogik umschalten musste.

Noch deutlicher zeigen sich die gesundheitspolitischen Effekte unter den niedergelassenen Ärzten. Die politisch gewollte Trennung der hausärztlichen und fachärztlichen Vergütung im Rahmen des Kollektivvertragssystems der KVen hat die verbandspolitische Konkurrenzsituation angefacht, ebenso wie die Erlaubnis zu Selektivverträgen neben dem klassischen KV-System. Der Hausärzteverband, der schon seit längerem die aus seiner Sicht zu starke Vernachlässigung der Mitgliedschaftslogik durch die KVen beklagt, hat diese Reform tatkräftig für sich genutzt. Er hat sich mit einer Mischung aus vorteilhaften Selektivverträgen, Weiterbildungszertifikaten sowie professionellen Dienstleistungen stark auf die Interessen seiner Mitglieder konzentriert. Zugleich geht die Verbandsführung immer wieder Konflikte ein, gestärkt durch eine große Mitgliederbasis.

Mit dieser Strategie konnte sich der Hausärzteverband vom größten freien Ärzteverband, dem Hartmannbund, in der öffentlichen Wahrnehmung deutlich absetzen. Zwischen dem Hausärzteverband, dem Hartmannbund und auch dem NAV-Virchowbund gibt es Überschneidungen. Alle drei organisieren nur oder auch niedergelassene Ärzte, und alle drei sprechen auch die Hausärzte und Allgemeinmediziner an. Doch der Hausärzteverband hat es durch die Abtrennung der fachärztlichen Interessen vermocht, relativ homogene Interessen zu organisieren und damit schlagkräftig zu werden. Die Mitgliederlogik dieses jüngeren Verbandes sticht daher besonders hervor. Sie verändert das bisherige, stark auf Selbstverwaltung setzende System ärztlicher Leistungserbringung, das immer stärker auf Einflusslogik als auf Mitgliedschaftslogik orientiert war. Die Strategie des Hausärzteverbands steht damit stellvertretend für eine Veränderung der Verbändelandschaft. Diese Veränderungen verlangen danach, die Rollen, Motive und Erwartungen von Mitgliedern in ihren Interessenvertretungen ernster zu nehmen – nicht nur in der verbandlichen Praxis, auch in der wissenschaftlichen Forschung. Der Abgesang auf „Stammkunden" und klassische Verbandsorganisationen ist verfrüht. Es ist sogar davon auszugehen, dass die Erwartungen an die Konfliktfähigkeit von Verbänden eher wachsen. Denn die Rede von den eher „unpolitischen" Medizinern ist ebenso sprichwörtlich wie irreführend. Eine auf professionelle Autonomie bedachte Berufsgruppe kann in einem so hochgradig politisch regulierten und von Interessenkonflikten geprägten Feld wie dem Gesundheitssystem ohnehin nicht unpolitisch sein, auch wenn die einzelnen Mitglieder primär fachlich oder standesethisch motiviert sein mögen.

Im Anschluss an die Beiträge und Porträts in diesem Band stellt sich die Frage, was die Mitglieder und potenziellen Mitglieder angesichts der vielen Veränderungen von ihren Interessenvertretungen erwarten. Es steht außer Frage, dass auch Ärzteorganisationen den Wandel des Berufsbildes beeinflussen. Und auf diesen Wandel richten sich viele Erwartungen, insbesondere die des medizinischen Nachwuchses. Ob es in Einstellungen, Motivationen und Interessen der Mitglieder markante Unterschiede zwischen Ärztegenerationen oder auch zwischen Männern und Frauen gibt, ist eine relevante empirische Frage. Ebenso relevant ist, ob tatsächlich Dienstleistungen und Weiterbildungsangebote die wichtigsten Argumente für einen Verbandsbeitritt sind, oder ob nicht die genuin politischen Verbandszwecke eine gewisse Renaissance erleben.

Sich mit den Verschiebungen zwischen Einflusslogik und Mitgliedschaftslogik zu beschäftigen, heißt auch, sich mit dem Verhältnis von Verbandszweck und Mitgliedermotivation auseinanderzusetzen. Ärzteverbände, die immer schon fachliche, berufsständische und gesundheitspolitische Ziele kombiniert haben, sind ein besonders instruktives Beispiel dafür. Worauf kommt es Mitgliedern an, welche der konkurrierenden Angebote sind attraktiv und wie bedienen Verbände unterschiedliche Mitgliederinteressen? Wie sehr die vermeintlich starken kollektiven Interessen wie die der Ärzteschaft innerlich fragmentiert sind, wie sich sozialer Wandel auch an veränderten Motiven von Mitgliedern ablesen lässt: Dafür bietet die organisierte Ärzteschaft viel Anschauungsmaterial. Die Verbändeforschung ist aufgerufen, sich damit intensiver zu beschäftigen.

Über die Autoren

Dr. Christoph Strünck Professor für Politikwissenschaft mit dem Schwerpunkt „Sozialpolitik", Universität Siegen. Direktor des Instituts für Gerontologie an der TU Dortmund.

Dr. Tim Spier Juniorprofessor für Politikwissenschaft mit dem Schwerpunkt „Politisches System der Bundesrepublik Deutschland", Universität Siegen. Tim Spier ist plötzlich und unerwartet im November 2017 verstorben. Wir trauern um einen hochgeschätzten und engagierten Kollegen.

The manufacturer's authorised representative in the EU is Springer
Nature Customer Service Centre GmbH, Europaplatz 3, 69115 Heidelberg,
Germany. If you have any concerns regarding our products, please
contact ProductSafety@springernature.com

Printed and bound by CPI Group (UK) Ltd, Croydon, CR0 4YY
24/04/2026
02096333-0002